# 資治通鑑綱目

## 第九册

公元八一九年至公元九二六年

（宋）朱熹　赵师渊　编撰　　　李孝国　等　注解

图书在版编目（CIP）数据

资治通鉴纲目 /（宋）朱熹，（宋）赵师渊编著. —
北京：中国书店，2021.3
ISBN 978-7-5149-2689-7

Ⅰ．①资… Ⅱ．①朱… ②赵… Ⅲ．①中国历史—古
代史—编年体 Ⅳ．① K204.3

中国版本图书馆 CIP 数据核字（2020）第 232986 号

责任编辑：辛　迪
策划编辑：董立平
封面设计：肖晋兴

## 资治通鉴纲目

〔宋〕朱熹　赵师渊 等 / 编撰　李孝国 等 / 注解

出　版：中国书店
地　址：北京市西城区琉璃厂东街 115 号
邮　编：100050
发　行：全国新华书店经销
印　刷：运河（唐山）印务有限公司
开　本：700 mm×1000 mm　1/16
版　次：2021 年 3 月第 1 版第 1 次印刷
印　张：252.75
字　数：3999 千字
书　号：ISBN 978-7-5149-2689-7

定　价：598.00 元（全十册）

# 第九册 目录

卷

四十九

起己亥唐宪宗元和十四年，尽丁巳[1]唐文宗开成二年凡十九年。

## 己亥**十四年**（公元 819 年）

　　**春，正月，遣中使迎佛骨[2]至京师，贬韩愈为潮州刺史**先是，功德使上言："凤翔法门寺塔有佛指骨，相传三十年一开，开则岁丰人安。来年应开，请迎之。"上从其言。至是，佛骨至京师，留禁中三日，历送诸寺，王公士民瞻奉舍施[3]，惟恐弗及。刑部侍郎韩愈上表谏曰："佛者，夷狄之一法[4]耳。自黄帝以至禹、汤、文、武，皆享寿考，百姓安乐。当是时，未有佛也。汉明帝始有佛法。其后乱亡相继，运祚不长。宋、齐、梁、陈、元魏[5]以下，事佛渐谨，年代尤促[6]。唯梁武帝在位四十八年，前后三舍身为寺家奴，竟为侯景所逼，饿死台城。事佛求福，乃更得祸。由此观之，佛不足信亦可知矣。佛本夷狄之人，不知君臣之义、父子之恩。假如其身尚在，来朝京师，陛下容而接之，不过宣政[7]一见，礼宾一设[8]，赐衣一袭，卫而出之于境，不令惑众也。况其身死已久，枯朽之骨，岂宜以入宫禁？乞付有司，投诸水火，永绝根本，断天下之疑，绝后代之惑。佛如有灵，能作祸福，凡有殃咎[9]，宜加臣身。"上得表，大怒，将加愈极刑[10]。裴度、崔群言："愈虽狂，发于忠恳，宜宽容以开言路。"乃贬潮州刺史。自战国之世，老、庄与儒者争衡，更相是非。至汉末，益之以佛，然好者尚寡。晋、宋以来，日益繁炽[11]，自帝王至士民，莫不尊信。下者畏慕罪福，

---

1　丁巳：即公元 837 年。
2　佛骨：即佛舍利。
3　瞻奉舍施：瞻奉，恭敬侍奉。舍施，施舍，谓以财物、人力资助寺院或救济贫民。
4　一法：一种修行法门。
5　元魏：即北魏。魏孝文帝迁都洛阳，改本姓拓跋为元，所以历史上也称元魏。
6　年代尤促：这些朝代存在的年代尤其短促。
7　宣政：即宣政殿，是常朝殿堂，地位仅次于其南的外朝正衙含元殿，其北是内朝紫宸殿。
8　礼宾一设：礼宾院安排一次宴席。
9　殃咎：灾祸。
10　极刑：即死刑。
11　繁炽：繁盛。

高者论难空有[1]。独愈恶其蠹财[2]惑众，力排之，尝作《原道》等篇行于世云。

二月，平卢都将刘悟执李师道斩之田弘正、李愬屡败平卢兵。李师道发民治城堑[3]，役及妇人，民惧且怨。都知兵马使刘悟将兵万余人，屯阳谷[4]以拒官军，务为宽惠，使士卒人人自便，军中号曰刘父。或谓师道曰："悟专收众心，恐有他志。"师道潜遣二使赍帖授行营副使张暹，令斩悟。暹素与悟善，怀帖示之。悟召诸将谓曰："悟与公等不顾死亡以抗官军，诚无负于司空。今司空信谗，来取悟首。悟死，诸公其次矣。且天子所欲诛者，独司空一人。今军势日蹙，吾曹何为随之族灭？欲与诸公还入郓州，奉行天子之命，岂徒免危亡，富贵可图也！有后应者，皆立斩之！"众惧，皆曰："惟都头[5]命！"乃令士卒皆饱食执兵，夜半听鼓，三声绝，即行。人衔枚，马缚口，遇行人执留之，天未明，军至城下。城中噪哗[6]动地，子城门已洞开。牙中兵[7]不满数百，皆投弓矢于地。悟勒兵捕师道与二子，斩之，慰谕军民。斩赞师道逆谋者二十余家。文武将吏，且惧且喜。悟见李公度，执手歔欷。出贾直言于狱，置之幕府。田弘正遣使往贺，悟函师道父子三首送弘正营。弘正大喜，露布以闻。淄、青等十二州皆平。上命户部侍郎杨于陵宣抚[8]淄、青，分其地为三道：以郓、曹、濮为一道，淄、青、齐、登、莱为一道，兖、海、沂、密为一道。自广德[9]以来，垂六十年，藩镇跋扈，河南、北三十余州自除官吏，不供贡赋。至是，尽遵朝廷约束矣。裴度纂述[10]蔡、郓用兵以来帝之忧勤、机略，因侍宴献之，请内印出付史官。帝曰："如此，似出朕志，非所欲也。"弗许。

---

1　下者畏慕罪福，高者论难空有：庸俗的人害怕犯罪，羡慕有福缘之人，清高的人却只顾辩论诘难相反相成的真俗两谛。空有，相反相成的真俗两谛。空，指法性。有，指幻相。
2　蠹财：损耗钱财。
3　城堑：护城河。
4　阳谷：古县名，治所位于今山东省聊城市阳谷县东北。
5　都头：都将的别称。
6　噪哗：躁动喧哗。
7　牙中兵：即"衙中兵"，亲兵或卫兵。
8　宣抚：朝廷派遣大臣赴某一地区传达皇帝命令并安抚军民、处置事宜。
9　广德：唐代宗李豫的年号，存续时间为公元763至764年。
10　纂述：编纂著述。

范氏曰：宪宗有功而不矜，岂不贤哉？而不能胜其骄侈之心，卒任小人以斁盛业，何邪？盖危则惧，惧则善心生；安则泰，泰则逸心生。是以天下既平，而祸患常生于所忽也。

胡氏曰：纂述主德，请付史官，谄谀者所为也，裴度亦尔，何也？曰：度所谓循常人之事，而寓忠智[1]之意者也。蔡、郓用兵，度实任之。功名之际，人臣所难处也。归美于上，推而弗居，度之虑远矣。又载用兵以来上心忧勤，则宪宗忆取之之难，必思守之之不易，乃文类将顺[2]，实则匡救君子之所为。众人固不识也。

**以刘悟为义成节度使**上欲移悟他镇，恐悟不受代，复须用兵，密诏田弘正察之。弘正日遣使者修好以观其所为。悟得郓州三日，教手搏[3]而庭观之，摇肩攘臂[4]，离坐以助其势。弘正闻之，笑曰："是何能为？"密表以闻。上乃以悟为义成节度使。悟闻制下，手足失坠，明日遂行。而弘正已将数道兵至城西矣。悟辟李公度、李存、郭昈、贾直言以自随。素与李文会善，亦召之。及将移镇，昈、存谋曰："文会佞人[5]，败乱一道，灭李司空之族，不诛之，何以雪三齐[6]之愤乎？"乃诈为悟帖，遣使斩之。比还，则悟已去矣。师道将败，闻风动鸟飞，皆疑有变，禁郓人亲识宴聚及道路偶语，弘正悉除其禁。或谏曰："郓人久为寇敌，不可不备。"弘正曰："今为暴者既除，宜施以宽惠。若复为严察，是以桀易桀也，庸何愈焉？"先是，贼数遣人入关截陵戟，焚仓场，流矢飞书[7]，以动京师。有司督察甚严，终不能绝。及弘正阅李师道簿书，有赏杀武元衡人王士元等及赏潼关、蒲津吏卒案，乃知向者皆吏卒受赂容其奸

---

1　忠智：忠诚而有才智。
2　文类将顺：文类，文饰一类人。将顺，顺势促成。
3　手搏：角力、摔跤、拳击之类的搏斗。
4　攘臂：捋起袖子，伸出胳膊。
5　佞人：善于花言巧语，阿谀奉承的人。
6　三齐：代指平卢。
7　截陵戟，焚仓场，流矢飞书：截断皇陵门戟，焚烧官仓粮储，甚至用箭把恐吓信射入京城。

也。弘正送士元等十六人，诏有司鞫之，皆款服，悉诛之。

夏，四月，诏诸道支郡兵马，并令刺史领之横海节度使乌重胤奏曰："河朔藩镇所以能旅拒朝命者，由诸州县各置镇将领事，收刺史、县令之权也。向使刺史各得行其职，则虽有奸雄如安、史，必不能以一州独反也。臣所领德、棣、景三州，已举牒[1]各还刺史职事，应在州兵，并令刺史领之。"故有是诏。其后河北诸镇，惟横海最为顺命[2]，由重胤处之得宜故也。

范氏曰：后世郡县，古之诸侯也，委之以土地、人民，而不与之兵，是以匹夫而守一州也。天下有变，则城郭不守，而朝廷无藩篱之固，何以异于无郡县乎？是故为法者，必关盛衰，使一县之众，必由于令；一郡之众，必由于守。守之权归于按察[3]，按察之权归于天子，则天下如纲网之相维、臂指之相使矣。唐自中叶，郡置镇兵，主将有擅兵之势，而刺史无专城之任，是以郡县愈弱，藩镇愈强。横海一帅，制之得宜，而数世顺命，况天下处之皆得其道，何危乱之有哉？

程异卒。

裴度罢为河东节度使度在相位，知无不言，皇甫镈之党挤之。诏度以平章事镇河东。镈专以掊克取媚，人无敢言者，独谏议大夫武儒衡上疏言之。镈自诉于上，上曰："卿欲报怨邪？"镈乃不敢言。史馆修撰李翱上疏曰："定祸乱者，武功也；兴太平者，文德也。今陛下既以武功定海内，若遂革弊事，复旧制；用忠正而不疑，屏邪佞而不迩[4]；改税法，不督钱而纳布帛；绝进献，宽百姓租赋；厚边兵，以制戎狄；数访问待制官，以通塞蔽。此六者，政之根本，太平所以兴也。陛下既已能行其难，若何不为其易乎？以陛下天资上圣[5]，如不惑近习容悦之辞，任骨鲠正直之士，与兴大化，可不劳而成也。若其

---

1　举牒：移送文书下令。
2　顺命：服从命令。
3　按察：古官名，即按察使，唐代开始设置，派到各道巡察、考核官吏。
4　不迩：不接近。
5　上圣：德、智超群的圣人。

不然，臣恐大功之后，逸欲易生。进言者必曰：'天下既平，陛下可以高枕自逸[1]。'则太平未可期也。"

秋，七月，宣武节度使韩弘入朝弘始入朝，上待之甚厚。弘献马三千，绢五千，杂缯三万，金银器千，而汴之库厩[2]尚有钱百余万缗，绢百余万匹，马七千匹，粮三百万斛。

群臣请上尊号。

沂州役卒[3]王弁杀观察使王遂遂本钱谷[4]吏，性猸急[5]，专以严酷为治。盛夏役士卒营府舍，督责峻急，将卒愤怨，役卒王弁与其徒四人执遂斩之。

左、右军中尉各献钱万缗自淮西用兵以来，度支、盐铁使及四方争进奉，谓之助军。贼平，又进贺礼助赏。上加尊号，又进贺礼。

以令狐楚同平章事楚与皇甫镈同年进士，故镈引以为相。

八月，以韩弘为司徒兼中书令，张弘靖为宣武节度使弘靖宰相子，少有令闻，立朝简默。及帅河东，承王锷聚敛之余；帅宣武，继韩弘严猛之后，廉谨宽大，上下安之。

魏博节度使田弘正入朝上待之甚厚。

库部[6]员外郎李渤病免渤使陈许还，言："臣过渭南[7]诸县，人多流亡。旧三千户者，今才千户。迹其所以然，皆由以逃户税摊于比邻[8]，致驱迫，俱逃。聚敛之臣剥下媚上，惟思竭泽[9]，不虑无鱼。乞降诏书禁绝。计不数年，人皆复于农矣。"执政见而恶之。渤遂谢病，归东都。

---

1　自逸：身心安适。
2　库厩：仓库和马厩。
3　役卒：服役的人。
4　钱谷：钱币、谷物，常借指赋税。
5　猸急：性情急躁。
6　库部：古官署名，属兵部，掌军械、卤簿仪仗等事，主管武库。
7　渭南：渭水以南地区。
8　比邻：近邻，邻居。
9　竭泽：抽干池水。

**以王弁为开州刺史，诱诛之**朝廷议兴兵讨王弁，恐青、郓相扇继变[1]，乃除弁开州刺史。既行，所在[2]减其导从，加以桎梏，乘驴入关，腰斩东市。先是三分郓兵，以隶三镇。及遂死，朝廷以为师道余党凶态未除，以棣州刺史曹华为沂海观察使，引棣兵赴镇讨之。将士迎候者，华皆以好言抚之，众皆不疑。华视事三日，大飨将士，伏甲士千人于幕下，谕之曰："天子以郓人有迁徙之劳，特加优给。宜令郓人处右，沂人处左。"既定，沂人皆出。因阖门谓曰："王常侍以天子之命为帅于此，将士何得辄害之？"语未毕，伏者出，围而杀之，死者千二百人。

司马公曰：《春秋》书楚子虔诱蔡侯般，杀之于申。彼列国也，孔子犹深贬之，恶其诱讨也，况为天子而诱匹夫乎？王弁庸夫[3]，乘衅窃发，苟帅得人，戮之易于犬豕[4]耳，何必以天子诏书为诱人之饵也？且作乱者五人耳，乃使曹华设诈，屠千余人，不亦滥乎？然则自今士卒孰不猜其将帅，将帅何以令其士卒？上下盱盱[5]，得间则更相鱼肉[6]，祸乱何时而弭哉？惜夫宪宗之业所以不终，由苟徇近功、不敦[7]大信故也。

**以田弘正兼侍中，遣还镇**弘正三表请留，不许，乃加兼侍中，遣还镇。弘正恐一旦物故，魏人犹以故事继袭，故兄弟、子侄皆仕诸朝，上皆擢居显列[8]。朱紫盈庭，时人荣之。

冬，十月，安南遣将杨清讨黄洞蛮[9]。清作乱，杀都护李象古象古以贪纵苛刻失众心。清世为蛮首，象古召为牙将，命将兵讨黄洞蛮。清因人心怨

---

1　青、郓相扇继变：青州和郓州相互煽动，继而也发生兵变。
2　所在：所到之地。
3　庸夫：没有作为的人。
4　犬豕：狗和猪。
5　盱盱：恨视貌，怒视貌。
6　鱼肉：比喻欺凌，残害。
7　敦：推崇，注重。
8　显列：高位。
9　黄洞蛮：黄姓的溪洞蛮夷，居住于今岭南两广地区的黄姓部落。

怒，夜还袭州，陷之。初，蛮贼黄少卿自贞元以来数反复，桂管[1]观察使裴行立、容管[2]经略使阳旻欲徼幸立功，争请讨之。上从之。岭南节度使孔戣屡谏曰："此禽兽耳，不足与论是非。"不听，大发江、湖[3]兵，会二管入讨，士卒多瘴[4]死。安南乘之，遂杀都护。二管亦雕弊，惟戣所部晏然。

**吐蕃围盐州**吐蕃十五万众围盐州，刺史李文悦竭力拒守，凡二十七日，吐蕃不能克。灵武牙将史奉敬言于朔方节度使杜叔良，请兵解围，叔良以二千五百人与之。奉敬行旬余，无声问，朔方人以为俱没矣。无何，奉敬自他道出吐蕃背，吐蕃大惊，溃去。奉敬奋击，大破之。

**贬裴潾为江陵令**柳泌至台州，驱吏民采药，岁余无所得而惧，逃入山中。浙东观察使捕送京师。皇甫镈、李道古保护之。上复使待诏翰林，服其药，日加躁渴。起居舍人裴潾上言曰："除天下之害者，受天下之利；同天下之乐者，飨[5]天下之福。自黄帝至于文、武，享国寿考，皆用此道也。自去岁以来，所在多荐方士。借令真有神仙，彼必深潜岩壑，惟畏人知。凡候伺权贵之门，以大言自炫、奇技惊众者，皆不轨徇利[6]之人，岂可信其说而饵其药邪？夫药以愈疾，非朝夕常饵之物，况金石酷烈有毒，又益以火气，殆非五藏[7]所能胜也。古者君饮药，臣先尝之，乞令献药者先饵一年，则真伪可辨矣。"上怒，贬潾。

**康熙御批**：金石性烈，烹炼[8]益毒。从古饵之，被害者众矣。后人犹蹈覆辙，何也？夫金石固不可饵，即养生家运气，黄河逆流之说，亦属矫揉[9]。朕尝

---

1　桂管：岭南五管之一，领桂、梧、贺、连、柳、富、昭、蒙、严、环、融、古、思唐、龚等州，辖今广西东部地。
2　容管：岭南五管之一，领容、辩、白、牢、绣、禺、汤、义、岩、党、窦、廉、郁林、平琴等十四州，辖今广西岑溪、容、北流、玉林、陆川、博白、浦北、合浦、北海等市县及广东化州市地。
3　江、湖：即江淮、荆湖。
4　瘴：瘴疠，感受瘴气生病。
5　飨：通"享"。
6　徇利：不惜身以求利。徇，通"殉"。
7　五藏：五脏。
8　烹炼：冶炼。
9　矫揉：故意做作。

体中小不平，寻味诸道书，殊无所得。静览《性理全编》，遂觉神志清明，举体有主，足见方士家言皆不可信。

**崔群罢为湖南**[1]**观察使**初，帝问宰相："玄宗之政先理而后乱，何也？"崔群对曰："玄宗用姚崇、宋璟、卢怀慎、苏颋、韩休、张九龄则理，用宇文融、李林甫、杨国忠则乱。故用人得失，所系非轻。人皆以天宝十四年安禄山反为乱之始，臣独以为开元二十四年罢张九龄相、专任李林甫，此理乱之所分也。愿陛下以开元初为法，以天宝末为戒，乃社稷无疆之福。"皇甫镈深恨之。

范氏曰：崔群之言岂徒有激[2]而云哉？其可谓至言矣，圣人复起，不能易也。

及群臣议上尊号，皇甫镈欲增"孝德"字，群曰："言圣则孝在其中矣。"镈言于上曰："群于陛下惜'孝德'二字。"上怒。时镈给边军[3]不时，又多陈败[4]之物，军士怨怒，流言欲为乱。李光颜忧惧，欲自杀。遣人诉之，上不信。京师恟惧，群具以闻。镈密言于上曰："边赐[5]皆如旧制，而人情忽如此者，由群鼓扇[6]，将以卖直[7]，归怨于上也。"上以为然，罢群。于是中外切齿于镈。

**以狄兼谟为左拾遗**中书舍人武儒衡有气节，好直言，上器之，顾待甚渥[8]，人皆言其且[9]入相。令狐楚忌之，思有以沮之，乃荐兼谟才行，擢左拾遗。兼谟，仁杰之族曾孙也。楚自草制辞[10]，盛言："天后窃位，奸臣擅权，赖仁杰

---

1　湖南：方镇名，领潭、衡、郴、永、连、道、邵等州，辖今湖南省长沙市以南及广东省连江流域地区。
2　激：抑制。
3　边军：守卫边疆的部队。
4　陈败：陈旧破败。
5　边赐：给边军的粮饷和赏赐。
6　鼓扇：煽动。
7　卖直：故意表示公正忠直以获取名声。
8　顾待甚渥：顾待，照顾。渥，深厚。
9　且：将要。
10　制辞：诏书，诏书上的文辞。

保佑，克复[1]明辟。"儒衡泣诉于上曰："臣曾祖平一[2]在天后朝辞荣[3]终老。"上由是薄楚之为人。

## 庚子十五年（公元 820 年）

春，正月，帝暴崩于中和殿。闰月，太子即位初，左军中尉吐突承璀谋立澧王恽为太子，上不许。太子忧之，密问计于其舅司农卿郭钊。钊曰："殿下但尽孝谨以俟之，勿恤其他。"上服金丹，多躁怒，左右宦官往往获罪，有死者，人人自危。至是，暴崩于中和殿，时人皆言内常侍陈弘志弑逆。其党类[4]讳之，不敢讨贼，但云药发，外人莫能明也。中尉梁守谦与宦官王守澄等共立穆宗，杀承璀及恽，赐左、右神策军士钱人五十缗。

范氏曰：宪宗伐叛讨逆，威令复张，而变生近习，身陷大祸，由任相非其人故也。可不为深戒哉？可不为深戒哉？然陈弘志弑宪宗，而穆宗不讨贼，故旧史传疑[5]而已。其后文宗谋诛宦官，盖以讨乱；而宣宗追治逆党，戮之殆尽。其子孙皆以为弑，则何疑哉？

贬皇甫镈为崖州司户，以萧俛、段文昌同平章事辍西宫朝临，集群臣于月华门外，宣制贬镈，市井皆相贺。上议命相，令狐楚荐俛。俛亦镈同年进士。上欲诛镈，俛及宦官救之，得免。

柳泌伏诛，贬李道古为循州司马。

以薛放为工部侍郎，丁公著为给事中上未听政，召太子侍读薛放、丁公著入侍禁中，参预机密，欲以为相，二人固辞。

尊贵妃郭氏为皇太后后，郭暧之女也，为广陵王妃。宪宗即位，群臣累表请立为后，宪宗以妃宗门强盛，恐正位之后，后宫莫得进，托以岁时禁忌，

---

1　克复：恢复。
2　平一：即武平一，名甄，以字行，武则天族孙。
3　辞荣：逃避富贵荣华的生活，谓辞官退隐。
4　党类：亲族，亦指党与。
5　传疑：将自己认为有疑义的问题如实告人。

不许。至是，乃尊为皇太后。

胡氏曰：天子治外，后治内，各正其位，天地之大义也。以事之重也，故必择勋贤[1]之后、令淑[2]之质以继先圣，为天地宗庙社稷之主。未闻有宗门强盛之虞，后宫不得进之患，而终身不立后者也。宪宗身位冢嗣，娶汾阳爱孙，正孰加焉，而反不能居之以正。以欲废度，以纵废礼，卒致郭妃晚罹弑杀之祸，其所由来，岂无渐[3]乎？

**帝与群臣皆释服。**

**二月，赦天下**上御楼肆赦[4]。事毕，盛陈倡优、杂戏而观之。又幸左神策军观手搏。监察御史杨虞卿上疏曰："陛下宜延问群臣，惠[5]以气色，使进忠若趋利，论政若诉冤，如此而不致升平者，未之有也。"衡山[6]人赵知微亦上疏谏上游畋无节。上虽不能用，亦不罪也。

胡氏曰：宪宗不知帝王之学，李绛、白居易、崔群等亦随事纳忠而已，未有能极论《大学》本末，使帝服膺拳拳[7]而勿失者也。既不知学，遂不能择人以教其子。穆宗非有下愚不移之资，若宪宗知周公傅成王之道，自其幼学而辅导之，居仁由义[8]，通古知今，则岂不为贤主乎？不能如是，是以一旦践祚，失道至此，皆宪宗之过也。是故善为国家远虑者，必以辅导太子为急。而其言曰："人主就学，非止涉书史、览古今而已。而所谓辅导者，又非必告诏[9]以言，过而后谏也，在乎熏陶涵养而已矣。"此诚国家至急至切之务，虽圣人复起，不能易也。

---

1  勋贤：有功勋、有才能的人。
2  令淑：德行善美。
3  渐：苗头。
4  肆赦：缓刑，赦免。
5  惠：给予好处。
6  衡山：古县名，治所位于今湖南省衡阳市衡山县东。
7  服膺拳拳：形容恳切地牢记不忘。服膺，铭记心中。拳拳，紧握不舍，引申为恳切。
8  居仁由义：内心存仁，行事循义。
9  告诏：告知，告诉。

以柳公权为翰林侍书学士上见公权书迹[1]，爱之，问之曰："卿书何能如是之善？"对曰："用笔在心，心正则笔正。"上默然改容，知其以笔谏也。

夏，五月，以元稹为祠部郎中、知制诰江陵士曹元稹与监军崔潭峻善。上在东宫，闻官人诵稹歌诗[2]而善之。及即位，潭峻归朝荐之。上以为知制诰，朝论[3]鄙之。会同僚食瓜于阁下，有青蝇集其上，武儒衡以扇挥之，曰："适[4]从何来，遽集于此？"同僚皆失色，儒衡意气自若。

六月，葬景陵[5]。

以崔群为吏部侍郎上召群对别殿，谓曰："朕升储副，知卿为羽翼[6]。"对曰："先帝之意，久属圣明，臣何力之有？"

太后居兴庆宫太后居南内[7]，每朔望[8]，上率百官诣宫门上寿。上性侈[9]，所以奉太后者尤华靡。

胡氏曰：君子不以天下俭其亲，然至于侈靡越度[10]，则非所以为孝矣。

秋，七月，以郓曹濮[11]节度为天平军。

令狐楚罢楚为山陵使，不给工人佣直[12]，收其钱十五万为羡余以献。怨诉盈路[13]，故罢之。

八月，浚鱼藻池。

以崔植同平章事。

九月，大宴上甫过公除，即事游畋声色，赐与无节。欲以重阳大宴，拾

---

1　书迹：笔迹，墨迹。
2　歌诗：配有乐谱、可以歌唱的乐府诗。
3　朝论：朝廷上的议论。
4　适：刚刚，方才。
5　景陵：唐宪宗李纯的陵墓，位于今陕西省渭南市蒲城县西北。
6　羽翼：翅膀，比喻辅佐的人或力量。
7　南内：即兴庆宫。
8　朔望：朔日和望日。农历每月初一称朔，十五称望。
9　侈：浪费。
10　越度：超过适当的限度。
11　郓曹濮：方镇名，领有郓州、曹州、濮州，辖今山东省西南部地。
12　佣直：受雇的工钱。
13　怨诉盈路：愤怒异常，不断向官府上诉。

遗李珏率其同僚上疏曰："元朔[1]未改，山陵尚新，虽陛下就易月[2]之期，俯从人欲，而礼经著三年之制，犹服心丧[3]。合宴内庭，事将未可。"上不听。群臣入阁退，谏议大夫郑覃、崔郾等五人进言："陛下宴乐多过，游畋无度。今胡寇压境，忽有急奏，不知乘舆所在。又晨夕与近习、倡优狎昵，赐与过厚。夫金帛皆百姓膏血[4]，非有功不可与。虽内藏有余，愿陛下爱之，万一四方有事，不复使有司重敛百姓。"时久无阁中论事者，上始甚讶[5]之，谓宰相曰："此辈何人？"对曰："谏官。"上乃使人慰劳之，曰："当依卿言。"宰相皆贺，然实不能用也。上尝谓给事中丁公著曰："闻外间人多宴乐，此乃时和人安，足用为慰。"公著对曰："此非佳事，恐渐劳圣虑。"上曰："何故？"对曰："自天宝以来，公卿大夫竞为游宴，沉酣[6]昼夜，优杂子女，不愧左右[7]。如此不已，则百职皆废，陛下能无独忧劳乎？愿少加禁止，乃天下之福也。"

冬，十月，成德节度使王承宗卒。诏以田弘正代之，王承元为义成节度使王承宗卒，其下秘不发丧，立承宗之弟承元。承元时年二十，曰："诸公未忘先德，不以承元年少，使摄军务。承元请尽节天子，以遵忠烈王之志，诸公肯从之乎？"众许诺。承元乃视事于都将听事[8]，不称留后，表请除帅。诸将及邻道争以故事劝之，皆不听。诏以田弘正为成德帅，承元移镇滑州。将士喧哗不受命，承元以诏旨谕之，诸将号哭不从，承元出家财以散之，谓曰："诸公之意甚厚，然使承元违天子之诏，其罪大矣。昔李师道之未败也，朝廷尝赦其罪，师道欲行，诸将固留之。其后杀师道者，亦诸将也。诸将勿使承元为师道，则幸矣。"十将李寂等固留承元，承元斩以徇，军中乃定。

---

1　元朔：一年的第一个朔日，即正月初一日。
2　易月：古丧礼，父母之丧，服丧三年，自汉文帝始以日易月，缩短丧期，谓之"易月"。
3　心丧：身无丧服而心存哀悼。
4　膏血：脂肪和血液，比喻用血汗换来的劳动成果。
5　讶：诧异，惊奇。
6　沉酣：沉醉。
7　优杂子女，不愧左右：男女混杂在一起游戏跳舞，不以为耻。
8　听事：厅堂，官府治事之所。

**吐蕃寇泾州**泾州奏吐蕃入寇，距州三十里，告急求救。以梁守谦为神策行营都监[1]，并发八镇全军救之。邠宁兵以神策受赏厚，皆愠曰："人给五十缗而不识战斗者，彼何人耶？常额衣资不得而前冒白刃者，此何人耶？"汹汹不止。节度使李光颜亲为开陈大义，然后军士感悦而行。将至泾州，吐蕃惧而退。

**帝幸华清宫**上将幸华清宫，宰相率两省官诣延英门，三上表切谏，皆不听。谏官伏门下，至暮乃退。明日，上自复道出城，幸华清宫，独公主、驸马、中尉兵千人扈从，晡时还宫。

**容管遣兵讨蛮贼黄少卿，破之**时黄少卿久未平，国子祭酒韩愈上言："黄家贼居无城郭，依山傍险，寻常亦各营生，急则屯聚相保。比缘邕管[2]经略使多不得人，德既不能绥怀，威又不能临制[3]，侵欺虏缚[4]，以致怨恨。遂攻劫州县，侵暴平人，或聚或散，终亦不能为事。近者裴行立、阳旻意在邀功，献计征讨。邕、容两管经此凋敝，杀伤疾疫，十室九空，如此不已，臣恐岭南未得宁息。兼此贼徒亦甚伤损，察其情理，厌苦必深。若因改元大庆，赦其罪戾，遣使宣谕，必望风降伏。仍为选择有威信者为经略使，处置得宜，自无侵叛。"上不能用。

## 辛丑**穆宗皇帝长庆元年**（公元 821 年）

春，正月，诏河北诸道各均定两税。

**萧俛罢**俛介洁疾恶[5]，为相重惜官职，少所引拔。西川节度使王播大修贡奉，且以赂结宦官，求为相，段文昌复左右之。诏征播诣京师。俛屡争之，言：

---

1　都监：古官名，唐朝中叶以后的监军宦官。时调数道兵马会战，常置都统或都都统为其最高统帅，别遣宦官为都监军使，称都监或都都监。
2　邕管：方镇名，下辖邕州（今广西南宁市）、贵州（今广西贵港市）、横州（今广西横县）、钦州（今广西钦州市）、澄州（今广西上林县）、宾州（今广西宾阳县）、严州（今广西来宾市）等。
3　临制：监临控制。
4　侵欺虏缚：侵犯、欺骗甚至俘虏、捆绑。
5　介洁疾恶：介洁，耿介高洁。疾恶，憎恨坏人坏事。

"播纤邪[1]，不可以污台司。"上不听。偲遂辞位。

　　**段文昌罢，以杜元颖同平章事。**

　　**以王播为盐铁转运使**播奏约榷茶[2]额，每百钱加税五十。李珏等谏曰："榷茶近起贞元多事之际，今天下无虞，所宜宽横敛之目，而更增之，百姓何时当得息肩？"不从。

　　**回鹘保义可汗死。卢龙节度使刘总弃官为僧，以张弘靖代之**总既杀其父、兄，心常自疑，数见父、兄为崇。常于府舍饭僧，使为佛事。晚年恐惧尤甚，亦见河南、北皆从化，奏乞弃官为僧。诏从之，子弟、将佐皆加超擢，百姓给复一年，军士赐钱一百万缗。总以印节授留后张玘，夜遁去，卒于定州。初，总奏分所属为三道：以幽、涿、营为一道，平、蓟、妫、檀为一道，请除张弘靖、薛平为节度使；瀛、莫为一道，请除卢士玫为观察使。弘靖先在河东，以宽简得众。总以燕人桀骜日久，故举弘靖以安辑之。平，嵩之子，知河朔风俗，而尽诚于国。士玫，则总妻族之亲也。总又尽择麾下宿将有功难制者朱克融等送京师，乞加奖拔，使燕人有慕羡[3]朝廷禄位之志。又献征马[4]万五千匹，然后委去。克融，滔之孙也。是时上方酣宴，不以天下为意，崔植、杜元颖无远略，不知安危大体，苟欲崇重弘靖，惟割瀛、莫二州，以士玫领之，余皆统于弘靖。朱克融辈久羁旅京师，至假丐衣食[5]，日诣中书求官，植、元颖不之省。寻勒归本军驱使，克融辈皆愤怨。先是，河北节度使皆与士卒均劳逸。弘靖雍容骄贵，庄默[6]自尊，涉旬[7]乃一出坐决事，宾客、将吏罕得闻其言，情意不接，政事多委之幕僚。韦雍辈又皆年少轻薄，嗜酒豪纵，裁刻[8]军

---

1　纤邪：巧佞邪恶。
2　榷茶：官府对茶叶实行征税、管制、专卖的措施。
3　慕羡：羡慕。
4　征马：战马。
5　假丐衣食：借衣讨食。
6　庄默：庄重不说话。
7　涉旬：经过一旬的时间。一旬，十天。
8　裁刻：克扣。

士粮赐，数以反虏[1]诟之，谓军士曰："今天下太平，汝曹能挽两石弓，不若识一丁字。"由是军中人人怨怒。

　　夏，四月，贬钱徽、李宗闵为远州刺史，杨汝士为开江[2]令翰林学士李德裕，吉甫之子也，以中书舍人李宗闵尝对策讥切其父，恨之。宗闵又与翰林学士元稹争进取，有隙。右补阙杨汝士与礼部侍郎钱徽掌贡举，西川节度使段文昌、翰林学士李绅各以书属所善进士。及榜出，二人所属皆不预，而郑覃弟朗、裴度子撰、宗闵婿苏巢、汝士弟殷士及第[3]。文昌言于上曰："今岁礼部殊不公，所取皆以关节[4]得之。"上以问诸学士，德裕、稹、绅皆以为然。上乃命复试，黜朗等十人，而贬徽等。或劝徽奏二人属书，上必寤。徽曰："苟无愧心，得丧一致，奈何奏人私书，岂士君子所为邪？"取而焚之。时人多之。自是德裕、宗闵各分朋党，更相倾轧[5]，垂四十年。

　　范氏曰：昔汉之党锢，始于甘陵二部相讥[6]，而成于太学诸生相誉，海内涂炭二十余年。唐之朋党，始于牛僧孺、李宗闵对策，而成于钱徽之贬。皆自小以至大，因私以害公，皆由主听不明，君子小人杂进于朝，不分邪正、忠邪以黜陟之，而听其自相倾轧以养成之也。汉之党，尚风节，故政乱于上，而俗清于下。及其亡也，人犹畏义而有不为。唐之党，趋势利，势穷利尽而止，故其衰季[7]，士无操行，不足称也。为国家者，可不防其渐哉？

　　胡氏曰：李卫公[8]才高气劲而不知道，惜哉！宗闵对策，亦撼己见论国事耳。使言而非，无足校者；使言而是，则亦力善效忠，以盖前愆[9]而已，不当

1　反虏：造反者，反叛者。
2　开江：古县名，治所即今重庆市开州区。
3　及第：科举应试中选。因榜上题名有甲、乙次第，故名。
4　关节：指暗中行贿勾通官员的事。
5　倾轧：排挤打击。
6　甘陵二部相讥：《后汉书.党锢传序》："初，桓帝为蠡吾侯，受学于甘陵周福，及即帝位，擢福为尚书。时同郡河南尹房植有名当朝，乡人为之谣曰：'天下规矩房伯武，因师获印周仲进。'二家宾客，互相讥揣，遂各树朋徒，渐成尤隙。由是甘陵有南北部，党人之议，自此始矣。"
7　衰季：衰微末世。
8　李卫公：此处指李德裕。初唐李靖也称"李卫公"。
9　前愆：以前的过失。

怨而不解也。僧孺之党虽多小人，使文饶[1]忿而思难，兼收而并容之，彼必皆为吾用矣。

五月，遣使册回鹘崇德可汗，以太和长公主妻之公主，上之妹也。吐蕃闻唐与回鹘婚，寇青塞堡。回鹘奏："以万骑出北庭，万骑出安西，拒吐蕃，以迎公主。"

秋，七月，卢龙军乱，囚节度使张弘靖，推朱克融为留后韦雍出，逢小将策马冲其前导，雍命杖之。河朔军士不惯受杖，不服。雍白弘靖系治之。是夕，士卒连营呼噪作乱，囚弘靖，杀雍等，迎朱克融为留后。众以判官张彻长者，不杀，彻骂曰："汝何敢反？行且[2]族灭！"众共杀之。

贬张弘靖为吉州刺史。

成德兵马使王庭凑杀节度使田弘正，起复田布为魏博节度使讨之初，田弘正徙镇成德，自以久与镇人战，有父兄之仇，乃以魏兵二千自卫，请度支供其粮赐。户部侍郎崔俊刚褊无远虑，恐开事例，不肯给。弘正不得已，遣魏兵归。弘正厚于骨肉，子弟在两都者数十人，竞为侈靡，日费约二十万，弘正辇魏、镇之货[3]以供之，相属于道，将士颇不平。都知兵马使王庭凑果悍阴狡，潜谋作乱，以魏兵故，不敢发。及魏兵去，夜结牙兵杀弘正，自称留后，逼监军奏求节钺。朝廷震骇。俊于崔植为再从兄[4]，故人莫敢言其罪。魏博节度使李愬闻变，素服流涕，令将士曰："魏人所以得通圣化，安宁富乐者，田公之力也。今镇人不道，辄敢害之，是轻魏以为无人也。诸君受田公恩，宜如何报之？"众皆恸哭。深州刺史牛元翼，成德良将也，愬使以宝剑、玉带遗之，曰："昔吾先人以此剑立大勋，吾又以之平蔡州，今以授公，努力翦[5]庭凑。"元翼以剑、带徇于军，报曰："愿尽死！"会愬疾作，不果出兵。乃起

---

1　文饶：即李德裕，李德裕字文饶。
2　行且：将要。
3　辇魏、镇之货：运魏博、成德两镇的货。辇，载运，运送。
4　再从兄：同曾祖而年长于己者。
5　翦：歼灭。

复田布为魏博节度使。布固辞，不获，与妻子、宾客诀曰："吾不还矣！"悉屏旌节、导从而行，未至魏州三十里，被发徒跣，号哭而入，居于垩室[1]。月俸千缗，一无所取，卖旧产，得钱十余万缗，以颁士卒，旧将老者兄事之。

瀛州军乱，执观察使卢士玫。

诏诸道讨王庭凑，以牛元翼为深冀节度使。庭凑围深州。

九月，相州军乱，杀刺史邢澄。

吐蕃遣使来盟，以刘元鼎为吐蕃会盟使命宰相与吐蕃使者论讷罗盟于城西。遣元鼎入吐蕃，亦与其宰相以下盟。

朱克融掠易州。

诏两税皆输布、丝、纩自定两税法以来，钱日重，物日轻，民所输三倍其初。户部尚书杨於陵言："钱者，所以权百货，贸迁有无[2]，所宜流散，不应蓄聚。今税百姓钱藏之公府。又开元中，天下铸钱七十余炉，岁入百万，今才十余炉，岁入十五万，又积于富室，流入四夷。如此，则钱焉得不重，物焉得不轻？今宜使天下输税课[3]者皆用谷、帛，广铸钱而禁滞积及出塞者，则钱日滋矣。"从之。

冬，十月，以王播同平章事播为相，专以承迎为事，未尝言国家安危。

以裴度为镇州[4]行营都招讨使。

以王智兴为武宁节度副使先是，副使皆以文吏为之。上闻智兴有勇略，欲用之于河北，故以是宠之。

以魏弘简为弓箭库使，元稹为工部侍郎翰林学士元稹与知枢密魏弘简深相结，求为宰相，由是有宠。稹无怨于裴度，但以度先达[5]重望，恐其复有功大用，妨己进取，故度所奏军事，多与弘简从中沮之。度上表曰："逆竖构

---

1　垩室：古时居丧者居住的屋子，四壁用白泥粉刷。
2　贸迁有无：货物买卖，互通有无。
3　税课：赋税。
4　镇州：古州名，原名恒州，避唐穆宗李恒的讳改称，辖今河北省石家庄市和正定、藁城、灵寿、行唐、井陉、阜平、栾城、平山县等地。
5　先达：有德行学问的前辈。

乱[1]，震惊山东；奸臣作朋，挠败[2]国政。陛下欲扫荡幽、镇[3]，先宜肃清朝廷。河朔逆贼，只乱山东；禁闱[4]奸臣，必乱天下。是则河朔患小，禁闱患大。小者，臣与诸将必能剪灭；大者，非陛下觉寤制断[5]，无以驱除。臣蒙陛下委付之意不轻，遭奸臣抑损之事不少，但欲令臣失所[6]，而于天下理乱、山东胜负悉不之顾。若朝中奸臣尽去，则河朔逆贼不讨自平；若奸臣尚存，则逆贼纵平无益。"表三上，上虽不悦，以度大臣，不得已罢弘简枢密，解稹翰林，而恩遇如故。

范氏曰：昔周宣王使文武之臣征伐于外，而左右前后得孝友正良之士，以善君心，是以谗言不至，而忠谋见用，此所以能成功也。穆宗庸昏，奸谄在侧，裴度欲先正其本，而后治其末；先图其大，而后忧其小，此辅相之职业也。而其君多僻，卒无成功。盖自古命将出师，而小人沮之于内，未有能克胜者也。可不为深戒哉？

宿州[7]刺史李直臣伏诛直臣坐赃当死，宦官受其赂，为之请。御史中丞牛僧孺固请诛之，上曰："直臣有才，可惜。"僧孺对曰："彼不才者，安足虑？本设法令，所以擒制有才之人。安禄山、朱泚皆才过于人，法不能制者也。"上从之。

十二月，深州行营节度使杜叔良讨王庭凑，大败。诏以李光颜代之初，横海节度使乌重胤将全军救深州，独当幽、镇东南。重胤宿将，知贼未可破，按兵观衅。上怒，徙重胤山南西道。而叔良素事权幸，宦官荐之，诏以代重胤。至是，将诸道兵与镇人战，大败。诏复以李光颜代之。

以朱克融为平卢节度使自宪宗征伐四方，国用已虚。及上即位，赏赐无

---

1　逆竖构乱：逆竖，对叛逆者的憎称。构乱，制造叛乱。
2　挠败：扰乱败坏。
3　幽、镇：即幽州、镇州。
4　禁闱：宫廷门户，亦代指宫内或朝廷。
5　觉寤制断：觉寤，觉悟。制断，专断，裁决。
6　失所：无存身之地。
7　宿州：古州名，辖今安徽省宿州、固镇、泗县、灵璧、濉溪等市县地。

节，而幽、镇用兵久无功，府藏空竭。执政以王庭凑杀田弘正，而克融全张弘靖，罪有重轻，请赦克融，专讨庭凑。上从之。

## 壬寅二年（公元 822 年）

春，正月，卢龙兵陷弓高先时，弓高守备甚严，有中使夜至，守将不内，旦，乃得入。中使大诟怒。贼谍知之，他日，伪造人为中使夜至，守将遽内之，贼众随入。又围下博。中书舍人白居易上言曰："自幽、镇逆命，朝廷征兵十七八万，四面攻围，已逾半年，王师无功，贼势犹盛。弓高既陷，粮道不通，下博、深州饥穷日急。盖由节将太众，其心不齐。未立功者或已拜官，已败衄[1]者不闻得罪，既无惩劝，以至迁延。请令李光颜将诸道劲兵约三四万人从东速进，开弓高粮路，合下博诸军，解深、邢[2]重围，与元翼合势。令裴度将太原全军兼招讨旧职，西面压境，观衅而动。若乘虚得便，即令同力剪除；若战胜贼穷，亦许受降纳款[3]。如此，则夹攻以分其力，招谕以动其心，必未及诛夷，自生变故。仍诏光颜选留诸道精兵，余悉遣归本道。盖兵多而不精，岂惟虚费资粮，兼恐挠败军阵故也。诸道监军，请皆停罢。众齐令一，必有成功。又朝廷本用田布，令报父仇，今全师出界，数月不进。盖由此军累经优赏，兵骄将富，莫肯为用。况其月费，计钱二十八万缗，若更迁延，将何供给？此尤宜早令退军者也。苟兵数不抽[4]，军费不减，食既不足，众何以安？不安之中，何事不有？况有司迫于供军，百端敛率[5]，不许即用度交缺，许即人心无憀[6]。自古安危皆系于此，惟陛下念之。"疏奏，不省。

成德兵掠官军粮运度支馈沧州粮，车六百乘，皆为成德所掠。时诸军匮

---

1 败衄：挫败损伤，多指战事失败。
2 深、邢：即深州、邢州。
3 纳款：归顺，降服。
4 抽：选择，挑选。
5 百端敛率：千方百计盘剥百姓。
6 无憀：无所依赖。

乏，衣粮在途，皆邀夺[1]之。其悬军深入者，皆冻馁无所得。

**魏博将史宪诚杀其节度使田布，诏以宪诚为节度使**初，田布从弘正在魏，善视牙将史宪诚。及为节度使，遂寄以腹心，军中精锐悉以委之。至是，布以魏兵讨镇军于南宫，以馈运不继，发六州租赋以供军。将士不悦，宪诚因鼓扇之。会有诏分魏博军与李光颜，使救深州，布军遂溃，多归宪诚。布独与中军八千人还魏，复召诸将议出兵。诸将益偃蹇，曰："尚书能行河朔旧事，则死生以之。若使复战，则不能也。"布叹曰："功不成矣。"即日作遗表，曰："臣观众意，终负国恩。臣既无功，敢忘即死。伏愿陛下速救光颜、元翼，不则义士忠臣皆为河朔屠害矣。"奉表号哭，拜授幕僚李石，乃入启父灵[2]，抽刀而言曰："上以谢君父，下以示三军。"遂刺心而死。宪诚闻之，遂喻众以河朔旧事，众拥宪诚为留后。诏以为节度使。宪诚虽外奉朝廷，然内实与幽、镇连结。

范氏曰：宪宗平河南、魏博，由宰相得其人也。穆宗拱手而得幽、镇，不唯不能有，而并魏博失之，由宰相非其才也。相者，治乱之所系，岂不重欤？

**二月，以王庭凑为成德节度使，遣兵部侍郎韩愈宣慰其军**庭凑围牛元翼于深州，官军三面救之，皆以乏粮不能进。虽李光颜，亦闭壁自守。朝廷不得已，以庭凑为成德节度使，而遣韩愈宣慰其军。上之初即位也，两河略定，萧俛、段文昌以为："天下已平，渐宜消兵[3]。请密诏军镇，每岁百人之中限八人逃、死。"上方荒宴[4]，不以国事为意，遂可其奏。军士落籍[5]者，皆聚山泽为盗。及幽、镇作乱，一呼而亡卒皆集。诏征诸道兵讨之，皆临时召募乌合之众以行。又诸节度既有监军，主将不得专号令，战小胜则飞驿[6]奏捷，自以

---

1　邀夺：拦阻抢夺。
2　灵：灵柩。
3　消兵：减少兵员。
4　荒宴：沉溺于宴饮。
5　落籍：除名，从簿籍中除去姓名。
6　飞驿：策动驿马疾驰。亦指古代递送急件的邮传设置。

为功；不胜，则迫胁主将，以罪归之。悉择军中骁勇以自卫，遣羸懦[1]者就战，故每战多败。又凡用兵，举动皆自禁中授以方略，朝令夕改，不知所从，不度可否，惟督令速战。中使道路如织，故虽以诸道十五万之众，裴度元臣宿望，乌重胤、李光颜皆当时名将，讨幽、镇万余之众，屯守逾年，竟无成功，财竭力尽。崔植、杜元颖、王播为相，皆庸才，无远略。史宪诚既逼杀田布，朝廷不能讨，遂并朱克融、王庭凑以节钺授之。由是再失河朔。讫[2]于唐亡，不能复取。克融既得旌节，乃出张弘靖等，而庭凑不解深州之围。诏愈至境，更观事势，勿遽入。愈曰：“止，君之仁；死，臣之义。”遂往。至镇，庭凑拔刃弦弓[3]以逆之。及馆，甲士罗于庭[4]。庭凑言曰：“所以纷纷者，乃此曹所为，非庭凑心。”愈厉声曰：“天子以尚书有将帅材，故赐之节钺，不知尚书乃不能与健儿语邪！”甲士前曰：“先太师[5]为国击走朱滔，血衣犹在，此军何负朝廷，乃以为贼乎？”愈曰：“汝曹尚能记先太师则善矣。夫逆顺之为祸福岂远邪？自禄山、思明以来，至元济、师道，其子孙有今尚存者乎？田令公[6]以魏博归朝廷，子孙孩提[7]，皆为美官。王承元以此军归朝廷，弱冠建节。刘悟、李祐皆为节度使，汝曹亦闻之乎？”庭凑恐众心动，麾之使出，谓愈曰：“侍郎来欲何为？”愈曰：“神策诸将如牛元翼者不少，但朝廷顾大体，不可弃之耳。尚书何为围之不置[8]？”庭凑曰：“即当出之。”因与愈宴，礼而归之。未几，元翼将十骑突围出深州。

　　以傅良弼为沂州刺史，李寰为忻州[9]刺史乐寿兵马使傅良弼、博野镇遏

----

1　羸懦：瘦弱胆怯。
2　讫：截止。
3　弦弓：给弓装上弓弦，意为做好战斗准备。
4　甲士罗于庭：士兵手执兵器陈列在院中。甲士，披甲的战士，泛指士兵。罗，陈列。
5　先太师：即王武俊。
6　田令公：即田弘正。
7　孩提：幼儿，儿童。
8　置：释放。
9　忻州：古州名，辖今山西省忻州市及定襄县地。

使[1]李寰所戍在幽、镇之间，朱克融、王庭凑互加诱胁[2]，二人不从，各以其众坚壁，贼竟不能取，故赏之。

崔植罢，以元稹同平章事。

以裴度为司空、东都留守元稹怨裴度，欲解其兵柄，故劝上雪王庭凑而罢兵，以度为司空、平章事、东都留守。谏官争上言："时未偃兵，度有将相全才，不宜置之散地。"上乃命度入朝。

以李听为河东节度使初，听为羽林将军，有良马。上为太子，遣左右讽[3]求之。听以职总亲军，不敢献。及河东缺帅，上曰："李听不与朕马，是必可任。"遂用之。

昭义节度使刘悟执监军刘承偕承偕恃恩陵轹悟，数众辱之，阴与磁州刺史张汶谋缚悟送阙下。悟知之，讽其军士杀汶，围承偕，欲杀之。幕僚贾直言责悟曰："公欲为李司空[4]耶？安知军中无如公者？"悟遂谢直言，免承偕而囚之。上诏悟送承偕，悟不奉诏。会裴度入朝，上问度："宜如何处置？"度对曰："承偕骄纵不法，臣尽知之。陛下必欲收天下心，止应下半纸诏书，具陈其罪，令悟集将士斩之，则藩镇之臣孰不思为陛下效死？非独悟也。"上曰："朕不惜承偕，然太后以为养子。卿更思其次。"度奏请流承偕于远州，上从之。悟乃释承偕。

三月，诏内外诸军将士有功者奏，与除官初，上在东宫，闻天下厌苦宪宗用兵，故即位务优假将卒，以求姑息。诏："神策六军及南牙常参[5]武官悉加奖擢[6]。诸道大将久次[7]及有功者悉奏闻，除官。"于是商贾、胥吏争赂藩镇，

---

1　博野镇遏使：博野，古县名，治所即今河北省保定市蠡县，以地居博水之野得名。镇遏使，古官名，简称镇使，掌军镇防守工作。
2　诱胁：引诱并威胁。
3　讽：用含蓄的话指责或劝告。
4　李司空：即李师道。李师道曾官拜检校司空，后被部将刘悟所杀。
5　常参：群臣每日于前殿朝见皇帝。
6　奖擢：奖励提拔。
7　久次：久居官位。

牒补列将<sup>1</sup>而荐之，即升朝籍<sup>2</sup>。士大夫皆扼腕叹息。

**武宁副使王智兴作乱，诏以为节度使**诏遣智兴以精兵三千讨幽、镇，崔群忌之，奏请以为他官，未报<sup>3</sup>。会有诏罢兵，智兴引兵先期入境，群惧，遣使迎劳，且使释甲而入。智兴不从，引兵入府逐群，遣兵送至埇桥。遂掠盐铁院钱帛及诸道进奉而返。朝廷以新罢兵，力未能讨，以智兴为节度使。

**诏留裴度辅政**言事者皆谓裴度不宜出外，上亦自重之，制留度辅政。

**王播罢。**

**夏，四月朔，日食。**

**诏免江州逃户欠钱**户部侍郎、判度支张平叔言："官自粜盐，可获倍利。"又请："令所由将盐就村粜易<sup>4</sup>。"又乞："令宰相领盐铁使，以粜盐多少为刺史、县令殿最。检责<sup>5</sup>所在实户，据口给一年盐，使其四季输价<sup>6</sup>。富商大贾有邀截喧诉<sup>7</sup>者，所在杖杀。"诏百官议，兵部侍郎韩愈曰："城郭之外，少有见钱<sup>8</sup>粜盐，多用杂物贸易。盐商则无物不取，或赊贷徐还，用此取济<sup>9</sup>，两得利便。今令人吏坐铺自粜，非见见钱，必不敢受。如此，贫者无从得盐，自然坐失常课<sup>10</sup>，如何更有倍利？若令人吏将盐家至户到<sup>11</sup>而粜之，必索百姓供应<sup>12</sup>，骚扰极多。又刺史、县令职在分忧，岂可惟以盐利多少为之升黜，不复考其理行<sup>13</sup>？又贫家食盐至少，或有旬月淡食，若据口给盐，依时征价，官吏畏罪，必用威刑，臣恐因此所在不安，此尤不可之大者也。"中书舍人韦处厚曰："宰

---

1　牒补列将：行文补授一个普通军将的职务。
2　朝籍：在朝官吏的名册。
3　未报：未批复，未答复。
4　令所由将盐就村粜易：命各道掌管食盐专卖的官吏把盐送到村里销售。
5　检责：检查。
6　四季输价：分四个季节缴纳买盐的钱。
7　邀截喧诉：邀截，阻拦抢夺。喧诉，大声陈诉，杂然相争。
8　见钱：现钱。
9　取济：取得资财或某种力量的帮助。
10　常课：定额赋税。
11　家至户到：到每家每户，遍及每家每户。
12　供应：伺候，听候使唤。
13　理行：治行，政绩。

相处论道之地，杂以鹾务[1]，实非所宜。窦参、皇甫镈皆以钱谷为相，卒蹈祸败。又欲以重法禁人喧诉。夫强人之所不能，事必不立；禁人之所必犯，法必不行。”事遂寝。平叔又奏征远年逋欠[2]。江州刺史李渤上言：“度支征当州[3]贞元二年逃户欠钱四千余缗，当州今岁旱灾，田损什九。陛下奈何于大旱中征三十六年前逋负？”诏悉免之。

**六月，裴度罢为右仆射，元稹罢为同州刺史**王庭凑之围牛元翼也，和王傅于方言于元稹，请“遣客间说贼党，使出元翼。仍赂兵、吏部令史伪出告身二十通，令以便宜给赐”，稹皆然之。有李赏者知其谋，乃告裴度，云方为稹结客刺度，度隐而不发。赏诣神策[4]告之，诏仆射韩皋等鞫按[5]，事皆无验。六月，度及稹皆罢相。谏官言：“度无罪，不当免相。稹为邪谋，责之太轻。”上不得已，削稹长春宫使。

**以李逢吉同平章事。**

**秋，七月，宣武押牙李㝏作乱，讨平之**初，张弘靖镇宣武，屡赏以悦军士。李愿继之，性奢侈，薄赏劳而峻威刑。其妻弟窦瑗典宿直[6]兵。瑗骄贪，军中恶之。牙将李臣则等作乱，斩瑗。愿奔郑州。众推㝏为留后，监军以闻。诏三省官与宰相议，皆以为宜如河北故事，授㝏节。李逢吉曰：“河北之事，盖非获已[7]。今若并汴州弃之，则江淮以南亦非国家有矣。”杜元颖、张平叔争之曰：“奈何惜数尺之节，不爱一方之死乎？”议未决。会宋、亳、颍州各奏请命帅，上大喜。逢吉请：“征㝏入朝，而以韩弘弟充镇宣武。充素宽厚，得众心。脱㝏旅拒，则命徐、许两军攻其左右而滑军蹙其北，充必得入矣。”上

1　鹾务：盐务。
2　逋欠：拖欠。
3　当州：古州名，辖今四川省阿坝藏族羌族自治州黑水县地。
4　神策：即神策军，唐禁军名。
5　鞫按：审讯拷问。
6　宿直：夜间值班。
7　非获已：不得已。

皆从之。齐不奉诏。忠武[1]李光颜、兖海[2]曹华皆以兵讨齐，屡败其兵。韩充入汴境，又败其兵于郭桥[3]。初，齐以兵马使李质为腹心。及齐不奉诏，质屡谏不听。会齐疽发卧家，质擒杀之，以充未至，权知军务。时牙兵三千人，日给酒食，力不能支。质曰："若韩公始至而罢之，则人情大去矣。不可留此弊以遗吾帅。"即令罢给而后迎充。充既视事，人心粗定，乃密籍[4]军中为恶者千余人，一朝悉逐之，曰："敢少留境内者，斩！"于是军政大治。以李质为金吾将军。

冬，十一月，太后幸华清宫[5]，帝畋于骊山。

十二月，立景王湛为皇太子上与宦者击球于禁中，有宦者坠马，上惊，得疾，不能履地[6]。宰相屡乞入见，不报。裴度三上疏请立太子，且请入见言之。诏立景王湛为皇太子。上疾浸瘳。

初行《宣明历》。

癸卯三年（公元823年）

春，三月，以牛僧孺同平章事户部侍郎牛僧孺素为上所厚。初，韩弘以财结中外。弘薨，孙幼，主藏奴[7]与吏讼于御史府。上怜之，取其簿自阅视，凡中外主权[8]，多纳弘货，独僧孺不纳，上大喜，遂以僧孺为相。时僧孺与李德裕皆有入相之望。德裕出为浙西观察使，八年不迁，以为李逢吉排己而引僧孺，由是怨愈深。

---

1 忠武：方镇名，领许、陈二州，辖今河南省长葛、太康以南，舞阳、沈丘以北，襄城以东，淮阳以西地。
2 兖海：方镇名，即沂海，领沂、海、兖、密四州，辖今山东省泰安、莱芜、沂源、安丘、高密以南，北至邹城、枣庄、苍山、江苏省沭阳，西自山东省汶上、济宁、金乡以东直至海。
3 郭桥：古地名，位于今河南省开封市西北。
4 籍：登记。
5 华清宫：唐行宫名，位于今陕西省西安市临潼区东南骊山北麓。
6 履地：脚踩地，下地。
7 主藏奴：主管储藏的家奴。
8 主权：有职权的官吏。

夏，四月，以郑权为岭南节度使翼城[1]人郑注巧谲[2]倾诡，善揣人意，以医游四方。李愬饵其药，颇验[3]，署为牙推[4]，浸预军政，妄作威福，军府患之。监军王守澄请去之，愬曰："注奇才也，将军试与之语。苟无可取，去之未晚。"乃使注见守澄，守澄不得已见之。坐语未久，大喜促膝，恨相见之晚。守澄入知枢密，挈注以西，荐于上，上亦厚遇之。自上有疾，守澄专制国事，势倾中外。注日夜出入其家，与之谋议，人莫能窥其还。始则微贱巧宦[5]之士或因以进，数年之后，达官车马满其门矣。工部尚书郑权家多姬妾，禄薄不能赡[6]，因注通于守澄，以求节镇，遂得岭南。

五月，以柳公绰为山南东道节度使公绰过邓县[7]。有二吏，一犯赃，一舞文[8]，众谓公绰必杀犯赃者。公绰判曰："赃吏犯法，法在；奸吏[9]乱法，法亡。"竟诛舞文者。

六月，以韩愈为京兆尹愈为京兆，六军不敢犯法，私相谓曰："是尚欲烧佛骨，何可犯也？"

秋，八月，帝幸兴庆宫幸兴庆宫，至通化门[10]楼，投绢二百匹施山僧[11]。上之滥赐皆此类，不可悉纪。

以裴度为司空、山南西道节度使李逢吉恶度，出之山南，不兼平章事。

九月，复以韩愈为吏部侍郎，李绅为户部侍郎李逢吉结王守澄，势倾朝野，惟翰林学士李绅常排抑之。逢吉患之。而上遇绅厚，不能远也。会御史

---

1　翼城：古县名，治所即今山西省临汾市翼城县。
2　巧谲：机巧诡谲。
3　验：有效。
4　牙推：古官名，职位在节度推官之下。
5　巧宦：善于钻营谄媚的官吏。
6　赡：供给。
7　邓县：古县名，治所位于今湖北省襄阳市襄州区西北邓城。
8　一犯赃，一舞文：犯赃，贪赃，接受贿赂。舞文，玩弄文字技巧。
9　奸吏：枉法营私的官吏。
10　通化门：唐长安外郭城东面偏北的城门，故址位于今陕西省西安市东郊。
11　山僧：住在山寺的僧人。

中丞缺，逢吉荐绅清直，宜居风宪[1]之地，上以中丞亦次对官[2]，可之。会绅与京兆尹韩愈争台参[3]，文移[4]往来，辞语不逊。逢吉奏二人不协，以愈为兵部侍郎，绅为江西观察使。愈、绅入谢，上问其故，乃寤，故有是命。

## 甲辰**四年**（公元 824 年）

春，正月，帝崩，太子即位上饵金石之药，处士张皋上疏曰："神虑澹[5]则血气和，嗜欲胜则疾疹[6]作。药以攻疾，无疾不可饵也。昔孙思邈有言：'药势有所偏助，令人脏气[7]不平。'借使有疾用药，犹须重慎，况无疾乎？庶人尚尔，况天子乎？先帝信方士妄言，饵药致疾，此陛下所详知也，岂得复循其覆辙乎？"上善其言，而求之不获。既而疾作，命太子监国。宦官欲请郭太后临朝，太后曰："昔武后称制，几倾社稷。我家世守忠义，非武氏比也。太子虽少，但得贤宰相辅之，卿辈勿预朝政，何患国家不安？自古岂有女子为天下主，而能致唐、虞之理乎？"取制书手裂。太后兄太常卿钊亦密上笺曰："若果徇其请，臣请先率诸子纳官爵，归田里。"太后泣曰："祖考之庆，钟于吾兄[8]。"是夕，上崩，敬宗即位。初，穆宗之立，神策军士人赐钱五十千。至是，宰相议以太厚难继，乃下诏曰："宿卫之勤，诚宜厚赏。属频年旱歉[9]，御府空虚，边兵尚未给衣，沾恤期于均济[10]。人但赐绢十匹，钱十千。仍出内库绫二百万匹付度支，充边军春衣。"时人善之。

---

1　风宪：即御史。古代御史掌纠弹百官，正吏治之职，故以"风宪"称御史。
2　次对官：对待制官、巡对官之称。清梁章钜《称谓录·都御史古称》："唐中世以后宰相对延英，既退，待制官、巡对官皆得引对，谓之次对官，谓其次相之后而得对也。"
3　台参：唐制，御史大夫、御史中丞新上任，在京师的京兆尹、少尹及长安、万年二县县令须到御史台参谒，称为台参。
4　文移：文书，公文。
5　神虑澹：神虑，精神，心神。澹，恬淡。
6　疾疹：泛指疾病。
7　脏气：五脏之气。
8　祖考之庆，钟于吾兄：祖先应该庆幸，有我的兄弟这样的好后代。
9　旱歉：干旱灾荒。
10　沾恤期于均济：朝廷对将士的救济抚恤应当尽量平均。沾恤，救济抚恤。

二月，贬李绅为端州司马初，穆宗既留李绅，李逢吉愈忌之。绅族子虞自言不乐仕进，而以书与从父者，使荐己。绅闻而诮之。虞深怨之，悉以绅平日密论逢吉之语告之，逢吉益怒，使虞与从子仲言及补阙张又新伺求绅短。敬宗即位，逢吉令王守澄言于上曰："陛下之所以为储贰，逢吉力也。如杜元颖、李绅辈皆欲立深王。"上时年十六，疑未信。会逢吉亦言："绅谋不利于上，请加贬谪。"乃贬之。逢吉率百官表贺。百官复诣中书贺。逢吉方与又新语，门者不内。良久，又新出，旅揖[1]百官曰："端溪之事，又新不敢多让[2]。"众骇愕。右拾遗吴思独不贺，逢吉怒，遣使吐蕃。又新等犹忌绅，日上书言贬绅太轻，上许为杀之。朝臣莫敢言，独翰林侍读学士韦处厚上疏指述[3]绅为逢吉之党所谮，上稍开寤[4]。会阅禁中文书，有穆宗所封一箧[5]，发之，得裴度、杜元颖及绅请立上为太子疏，乃焚谮绅书，后有言者，不复听矣。

胡氏曰：敬宗既得裴度、李绅之疏，则逢吉、守澄诬罔明白，于是罢逢吉而相绅，置守澄于法，岂不伟哉？然使绅诚有动摇之罪，穆宗发觉，治之可也。敬宗既为天子矣，又何治焉？今以逢吉谮绅谋不利于己，则欲杀之；得绅立己疏，则嗟叹之，是其喜怒皆私己[6]而发，不以公道行之，此所以来[7]谗贼之口也。

尊皇太后为太皇太后，帝母王妃为皇太后。

幸中和殿击球自是数游宴、击球、奏乐，赏赐宦官、乐人不可悉纪。赐宦官服色，有今日赐绿而明日赐绯者。

三月，赦诏："诸道常贡之外，无得进奉。"

---

1　旅揖：众人一起作揖。
2　端溪之事，又新不敢多让：李绅贬官端州一事，我张又新不能再退让了。端溪，古县名，治所即今广东省肇庆市德庆县，以端溪水得名，此处代指端州。
3　指述：指出陈述。
4　开寤：觉醒，醒悟。
5　箧：小箱子。藏物之具，大曰箱，小曰箧。
6　私己：自私利己。
7　来：招致，招来。

　　以刘栖楚为起居舍人，不拜上视朝晏[1]，百官班[2]于紫宸门外，老病者几至僵踣[3]。谏议大夫李渤白宰相曰："昨日疏论坐晚[4]，今晨愈甚，请出阁待罪于金吾仗[5]。"既坐班退[6]，左拾遗刘栖楚独留，进言曰："陛下富于春秋，即位之初，当宵衣求理[7]。而嗜寝乐色[8]，日晏方起，梓宫在殡，鼓吹日喧，令闻未彰，恶声遐布[9]。臣恐福祚之不长，请碎首玉阶以谢谏职之旷[10]。"遂以额叩龙墀[11]，见血不已，响闻阁外。李逢吉宣曰："刘栖楚休叩头，俟进止！"栖楚捧首[12]而起，更论宦官事，上连挥令出。栖楚曰："不用臣言，请继以死。"牛僧孺宣曰："所奏知，门外俟进止！"栖楚乃出，待罪金吾仗，于是宰相赞成其言。上命中使就仗，并李渤宣慰，令归。寻擢栖楚为起居舍人，栖楚辞疾不拜。

　　夏，四月，以李虞为拾遗李逢吉用事，所亲厚者张又新、李仲言、李虞、刘栖楚等八人。又有从而附丽之者，时人目之为"八关""十六子"。

　　盗入清思殿，中尉马存亮遣兵讨平之卜者[13]苏玄明与染坊供人[14]张韶善，谓之曰："我为子卜，当升殿坐，与我共食。今主上昼夜球猎[15]，多不在官，大事可图也。"韶以为然，乃与玄明谋结染工无赖者百余人，匿兵于紫草[16]车，载以入，有疑其重而诘之者，韶急杀之，斩关而入。先是，右军中尉梁守谦有

1　晏：迟。
2　班：排列。
3　僵踣：倒毙。
4　疏论坐晚：上疏论皇上上朝太晚。
5　金吾仗：金吾卫的仪仗。金吾卫，掌管皇帝禁卫、扈从等事的亲军。
6　既坐班退：上朝结束，百官退朝。
7　宵衣求理：勤于政事，以求天下大治。宵衣，天不亮就穿衣起身，多用以称颂帝王勤于政事。
8　嗜寝乐色：贪睡晚起，喜好音乐女色。
9　遐布：传播至远方。
10　碎首玉阶以谢谏职之旷：死在陛下面前，作为对我这个谏官失职罪责的惩罚。碎首，碎裂头颅，常用以形容敢于死谏的精神或行为。
11　龙墀：古代宫殿前的石阶。
12　捧首：用手捧头。
13　卜者：以龟占卜的人。
14　供人：服役人。
15　球猎：蹴鞠和狩猎。
16　紫草：一种多年生草本植物，根粗大，紫色，根供染料及药用。

宠，每两军角技[1]，上常佑[2]右军。至是，上狼狈，欲幸右军，以远不能，遂幸左军。左军中尉马存亮走出迎，自负上入军，遣大将康艺全将骑卒入宫讨贼。上忧二太后隔绝，存亮复以骑迎至军。诏升清思殿，坐御榻，与玄明同食，曰："果如子言！"玄明惊曰："事止此邪？"诏惧而走。艺全兵至，击杀之，余党悉获。上乃还宫。盗所历诸门，监门宦者法当死，诏并杖之，使仍旧职。存亮不自矜，委权求出，监淮南军。

**五月，以李程、窦易直同平章事**上好治宫室，欲营别殿，制度甚广。李程谏，请以所具木石回奉山陵，上即从之。既而波斯献沉香亭子材[3]，拾遗李汉言："此何异瑶台琼室？"上虽怒，亦优容之。

**六月，加裴度同平章事**初，牛元翼镇襄阳，数赂王庭凑以请其家[4]，庭凑不与闻。元翼薨，尽杀之。上闻之，叹宰相非才，使凶贼纵暴。翰林学士韦处厚言："裴度勋高中夏，声播外夷，若置之岩廊，委其参决，河北、山东，必禀朝算[5]。理乱之本，非有他术，顺人则理，违人则乱。伏承[6]陛下当食叹息，恨无萧、曹，今有一裴度尚不能留，此冯唐所以谓汉文得廉颇、李牧不能用也。夫御宰相，当委之，信之，亲之，礼之；于事不效，于国无劳，则置之，黜之，如此，则在位者不敢不厉，将进者不敢苟求。臣与逢吉素无私嫌[7]，尝为裴度无辜贬官。今之所陈，上答圣明，下达群议耳。"上见度奏状无"同平章事"，以问处厚，处厚具言逢吉排沮之状。李程亦劝上加礼于度。上乃加度同平章事。

**夏绥节度使李祐进马百五十匹，却之**侍御史温造弹祐违敕进奉，请论如法，诏释之。祐谓人曰："吾夜半入蔡州城，取吴元济，未尝心动。今日胆

---

1 角技：比赛技艺。
2 佑：帮助。
3 亭子材：可供修建亭榭的木材。
4 请其家：请求把自己的家眷释放送还。
5 禀朝算：服从朝廷的谋划。
6 伏承：敬承。
7 私嫌：私人间的嫌隙，个人间的不和。

落[1]于温御史矣。"

冬，十月，赐韦处厚锦彩、银器翰林学士韦处厚谏上宴游，曰："先帝以酒色致疾损寿，臣时不死谏者，以陛下年已十五故也。今皇子才一岁，臣安敢畏死而不谏乎？"上感其言，故有是赐。

胡氏曰：韦德载[2]忠贤人也，而其言未免有失。夫人君耽于酒色，而其臣不谏，曰："君有子长矣，姑听其耽湎[3]可也。"是安得为忠乎？盍不曰："先帝以酒色之故，天年不遐[4]，臣不能谏，罪当万死。况今陛下富于春秋，血气未定，万一致疾，戁宗社付托，贻皇太后之忧，则臣虽万死亦不足以塞责[5]矣。"如是而言，其或足以动听[6]矣乎？

十一月，葬光陵[7]。

十二月，以刘栖楚为谏议大夫淮南节度使王播以钱十万缗赂王守澄，求领盐铁。谏议大夫独孤朗等数人请开延英[8]论之。上问："前廷争者不在中邪？"即日除栖楚谏议大夫。而竟以播兼盐铁转运使。

罢泗州戒坛[9]徐泗[10]观察使王智兴以上生日，请于泗州置戒坛，度僧尼以资福[11]，许之。自元和以来，敕禁此弊。智兴欲聚货[12]，首请置之。于是四方辐凑，智兴由此赀累巨万。浙西观察使李德裕上言："若不钤制[13]，至降诞日[14]方停，计

---

1　胆落：丧胆，形容恐惧之甚。
2　韦德载：即韦处厚，韦处厚字德载。
3　耽湎：沉迷。
4　天年不遐：寿命不长。天年，人的自然寿命。遐，长久，远。
5　塞责：对自己应尽的责任敷衍了事，常用作谦词。
6　动听：触动帝王。
7　光陵：唐穆宗李恒的陵墓，位于今陕西省渭南市蒲城县北。
8　延英：即延英殿。自唐代宗起，皇帝欲有所问，或宰臣欲有奏对，即于此殿召对。因旁无侍卫、礼仪从简，人得尽言。后延英殿成为皇帝日常接见宰臣百官、听政议事之处。
9　戒坛：僧徒传戒之坛。
10　徐泗：方镇名，又称武宁，领徐、泗、濠、宿四州，辖今江苏省长江北灌南、涟水、泗阳以东，安徽省定远、明光、蚌埠以北，怀远、濉溪、萧县以东，兼有山东省郯城、微山、滕州地。
11　资福：取福，求福。
12　聚货：聚集货物或钱财。
13　钤制：钳制，限制约束。
14　降诞日：生日。

两浙、福建皆失六十万丁。"奏至，即日罢之。

回鹘崇德可汗死。

## 乙巳敬宗皇帝宝历元年（公元825年）

春，正月，赦先是，鄠令崔发闻五坊人殴百姓，命擒以入。曳之于庭，诘之，乃中使也。上怒，收发系台狱[1]。是日，与诸囚立金鸡[2]下，忽有品官数十人执梃乱捶，发气绝数刻始苏，诏复系之。给事中李渤上言："县令曳中人，中人殴御囚，其罪一也。然县令所犯在赦前，中人所犯在赦后。中人横暴[3]，若不早正刑书，臣恐四夷、藩镇闻之，则慢易之心生矣。"谏议大夫张仲方亦上言曰："鸿恩将布于天下，而不行御前；霈泽[4]遍被于昆虫，而独遗崔发。"上皆不听。李逢吉从容言于上曰："崔发辄曳中人，诚大不敬。然其母年垂八十，自发下狱，积忧成疾。陛下方以孝理天下，所宜矜念[5]。"上乃愍然曰："比谏官但言发冤，未尝言其不敬，亦不言有老母。如卿所言，朕何为不赦之？"即命中使释其罪，送归家，仍慰劳其母。母对中使，杖发四十。

牛僧孺罢为武昌[6]节度使牛僧孺以上荒淫[7]，嬖幸用事，又畏罪不敢言，但累表求出，乃升鄂州为武昌军，以僧孺为节度使。僧孺过襄阳，节度使柳公绰服橐鞬候于馆舍，将佐曰："襄阳地望高于夏口，此礼太过。"公绰曰："奇章公甫离台席[8]，方镇重宰相，所以尊朝廷也。"竟行之。

册回鹘昭礼可汗。

---

1  台狱：御史台所设的监狱。
2  金鸡：古代颁布赦诏时所用的仪仗，金首鸡形。
3  横暴：强横凶暴。
4  霈泽：原指雨水，此处比喻恩泽。
5  矜念：关怀，眷念。
6  武昌：方镇名，领有鄂、岳、蕲、黄、安、申、光等州，辖今湖北省广水、应城、汉川以东，河南省淮河以南、固始、商城及湖北省英山、黄梅以西，湖南省洞庭湖和汨罗江以北地。
7  荒淫：迷于佚乐，沉湎酒色。后多指迷于女色。
8  奇章公甫离台席：奇章公，即牛僧孺，曾受封奇章郡公。甫，刚，才。台席，古以三公取象三台，故称宰相的职位为台席。

二月，浙西观察使李德裕献《丹扆¹六箴》上游幸无常，昵比²群小，视朝月不再三，大臣罕得进见。德裕献《丹扆六箴》：一曰宵衣，以讽视朝稀、晚；二曰正服，以讽服御乖异；三曰罢献，以讽征求玩好；四曰纳诲，以讽侮弃³谠言；五曰辨邪，以讽信任群小；六曰防微，以讽轻出游幸。其《纳诲箴》略曰："汉骜流湎，举白浮钟；魏睿侈汰，陵霄作宫。忠虽不忤，善亦不从。以规为瑱，是谓塞聪⁴。"《防微箴》略曰："乱臣猖蹶，非可遽数。玄服莫辨，触瑟始仆。柏谷微行，豺豕塞路。睹貌献餐，斯可戒惧⁵。"上优诏答之。

夏，四月，群臣上尊号，赦天下赦文不言未量移者，韦处厚上言："逢吉恐李绅量移，故有此处置。如此，则是应近年流贬官，因李绅一人，皆不得量移也。"上即追改之。绅由是得移江州长史。

秋，七月，盐铁使王播进羡余绢百万匹播领盐铁，诛求严急，正入⁶不充，而羡余相继。

造竞渡船⁷诏王播造竞渡船二十艘，计用转运半年之费。张仲方等力谏，乃减其半。

八月，昭义节度使刘悟卒悟薨，子从谏匿丧，谋以悟遗表求知留后。司马贾直言责之曰："尔父提十二州地归朝廷，其功非细，只以张汶之故，自谓

---

1　丹扆：即丹屏，帝王宝座后的屏风。也用以借指帝王。
2　昵比：亲近。
3　侮弃：轻慢摒弃。
4　汉骜流湎，举白浮钟；魏睿侈汰，陵霄作宫。忠虽不忤，善亦不从。以规为瑱，是谓塞聪：汉成帝刘骜沉湎酒色，日夜饮宴；魏明帝曹叡骄纵奢侈，修筑陵霄宫阙。他们对逆耳忠言虽然不加拒绝，但也不予采纳。如果一定要把别人的善意规劝当作塞耳用的装饰物，那就是自我堵塞言路，拒绝使自己耳聪目明。
5　乱臣猖蹶，非可遽数。玄服莫辨，触瑟始仆。柏谷微行，豺豕塞路。睹貌献餐，斯可戒惧：乱臣贼子密谋造反的事件不胜枚举。汉宣帝时，霍光的外曾孙任章乘黑夜不辨服色的机会，身着黑衣混进禁军侍从，密谋暗杀宣帝而未遂。汉武帝时，侍中仆射马何罗密谋行刺武帝，不慎碰到宫中的宝瑟跌倒而被擒。武帝曾微服到柏谷巡访，被人怀疑是奸盗，险遭围攻。幸赖一村妇看武帝面貌似非常人，因而杀鸡献食，方才脱险。这些前车之鉴，实在是应当引以为戒。
6　正入：赋税的正额收入。
7　竞渡船：竞渡用的彩舟，俗称龙船。

不洁淋头，竟至羞死<sup>1</sup>。尔孺子何敢如此？父死不哭，何以为人？"从谏恐，乃发丧。

　　冬，十月，袁王长史武昭伏诛武昭罢石州<sup>2</sup>刺史，为袁王长史，郁郁怨执政。李逢吉与李程不相悦，程族人仍叔激怒昭，云程欲与昭官，为逢吉所沮。昭因酒酣，对茅汇言欲刺逢吉，为人所告，下吏。李仲言谓汇曰："君言程与谋则生，不然必死。"汇曰："冤死甘心。诬人自全，汇不为也。"狱成，昭杖死，仍叔、仲言、汇皆远贬。

　　十一月，帝幸骊山温汤<sup>3</sup>上欲幸骊山温汤，左仆射李绛、谏议大夫张仲方等屡谏，不听。拾遗张权舆伏紫宸殿下叩头谏曰："昔周幽王幸骊山，而为犬戎所杀；秦始皇葬骊山，而国亡；玄宗宫骊山，而禄山乱；先帝幸骊山，而享年不长。"上曰："骊山若此之凶邪？我宜一往，以验彼言。"遂幸温汤，还，谓左右曰："彼叩头者之言，安足信哉？"

　　十二月，以刘从谏为昭义留后朝廷得刘悟遗表，议者多言上党内镇<sup>4</sup>，与河朔异，不可许。李绛上疏曰："兵机尚速，威断贵定。人情未一，乃可伐谋<sup>5</sup>。刘悟死已数月，朝廷尚未处分，中外人意，惜此事机。所幸从谏未尝久典兵马，而昭义素贫，必无优赏，其众必不尽与从谏同谋。但速除近地<sup>6</sup>一将，令兼程<sup>7</sup>赴镇，使从谏未及布置。新使已至潞州，则军心自有所系矣。今朝廷久无处分，彼军不晓朝廷之意，犹豫之间，若有奸人为之画策，虚张赏设<sup>8</sup>，军士觊望<sup>9</sup>，尤难指挥。伏望速下明敕，宣示军众，奖其从来忠节<sup>10</sup>，赐新使缯五十万匹，使之赏设。续除从谏一刺史，必无违拒。臣尝熟计利害，决无即授

---

1　自谓不洁淋头，竟至羞死：自认为沾染上不干净的恶名，以至羞惭而死。
2　石州：古州名，辖今山西省离石、中阳、柳林、临县、方山等县地。
3　温汤：温泉。
4　内镇：境内腹地重镇。
5　伐谋：以谋略战胜敌人。
6　近地：附近的地方。
7　兼程：一天走两天的路，以加倍的速度赶路。
8　赏设：犒赏。
9　觊望：希图，企望。
10　从来忠节：从来，从前，原来。忠节，忠贞的节操。

从谏之理。"时李逢吉、王守澄计议已定，竟不用绛等谋。

以李绛为太子少师、分司[1]仆射李绛好直谏，李逢吉恶之。故事，仆射上日[2]，宰相送之，百官立班[3]，中丞列位于庭，尚书以下每月当牙[4]。元和中，以旧仪太重，削去之。御史中丞王播恃逢吉之势，与绛相遇于途，不之避。绛引故事上言："仆射，国初为正宰相，礼数至重。傥人才忝位[5]，自宜别授贤良。若朝命守官[6]，岂得有亏法制？乞下百官详定。"议者多从绛议。上听行旧仪。至是，以绛有足疾，出之东都。

## 丙午二年（公元826年）

春，二月，以裴度为司空、同平章事言事者多称裴度贤，不宜弃之藩镇。上数遣使劳问，度因求入朝。逢吉之党大惧，百计[7]毁之。先是，民间谣云："绯衣小儿坦其腹，天上有口被驱逐[8]。"又长安城中有横亘六冈，如乾象[9]，度宅偶居第五冈。张权舆上言："度名应图谶，宅占冈原[10]，不召而来，其旨可见。"上虽年少，悉察其诬谤，待度益厚。度至京师，朝士填门，度留之饮。京兆尹刘栖楚附度耳语，侍御史崔咸举觞罚度曰："丞相不应许所由官[11]咕嗫[12]耳语。"度笑而饮之。栖楚不自安，趋出。度复知政事，左右忽白失中书印，闻者失色。度饮酒自如。顷复白已得之，度亦不应。或问其故，度曰："此必

---

1　分司：唐宋之制，中央官员在陪都（洛阳）任职者，称为分司。
2　上日：上朝之日。
3　立班：依品秩站立迎接。
4　每月当牙：每月到仆射的府衙上去参拜。
5　忝位：配不上这个职位。
6　朝命守官：朝廷要求我仍然担任这一官职。
7　百计：想尽或用尽一切办法。
8　绯衣小儿坦其腹，天上有口被驱逐：绯衣，合起来是一个"裴"字；天上有口，合起来是一个"吴"字。意思是说裴度当年指挥官军擒获淮西的叛将吴元济，他的才能应当得到朝廷重用。
9　乾象：乾卦之象。
10　冈原：高冈之上。
11　所由官：有关官吏。因事必经由其手，故称。
12　咕嗫：形容低声耳语。

吏人盗之以印书券[1]耳，急之则投诸水火，缓之则复还故处。"人服其识量。

三月，**罢修东都**上欲幸东都，谏者甚众，上皆不听。已使按[2]，修宫阙，裴度从容言曰："国家本设两都以备巡幸，然自多难以来，宫阙、营垒、百司廨舍，率已荒阤[3]。陛下傥欲行幸，宜命有司徐加完葺[4]，然后可往。"上曰："从来言事者皆云不当往，如卿所言，不往亦可。"会幽、镇皆请以兵匠[5]助修东都，乃敕罢之。

胡氏曰：敬宗免崔发之死，听韦处厚而寤李绅，宣慰李渤而擢刘栖楚，纳李程而罢营殿，赏游宴之谏而赐锦彩，闻瑶台之讽而宥李汉，览失丁之奏而禁度僧，受丹扆之箴而优答诏，从北门之奏而宽量移，用张仲方之说而减船费，沮逢吉所引而伸李绛，采言者所陈而礼裴度，知洛宫荒阤而罢东巡，凡此十余条，方之德宗，岂不优哉？特以幼少之时不亲师傅，故卒以荒淫遇弑而陨。养太子不可不慎，古帝王之虑深矣。

先是，朝廷遣中使赐朱克融时服，克融以为疏恶，执留[6]敕使，奏以春衣不足，乞度支给三十万端匹[7]。又奏欲将兵马及丁匠五千助修宫阙。上患之，以问宰相。欲遣重臣宣慰，仍索敕使。裴度对曰："克融无礼已甚，殆将毙矣。譬如猛兽，自于山林中咆哮跳踉[8]，久当自困，必不敢辄离巢穴。愿陛下勿遣宣慰，亦勿索敕使，旬日之后，徐赐诏书云：'闻中官至彼，稍失去就，俟还，朕自有处分。时服，有司制造不谨，朕甚欲知之，已令区处。其将士春衣，非朕所爱，但素无此例，不可独与。'所称助修宫阙，皆是虚语。若欲直挫其奸，宜云'丁匠宜速遣来'；若欲且示含容，则云'不假丁匠远来'。如是而已，

---

1 书券：书写的契约。
2 按：巡察。
3 荒阤：荒废毁坏。阤，坏。
4 完葺：修缮，修葺。
5 兵匠：制作兵器的工匠。
6 执留：抓住扣留。
7 端匹：古代布帛计量词。唐制，布帛六丈为端，四丈为匹。
8 跳踉：亦作"跳梁"，跳跃。

不足劳圣虑也。"上悦，从之。

夏，五月，幽州军乱，杀节度使朱克融，而立其子。秋，八月，都将李载义杀之。

遣使迎周息元入禁中道士赵归真说上以神仙。有润州人周息元自言数百岁，上遣中使迎至京师，馆之禁中山亭。

九月，李程罢为河东节度使。

冬，十月，以李载义为卢龙节度使。

十一月，李逢吉罢。

十二月，宦官刘克明等弑帝于室内，立绛王悟。王守澄等讨克明，杀悟，立江王涵上游戏无度，狎昵群小，善击球，好手搏，禁军及诸道争献力士。又以钱万缗召募力士，昼夜不离侧。又好深夜自捕狐狸。性复褊急，力士或恃恩不逊，辄配流籍没。宦官小过，动遭捶挞，皆怨且惧。夜猎还宫，与宦官刘克明击球，军将苏佐明等二十八人饮酒。上酒酣，入室更衣，殿上烛灭，克明等弑帝于室内。

胡氏曰：敬宗有善十余节，其恶在于狎昵群小，好戏游[1]，妄赐予而已。然裴度无能改于其德，使至于遇弑，何也？曰帝之习为不义，其日已久。度固忠贤，若伊尹教祖甲之道，当有所不及，况在位日浅耶？

克明矫称上旨，命学士路隋草遗制，以绛王悟权勾当[2]军国事。又欲易置内侍之执权者。于是枢密使王守澄、杨承和、中尉魏从简、梁守谦定议，以衙兵[3]迎江王涵入宫，发左、右神策、飞龙兵进讨贼党，尽斩之。绛王为乱兵所害。时事起苍猝，守澄等欲号令中外，而疑所以为辞，问于学士韦处厚。处厚曰："正名讨罪，于义何嫌[4]？"又问江王践阼之礼，处厚曰："诘朝，当以王

---

1　戏游：游戏，游玩。
2　勾当：主管，料理。
3　衙兵：唐代天子的禁卫兵，后亦指节度使的卫兵。
4　嫌：避忌。

教[1]布告中外以已平内难。然后群臣三表劝进，以太皇太后令册命即位耳。"守澄等从其言，以裴度摄冢宰，百官谒江王于紫宸外庑，王素服涕泣。明日，即位，更名昂，是为文宗。

范氏曰：裴度位为上相，安危所系，君弑不讨贼，君立不预谋。二日之间，宦者三易主而不关宰相，唐之纲纪于是大坏。以度之勋德，处之犹如此，而况不贤者乎？

尊帝母萧氏为皇太后时郭太后[2]居兴庆宫，宝历王太后居义安殿，萧太后居大内。上性孝谨，事之如一，每得珍异，先荐郊庙，次奉三宫，然后进御。

以韦处厚同平章事。

出宫人，放鹰犬，省冗食[3]，罢别贮、宣索上自为诸王，深知两朝之弊，及即位，励精求治，去奢从俭，诏宫女非有职掌[4]者出三千余人，放五坊鹰犬，省教坊、总监冗食千二百余员。近岁别贮钱谷，悉归之有司；宣索组绣、雕镂[5]之物，悉罢之。敬宗之世，每月视朝不过一、二，上始复旧制，每奇日[6]视朝，对宰相群臣，延访政事，久之方罢。待制官旧虽设之，未尝召对，至是屡蒙延问。中外翕然相贺，以为太平可冀。

### 丁未文宗皇帝太和元年（公元 827 年）

夏，四月，韦处厚请避位[7]，不许上虽虚怀听纳，而不能坚决，与宰相议事已定，寻复中变。韦处厚于延英极论之，因请避位，上再三慰劳之。

胡氏曰：人之性无不善，而材有愚明、柔强之异，知学以反之，则无陷于

---

1　王教：王者的命令。
2　郭太后：唐穆宗之母。下文"宝历王太后"为唐敬宗之母。
3　冗食：朝廷供养的多余人员。
4　职掌：职务，所主管之事。
5　组绣、雕镂：组绣，华丽的丝绣服饰。雕镂，雕刻。
6　奇日：单日。
7　避位：让位，辞职。

一偏之失矣。文宗恭俭宽勤[1]，其质甚美，年十有八，正讲明道义、增益德慧[2]之时。裴、韦[3]二公，宜敷求名儒，置之左右，使得以二帝、三王正心修身之学辅导启沃[4]，使知义理之正，忠邪之别，是非可否之处，先后缓急之序，然后勉以有为，则虽愚亦明，虽弱必强矣。植木而不培其根，浚水而不自其源，乃欲责效于章疏[5]，望治于颊舌[6]，不亦远乎？

**以高瑀为忠武节度使**自大历以来，节度使多出禁军大将，皆以倍称之息[7]贷钱，以赂中尉，动逾亿万，然后得之，未尝由执政。至镇，则重敛以偿所负。至是，裴度、韦处厚始奏用瑀。中外相贺曰："自今债帅[8]鲜矣！"

**五月，以李同捷为兖海节度使**初，横海节度使李全略薨，其子同捷权知军务，朝廷经岁[9]不问。同捷冀易世之后，或加恩贷，遣使奉表，请遵朝旨。乃移同捷镇兖海。朝廷犹虑河南、北诸镇构扇同捷，使拒命，乃悉加检校官。

**六月，以王播同平章事**播入朝，力图大用，所献银器以千计，绫绢以十万计，遂得宰相。

**秋，七月，葬庄陵[10]。**

**李同捷不受诏。八月，削其官爵，发诸道兵讨之**李同捷遣其子弟以珍玩、女妓赂河北诸镇。李载义执其侄，并所赂献之。史宪诚与全略为婚，独以粮助同捷。裴度不之知，以为无贰心。韦处厚谓吏请事[11]者曰："晋公[12]于上前以百口保汝使，处厚则不然，但仰俟所为，自有朝典耳。"宪诚惧，不敢复

---

1　宽勤：宽厚勤勉。
2　德慧：道德智慧。
3　裴、韦：即裴度、韦处厚。
4　启沃：竭诚开导、辅佐君王。语出《书·说命上》："启乃心，沃朕心。"
5　章疏：臣下向君上进呈的言事文书。
6　颊舌：口舌言语，亦比喻口辩才能。
7　倍称之息：取一还二的债款利息，百分之百的高利贷。倍称，借一还二。息，利息。
8　债帅：靠借债取得的统帅职位。
9　经岁：超过一年。
10　庄陵：唐敬宗李湛的陵墓，位于今陕西省咸阳市三原县东北陵前乡柴家窑村东。
11　请事：以私事请托。
12　晋公：即裴度，裴度以功封晋国公。

与同捷通。

冬，十一月，横海节度使乌重胤卒。

## 戊申二年（公元828年）

春，三月，亲策制举人[1]自元和之末，宦官益横，建置[2]天子在其掌握，威权出人主之右，人莫敢言。贤良方正[3]刘蕡对策，极言其祸，其略曰："陛下宜先忧者，宫闱将变，社稷将危，天下将倾，海内将乱。"又曰："陛下将杜篡弑之渐，则居正位而近正人，远刀锯之贱[4]，亲骨鲠之直，辅相得以专其任，庶职得以守其官，奈何以亵近[5]五六人总天下大政？祸稔萧墙[6]，奸生帷幄，臣恐曹节、侯览[7]复生于今日。"又曰："忠贤无腹心之寄，阉寺持废立之权，陷先君不得正其终，致陛下不得正其始。"又曰："威柄陵夷，藩臣跋扈。或有不达人臣之节，首乱者以安君为名；不究《春秋》之微，称兵者以逐恶为义。则政刑不由乎天子，征伐必自于诸侯。"又曰："陛下何不塞阴邪[8]之路，屏亵狎之臣，制侵陵[9]迫胁之心，复门户扫除[10]之役，戒其所宜戒，忧其所宜忧。既不能治于前，当治于后；既不能正其始，当正其终。则可以虔奉典谟，克承丕构[11]矣。昔秦之亡也，失于强暴；汉之亡也，失于微弱。强暴则贼臣畏死而害上，微弱则奸臣窃权而震主。伏见敬宗皇帝不虞亡秦之祸，不翦其萌。伏惟陛下深轸[12]亡汉之忧，以杜其渐。"又曰："臣闻昔汉元帝即位之初，更制七十余

---

1　策制举人：主持科举考试选拔人才。
2　建置：扶植。
3　贤良方正：汉武帝时举荐官吏后备人员的制度，唐宋沿用，设贤良方正科，选拔德才兼备、人品好的人才。贤良，才能、德行好。方正，正直。
4　刀锯之贱：代指宦官。刀锯，刀和锯，特指施宫刑之用具，借指施宫刑。
5　亵近：亲近宠幸。
6　稔萧墙：稔，事物积久养成。萧墙，古代宫室内作为屏障的矮墙，借指内部。
7　曹节、侯览：均为汉时揽权的宦官。
8　阴邪：阴险邪恶。
9　侵陵：侵犯欺负。
10　扫除：廓清，荡涤。
11　虔奉典谟，克承丕构：真诚地奉行儒家经典，继承祖宗所开创的宏图大业。
12　轸：悲痛。

事，其心甚诚，其称甚美，然而纪纲日紊、国祚日衰、奸宄日强、黎元日困者，以其不能择贤明而任之，失其操柄也。"又曰："陛下诚能揭$^1$国权以归相，持兵柄以归将，则心无不达，行无不孚矣。"又曰："法宜画一，官宜正名。今分外官、中官之员，立南司、北司之局，或犯禁于南则亡命于北，或正刑于外则破律$^2$于中，法出多门，人无所措，实由兵农势异而中外法殊也。"又曰："今夏官不知兵籍$^3$，六军不主兵事，军容$^4$合中官之政，戎律$^5$附内臣之职。首一戴武弁$^6$，疾文吏如仇雠；足一蹈军门，视农夫如草芥。谋不足以翦除凶逆，而诈足以抑扬威福；勇不足以镇卫社稷，而暴足以侵轶里闾。羁绁$^7$藩臣，干陵$^8$宰辅，隳裂王度，汩乱朝经$^9$。张武夫之威，上以制君父；假天子之命，下以御英豪。有藏奸观衅之心，无伏节死难之义，岂先王经文纬武$^{10}$之旨邪？"又曰："臣非不知言发而祸应，计行而身戮，盖痛社稷之危，哀生人之困，岂忍姑息时忌$^{11}$，窃陛下一命之宠哉？"考官散骑常侍冯宿等见黄策，皆叹服，而畏宦官，不敢取。裴休、李郃、杜牧、崔慎由等二十二人中第$^{12}$，皆除官，物论$^{13}$嚣然称屈。谏官、御史欲论奏，执政抑之。李郃曰："刘蕡下第，我辈登科，能无厚颜？"乃上疏曰："蕡所对策，汉、魏以来无与为比。今有司以蕡指切$^{14}$左右，不敢以闻，恐忠良道穷，纲纪遂绝。况臣所对不及蕡远甚，乞回$^{15}$臣所授

---

1　揭：肩扛，背负。
2　破律：徇私枉法。
3　兵籍：兵士的名籍。
4　军容：军队和军人的外表、纪律、威仪等。
5　戎律：军法，军纪。
6　首一戴武弁：宦官头上一旦戴上军帽。
7　羁绁：控制。
8　干陵：干犯凌辱。
9　隳裂王度，汩乱朝经：隳裂，毁坏，败坏。王度，王者的德行器度。汩乱，扰乱。朝经，朝廷的典章制度。
10　经文纬武：治理国家的本领，文的武的都具备。
11　时忌：当时的禁忌。
12　中第：中选。
13　物论：众人的议论，舆论。
14　指切：指摘，指责。
15　回：收回。

以旌黄直。"不报。黄由是不得仕于朝，终于使府御史。

范氏曰：天之生斯人，苟有聪明正直之资，必将有用于时，不使之汨没[1]而死也。圣人顺天理而感人心，敛天下之贤者而聚之于朝，使之施其所有，以为国之有，则贤者无不得其所，而民物亦无不得其所矣。唐则不然，抑遏[2]之，废斥之，使身老岩穴，不为世用，岂不违天理、逆人心乎？

胡氏曰：裴度、韦处厚抑谏官、御史，不令伸黄，何也？黄策有三事焉：一则讥及文宗，二则举隆宰辅，三则力诋宦寺，此裴、韦所以拒之而不敢当者也。虽然，此常常[3]之见耳。二公累朝旧德，盍以栋国[4]取贤，匡君救弊为重乎？是时未有一人言及宦寺者，若因黄言，置之高第，请召公卿，并贵常侍五六人，陈太宗故事及近代之失，咨访厥中。公议既合，此五六人者必有自善之谋，纳兵之请，因而处之以礼，则不出中昃[5]，大计定矣。乃避远小嫌，失于事会，黜直言之士，增北司[6]之气，其失岂小也哉？黄之所陈，但欲复其扫除之职，异乎申锡、训、注[7]之谋，事必可行。惜乎，裴、韦读之不详、思之不精也。

王庭凑阴以兵、粮助李同捷。秋，九月，诏削其官爵，命诸军讨之。

王智兴拔棣州时诸军久无功，每小胜，则虚张首虏以邀赏，朝廷竭力奉之，江淮为之耗弊[8]。

冬，十二月，中书侍郎、同平章事韦处厚卒。

魏博军乱李同捷军势日蹙，王庭凑不能救，乃遣人说魏博大将亓志绍，使杀史宪诚父子，取魏博。志绍遂作乱，引所部兵二万人还逼魏州。诏发义成

---

1  汨没：埋没。
2  抑遏：抑制遏止。
3  常常：平常，平庸。
4  栋国：国家栋梁的标准。
5  中昃：日中及日偏斜，或日过午而渐西斜。
6  北司：即内侍省。唐时设在皇宫之北，故名。
7  申锡、训、注：即宋申锡、李训、郑注，皆为当时名臣。李训即李仲言，李逢吉从子。
8  耗弊：消耗疲敝。

军讨之。

以路隋平章事隋言于上曰：“宰相任重，不宜兼金谷<sup>1</sup>琐碎之务，如杨国忠、元载、皇甫镈皆奸臣所为，不足法也。”上以为然。于是裴度辞度支，上许之。

## 己酉三年（公元 829 年）

春，正月，义成节度使李听讨魏博乱军，平之。

二月，横海节度使李祐率诸道兵击李同捷，破之。夏，四月，同捷降，沧景平李祐率诸道兵击李同捷，拔德州。同捷请降，祐遣大将万洪守沧州。宣慰使柏耆疑同捷之诈，自将数百骑驰入沧州，以事诛洪，取同捷，诣京师。或言王庭凑欲以奇兵篡之，耆斩其首。诸道兵攻同捷三年，仅能下之，而耆取为己功。诸将疾之，争上表论，贬耆为循州司户。初，祐病，闻耆杀洪，大惊，遂剧<sup>2</sup>。上曰：“祐若死，是耆杀之也。”祐寻薨，赐耆自尽。

六月，魏州军乱，杀其节度使史宪诚，推何进滔知留后，以拒命。秋，八月，以进滔为魏博节度使初，宪诚闻沧景将平而惧，使其子唐奉表请入朝，且以所管听命。诏徙宪诚镇河中，而以李听镇魏博。宪诚竭府库以治行，将士怒，杀宪诚，奉兵马使何进滔知留后。听至魏州，不得入。七月，进滔出兵击听，走之。时河北久用兵，馈运不给，遂以进滔为节度使。

以殷侑为齐、德、沧、景节度使沧州承丧乱之余，骸骨蔽地，户口存者什无三四。侑至镇，与士卒同甘苦，招抚流散，劝之耕桑。三年之后，户口滋殖，仓廪充盈。

赦王庭凑，复其官爵庭凑因邻道微露请服之意，遂赦之。

以李宗闵同平章事征李德裕为兵部侍郎，裴度荐以为相。会宗闵有宦官之助，遂以宗闵同平章事。宗闵恶德裕逼己，出之滑州。

---

1　金谷：钱财和粮食。
2　剧：严重。

九月，命宦官毋得衣纱縠[1]、绫罗上性俭素，听朝之暇，惟以书史自娱，声乐游畋，未尝留意。驸马韦处仁着夹罗巾，上谓曰："朕慕卿门地清素，故有选尚。如此巾服[2]，听其他贵戚为之，卿不须尔。"

胡氏曰：文宗处富贵之极地，而能清约俭素，终始不变，其可与为善无疑矣。而旦夕承弼[3]之人，无伊、傅、周、召之业，遂使其君有祖甲、成王之质，而怀周赧、汉献[4]之愤。圣学不传，岂细故哉？

冬，十一月，禁献奇巧及织纤丽[5]布帛。

南诏寇成都，入其郛西川节度使杜元颖以文雅自高，不晓军事，专务蓄积，减削士卒衣粮。戍卒皆入蛮境钞盗自给，蛮人反以衣食资之。由是蜀中虚实动静，蛮皆知之。南诏嵯颠遂谋入寇，边州屡以告，元颖不信。嵯颠以蜀卒为乡导，袭陷巂、戎[6]、邛州。诏发近镇兵救之。嵯颠自引兵径抵成都，陷其外郭。元颖保牙城以拒之，欲遁去者数四。蛮大掠子女、百工[7]数万人及珍货而去。嵯颠遣使上表曰："杜元颖不恤军士，军士竞为乡导，祈诛虐帅[8]。诛之不遂，无以慰蜀士之心，愿陛下诛之。"诏贬元颖循州司马。

## 庚戌四年（公元830年）

春，正月，以牛僧孺同平章事李宗闵引僧孺为相，相与排摈李德裕之党，稍稍逐之。

二月，兴元军乱，杀节度使李绛南诏之寇成都也，诏山南西道发兵救之。节度使李绛募兵千人赴之，蛮退而还。诏悉罢之。绛召新军谕旨，赐以

---

1　纱縠：精细、轻薄的丝织品通称。
2　巾服：头巾和长衣，亦泛指士大夫的服饰。
3　承弼：承命辅佐。
4　周赧、汉献：即周赧王、汉献帝。
5　纤丽：精细华丽。
6　戎：戎州，古州名，辖今四川省宜宾、南溪、雷波、金阳等市县以南，直至云南省东川、宜良、个旧及贵州省威信、水城、普安、兴义一带。
7　百工：各种工匠。
8　祈诛虐帅：请求我出兵诛杀杜元颖。

廪麦[1]而遣之，皆怏怏而退。监军杨叔元素恶绛不奉己，以赐物薄激之，众怒，大噪，掠库兵，趋使牙[2]。绛方宴，走登北城。或劝绛缒而出，绛曰："吾为元帅，岂可逃去？"麾推官赵存约令去，存约曰："存约受明公知，何可苟免？"牙将王景延战死，绛、存约等皆遇害。叔元奏绛收新军募直[3]以致乱。三省[4]官上疏，共论绛冤及叔元激怒乱兵之罪，上始悟。

胡氏曰：李深之[5]当宪宗时，罢相不去，未为无眷眷于君之意。历穆、敬为仆射，至为逢吉所逐，则失进退之义矣。素与宦人为仇敌，岂不知连帅[6]之权，半属监军。既同方政，又不礼焉，则昧防闲之几矣。募兵虽不及用，罢而遣之，亦宜犒赐，而给以廪麦，则忽抚接之宜矣。府有正兵，比及乱作，己方张宴[7]，坐受屠害，则无备预之素[8]矣。岂其年老而智衰乎？何处遭变之多舛[9]也！

三月，以柳公绰为河东节度使先是，回鹘入贡及互市，所过惧其为变，常严兵防卫之。公绰至镇，回鹘遣梅录、李畅以马万匹互市，公绰但遣牙将单骑迎劳于境。至，则大辟[10]牙门，受其礼谒。畅感泣，戒其下无得侵扰。沙陀素骁勇，为九姓、六州胡所畏伏。公绰奏以其酋长朱邪执宜为阴山都督使，居云、朔[11]塞下，捍御北边。执宜入谒，神采严整，进退有礼，公绰谓僚佐曰："执宜外严而内宽，言徐而理当，福禄人也。"使夫人与其母、妻饮酒，馈遗之。执宜感恩，为之尽力，自是虏不敢犯塞。

---

1 廪麦：仓库中的粮食。
2 使牙：使衙，节度使治事之所。牙，官署之称，后多写作"衙"。
3 新军募直：招募新兵用的财物。
4 三省：即中书省、门下省、尚书省。
5 李深之：即李绛，李绛字深之。
6 连帅：泛称地方高级长官，唐代多指观察使、按察使。
7 张宴：办宴席。
8 备预之素：向来的防备。备预，防备，准备。素，向来，本来。
9 多舛：命运充满不顺。舛，不顺，不幸。
10 大辟：大开。
11 云、朔：即云州、朔州。

以温造为山南西道节度使，讨乱兵，平之温造行至褒城[1]，遇兴元都将卫志忠征蛮归，密与之谋，以其兵八百人为牙队[2]，五百人为前军，入府分守诸门。既视事，飨士卒。志忠密以牙兵围新军，杀之，八百人皆死。杨叔元起拥造靴求生，造命囚之。诏流康州。

胡氏曰：李绛之祸，皆杨叔元为之也。温造既能诛戮乱兵，宜并叔元歼之，具以事闻，虽得贬无恨矣。尽杀新军则有滥及[3]，纵舍叔元则为失刑[4]，无乃亦慑畏[5]北司故邪？是故为义不终，谓之姑贤乎己者可耳。

夏，六月，以裴度为司徒、平章军国重事度以老疾辞位，故有是命。仍诏三、五日一入中书。

秋，七月，以宋申锡同平章事上患宦官强盛，元和、宝历[6]逆党犹在，而中尉王守澄尤专横，尝密与申锡言之，申锡请渐除其逼[7]。上以申锡沉厚忠谨，可倚以事，擢为宰相。

九月，裴度为山南东道节度使初，裴度征淮西，奏李宗闵为判官，由是渐获进用。至是，怨度荐李德裕，因其谢病出之。

冬，十月，以李德裕为西川节度使蜀自南诏入寇，一方残弊。德裕至镇，作筹边楼[8]，图[9]蜀地形，南入南诏，西达吐蕃，日召老于军旅、习边事者，访以山川、城邑、道路险易、广狭、远近。未逾月，皆若身尝涉历[10]。上命德裕修塞[11]清溪关，以断南诏入寇之路。德裕上言："通蛮细路[12]至多，不可塞，惟重兵镇守，可保无虞。"时北兵皆归本道，惟河中、陈许三千人在成都。有诏

1 褒城：古县名，治所位于今陕西省汉中市西北。
2 牙队：卫队。
3 滥及：无限制地牵连。
4 失刑：当刑而未处刑。
5 慑畏：畏惧。
6 宝历：唐敬宗李湛的年号，存续时间为公元825至827年。
7 逼：威胁、强迫。
8 筹边楼：古建筑名，位于今四川省阿坝藏族羌族自治州理县东北。
9 图：绘图。
10 涉历：经过，经历。
11 修塞：修缮堵塞。
12 细路：小路。

来年亦归，蜀人恟惧。德裕奏乞郑滑[1]五百人、陈许千人以镇蜀，且言："蜀兵脆弱，新为蛮寇所困，皆破胆，不堪征戍，若北兵尽归，则与杜元颖时无异。朝臣建言罢兵，盖由祸不在身，望人责一状，留入堂案[2]。他日败事，不可令臣独当国宪。"朝廷皆从其请。德裕乃练士卒、葺堡障[3]、积粮储以备边，蜀人粗安。

## 辛亥**五年**（公元831年）

春，正月，卢龙将杨志诚逐其节度使李载义。二月，以志诚为留后上闻志诚作乱，召宰相谋之。牛僧孺曰："范阳自安、史以来，非国所有。刘总暂献其地，朝廷费钱八十万缗，而无丝毫所获。今日志诚得之，犹前日载义得之也，因而抚之，使捍北狄[4]，不必计其逆顺。"上从之。以载义恭顺有功，拜太保。以志诚为留后。

司马公曰：昔者圣人顺天理，察人情，知齐民[5]之莫能相治也，故置师长[6]以正之；知群臣之莫能相使也，故建诸侯以制之；知列国之莫能相服也，故立天子以统之。天子之于万国，能褒善而黜恶，抑强而辅弱，抚服而惩违，禁暴而诛乱，然后发号施令，而四海之内莫不率从[7]也。载义藩屏[8]大臣，有功无罪，而志诚逐之，天子一无所问，而因以其位授之，是将帅之废置杀生，皆出于士卒之手，天子虽在上，奚为哉？国家之有方镇，岂专利其财赋而已乎？如僧孺之言，姑息偷安之术耳，岂宰相佐天子御天下之道哉？

三月，贬漳王凑为巢县公，宋申锡为开州司马上与申锡谋诛宦官，申锡引王璠为京兆尹，以密旨谕之。璠泄其谋，王守澄、郑注知之，使人诬告申

---

1　郑滑：方镇名，亦称义成军，领滑、郑、陈三州，辖今河南省北部地区。
2　望人责一状，留入堂案：责令他们每个人把自己的建议写成状子，留在政事堂存档。
3　堡障：用于战守的小土城。
4　北狄：古代北方少数民族的统称。
5　齐民：平民。
6　师长：众官之长。
7　率从：跟从，顺从。
8　藩屏：屏障。

锡谋立漳王，上甚怒。守澄欲遣骑屠申锡家，飞龙使[1]马存亮固争曰："如此，则京城自乱矣。"守澄乃止。上命捕所告品官宴敬则等，于禁中鞫之，皆自诬服。狱成，左常侍崔玄亮、给事中李固言、谏议大夫王质、补阙卢钧等请以狱事付外覆按，上曰："吾已与大臣议之矣。"玄亮叩头流涕曰："杀一匹夫犹不可不重慎，况宰相乎？"上意稍解，复召宰相入议。牛僧孺曰："人臣不过宰相，申锡复欲何求？且申锡殆不至此！"注恐覆按诈觉[2]，乃劝守澄请止行贬黜。存亮即日致仕。坐死、徙者数十百人，申锡竟卒于贬所。质，通之五世孙也。

胡氏曰：宋申锡昧于量主[3]而受付托之重，暗于知人而委腹心之寄，其败宜矣。然则宦官不可除耶？曰：革弊者必有其渐，兴治者必有其本。贤才聚，朝廷治，政事修，择其尤无良者，不过数人，显加刑戮，而收其柄，复门户扫除之常役，何难之有？宦官虽多狡猾，其间如马存亮者，亦可谓谨愿[4]忠智之人矣，就使之谋，岂不贤于训、注之为哉？王璠怀奸不密，他日不免独柳之祸[5]，所谓自作孽者欤？

夏，五月，命有司葺太庙上以太庙两室破漏[6]，逾月不葺，罚将作、度支、宗正俸，命中使率工徒葺之。补阙韦温谏曰："国家置百官，各有所司，苟为堕旷[7]，宜择能者代之。今旷官[8]者止于罚俸，而以其事委之内臣[9]，是以宗庙为陛下所私，而百官皆为虚设也。"上善其言，即命有司葺之。

李德裕索南诏所掠百姓，得四千人。

秋，八月，以崔郾为鄂岳观察使鄂岳多盗，剽行舟[10]，郾训卒治兵，作蒙冲追讨，悉诛之。初，郾在陕，以宽仁为治，或经月不笞一人。及至鄂，严

---

1　飞龙使：古官名，掌皇家闲厩御马等。
2　诈觉：骗局被揭穿。
3　量主：对主上的揣度。
4　谨愿：谨慎诚实。
5　独柳之祸：即后文"甘露之变"，因宦官于独柳树下杀死诸大臣，因此也称"独柳之祸"。
6　破漏：破损漏雨。
7　堕旷：失职。
8　旷官：不称职，空居官位。
9　内臣：宫廷的近臣，多指宦官。
10　剽行舟：抢劫行人舟船。

峻刑罚。或问其故，郾曰："陕土瘠民贫，吾抚之不暇，尚恐其惊。鄂地险民杂，慓狡[1]为奸，非用威刑，不能致治。政贵知变，盖谓此也。"

九月，吐蕃将悉怛谋以维州来降，不受李德裕简蜀兵羸弱者，去四千余人，复募少壮者千人，募北兵得千五百人，与土兵参居[2]，转相训习[3]，日益精练[4]。所作兵器，无不坚利。至是，吐蕃维州副使悉怛谋请降，尽率其众奔成都。德裕遣兵据其城，具奏其状。事下尚书省，集百官议，皆请如德裕策。牛僧孺曰："吐蕃之境，四面各万里，失一维州，未能损其势。比来修好，约罢戍兵，中国御戎，守信为上。彼若来责曰：'何事失信？'养马蔚茹川[5]，上平凉阪[6]，万骑缀回中，怒气直辞[7]，不三日至咸阳桥[8]。此时西南数千里外，得百维州何所用之？徒弃诚信，有害无利。此匹夫所不为，况天子乎？"上以为然，诏德裕以其城及悉怛谋等悉归之吐蕃。吐蕃诛之于境上，极其惨酷[9]。德裕由是怨僧孺益深。

**壬子六年**（公元 832 年）

春，正月，以水旱降系囚[10]。

群臣上尊号，不受韦温言："今水旱为灾，恐非崇饰徽称[11]之时。"上善之，辞不受。

回鹘昭礼可汗为其下所杀从子胡特勒立。

冬，十月，立鲁王永为太子。

---

1　慓狡：勇猛狡猾。慓，勇猛。
2　参居：混居。
3　训习：训练教习。
4　精练：精明干练。
5　蔚茹川：古地区名，即今宁夏南部清水河流域。
6　阪：山坡。
7　直辞：据实陈述。
8　咸阳桥：古桥名，位于今陕西省咸阳市南渭河上，本西汉所造便门桥，唐时又名咸阳桥。
9　惨酷：极其残酷，极其刻薄。
10　以水旱降系囚：鉴于各地水旱灾害，凡监狱中关押的罪犯，一律予以减刑。
11　崇饰徽称：崇饰，粉饰，夸饰。徽称，褒扬赞美的称号。

十二月，牛僧孺罢为淮南节度使西川监军王践言入知枢密，数为上言："缚送[1]悉怛谋以快虏心、绝降者，非计也。"上亦悔之，尤僧孺失策。僧孺内不自安。会上谓宰相曰："天下何时当太平，卿等亦有意于此乎？"僧孺对曰："太平无象。今四夷不至交侵[2]，百姓不至流散，虽非至理[3]，亦谓小康。陛下若别求太平，非臣所及。"因累表请罢，乃出镇淮南。

司马公曰：君明臣忠，上令下从，俊良[4]在位，佞邪黜远，礼修乐举，刑清政平，奸宄消伏[5]，兵革偃戢[6]，诸侯顺附，四夷怀服，时和年丰，家给人足，此太平之象也。于斯之时，阉寺胁君于内，藩镇阻兵于外，士卒杀逐主帅，拒命自立，军旅岁兴，赋敛日急，而僧孺谓之太平，不亦诬乎？当文宗求治之时，僧孺位居承弼，进则偷安[7]取容以窃位，退则欺君诬世以盗名，罪孰大焉！

**昭义节度使刘从谏入朝。**

**以李德裕为兵部尚书**初，李宗闵与德裕有隙。及德裕还自西川，上注意[8]甚厚，朝夕且为相[9]，宗闵百方沮之不能，深以为忧。京兆尹杜悰谓曰："德裕有文学而不由科第[10]，常用此为慊慊。若使之知举[11]，则可以平宿憾矣。"宗闵曰："更思其次。"悰曰："不，则用为御史大夫。"宗闵曰："可矣。"悰乃诣德裕告之，德裕惊喜泣下，寄谢重沓[12]。宗闵复与给事中杨虞卿谋之，事遂中止。

---

1　缚送：捆住押送。
2　交侵：迭相侵犯。
3　至理：至治，最好的治理。
4　俊良：贤能优良之士。
5　消伏：消除。
6　偃戢：停息。
7　偷安：只图目前的安逸，苟安。
8　注意：重视，关注。
9　朝夕且为相：早晚任命他为宰相。
10　科第：科举考选官吏后备人员时，分科录取，每科按成绩排列等第。
11　知举："知贡举"的省称，特命主掌贡举考试，一般以朝廷名望大臣担任。
12　寄谢重沓：寄谢，答谢，报答。重沓，重复繁多。沓，多，重复。

　　胡氏曰：李德裕志气豪迈，盖以公辅自许，人亦以是期之。今史氏[1]以为闻大夫之命惊喜泣下，德裕岂有是哉？杜悰，宗闵之党也，故为此语以陋[2]文饶，而史家取之。司马氏亦不削去，误矣。

## 癸丑**七年**（公元833年）

　　**春，正月，加刘从谏同平章事，遣归镇**初，从谏以忠义自任，入朝，欲请他镇。既至，见朝廷事柄[3]不一，心轻朝廷，故归而益骄。

　　胡氏曰：平章[4]百姓，表正[5]万邦，朝廷之道也。朝廷清明，无不善之政，彼强国悍藩[6]，盖将有不待诏命、不俟征讨而归顺者。不然，则人心不服，虽得之，必失之。以刘从谏向背之事观焉，岂不信夫？然从谏亦岂真知忠义者哉？使其真知，岂视朝廷之理乱，而作辍[7]其操乎？故凡为善者，贵于真知，不然，则异于从谏者几希矣。

　　**二月，以李德裕同平章事**德裕入谢，上与之论朋党事。时给事中杨虞卿与从兄中书舍人汝士等善交结，依附权要，上闻而恶之，故与德裕言，首及之。德裕因得以排其所不悦者。他日，上复言及朋党，李宗闵曰："臣素知之，故虞卿辈臣皆不与美官。"李德裕曰："给舍非美官而何？"宗闵失色。

　　康熙御批：人受天地之中以生，所谓公心也。公好公恶，岂可阿徇[8]若曲附[9]朋党，灭天理，丧人心，无所不至矣。士流读书明理，至于如此，尚不愧衾影[10]哉？

---

1　史氏：史家，史官。
2　陋：贬低。
3　事柄：权柄，权力。
4　平章：辨别彰明。
5　表正：以身为表率而正之。
6　悍藩：强悍的藩镇。
7　作辍：产生与停止。
8　阿徇：迎合曲从。
9　曲附：曲意阿附。
10　不愧衾影：在私生活中无丧德败行之事，问心无愧。衾，被子。

夏，四月，册回鹘彰信可汗。

六月，以李载义为河东节度使先是，回鹘每入贡，所过暴掠，州县不敢诘，但严兵防卫而已。载义至镇，回鹘使者李畅入贡，载义谓之曰："可汗遣将军入贡修好，非遣将军陵践[1]上国也。将军不戢部曲，使之侵盗，载义亦得杀之，勿谓中国之法可忽也。"于是悉罢防卫兵，但使二卒守其门。畅畏服，不敢犯令。

以郑覃为御史大夫初，李宗闵恶覃在禁中数言事，奏罢其侍讲[2]。上从容谓宰相曰："殷侑经术颇似郑覃。"宗闵对曰："覃、侑经术诚可尚[3]，然论议不足听。"李德裕曰："覃、侑议论，他人不欲闻，惟陛下欲闻之，幸甚。"后旬日，宣出[4]，除覃御史大夫。宗闵谓枢密使崔潭峻曰："事皆宣出，安用中书？"潭峻曰："八年天子，听其自行事亦可矣。"宗闵怃然而止。

李宗闵罢。

秋，七月，以王涯同平章事，兼度支、盐铁转运使。

以李程为宣武节度使宣武缺帅，李德裕请徙刘从谏镇之，因拔出上党，不使与山东连结。上以为未可，乃以命程。

八月，诏诸王出阁。停进士试诗赋上患近世文士不通经术，李德裕请依杨绾议，罢诗赋，又言："昔玄宗以临淄王定内难，疑忌宗室，不令出阁，议者以为幽闭骨肉，亏伤人伦。天宝之末，建中之初，所以悉为安禄山、朱泚所鱼肉者，由聚于一官故也。陛下诚能听其年高属疏者出阁，且除诸州上佐，使携其男女出外婚嫁，此则百年弊法[5]，一旦去之，海内孰不欣悦[6]？"上曰："兹事朕久知其不可，今诸王岂无贤才，无所施耳？"于是下诏，并停诗赋。然诸王出阁，竟以议所除官不决而罢。

---

1　陵践：欺凌。
2　侍讲：古官名，即侍讲学士，为君王讲论文史，备君王顾问。
3　尚：尊崇。
4　宣出：宣露散出。
5　弊法：不合时宜的法度。
6　欣悦：欣喜欢悦。

范氏曰：昔三代之王分封同姓，布于天下，天命虽改，而子孙历千百岁不可得而灭绝也。后世人主疑其骨肉，禁锢宗室，甚于缧囚[1]，故自魏、晋以来，易姓之后，苗裔湮灭[2]，祀、莫无主，有唐之后，五代之际，已无闻焉者，其祖宗之所致欤？

**加卢龙节度使杨志诚右仆射**初，以志诚为吏部尚书，志诚怒不得仆射，留官告使[3]。朝廷不得已，加志诚仆射，别遣使慰谕之。杜牧愤河朔三镇之桀骜，而朝廷议者专事姑息，乃作《罪言》曰："上策莫如先自治[4]，中策莫如取魏，最下策为浪战[5]，不计地势，不审攻守是也。"又伤府兵废坏[6]，作《原十六卫》曰："贞观中，内以十六卫蓄养戎臣[7]，外开折冲、果毅府五百七十四，以储兵伍，有事则戎臣提兵居外，无事则放兵居内。其居内也，富贵恩泽以奉养之，所部之兵散舍诸府，三时耕稼，一时治武，籍藏将府，伍散田亩，力解势破，人人自爱，虽有蚩尤[8]为帅，亦不可使为乱耳。及其居外也，缘部之兵被檄乃来[9]，斧钺在前，爵赏在后，飘暴交捽，岂暇异略[10]？虽有蚩尤为帅，亦无能为叛也。自贞观至于开元百三十年间，戎臣兵伍未始逆篡[11]，此大圣人所以柄统轻重，制障表里，圣算神术[12]也。至于开元末，愚儒请罢府兵，武夫请搏四夷，于是府兵内铲，边兵外作，尾大中干，成燕偏重，而天下掀然，根萌

---

1　缧囚：被拘囚的人。
2　湮灭：消灭。
3　官告使：古官名，专送封官告身的使者。
4　自治：自行管理或处理。
5　浪战：轻率作战。
6　废坏：败坏，败落。
7　戎臣：武臣。
8　蚩尤：传说中古代九黎族首领，以金作兵器，与黄帝战于涿鹿，失败后被杀。
9　缘部之兵被檄乃来：统辖的兵马按朝廷的诏令征发而来。
10　飘暴交捽，岂暇异略：飘暴，迅疾猛烈。交捽，对抗，敌对。异略，他图。
11　逆篡：叛乱。
12　柄统轻重，制障表里，圣算神术：恰当地运用皇权，平衡内外军事力量的轻重分布，使之相互制约，以达到圣明地规划和神奇地指挥的结果。

烬燃[1]矣。盖兵居外则叛，居内则篡。使外不叛，内不篡，其置府立卫乎？近代以来，为将帅者皆市儿[2]辈多赍金玉、负倚幽阴、折券交质[3]而得之，绝不识礼义之教，复无慷慨之气。其强杰愎勃[4]者则挠削法制，斩族忠良，力一势便，罔不为寇[5]；其阴泥巧狡者，亦能家算口敛，委于邪幸，由卿市公，去郡得都，四履所治，指为别馆[6]。是以天下兵乱不息，齐人耗干[7]，靡不由是矣。呜呼！文皇帝十六卫之旨，其谁原而复之乎？"又作《战论》曰："河北视天下，犹珠玑也；天下视河北，犹四肢也。河北气俗[8]浑厚，果于战耕，加以土息健马，便于驰敌，是以出则胜，处则饶，不窥天下之产，自可封殖[9]。亦犹大农之家，不待珠玑然后以为富也。国家无河北，则精甲、锐卒、良弓、健马，无有也。河东、盟津、滑台、大梁、彭城、东平尽宿厚兵，不可他使。六镇之师，低首仰给。咸阳西北，戎夷大屯，赤地尽取[10]，始能应费。四肢尽解，头腹兀然[11]，其能以是久为安乎？诚能治其五败，则一战可定，四肢可生。战士离落[12]，兵甲钝弊[13]，是不搜练[14]之过，其败一也。百人荷[15]戈，千夫仰食，此不责实[16]之过，其

---

1　尾大中干，成燕偏重，而天下掀然，根萌烬燃：这样导致尾大不掉、外重内轻的局面，安禄山因此而拥重兵于幽州。一旦他发动叛乱，朝廷连幼苗都焚烧殆尽。中干，内里空虚。干，枯竭。掀然，高举貌，飞扬貌。根萌，根芽，幼苗。烬燃，焚烧。
2　市儿：市井好利之徒。
3　负倚幽阴、折券交质：倚仗阴暗的手段，拿利益交换。
4　强杰愎勃：桀骜不驯，刚愎自用。
5　挠削法制，斩族忠良，力一势便，罔不为寇：肆意扰乱朝廷法制，残酷杀害忠正贤良的幕僚，一旦时机合适，无不随意发兵作乱，对抗朝廷。
6　其阴泥巧狡者，亦能家算口敛，委于邪幸，由卿市公，去郡得都，四履所治，指为别馆：其中一些阴险狡诈的节将，对百姓重税盘剥，委任自己的亲信，用重金结交朝廷权贵。于是，他们或者由卿大夫晋升国公，或者一般的州郡提拔到重要的都市。在自己管辖的区域里，俨然像住在自家房子一样。
7　齐人耗干：齐人，平民。耗干，消耗枯竭，指穷困潦倒。
8　气俗：风气习俗。
9　封殖：聚敛财货。
10　戎夷大屯，赤地尽取：蛮夷之人重兵屯守，民脂民膏搜刮干净。
11　兀然：突兀的样子。
12　离落：离散。
13　钝弊：残破不锋利。
14　搜练：训练，因搜狩以习武事。
15　荷：扛，背。
16　责实：求实，符合实际。

败二也。小胜则张皇[1]邀赏，贵极富溢，则不肯搜奇出死，以勤于我[2]，此厚赏之过，其败三也。多丧兵士，跳身[3]而来，回视刀锯，气色甚安，此轻罚之过，其败四也。大将兵柄不得自专，恩臣[4]、敕使迭来挥之，恍骇[5]之间，虏骑乘之，遂取吾之鼓旗，此不专任之过，其败五也。今诚欲调持[6]干戈，洒扫垢污，以为万世安而乃踵前非，是不可为也。"又作《守论》，以为："议者曰：夫倔强之徒，吾以良将劲兵为衔策[7]，高位美爵充饱其肠，安而不挠，外而不拘，亦犹豢扰[8]虎狼而不拂其心，则忿气不萌，此大历、贞元所以守邦也，亦何必疾战[9]，焚煎[10]吾民，然后以为快也？愚曰：生人油然[11]多欲，欲而不得，则争乱随之，是以教笞[12]于家，刑罚于国，征伐于天下，此所以裁其欲而塞其争也。大历、贞元之间，尽反此道，提区区之有而塞无涯之争，是以首尾指支[13]，几不能相运掉[14]也。不知非[15]此，而反用以为经，愚见为盗者非止于河北而已。"又注《孙子》，为之序，曰："兵者，刑也；刑者，政事也。为夫子之徒，实仲由、冉有之事也。不知自何代分为二道，搢绅之士不敢言兵，苟有言者，世以为粗暴异人，人不比数。不知自古主兵者，必圣贤、才能、多闻博识之士乃能有功，议于廊庙之上，兵形已成，然后付之于将耳。彼为相者曰：'兵非吾事，吾不当知。'君子曰：'勿居其位可也！'"

---

1　张皇：夸张，炫耀。
2　搜奇出死，以勤于我：寻找杰出人才，出生入死，为朝廷效力。出死，献出生命。
3　跳身：轻身逃走。
4　恩臣：宦官。
5　恍骇：恍，心神恍惚。骇，害怕。
6　调持：征调。
7　衔策：马嚼子和马鞭，亦喻指准绳、准则。
8　豢扰：驯养。
9　疾战：速战，突击。
10　焚煎：燃烧，也比喻折磨。
11　油然：自然而然。
12　教笞：教训鞭笞。
13　指支：四肢。
14　运掉：运转摆动。
15　非：反对。

胡氏曰：治天下而先自治者，尧、舜、三王不越[1]是矣，而杜牧之以伐魏次之，则不知其所谓自治者何事也。若徒以复十六卫、开五百七十四府为自治之道，是非圣王所先务。贞观之治，亦不专恃此也。故文士之言，有言近似而实不至者，此类是矣。

**九月，以郑注为右神策判官**注依倚王守澄，权势熏灼，上深恶之。侍御史李款阁内奏弹之，旬日之间，章数十上。守澄匿注于右军。左军中尉韦元素恶注，军将李弘楚说元素召而杀之，因见上请罪，元素从之。注至，蠖屈鼠伏，佞辞泉涌[2]，元素不觉执手款曲，以金帛厚遗而遣之。弘楚怒，解职去。王涯为相，注有功焉，且畏王守澄，遂寝李款之奏。守澄言注于上而释之，寻奏为侍御史，充右神策判官。朝野骇叹[3]。

**冬，十二月，群臣上尊号，不受**群臣上尊号。会中使薛季棱自同、华[4]还，言闾阎雕弊，上叹曰："关中小稔，百姓尚尔，况江淮比年大水，其人如何？吾无术以救之，敢崇虚名乎？"因以通天犀带[5]赏季棱。群臣四上表，竟不受。

胡氏曰：人君而不当自圣[6]，则不受尊号；知二帝、三王一言为名而不敢兼也，则不受尊号；知后世臣子习为诡谀，陷主于夸侈[7]也，则不受尊号；知古之人君未有生而自加谥也，则不受尊号；知无其实而当其名之为可耻也，则不受尊号。若文宗者，可以为后世法矣。宦人[8]，以媚为正者也。文宗有谦恭之心，则宦人亦敢告以百姓利病[9]之实。若动皆率道[10]，人有不化乎？

---

1　越：超出。
2　蠖屈鼠伏，佞辞泉涌：蠖屈鼠伏，形容卑躬屈膝向人讨好的样子。佞辞，讨好的话。泉涌，泉水喷涌，比喻事物源源不断，滔滔不绝。
3　骇叹：惊叹。
4　同、华：即同州、华州。
5　通天犀带：一种装饰有上下贯通的犀牛角的腰带。通天犀，上下贯通的犀牛角。
6　自圣：自以为圣明。
7　夸侈：奢侈，浮华。
8　宦人：太监。
9　利病：利弊。
10　率道：遵循正道。

**帝有疾**上始得风疾，不能言。王守澄荐郑注，上饮其药，颇有验，遂有宠。然上自是神识[1]耗减，不能复故。

**甲寅八年**（公元834年）

春，二月朔，日食。

夏，六月，旱上以久旱，诏求致雨之方。司门员外郎李中敏上表曰："仍岁[2]大旱，直以宋申锡之冤滥、郑注之奸邪？今斩注而雪申锡，天必雨矣。"不从。中敏乃谢病，归东都。

冬，十月，幽州军乱，逐节度使杨志诚，推史元忠主留务。志诚伏诛元忠献志诚所造衮衣、僭物[3]，诏流岭南，道杀之。

以李宗闵同平章事，李德裕罢为山南西道节度使，以李仲言为翰林侍读学士初，李仲言流象州，遇赦，还东都。会留守李逢吉思复入相，仲言自言与郑注善，逢吉使仲言厚赂之。注引仲言见王守澄，守澄荐于上，言其善《易》。仲言仪状秀伟，倜傥尚气[4]，颇工文辞，有口辩，多权数，上见之大悦，欲以为谏官，置之翰林。李德裕曰："仲言向所为计，陛下必尽知之，岂宜置之近侍[5]？"上曰："然岂不容其改过？"对曰："臣闻惟颜回能不贰过[6]。彼圣贤之过，但思虑不至，或失中道[7]耳。仲言之恶，著于心本[8]，安能悛改邪？"上曰："逢吉荐之，朕不欲食言。"对曰："逢吉身为宰相，乃荐奸邪以误国，亦罪人也。"上曰："然则别除一官。"对曰："亦不可。"上顾王涯，涯对曰：

---

1　神识：神志，精神意识。
2　仍岁：连年，多年。
3　衮衣、僭物：衮衣，帝王及上公穿的绘有卷龙的礼服。僭物，僭用在上者的器物。
4　仪状秀伟，倜傥尚气：仪状，仪容形状。秀伟，俊秀奇伟。倜傥，洒脱，不拘束。尚气，重义气。
5　近侍：接近帝王的侍从之人。
6　不贰过：犯过的错误不重犯。
7　中道：中正之道。
8　心本：本心。

"可。"德裕挥手止之，上回顾[1]适见，不怿而罢。始涯闻上欲用仲言，草谏疏[2]极愤激，既而见上意坚，且畏其党盛，遂中变。寻以仲言为四门助教[3]，给事中郑肃、韩伏封还敕书。德裕出中书，王涯诈谓二人曰："李公适留语，令二阁老不用封敕。"二人即行下[4]。德裕闻之，大惊曰："有司封驳[5]，岂当禀宰相意邪？"仲言及注皆恶德裕，以宗闵与德裕不相悦，引宗闵以敌之。上遂相宗闵，而出德裕于兴元。是日，以仲言为侍读，给事中高铢、郑肃、韩伏、谏议大夫郭承嘏、中书舍人权璩等争之，不能得。仲言寻改名"训"。

**令进士复试诗赋。**

**以李德裕为兵部尚书**德裕见上，请留京师故也。

胡氏曰：功名之心胜，富贵之念深，则于道义将背戾[6]而不自知。李卫公功名富贵人也，故知仕进而已，而不知既为宰相，不获于君，尚欲徘徊京师，强颜班列[7]，于义何处也？素怀忿忮[8]，又存物欲，两不得伸，将有偷合苟得之行，离合倾攘[9]之计，不能自已者矣。使知道循义以处，兴废进退，岂不绰绰然有余裕[10]哉？

十一月，成德节度使王庭凑卒，子元逵自知留后元逵改父所为，事朝廷甚谨。

**以李德裕为镇海节度使**李宗闵言："德裕制命已行，不宜自便。"诏复以德裕镇浙西。时德裕、宗闵各有朋党，互相挤援[11]，上患之，每叹曰："去河北贼易，去朝中朋党难。"

---

1　回顾：回过头看。
2　谏疏：直言劝谏的奏章。
3　四门助教：古官名，唐国子监四门馆置，协助四门博士教授学生。
4　行下：行文下达。
5　封驳：封还并对诏敕不当者加以驳正。
6　背戾：悖谬，相反。
7　班列：朝班的行列。
8　忿忮：残忍凶狠。
9　离合倾攘：离合，合纵连横。倾攘，倾覆排除。
10　绰绰然有余裕：绰绰然，宽裕貌。余裕，宽绰有余，富裕。
11　挤援：排挤对方，声援同党。

司马公曰：君子、小人之不相容，犹冰炭之不可同器而处也。然君子进贤退不肖，其处心也公，其指事[1]也实，故谓之正直。小人反是，故谓之朋党。若人主有以辨之，则朋党何自而生哉？惟其明不能烛[2]，强不能断，邪正杂进，威福潜移，是以谗慝得志而朋党之议兴矣。故朝廷有党，则人主当以自咎而不当以罪群臣也。文宗不能察群臣之贤否而进退之，乃怨其难治，是犹不种不芸而怨田之芜[3]也。朝中之党且不能去，况河北贼乎？

**以王璠为尚书左丞**郑注深德璠，李训亦与之善，共荐之。

### 乙卯**九年**（公元835年）

春，正月，以王元逵为成德节度使。

**浚曲江及昆明池**郑注言秦地有灾，宜兴役[4]以禳之也。

胡氏曰：天地神明之理，不谆谆[5]以言示人，则人孰喻其所为者？故圣人修其德，正厥事而已。甘露之变，天子震惊，千门[6]流血，秦地有灾，良非虚语。郑注徒知其灾，而不知其所以灾，乃欲劳人以厌之，而文宗又听而从之，震惊之及，其能免邪？

三月，以史元忠为卢龙节度使。

夏，四月，以李德裕为宾客、分司[7]。

以郑注守太仆卿，兼御史大夫注举李款自代，曰："加臣之罪，虽于理而无辜；在款之诚，乃事君而尽节。"人皆哂之。

**路隋罢为镇海节度使**初，李德裕为浙西观察使，漳王傅母杜仲阳坐宋申锡事放归金陵，诏德裕存处[8]之。至是，王璠等奏德裕厚赂仲阳，阴结漳王，

---

1 指事：阐明事理，叙述事物。
2 烛：洞察。
3 芜：土地不耕种而荒废。
4 兴役：动用劳力修建。
5 谆谆：形容恳切教导。
6 千门：千家。
7 宾客、分司：即太子宾客、东都分司。
8 存处：抚慰安置。

图为不轨。上怒甚，路隋曰："德裕不至此。果如所言，臣亦应得罪！"乃以德裕为宾客、分司，而以隋代之，不得面辞[1]而去。

**以贾𫗧同平章事**𫗧性褊躁轻率，与李德裕有隙，而善于宗闵、郑注，故上用之。

**贬李德裕为袁州刺史**制以上初得疾，王涯呼德裕问起居，不至。又在蜀征逋悬钱[2]，百姓愁困[3]，贬之。

**五月，以仇士良为神策中尉**初，宋申锡获罪，宦官益横，上不能堪。李训、郑注揣知上意，数以微言[4]动上。上意其可与谋大事，遂密以诚告之，训、注遂以诛宦官为己任。二人言无不从，声势烜赫[5]。注多在禁中，或时休沐，宾客填门，赂遗山积。外人但知训、注倚宦官作威福，不知其与上有密谋也。上之立也，仇士良有功，王守澄抑之，由是有隙。训、注为上谋进擢士良，以分守澄之权。

**六月，贬李宗闵为明州刺史。秋，七月，以李固言同平章事**京城讹言郑注为上合金丹，须小儿心肝，民间惊惧。郑注素恶京兆尹杨虞卿，与李训共构之，云此语出于虞卿家人。上怒，下虞卿狱。注求为两省官[6]，李宗闵不许，注毁之于上。会宗闵救虞卿，上怒，叱出，贬之。虞卿亦贬虔州司马。而以李固言为相。训、注为上画太平之策，以为当先除宦官，次复河湟，次清河北，开陈方略，如指诸掌。上以为信[7]，宠任日隆。连逐三相，威震天下。于是平生丝恩发怨[8]无不报者。

**贬李甘为封州司马**时人皆言郑注朝夕且为相，侍御史李甘扬言于朝曰：

---

1　面辞：当面告辞。
2　逋悬钱：百姓的赋税欠款。
3　愁困：忧愁困苦。
4　微言：暗中进言。
5　烜赫：昭著，显赫。
6　两省官：门下省与中书省官员的合称。
7　信：忠诚可靠。
8　丝恩发怨：一丝一毫的恩怨，微小的恩怨。

"白麻出，我必坏之于庭。"故及于贬。然训亦忌注，不欲使为相，事竟寝。

以郑注为翰林侍读学士，贬李珏为江州刺史注好服鹿裘[1]，以隐沦[2]自处，上以师友待之。注之初得幸，上尝问翰林学士李珏曰："卿知有郑注乎？"对曰："臣岂不知！其人奸邪，陛下宠之，恐无益圣德。臣忝在近密[3]，安敢与此人交通？"至是，以注为工部尚书、翰林侍读学士，珏贬江州。时注、训所恶，皆目为二李之党，贬、逐无虚日，班列殆空。

改江淮、岭南茶法，增其税从王涯之请也。

陈弘志伏诛时弘志为兴元监军。李训为上谋讨元和之乱，召之，至青泥驿[4]，封杖杀之。

胡氏曰：陈弘志弑宪宗，事状[5]未明，必欲治之，执付廷尉，鞫取款实[6]，然后肆诸市朝，岂不善哉？而暗杀之，非所以讨乱贼也。

李固言罢为山南西道节度使，以郑注为凤翔节度使初，注求镇凤翔，固言不可，乃出固言镇兴元，而以注为凤翔帅。李训虽因注得进，及势位俱盛，心颇忌注，托以中外协势[7]以诛宦官，故出注于凤翔，其实俟既诛宦官，并图注也。注请礼部员外郎韦温为副使，温不可。或曰：拒之必为患。温曰："择祸莫若轻。拒之止于远贬，从之有不测之祸。"卒辞之。

以王守澄为神策观军容使训、注为上谋以虚名尊守澄，实夺之权。

以舒元舆、李训同平章事元舆为中丞，凡训、注所恶者，则为之弹击[8]，由是得为相。上惩二李朋党，以贾𬭚及元舆皆孤寒[9]新进，故擢为相，庶[10]其无党。训起流人，期年致位宰相，天子倾意任之。天下事皆决于训，王涯辈承顺

---

1　鹿裘：鹿皮做的大衣，常用为丧服及隐士之服。
2　隐沦：隐者。
3　近密：接近帝王的官职，亦指帝王的亲近之臣。
4　青泥驿：古驿名，位于今陕西省汉中市略阳县西北青泥岭上。
5　事状：事实情况。
6　款实：实情。
7　协势：互相呼应。
8　弹击：弹劾抨击。
9　孤寒：出身低微。
10　庶：希冀。

其风指[1]，惟恐不逮。

冬，十月，以王涯兼榷茶使郑注每自负经济之略，上问以富人之术，注无以对。乃请榷茶，人甚苦之。

杀王守澄训、注密言请除守澄，遣中使就第，赐酖杀之。训、注本因守澄以进，卒谋而杀之。人皆快守澄之受佞，而疾训、注之阴狡。于是元和之逆党略尽矣。

加裴度兼中书令李训所奖拔，率皆狂险[2]之士，然亦时取天下重望以顺人心，如裴度、令狐楚、郑覃，皆累朝耆俊[3]，久在散地，训皆引居崇秩[4]。由是士大夫亦有望其真能致太平者，不惟天子惑之也。然识者见其横甚，知将败矣。

胡氏曰：李训假爵禄以宠贤士，可以无受者也。裴度在外，当逊辞而牢让；郑覃在内，当见上而尽言。今乃昧于辞、受之义，非大臣特立[5]之道也。

十一月，李训、舒元舆、郑注等谋诛宦官，不克。以郑覃、李石同平章事。仇士良杀训、注、元舆及王涯、贾𫧣等始，郑注与李训谋，至镇，选壮士数百为亲兵，奏请入护王守澄葬，仍请令内臣尽集[6]送之，因令亲兵杀之，使无遗类。约既定，训与其党谋，如此事成，则注专有其功，乃以郭行余镇邠宁，王璠镇河东，使多募壮士为部曲；以罗立言知京兆府事，韩约为金吾卫大将军。及与御史中丞李孝本谋，并注去之。宰相惟舒元舆与其谋，他人莫知也。及是日，上御紫宸殿，百官班定[7]，韩约奏左金吾听事后石榴夜有甘露，因蹈舞[8]再拜，宰相亦率百官称贺。训、元舆劝上往观，以承天贶[9]，上许之。先命宰相视之。训还，

---

1 风指：旨意，意图。
2 狂险：极端阴险。
3 耆俊：年老而才能优异者。
4 崇秩：高官。
5 特立：有坚定的志向和操守。
6 尽集：全部都集中起来。
7 班定：按朝班的顺序排好。
8 蹈舞：舞蹈，臣下朝贺时对皇帝表示敬意的一种仪节。
9 天贶：上天的恩赐。

奏："非真，未可宣布。"上顾仇士良率诸宦者往视之。宦者既去，训召行余、璠受敕。璠股栗不敢前，独行余拜殿下。时二人部曲数百，皆执兵立丹凤门外，训召之入。士良等至，韩约变色流汗，士良怪之。俄风吹幕起，执兵者甚众。士良等惊走，诣上告变。训呼金吾卫士："上殿卫乘舆者，人赏钱百缗！"宦者即举软舆[1]迎上，决殿后罘罳，疾趋北出。罗立言率京兆逻卒[2]三百，李孝本率御史台从人二百，皆登殿纵击宦官，死伤者十余人。训知事不济，脱从吏绿衫衣之，走马而出。王涯、贾𫗧、舒元舆还中书。士良等知上豫其谋，怨愤，出不逊语，上惭惧，不复言。士良等命左、右神策兵五百人，露刃出讨贼，杀金吾吏卒千六百余人。诸司吏卒及民酤贩[3]在中者皆死，又千余人。擒舒元舆、王涯、王璠、罗立言等，皆系两军。涯年七十余，不胜苦，自诬服与李训等谋行大逆。禁兵及坊市恶少年乘势剽掠，尘埃蔽天。明日，百官入朝，上御紫宸殿，问："宰相何为不来？"仇士良曰："王涯等谋反系狱。"因以涯手状[4]呈上。上召左仆射令狐楚、郑覃示之，悲愤不自胜，谓曰："是涯手书乎？"对曰："是也。"命楚、覃参决机务。使楚草制宣告中外。楚叙涯等反事浮泛[5]，仇士良等不悦，由是不得为相，而以郑覃、李石同平章事。擒获贾𫗧、李孝本。李训为人所杀，传其首。左、右神策出兵，以训首引涯、璠、立言、𫗧、元舆、孝本献于庙社，徇于两市[6]。命百官临视，腰斩于独柳之下，亲属皆死，孩稚[7]无遗。百姓怨涯榷茶，或诟骂，或投瓦石击之。数日之间，杀生、除拜皆决于中尉，上不豫知也。

　　司马公曰：论者皆谓涯、𫗧初不与谋，横遭此祸，愤叹其冤。臣独以为不

1　软舆：即轿子。
2　逻卒：巡逻的士兵。
3　酤贩：经商，做买卖。
4　手状：被告人的自白状。
5　浮泛：浮浅而不深入的，不切实的。
6　两市：唐长安城中东市、西市的合称。
7　孩稚：幼儿，幼年。

然。涯、悚安高位，饱重禄[1]，训、注小人，穷奸究险[2]，力取将相，己乃与之比肩，不以为耻，国家危殆，不以为忧，自谓得保身之良策矣。若使人人如此而无祸，则奸臣孰不愿之哉？一旦祸生不虞，足折刑剧[3]，盖天诛之也，士良安能族之哉？

胡氏曰：涯、悚与训、注比肩，又奉承之，断以《春秋》，当从党恶[4]之例，削官远窜[5]可也。仇士良以谋反诬之，而未敢专杀。文宗顾问覃、楚，岂不望其一言为二人计者。明目张胆[6]，以死力争，其济，则天子未失威柄，诸人免于屠戮；不济，则受贬而去，亦无歉矣。乃依阿取容，使肆惨毒，而覃犹以经学见称，无亦知柔而不知刚矣。

郑注将亲兵[7]至扶风，知训已败，复还凤翔。监军伏甲斩之，灭其家，僚属皆死。右军获韩约，斩之。士良等进阶迁官有差。自是天下事皆决于北司，宰相行文书而已。宦官自是气益盛，迫胁天子，下视宰相，陵暴朝士如草芥。每延英议事，士良等动引训、注折宰相。郑覃、李石曰："训、注诚为乱首，但不知训、注始因何人得进？"宦者稍屈，搢绅赖之。时中书惟有空垣[8]破屋，百物皆缺。江西[9]、湖南献衣粮百二十分，充宰相召募。李石上言："宰相若忠正无邪，神灵所佑，纵遇盗贼，亦不能伤。若内怀奸罔，虽兵卫甚设[10]，鬼得而诛之。愿止循故事，以金吾卒导从，两道所献，并乞停寝[11]。"从之。

---

1　重禄：厚禄，高薪。
2　穷奸究险：用尽奸邪和阴险的才能。
3　足折刑剧：足折，煮饭用的鼎鼎足断了。刑剧，将有罪之贵族、大臣刑杀于户内，而不在市上施刑。典出《易·鼎》："鼎折足，覆公悚，其刑剧，凶。"
4　党恶：结党作恶。
5　远窜：流放边土。
6　明目张胆：有胆识，敢做敢为。后也形容公开放肆地干坏事。明目，睁亮眼睛。张胆，放开胆量。
7　亲兵：官员身边的随从护卫。
8　垣：矮墙，也泛指墙。
9　江西：方镇名，领有洪、饶、吉、江、袁、信、虔、抚八州，辖今江西省全省。
10　兵卫甚设：警卫严密。
11　停寝：止息。

范氏曰：文宗愤宦官之弑逆而欲除之，当择贤相而任之。朝廷既清，纪纲既正，赏罚之柄，出于人主，执其元恶，付之有司，正典刑而已矣。乃与训、注为诡计，欲用甲兵于陛城[1]之间，不以有罪、无罪，皆夷灭之，召外寇以攻内寇，是以一败涂地，几亡社稷，非徒无益，而愈重祸。盖用小人以去小人，未有不害及国家者也。

**十二月，诏罢榷茶**从令狐楚之请也。

**召六道巡边使[2]还京师**初，王守澄恶宦者田全操等六人，李训、郑注因遣分诣盐灵[3]等道巡边，而诏六道使杀之。会训败，六道得诏，皆废不行。至是召之。全操等追忿训、注之谋，在道扬言："我入城，凡儒服者尽杀之。"乘驿疾驱而入。京城讹言寇至，民惊走，诸司奔散。郑覃、李石在中书，覃谓石曰："耳目颇异，宜出避之。"石曰："宰相位尊望重，人心所属，不可轻也。今事虚实未可知，坚坐镇之，庶几可定。若宰相亦走，则中外乱矣。且果有祸乱，避亦不免。"覃然之。石坐视文案，沛然[4]自若。敕使传呼闭皇城诸门，左金吾大将军陈君赏曰："贼至闭门未晚，请徐观其变，不宜示弱。"至晡乃定。是日，坊市恶少年皆望皇城闭，即欲剽掠。非石与君赏镇之，京城几再乱矣。

**以薛元赏为京兆尹**时禁军暴横，京兆尹张仲方不敢诘，以薛元赏代之。元赏尝诣李石第，闻石方坐听事，与一人争辩甚喧[5]。元赏使觇之，云有神策军将诉事。元赏趋入，责石曰："相公纪纲四海，不能制一军将，使无礼如此，何以镇服四夷？"即命左右擒出。士良召之，元赏曰："属有公事，行当至矣[6]。"乃杖杀之，而白服以见士良曰："中尉、宰相，皆大臣也。宰相之人若

---

1　陛城：陛，宫殿的台阶。城，台阶的梯级。
2　巡边使：古官名，负责巡视边防，经过州镇，与节度、防御使、刺史审量利害，具事实奏闻。
3　盐灵：方镇名，又称朔方军，领灵、盐、夏、丰州及西受降城、定远、天德两军，辖今宁夏回族自治区及甘肃、内蒙古、陕西各一部分地区。
4　沛然：充盛貌，盛大貌。
5　喧：声音大而嘈杂。
6　属有公事，行当至矣：我这里有公事，请先出发，我办完后马上就去。

无礼于中尉，如之何？中尉之人无礼于宰相，庸可恕乎？中尉与国同体，为国惜法。元赏以囚服而来，惟中尉死生之！"士良无可如何，乃呼酒，与元赏欢饮而罢。

## 丙辰**开成元年**（公元 836 年）

春，二月，加刘从谏检校司徒昭义节度使刘从谏上表，请王涯等罪名，且言："涯等荷国荣宠，安肯构逆？训等实欲讨除内臣，两中尉遂诬以反逆。若其实有异图，亦当委之有司，正其刑典，岂有内臣擅领甲兵，恣行剽劫[1]，延及士庶，横被杀伤？臣欲身诣阙庭，面陈臧否，恐并陷孥戮[2]，事亦无成。谨当修饰封疆[3]，训练士卒，如奸臣难制，誓以死清君侧！"士良等惧，乃加从谏检校司徒。从谏复表让曰："臣之所陈，系国大体。可听则涯等宜蒙湔洗[4]，不可听则赏典[5]不宜妄加。安有死冤不申而生者荷禄？"因暴扬仇士良等罪恶，士良等惮之。由是郑覃、李石粗能秉政，天子倚之，亦差以自强。

诏京兆收葬王涯等令狐楚从容奏："王涯等身死族灭，遗骸弃捐[6]，请收瘗之。"上惨然久之，命京兆收葬涯等十一人。仇士良潜使人发之，弃骨渭水。

夏，四月，以李固言同平章事固言荐崔球为起居舍人，郑覃以为不可。上曰："公事莫相违。"覃曰："若宰相尽同，则事必有欺陛下者矣。"上与宰相语，患四方表奏华而不典[7]，李石对曰："古人因事为文，今人以文害事。"上与宰相论诗，覃曰："诗之工者，无若《三百篇》，皆国人作之以刺美[8]时政，王者采[9]之以观风俗耳，不闻王者为诗也。陈后主、隋炀帝皆工于诗，不免亡

---

1　剽劫：抢劫。
2　孥戮：诛及子孙。
3　修饰封疆：修饰，修整装饰建筑物等。封疆，边疆。
4　湔洗：除去，洗雪。
5　赏典：赏赐的恩典。
6　弃捐：抛弃，废置。
7　华而不典：华丽但不标准。
8　刺美：讽刺邪恶，赞扬美好。
9　采：搜集。

国，陛下何取焉？”覃笃于经术，上甚重之。上当欲置诗学士，李珏曰：“诗人浮薄[1]，无益于理。”乃止。上谓宰相曰：“荐人勿问亲疏。朕闻窦易直为相，未尝用亲故。若亲故果才，避嫌而弃之，是亦不为至公也。”

**闰月，以李听为河中节度使** 上尝叹曰：“付之兵不疑，置之散地不怨，惟听为可以然。”

**秋，七月，以魏謩为补阙** 李孝本二女配没右军，上取之入官。拾遗魏謩上疏曰：“窃闻数月以来，教坊选试以百数，庄宅收市犹未已[2]。又召李孝本女，不避宗姓[3]，大兴物论，臣窃惜之。”上即出之，擢謩为补阙，谓曰：“朕选、市女子，以赐诸王耳。怜孝本女孤露[4]，故收养官中。謩于疑似之间皆能尽言，可谓爱我，不忝厥祖[5]矣！”命中书优为制辞以赏之。謩，徵之五世孙也，后为起居舍人。上就取记注[6]观之，謩不可，曰：“记注兼书善恶，所以儆戒[7]人君，陛下但力为善，不必观史。”上曰：“朕向尝观之。”对曰：“此向日史官之罪也。若陛下自观史，则史官必有所讳避[8]，何以取信于后？”上乃止。又尝命謩献其祖文贞公[9]笏，郑覃曰：“在人不在笏。”上曰：“亦《甘棠》[10]之比也。”

**复宋申锡官爵** 李石为上言宋申锡忠直被诬，未蒙昭雪，上流涕曰：“兹事朕久知其误，当时为奸人所逼，兄弟几不能保，申锡仅全腰领[11]耳。此皆朕之不明，向使遇汉昭帝，必无此冤矣。”郑覃、李固言亦以为言，上深惭恨，乃复其官爵。

---

1　浮薄：轻薄，不朴实。
2　教坊选试以百数，庄宅收市犹未已：教坊使已经挑选测试了一百多个擅长乐舞的宫女，庄宅使到市场关门的时候仍在挑选。庄宅，即庄宅使，古官名，掌管直属皇帝庄田及其人产业，由宦官担任。
3　宗姓：皇族、国姓。
4　孤露：孤单没人庇护。
5　厥祖：他的祖先。
6　记注：起居注，编年实录。
7　儆戒：戒备，戒惧。
8　讳避：隐匿回避。
9　文贞公：即唐初名臣魏徵，文贞为其谥号。
10　《甘棠》：《诗经·国风·召南》中的一篇，借召公曾休息过的甘棠树来怀念召公。
11　腰领：腰部与颈部，两者为人体的重要部分，断之即死，故常喻致命之处。

冬，十月，贬韩益为梧州[1]司户李石用金部员外郎韩益判度支，而益坐赃三千余缗系狱。石按之，曰："臣始以益颇晓钱谷，故用之，不知其贪乃如是！"上曰："宰相但知人则用，有过则惩，如此，则人易得。卿所用人，不掩其恶，可谓至公。从前宰相用人，好曲蔽[2]其过，不欲人弹劾，此大病也。"乃贬益官。

十二月，以卢钧为岭南节度使李石言于上曰："卢钧除岭南，朝士皆相贺，以为岭南富饶，近岁皆厚赂北司而得之。今北司不挠朝权[3]，陛下宜有以褒之，庶几内外奉法，此致理之本也。"上从之。钧至镇，以清惠[4]著名。

## 丁巳二年（公元 837 年）

春，三月，彗星出彗星出于张[5]，长八丈余。诏撤乐减膳，以一日之膳分充十日。

夏，四月，以柳公权为谏议大夫上对[6]中书舍人柳公权等于便殿。上举衫袖示之，曰："此衣已三澣[7]矣。"众皆美上之俭德，公权独无言。上问其故，对曰："陛下贵为天子，富有四海，当进贤退不肖，纳谏诤，明赏罚，乃可以致雍熙。服澣濯之衣，乃末节[8]耳。"上曰："朕知舍人不应复为谏议，以卿有诤臣[9]风采，须屈卿为之。"故有是命。

以陈夷行同平章事。

六月，河阳军乱，逐其节度使李泳泳，长安市人，寓籍[10]禁军，以赂得

---

1　梧州：古州名，辖今广西壮族自治区梧州、苍梧、藤县等市县及蒙江下游地区。
2　曲蔽：曲为掩盖。
3　朝权：朝政大权。
4　清惠：清廉仁惠。
5　张：星宿名，二十八宿之一，南方朱雀七宿的第五宿，有星六颗。
6　对：召见。
7　澣：洗。
8　末节：细节，小节。
9　诤臣：能不顾自身安危进行劝谏的大臣。
10　寓籍：寄籍客居。

方镇，所至贪残，其下不堪命，故乱作。

秋，七月，太子侍读韦温罢温晨诣东宫，日中乃得见，因谏曰："太子当鸡鸣而起，问安视膳，不宜专事宴安。"太子不能用其言，温乃辞侍读。

胡氏曰：韦温不从郑注之辟，谏太子不从而辞位，可谓行己有耻，见微知著矣。

冬，十月，国子监石经成。

李固言罢。

卷

五
十

起戊午唐文宗开成三年，尽丁亥[1]唐懿宗咸通八年凡三十年。

## 戊午三年（公元 838 年）

春，正月，**盗射伤李石**李石入朝，有盗射之，微伤，马惊，驰归。又有盗邀击于坊门[2]，断其马尾，仅而得免。上大惊，敕中外捕盗甚急，竟无所获。

**以杨嗣复、李珏同平章事，李石罢为荆南节度使**上自甘露之变，意忽忽不乐[3]，两军球鞠之会[4]，什减六七，或徘徊眺望，或独语叹息。尝谓宰相曰："朕每读书，耻为凡主[5]。然与卿等论天下事，则不免愁。"李石曰："为理不可以速成。今内外小人尚多疑阻，愿陛下更以宽御之。彼有公清奉法，如刘弘逸、薛季棱者，陛下亦宜褒赏以劝为善。"上曰："我与卿等论天下事，有势未得行者，退但饮醇酒求醉耳。"石承甘露之乱，人情危惧，宦官恣横，忘身徇国，故纪纲粗立。仇士良深恶之，潜遣盗杀之，不果。石惧，辞位，上深知其故而无如之何，从之。

**以李宗闵为杭州刺史**杨嗣复欲援进[6]李宗闵，恐为郑覃所沮，乃先令宦官讽上。上以语宰相，覃果对曰："陛下若怜宗闵，止可量移。若欲用之，臣请避位。"陈夷行亦曰："宗闵纤人[7]，向以朋党乱政，陛下奈何爱之？"杨嗣复曰："事贵得中[8]。"因与嗣复互相诋讦以为党，上曰："与一州无伤。"覃等退，上谓魏謩曰："宰相喧争[9]如此，可乎？"对曰："诚为不可，然覃等尽忠愤激，不自觉耳。"李固言与嗣复、李珏善，故引居大政[10]，以排郑覃、陈夷行，每议

---

1　丁亥：即公元 867 年。
2　坊门：古时街巷之门。
3　忽忽不乐：形容若有所失而不高兴的样子。忽忽，心中空虚恍惚的情态。
4　两军球鞠之会：左、右神策军举行的击鞠比赛。击鞠，相当于现在的马球，游戏者乘坐于马上击球。
5　凡主：平庸的君主。
6　援进：提拔任用。
7　纤人：小人，与君子相对。
8　得中：适中，适当。
9　喧争：吵闹争夺。
10　居大政：担任处理国家重大政务的官职。

政之际，是非锋起[1]，上不能决也。

夏，五月，禁诸道言祥瑞太和[2]之末，杜悰镇凤翔，时有诏沙汰僧尼。
会有五色云见于岐山，近法门寺，民间讹言佛骨降祥[3]，以僧尼不安之故。监军
欲奏之，悰曰："云物[4]变色，何常之有？"未几，获白兔，监军又欲奏之，悰
曰："野兽未驯，且宜畜之。"旬日而毙。监军不悦，画图献之。及郑注代悰，
奏紫云见，又献白雉。是岁，遂有甘露之变。及悰判度支，河中奏驺虞见，百
官称贺。上谓悰曰："李训、郑注皆因瑞以售[5]其乱，乃知瑞物非国之庆。卿
在凤翔，不奏白兔，真先觉也。"对曰："昔河出图，伏羲以画八卦；洛出书，
大禹以叙九畴[6]，皆有益于人，故足尚也。至于禽兽草木之瑞，何时无之？刘
聪桀逆，黄龙三见；季龙[7]暴虐，得苍麟、白鹿以驾芝盖。以是观之，瑞岂在
德？愿陛下专以百姓富安为国庆，自余不足取也。"上善之。他日，谓宰相曰：
"时和年丰，是为上瑞；嘉禾灵芝，诚何益于事？"宰相因言：《春秋》记
灾异以儆[8]人君，而不书祥瑞，用此故也。"遂诏："诸道有瑞，皆勿以闻，亦
勿申牒[9]所司。其祠飨受朝[10]奏祥瑞，皆停。"

秋，八月，义武[11]节度使张璠卒璠在镇十五年，为幽、镇所惮。及有疾，
请入朝，未报。戒其子元益举族归朝，毋得效河北故事。及薨，诏以李仲迁
代之。

诏神策将吏改官皆先奏闻开成[12]以来，神策将吏迁官多不闻奏，直牒中

---

1　锋起：喻纷纷发生。锋，通"蜂"。
2　太和：唐文宗李昂的年号，存续时间为公元827至835年。
3　降祥：降下吉祥。
4　云物：云气，云的色彩。
5　售：推行，施展。
6　叙九畴：叙，叙述，述说。九畴，传说中天帝赐给禹治理天下的九类大法。畴，类。
7　季龙：即后赵武帝石虎，字季龙。
8　儆：告诫，警告。
9　申牒：用公文向上呈报。
10　祠飨受朝：祭献太庙和飨太清宫，以及正月初一帝王接受臣下的朝贺。
11　义武：方镇名，又称易定，初领易、定、沧三州，辖今河北省拒马河与唐河之间地区。
　　后沧州改隶横海军节度使。
12　开成：唐文宗李昂的年号，存续时间为公元836至840年。

书令覆奏施行，迁改殆无虚日。至是，始诏皆先奏闻，状[1]至中书，然后检勘施行。

冬，十月，太子永卒初，太子永之母王德妃无宠，为杨贤妃所谮而死。太子颇好游宴，昵近小人，贤妃日夜毁之。上召宰相及两省御史、郎官议废之，皆言："太子年少，容有改过。国本[2]至重，岂可轻动？"中丞狄兼謩论之尤切，至于涕泣。给事中韦温曰："陛下惟一子，不教，陷之至是，岂独太子之过乎？"翰林及六军使数十人复表论之，上意稍解。宦官、宫人坐流、死者数十人。至是暴薨。

以郭旼为邠宁节度使上问柳公权以外议[3]，对曰："郭旼除邠宁，外间颇以为疑。"上曰："旼，尚父之侄，太后叔父，自金吾作小镇[4]，外间何尤焉？"对曰："非谓旼不应为节度使也。闻陛下近娶旼二女入宫，有之乎？"上曰："然，入参太皇太后耳。"公权曰："外间不知，皆云旼纳女后宫，故得方镇。"上曰："然则奈何？"对曰："独有自南内遣归其家，则外议自息矣。"上即日从之。

以张元益为代州刺史易定监军奏："军中不纳李仲迁，请以张元益为留后。"宰相议发兵讨之，上曰："易定地狭人贫，军资半仰度支，急之则无所不为，缓之则自生变。但谨备四境以俟之。"乃除元益代州刺史。顷之，军中果有异议，元益出定州。

吐蕃彝泰赞普卒彝泰多病，不能为边患。卒，弟达磨立，荒淫残虐，国人不附，灾异相继，吐蕃益衰。

## 己未四年（公元839年）

春，三月，司徒、中书令、晋文忠公裴度卒度镇河东，以疾求归东

---

1　状：公文，诉状。
2　国本：特指确定皇位继承人，建立太子。
3　外议：外界的舆论。
4　小镇：小藩镇的节度使。

都，诏入知政事。正月，至京师，不能入见，劳赐旁午[1]。至是薨。上怪度无遗表，问其家，得半稿，以储嗣[2]未定为忧，言不及私。度身貌不逾中人[3]，而威望远达四夷。四夷见唐使，辄问度老少、用舍。以身系国家轻重，如郭子仪者二十余年。

夏，五月，**郑覃罢为右仆射，陈夷行罢为吏部侍郎**上与宰相论政事，陈夷行言："不宜使威权在下。"李珏曰："夷行意疑宰相中有弄陛下威权者耳。臣屡求退，苟得王傅，臣之幸也。"郑覃曰："陛下开成元年、二年政事殊美[4]；三年、四年，渐不如前。"杨嗣复曰："元年、二年，郑覃、夷行用事；三年、四年，臣与李珏同之，罪皆在臣。"因叩头曰："臣不敢更入中书。"遂趋出。上召还劳之，覃起谢曰："此乃嗣复不容臣耳。"嗣复曰："覃言政事一年不如一年，非独臣应得罪，亦上累圣德。"退，三表辞位。上召出[5]之，而罢覃及夷行。覃性清俭，夷行亦耿介，故嗣复等深疾之。

**以姚勖检校礼部郎中**上以盐铁推官姚勖能鞫疑狱[6]，命权知职方[7]员外郎。右丞韦温奏："郎官，朝廷清选[8]，不宜以赏能吏。"上乃以勖检校礼部郎中，仍充旧职。杨嗣复曰："温志在澄清[9]流品。若有吏能者，皆不得清流[10]，则天下之事，孰为陛下理之？恐似衰晋之风。"然上素重温，终不夺其所守。

秋，七月，**以崔郸同平章事**。

冬，十月，**立陈王成美为皇太子**杨妃请立皇弟安王溶为嗣。上谋于宰相，李珏非之，乃立敬宗少子陈王成美为皇太子。上幸会宁殿作乐，有童子

---

1　劳赐旁午：《通鉴》为"劳问赐赍，使者旁午"。劳赐，慰劳赏赐。旁午，纷繁，交错。
2　储嗣：储君，太子。
3　中人：在身材、相貌、智力等方面居于中等的人。
4　殊美：特别美好。
5　召出：召他出山上朝。
6　疑狱：疑难案件。
7　职方：古官署名，唐属兵部，掌管天下图籍、山林川泽之名及四方职贡。
8　清选：挑选，精选。
9　澄清：肃清混乱局面。
10　清流：比喻政治清明。

缘橦[1]，一夫来往走其下，如狂。上怪之，左右曰："其父也。"上泫然流涕曰："朕贵为天子，不能全一子！"召教坊刘楚材、宫人张十十等数人责之曰："构害太子，皆尔曹也。"付吏杀之。因是感伤，旧疾遂增。十一月，疾少间[2]，坐思政殿，召当直[3]学士周墀，问曰："朕可方前代何主？"对曰："陛下尧、舜之主也。"上曰："朕岂敢比尧、舜？所以问卿者，何如周赧、汉献耳？"墀惊曰："彼亡国之主，岂可比圣德？"上曰："赧、献受制于强诸侯，今朕受制于家奴，以此言之，殆不如也！"因泣下沾襟，墀伏地流涕。自是不复视朝。

　　胡氏曰：欲除太子者，贤妃杨氏也，刘楚材、张十十之徒奉承妃意而已。文宗乃以陷害之罪均之，而不知杨氏之情，其不明至是哉！

　　**回鹘相掘罗弑彰信可汗**国人立厖驳特勒为可汗。会岁疫[4]，大雪，羊马多死，回鹘遂衰。

　　**是岁天下户数**四百九十九万六千七百五十二。

## 庚申**五年**（公元 840 年）

　　春，正月，立颍王瀍为皇太弟，废太子成美为陈王上疾甚，命知枢密刘弘逸、薛季棱引杨嗣复、李珏至禁中，欲奉太子监国。中尉仇士良、鱼弘志以太子之立功不在己，乃言："太子幼，且有疾。"矫诏立瀍为太弟，以成美冲幼，复封陈王。瀍沉毅有断，喜愠不形于色，与安王溶皆素为上所厚。

　　**帝崩，太弟杀陈王成美，遂即位**上崩。仇士良说太弟赐杨贤妃、安王溶、陈王成美死。敕大行以十四日殡，成服。谏议大夫裴夷直上言期日[5]太远，不听。时士良等追怨文宗，凡乐工及内侍得幸者，诛、贬相继。夷直复上言：

---

1　缘橦：古代百戏杂技中的爬竿节目。
2　少间：病稍好了一些。
3　当直：值班。
4　岁疫：连年发生瘟疫。
5　期日：指计划的大殓日期。

"陛下继统[1]，宜速行丧礼，早议大政，以慰天下。而未及数日，屡诛戮先帝近臣，惊率土之视听，伤先帝之神灵，人情何瞻[2]？国体[3]至重，若使此辈无罪，固不可刑，若其有罪，旬日何晚？"不听。太弟即位，是为武宗。

胡氏曰：昔成王有疾，不以疾病困殆[4]，而正衣冠，就公卿，出经远保世[5]之格言，女子小人何由得行其私，奸谋匿计何由得乘其隙？此固周、召作圣[6]之功，而成王敬德之效也。文宗有美质而无圣学，故于始终[7]大节，懵懵[8]焉。不然，当疾病之时，自力[9]御殿，引召宰执，面命太子临见群臣，仇士良辈虽欲移易[10]，亦安得而移易哉？故孔子作《春秋》，公薨，必书其所，其垂教[11]之意，深矣，远矣。

夏，五月，杨嗣复罢，以崔珙同平章事。

秋，八月，葬章陵[12]。

**李珏罢。九月，以李德裕同平章事**初，上之立，非宰相意，故杨嗣复、李珏相继罢去，召德裕而相之。德裕入谢，言于上曰："致理[13]之要，在于辨群臣之邪正。夫邪正二者，势不相容。正人指邪人为邪，邪人亦指正人为邪，人主辨之甚难。臣以为正人如松柏，特立[14]不倚；邪人如藤萝，非附他物，不能自起。故正人一心事君，而邪人竞为朋党。先帝深知朋党之患，然所用卒皆朋党之人，良由执心不定，故奸邪得乘间而入也。夫宰相不能人人忠良，或为欺

---

1　继统：继承帝统，即继承帝王之位。
2　瞻：仰慕。
3　国体：大臣。大臣辅佐国君，犹人之有股肱，故称之为国体。
4　困殆：困苦危急。
5　保世：保持爵禄、宗族或王朝的世代相传。
6　作圣：成就圣明。
7　始终：一生，平生。
8　懵懵：糊里糊涂。
9　自力：靠自己的力量。
10　移易：改变。
11　垂教：垂示教训。
12　章陵：唐文宗李昂的陵墓，位于今陕西省渭南市富平县西北天乳山下。
13　致理：使国家在政治上安定清平。
14　特立：独立，挺立。

罔，主心始疑，于是旁询小臣，以察执政。如德宗末年，所听任者，惟裴延龄辈，宰相署敕[1]而已，此政事所以日乱也。陛下诚能慎择贤才以为宰相，有奸罔者立黜去之，常令政事皆出中书，推心委任，坚定不移，则天下何忧不理哉？”又曰：“先帝于大臣，好为形迹，小过皆含容不言，日累月积，以至祸败。兹事大误，愿陛下以为戒。臣等有罪，陛下当面诘之，小过则容其悛改，大罪则加之诛谴。如此，君臣之际无疑间矣。”上嘉纳之。初，德裕在淮南，敕召监军杨钦义知枢密，德裕待之无加礼[2]，钦义衔之。德裕一日延之堂中，赠以珍玩数床，钦义大喜过望。行至汴州，诏复还淮南。钦义尽归德裕所赠，德裕卒与之。后钦义竟知枢密，德裕柄用，颇有力焉。

冬，十月，黠戛斯[3]攻回鹘，破之。回鹘嗢没斯款塞求内附初，伊吾之西，焉耆之北，有黠戛斯部落，即古之坚昆，唐初结骨也，乾元中为回鹘所破，不通中国。其人悍勇[4]，吐蕃、回鹘常赂遗之，假以官号。回鹘既衰，其酋长阿热始自称可汗。回鹘击之，连兵二十余年，反为所败。厖驳破杀，诸部逃散，可汗兄弟嗢没斯等及其相赤心、那颉啜各率其众抵天德[5]塞下，贸谷食[6]，且求内附。天德军使温德彝奏：“回鹘溃兵侵逼西城[7]。”诏振武节度使刘沔屯云迦关[8]以备之。

魏博节度使何进滔卒，子重顺知留后。

萧太后徙居积庆殿。

十一月，以裴夷直为杭州刺史故事，新天子即位，两省官同署名。上之即位也，夷直漏名，由是出为刺史。

---

1　署敕：在诏书上签名。
2　加礼：厚于常规的礼仪。
3　黠戛斯：古族名，主要分布于今叶尼塞河上游流域，从事畜牧，兼营农业和狩猎。
4　悍勇：强悍勇敢。
5　天德：即天德军。
6　贸谷食：贸，交易。谷食，供食用的谷物，即粮食。
7　西城：即西受降城。
8　云迦关：古关隘名，位于今内蒙古巴彦淖尔市乌拉特前旗东北。

以李中敏为婺州刺史内谒者监仇士良请以开府荫其子为千牛[1]，给事中李中敏判云："开府阶，诚宜荫子。谒者监，何由有儿？"士良惭恚。李德裕亦以中敏为杨嗣复之党恶之，出为刺史。

胡氏曰：李中敏判语虽近戏，然深得事实。仇士良虽恚，终无如之何。留之朝廷，岂不为南牙[2]之助？李德裕乃以杨嗣复之党逐之，其失大矣。

## 辛酉**武宗皇帝会昌元年**（公元841年）

春，二月，回鹘立乌介可汗。

三月，以陈夷行同平章事。

杀知枢密刘弘逸、薛季棱，贬杨嗣复、李珏远州刺史，裴夷直骦州司马刘弘逸、薛季棱有宠于文宗，仇士良恶之。上之立，非二人及宰相意，故嗣复、李珏既罢，士良屡谮弘逸等，劝上除之。于是赐二人死，仍遣中使就诛嗣复及珏。杜悰奔马见李德裕，曰："天子年少，新即位，兹事不宜手滑[3]。"德裕乃与崔珙、崔郸、陈夷行三上奏曰："德宗疑刘晏动摇东官而杀之，中外咸以为冤，两河不臣者得以为辞，德宗后悔，录[4]其子孙。文宗疑宋申锡交通藩邸，窜谪至死，既而追悔，为之出涕。嗣复等若有罪，当先行讯鞫，俟罪状著白，诛之未晚。今遽遣使诛之，人情震骇。愿开延英赐对[5]。"遂入，泣涕极言，上命之坐者三，德裕等曰："臣等愿陛下免二人于死，勿使既死而众以为冤。今未奉圣旨，臣等不敢坐。"久之，上乃曰："特为卿等释之。"德裕等跃下阶舞蹈。上召升坐，叹曰："朕嗣位之际，宰相何尝比数[6]？李珏、季棱志在陈王，嗣复、弘逸志在安王。陈王犹是文宗遗意[7]，安王则专附杨妃。向使安王

---

1　千牛：即千牛卫，南衙禁卫军之一。
2　南牙：唐禁卫军官署名。唐代禁卫军有南衙、北衙之分，南衙又称"南牙"，属宰相管辖。
3　手滑：谓行事不加节制或不能自止。
4　录：录用为官。
5　赐对：帝王召见臣子对答。
6　比数：考校计算。
7　遗意：死者生前或临终时的意见、愿望。

得志，朕那复有今日？"德裕等曰："兹事暧昧[1]，虚实难知。"遂追还二使，更贬嗣复等。

胡氏曰：有臣民必立之君，犹男女之必为夫妇。非人欲，乃天理也。然圣贤当之，常以不克负荷为忧，不敢以为乐也。惟父兄不能公心建择[2]，大臣不能公心推奉，赞私立少[3]，启经营贪欲之心，于是得之者据非所据，而欣怨[4]之情各有分属，而天下之理乱矣。武宗之言，何其陋哉！文宗既以成美为太子矣，使宰相又生他意，卜度[5]藩王，其不忠大矣。万一陈王果不可立，则天下固归安王，武宗亦无越次之理也。故武宗虽气志英迈[6]，有处断[7]之才，而局量褊迫[8]，无涵容[9]之度，所以功未及成，年不克寿，子弗克立，其为杀溶及成美之报，不亦著明而可戒乎！

**夏，六月，诏群臣言事毋得乞留中**诏："臣下言人罪恶，并应请付御史台按问，毋得乞留中，以杜谗邪。"其后，上复谓宰相曰："文宗好听外议，谏官言事，多不著名[10]，有如匿名书。"李德裕曰："臣顷在中书，文宗犹不尔。此乃李训、郑注教文宗以术御下，遂成此风。人主但当推诚任人，有欺罔者，威以明刑[11]，孰敢哉？"上善之。

范氏曰：朝廷者，四方之极也，非至公无以绝天下之私，非至正无以止天下之邪。人君不正其心，而以术御下，是自行诈[12]也，何以禁臣下之欺乎？是以术行而欺愈多，智用而心愈劳，盖以诈胜诈，未有能相一[13]者也。《礼》曰：

---

1　暧昧：含糊，模糊。
2　建择：树立选择。
3　赞私立少：赞私，满足其私心。立少，立年少的君主。
4　欣怨：欣喜和怨恨。
5　卜度：推测，臆断。
6　英迈：才智超群。
7　处断：处理决断。
8　褊迫：狭窄，不宽广。
9　涵容：包容，宽容。
10　著名：留名，写名字。
11　明刑：严明刑罚。
12　行诈：做欺诈的坏事。
13　相一：统一，彼此一致。

"王中心无为也,以守至正。"夫惟正不可得而欺,欺则不容于诛[1]矣,岂不约而易守哉?

**以何重顺为魏博节度使**赐名"弘敬"。

**帝受法箓[2]于赵归真**拾遗王哲切谏,坐贬。

**秋,九月,诏河东、振武备回鹘**天德军使田牟欲击回鹘以求功,奏称:"回鹘叛将嗢没斯等侵逼塞下,请自出兵驱逐。"上命朝臣议之,议者以为击之便。李德裕曰:"穷鸟入怀,犹当活之,况回鹘屡建大功?今为邻国所破,远依天子,未尝犯塞,奈何乘其困而击之?宜遣使者镇抚,赐以粮食,此汉宣帝所以服呼韩邪也。"陈夷行曰:"此所谓借寇兵、资盗粮也,不如击之。"德裕曰:"今天德城兵才千余,若战不利,城陷必矣。不若以恩义抚而安之,必不为患。"上问德裕:"嗢没斯降,可保信[3]乎?"对曰:"朝中之人,臣不敢保,况敢保数千里外戎狄之心乎?然嗢没斯自去年九月至天德,今年二月乌介始立,自无君臣之分,岂可谓之叛将?愿且诏河东、振武严兵保境以备之,仍诏田牟毋得邀功生事。"从之。

**以牛僧孺为太子太师**先是,僧孺镇襄阳,汉水溢,坏民居,李德裕以为僧孺罪而废之。

**卢龙军乱。冬,十月,雄武[4]军使张仲武讨平之,诏以仲武知留后**初,卢龙军乱,杀节度使史元忠,推牙将陈行泰主留务,表求节钺。李德裕曰:"河朔事势,臣所熟谙[5]。比来朝廷遣使太速,故军情遂固。若置之数月不问,必自生变。今请勿遣使以观之。"既而军中果杀行泰,立张绛复求节钺,朝廷亦不问。雄武军使张仲武起兵击绛,且遣军吏吴仲舒奉表以闻。诏宰相问状,仲舒言:"行泰、绛皆游客,故人心不附。仲武幽州旧将,性忠义,通书

---

1　不容于诛:罪恶极大,杀了也抵不了所犯的罪恶。诛,把罪人杀死。
2　法箓:道教语,用以驱鬼压邪的丹书、符咒。
3　保信:确保守信。
4　雄武:古地名,位于今天津市蓟县东北与河北省承德市兴隆县接界处。
5　熟谙:熟悉。

习事，人心向之。计今军中已逐绛矣。"李德裕问："雄武士卒几何？"对曰："军士、土团[1]，合千余人。"德裕曰："兵少，何以立功？"对曰："在得人心，不在兵多。"德裕又问："万一不克，如何？"对曰："幽州粮食皆在妫州及北边七镇，万一未能入，则据居庸关，绝其粮道，幽州自困矣。"德裕奏："行泰、绛皆使大将上表胁朝廷，邀节钺，故不可与；今仲武表请讨乱，与之有名[2]。"乃以仲武知卢龙留后。仲武寻克幽州。

十一月，遣使访问太和公主 李德裕言："回鹘破亡，太和公主未知所在，若不遣使访问，则戎狄必谓国家降主虏庭[3]，本非爱惜，既负公主，又伤虏情。请遣使赍诏诣嗢没斯，令转达公主。"从之。

崔郸罢。

十二月，遣使慰问回鹘乌介可汗 初，黠戛斯自谓李陵之后，与唐同姓。既破回鹘，得太和公主，遣达干[4]十人奉以归唐。回鹘乌介可汗引兵邀击，杀达干，质公主，南渡碛，屯天德军境上。公主遣使上表，为可汗求策命。乌介又使其相上表，借振武一城以居。上乃遣使慰问，赈米[5]二万斛，赐敕书，谕以："宜率部众渐复旧疆，漂寓塞垣[6]，殊非良计。借城未有此比[7]。或欲但求声援，亦须且于漠南驻止。朕当许公主入觐[8]，亲问事宜。傥须应接，必无所吝。"寻遣使行册命，而乌介屡扰边境，遂不果行。初，李德裕议遣使慰抚回鹘，且运粮以赐之，陈夷行深以为不可。德裕曰："今征兵未集，天德孤危。傥不以此啖之，且使安静，万一天德陷没，咎将谁归？"夷行遂不敢言。

---

1　土团：由当地人组成的武装集团。
2　有名：有正当理由。
3　降主房庭：把公主嫁到回鹘。
4　达干：唐时突厥、回鹘、黠戛斯等族高官的一种称谓。
5　赈米：赈济的粮食。
6　漂寓塞垣：漂寓，漂泊寄居。塞垣，北方边境地带。
7　此比：与此相类似的事物。
8　入觐：入朝进见天子。

壬戌二年（公元 842 年）

春，正月，以张仲武为卢龙节度使。

二月，以李绅同平章事。

以柳公权为太子詹事散骑常侍柳公权素与李德裕善，崔珙奏为集贤学士[1]。德裕以恩非己出，因事左迁之。

三月，以刘沔为河东节度使初，上以回鹘近塞，遣兵部侍郎李拭巡边，察将帅能否。拭还，称"沔有威略，可任大事"，遂以沔镇河东。

夏，四月，嗢没斯率众来降嗢没斯以赤心桀黠难知，先告田牟云："赤心谋犯塞。"乃诱杀之。那颉啜收众东走。田牟奏："回鹘侵扰不已，已出兵拒之。"李德裕曰："田牟殊不知兵。戎狄长于野战，短于攻城。牟但应坚守，以待诸道兵集。今全军出战，万一失利，城中空虚，何以自固？望亟遣中使止之。如已交锋，即诏塞下羌、浑各出兵奋击；而诏田牟招诱降者，转致太原。嗢没斯诚伪虽未可知，然要早加官赏，令诸蕃知但责可汗犯顺，非尽欲灭回鹘。石雄善战无敌，请以为天德副使，佐田牟用兵。"上皆从之。嗢没斯率其众二千余人来降。

群臣上尊号上信任德裕，仇士良恶之。会上受尊号，将御楼宣赦[2]，士良扬言于众曰："宰相与度支议减禁军衣粮、刍粟，如此则军士必于楼前喧哗。"德裕闻之，自诉于上。上怒，遽遣中使宣谕两军："初无此事。且赦出朕意，非由宰相。"士良乃惶愧称谢。

五月，以嗢没斯为怀化郡王赐姓李氏，名思忠，以其所部为归义军。

张仲武击回鹘，破之那颉啜南趋雄武军，窥幽州。张仲武遣兵迎击，大破之，降七千帐。那颉啜走，乌介杀之。乌介众尚十万，驻于大同军[3]北，表求粮食牛羊，且请执送嗢没斯等。诏报："粮食听于振武籴三千石；牛，稼穑

---

1　集贤学士：官名统称，即集贤院学士、集贤殿学士、集贤殿大学士，以授宰相及其他侍从官。
2　宣赦：宣布赦书。
3　大同军：边防部队名，驻扎于今山西省朔州市东北。

之资，中国禁人屠宰；羊，出于北边杂虏，国家未尝科调[1]。嗢没斯自本国初破，先投塞下，已受其降，难亏信义。前可汗正以猜虐无亲[2]，致内离外叛。今可汗失地远客，尤宜深矫前非，若复骨肉相残，则左右谁敢自保？"

陈夷行罢。

秋，七月，以李让夷同平章事。

八月，回鹘入寇，诏诸道出兵御之先是，屡诏乌介可汗率众北还，乌介不奉诏。至是，突入大同川[3]，驱掠河东杂虏牛马数万，转斗至云州。诏诸道发兵，俟来春讨之。赐可汗书曰："可汗来投，抚纳备至。今尚近塞，未议还蕃[4]，侵掠云、朔[5]，钞击羌、浑。中外将相咸请诛翦，朕情深屈己，未欲幸灾[6]。可汗宜速择良图[7]，无贻后悔。"又命李德裕代刘沔答回鹘相书曰："回鹘远来依投，当效呼韩邪遣子入侍，身自入朝。而乃睥睨边城，桀骜自若，求援继好，岂宜如是？所云胡人易动难安，若令忿怒，不可复制。回鹘为纥吃斯[8]所破，遗骸弃于草莽，坟墓隔在天涯，忿怒之心，不施于彼，而蔑弃仁义，逞志中华。昔郅支不事大汉，竟自夷灭，往事之戒，得不在怀？"德裕言："若如前诏，俟来春驱逐回鹘，则乘彼羸困[9]，而官军免盛寒之苦。若虑河冰既合，回鹘复有驰突[10]，须早驱逐，则当及天时未寒，决策于数日之间。今闻外议互有异同，若不一询群情，终为浮辞[11]所挠。"乃诏公卿集议。议者多以为宜俟来春。

初，奚、契丹羁属回鹘，各有监使，督贡赋，调唐事。至是，张仲武遣牙将石公绪统二部，杀其监使。回鹘移营避之。振武节度使李忠顺与李思忠追击，

---

1 科调：官府摊派正项赋税外的临时加税。
2 无亲：不近人情，苛刻。
3 大同川：古水名，即今内蒙古自治区巴彦淖尔市乌拉特前旗东北大佘太河。
4 还蕃：回到封地。
5 云、朔：即云州、朔州。
6 情深屈己，未欲幸灾：对你们情感至深，宁愿自己受委屈，也不忍让你们遭受灾难。
7 良图：好办法，良策。
8 纥吃斯：即黠戛斯，古族名。
9 羸困：疲惫，瘦弱困乏。
10 驰突：快跑猛冲。
11 浮辞：虚浮不实的话。

破之。

以白敏中为翰林学士上闻白居易名，欲相之，以问李德裕。德裕素恶居易，乃言："居易衰病，不任朝谒。其从弟敏中辞学[1]不减居易，且有器识。"故有是命。

冬，十一月，遣使赐太和公主冬衣黠戛斯遣使言："先遣达干奉送公主，久无声问，恐为奸人所隔。"上遣使入回鹘，赐公主冬衣。仍命李德裕为书赐公主曰："先朝割爱降婚，义宁家国。今回鹘所为，甚不循理。姑为国母，足得指挥。若不禀命，则是弃绝姻好[2]，今日以后，不得以姑为词。"

以高少逸为给事中，郑朗为谏议大夫初，上颇好畋猎及武戏[3]，五坊小儿赏赐甚厚。尝谒太后，从容问为天子之道，太后劝以纳谏。上退阅谏疏，多以游猎为言，自是出畋稍希，五坊无复横赐[4]。至是，复幸泾阳校猎，谏官高少逸、郑朗谏曰："陛下比来游猎稍频，出城太远，侵星[5]夜归，万机旷废。"上改容谢之，谓宰相曰："本置谏官使之论事，朕欲时时闻之。"宰相皆贺。乃递迁[6]以赏之。

吐蕃达磨赞普卒初，达磨赞普有佞幸之臣，以为相。达磨卒，无子，佞相[7]立其妃綝氏兄子乞离胡，才三岁。首相结都那见之，不拜，曰："赞普宗族甚多，而立綝氏子，国人谁服其令，鬼神谁飨[8]其祀？国必亡矣。老夫无权，不得正其乱以报赞普，有死而已。"拔刀劙面，恸哭而出。佞相杀之，国人愤怨。其将论恐热悍忍[9]多诈，以诛綝妃、佞相为名，举兵屠渭州，大破其国兵，有众十余万。

---

1　辞学：文章学识。
2　姻好：姻亲。
3　武戏：古代球鞠、骑射、手搏角力等游戏。
4　横赐：额外的赏赐。
5　侵星：拂晓。此时星尚未落，故云。
6　递迁：顺次提升。
7　佞相：靠谄媚阿谀而得宠信的宰相。
8　飨：通"享"，享受。
9　悍忍：凶悍残忍。

癸亥三年（公元 843 年）

春，正月，刘沔大破回鹘，迎太和公主以归回鹘乌介可汗侵逼振武，刘沔遣石雄率沙陀朱邪、赤心二部袭其牙帐，沔自以大军继之。雄至振武，登城望回鹘，见毡车数十乘，从者类华人。使谍问之，曰：“公主帐也。”雄使谍告之曰：“公主至此，当求归路。今将出兵击可汗，请公主驻车勿动。”雄乃凿城为十余穴，引兵夜出，直攻可汗牙帐。可汗大惊，弃辎重走，雄追击，大破之于杀胡山[1]，可汗被疮[2]遁去，保黑车子族[3]。雄迎公主以归。斩首万级，降其部落二万余人。溃兵多降幽州。

二月朔，日食。

黠戛斯遣使献马黠戛斯遣使献名马二，诏太仆卿赵蕃饮劳之。上欲就求安西、北庭，李德裕等言：“安西去京师七千余里，北庭五千余里，借使得之，当复置都护，戍兵万人。不知此兵于何处追发，馈运从何道得通？此乃用实费以易虚名，非计也。”上乃止。

崔珙罢。

太和公主至京师公主至京师，诏宰相率百官迎谒。公主诣光顺门，去盛服[4]，脱簪珥，谢和亲无状之罪。上遣中使慰谕，然后入宫。

三月，以赵蕃为安抚黠戛斯使初，黠戛斯求册命，上恐其不修臣礼，复求岁遗及卖马。李德裕曰：“回鹘有平安、史之功，故有岁赐和市[5]。黠戛斯未尝有功于中国，岂敢遽求赂遗乎？若虑其不臣，当与之约，必称臣，叙同姓，执子孙礼，乃行册命。”上以为然。乃以赵蕃为安抚使，命德裕草书赐之曰：“贞观中，黠戛斯先君身自入朝，朝贡不绝。回鹘陵虐[6]诸蕃，可汗能复

---

1　杀胡山：古山名，位于今内蒙古包头市西北。
2　被疮：受伤。
3　黑车子族：古部族名，分布于今东北地区。
4　盛服：华丽的服饰。
5　和市：指与少数民族交易。
6　陵虐：欺压凌辱。

仇雪怨，茂功壮节[1]，近古无俦。今其残兵不满千人，须尽歼夷，勿留余烬。又闻可汗与我同族，国家承北平太守之后，可汗乃都尉苗裔，以此合族，尊卑可知。今欲册命可汗，且遣赵蕃谕意。"自回鹘至塞上，及黠戛斯入贡，每有诏敕，上多命德裕草之。德裕请委翰林，上曰："学士不能尽人意，须卿自为之。"

**赠悉怛谋右卫将军**李德裕言："维州据高山绝顶，三面临江，在戎虏平川之冲[2]，是汉地入兵之路。初，河陇尽没，唯此独存。吐蕃潜以妇人嫁此州门者，二十年后，两男长成，窃开垒门，引兵夜入，遂为所陷，号曰无忧城。从此得以并力西边，凭陵近甸[3]。韦皋欲经略河、湟，须此城为始，急攻数年，卒不可克。臣到西蜀，空壁来归[4]，南蛮震慑，山西[5]八国皆愿内属，可减八处镇兵，坐收千余里旧地。且维州未降前一年，吐蕃犹围鲁州[6]，岂顾盟约？当时不与臣者，望风疾臣[7]，诏执送悉怛谋等，令彼自戮。臣累表陈论，乞垂矜舍[8]，答诏严切，竟令执还。将吏对臣，无不陨涕，蕃帅即以此人戮于境上，绝忠款之路，快凶虐[9]之情。乞追奖忠魂，各加褒赠。"故有是命。

司马公曰：论者多疑维州之取舍，不能决牛、李之是非。臣以为唐新与吐蕃修好而纳其维州，以利言之，则维州小而信大；以害言之，则维州缓而关中急。然则为唐计者，宜何先乎？悉怛谋在唐则为向化，在吐蕃不免为叛臣，其受诛也又何矜焉？且德裕所言者利也，僧孺所言者义也，匹夫徇利而忘义，人犹耻之，况天子乎？譬如邻人有牛，逸而入于家，或劝其兄归之，或劝其弟

---

1　茂功壮节：茂功，盛大的功绩。壮节，壮烈的节操。
2　在戎虏平川之冲：是吐蕃和西川平原之间的交通要道。
3　凭陵近甸：凭陵，侵扰。近甸，指都城近郊。
4　空壁来归：举城前来归降。
5　山西：邛崃山以西。
6　鲁州：古州名，按地理位置，疑为"蓬鲁州"，为羁縻州，属茂州都督府，治所位于今四川省阿坝藏族羌族自治州汶川县西南邛崃山附近地区。
7　当时不与臣者，望风疾臣：当时朝廷中和我作对的人，借机百般对我进行攻击。
8　矜舍：怜悯赦免。
9　凶虐：凶恶暴虐。

攘[1]之。劝归者曰："攘之不义也，且致讼。"劝攘者曰："彼尝攘吾羊矣，何义之拘？牛，大畜也，鬻之可以富家。"以是观之，牛、李之是非可见矣。

胡氏曰：司马公之言过矣。使维州本非唐地，既与之和，弃而不取，姑守信约可耳。本唐之地，为吐蕃所侵，乃欲守区区之信，举险要而弃之，可乎？僧孺所谓虏不三日至咸阳，特以大言怖文宗，非事实也。夫夺吾之地，而约我以盟，此正蒲人所以要孔子[2]者，不可谓之信也。取我故地，乃义所当为，司马公不以义断之，而以利害为言，又斥德裕为利，取僧孺为义，是皆无所据矣。故以维州归吐蕃，弃祖宗土宇，缚送悉怛谋，沮归附之心，僧孺以小信妨大计也。下维州，遣兵据之，洗数十年之耻，追奖悉怛谋，赠以官秩[3]，德裕以大义谋国事也。此二人是非之辨也。

夏，四月，李德裕乞罢，不许德裕乞闲局[4]，上曰："卿每辞位，使我旬日不得所[5]。今大事皆未就，卿岂得求去？"

昭义节度使刘从谏卒，其子稹自为留后。诏诸道发兵讨之初，从谏累表言仇士良罪恶，遂与朝廷相猜恨，招纳亡命，缮完兵械，榷马牧及商旅，卖铁煮盐，假大商以牙职[6]，使通好诸道，因为贩易[7]，岁入数十万。及疾病，与幕客张谷等谋效河北诸镇，以弟之子稹为都知兵马使。至是，薨，稹秘不发丧。押牙王协曰："正当如宝历年样为之，不出百日，旌节至矣。"于是逼监军崔士康奏称从谏疾病，请命其子稹为留后。上遣供奉官[8]薛士干往谕从谏，使就东都疗疾，遣稹入朝。宰相、谏官多以为："回鹘余烬未灭，边鄙犹须警

---

1 攘：偷，盗窃。
2 蒲人所以要孔子：孔子在蒲地遇到危险，弟子公良孺和蒲人打起来。蒲人打不过他，就说："你们不去卫国，我就放你们走。"孔子同意了。可孔子还是去了卫国。子贡就说："我们可以违背盟约吗？"孔子说："在要挟下订的盟约，是可以不守的。"
3 官秩：官吏的职位或依品级而定的俸禄。
4 闲局：闲而无事的官署。
5 得所：得到安居之地或合适的位置。语出《诗·魏风·硕鼠》："乐土乐土，爰得我所。"
6 牙职：衙前将校级武职。
7 贩易：贩卖交易。
8 供奉官：侍奉皇帝左右的近臣。

备，复讨泽潞[1]，国力不支。"李德裕独曰："泽潞事体与河朔三镇不同。河朔习乱已久，人心难化，是故累朝以来，置之度外。泽潞近处腹心，一军素称忠义。如李抱真成立此军，德宗犹不许承袭。敬宗不恤[2]国务，宰相又无远略，刘悟之死，因授从谏，使其跋扈，垂死之际，复以兵权擅付竖子，若又因而授之，则诸镇谁不思效其所为，天子威令不复行矣。"上曰："卿以何术制之？果可克否？"对曰："稹所恃者三镇，但得镇、魏[3]不与之同，则稹无能为也。若遣重臣往谕王元逵、何弘敬，以河朔自艰难以来，列圣[4]许其传袭，已成故事，与泽潞不同。今将加兵泽潞，不欲更出禁军。其山东三州委两镇攻之，贼平之日，将士并当厚加官赏。苟两镇听命，不从旁沮桡官军，则稹必成擒矣。"上喜曰："吾与德裕同之，保无后悔。"遂决意讨稹，群臣言者不复入矣。上命德裕草诏赐元逵、弘敬曰："泽潞一镇，与卿事体不同，勿为子孙之谋，欲存辅车之势。但能显立功效，自然福及后昆。"上曰："当如此直告之是也。"又赐张仲武诏，令专御回鹘。元逵、弘敬得诏，悚息[5]听命。士干入境，不问从谏之疾，直为已知其死之意。都押牙郭谊等大出兵迎之，请用河朔事体[6]。遂扶稹出见将士，发丧，不受敕命。黄州刺史杜牧上李德裕书曰："牧尝问董重质以淮西四岁不破之由，重质以为由朝廷征兵太杂，客军数少，势羸力弱，心志不一，多致败亡。其时朝廷若使鄂、寿、唐州只保境土，但用陈许、郑滑两道全军，帖以宣、润弩手，令其守隘，即不出一岁，无蔡州矣。今上党叛逆，镇、魏虽尽节效顺，亦不过围一城，攻一堡，系累稚老[7]而已。若使河阳万人

---

1 泽潞：方镇名，又称昭义，领潞、泽、邢、洺、磁五州，辖今山西省沁县沁水以东地区及河北省巨鹿、丘县以西至太行山。
2 不恤：不顾及，不忧虑。
3 镇、魏：即成德、魏博，均为方镇名。
4 列圣：历代帝王。
5 悚息：因惶惧而屏息。
6 事体：体制，体统。
7 系累稚老：系累，牵累，连累。稚老，老人与孩子。

为垒，窒天井[1]之口，高壁深堑，勿与之战，只以忠武、武宁两军，帖[2]以青州五千精甲，宣、润二千弩手，径捣上党，不过数月，必覆其巢穴矣。"德裕又以议者多言刘悟有功，稹未可诛诛，请下百官议。上曰："悟迫于救死耳，非素心徇国也。藉使[3]有功，父子为将相二十余年，国家报之足矣。稹何得复自立？朕以为凡有功当显赏，有罪亦不可苟免也。"德裕又以分司、宾客李宗闵与刘从谏交通，不宜置之东都，奏以为湖州刺史。制削夺从谏及稹官爵，以王元逵、何弘敬为招讨使，与河东节度使刘沔、河阳节度使王茂元合力攻讨。先是，河北诸镇有自立者，朝廷必先有吊祭使、册赠使、宣慰使继往商度[4]，然后用兵，故常及半岁，军中得以为备。至是，宰相亦欲遣使，上即下诏讨之。元逵即日出师屯赵州。又诏以李彦佐为晋绛行营招讨使。

**以崔铉同平章事**上夜召学士韦琮，以铉名授之，令草制，宰相、枢密皆不之知。时枢密使刘行深、杨钦义皆愿悫[5]不敢预事，老宦者尤之曰："此由刘、杨懦怯，堕败旧风故也。"

**筑望仙观于禁中。**

**六月，内侍监[6]仇士良致仕**上外尊宠士良，内实忌之。士良颇觉，遂以老病致仕。其党送归私第，士良教之曰："天子不可令闲，常宜以奢靡娱其耳目，使日新月盛，无暇更及他事，然后吾辈可以得志。慎勿使之读书，亲近儒生。彼见前代兴亡，心知忧惧，则吾辈疏斥矣。"其党拜谢而去。

范氏曰：小人莫不养其君之欲，以济己之欲。使其君动而不静，为而不止，则小人得以行其计矣，岂独奢靡之娱足以荡其心哉？又有甚焉者矣，或殖货利，或治宫室，或开边境，或察臣下，随其所好，以窃权宠。人君乐得其

---

1　天井：古关隘名，即天井关，亦曰雄定关，位于今山西省晋城市境内，是通往河南省焦作市的交通要道。
2　帖：添补，补充。
3　藉使：假使。
4　商度：商讨。
5　愿悫：朴实，诚实。
6　内侍监：古官名，内侍省长官，掌宫廷侍奉，传宣制令，总判诸局事务。

欲，而不知其为天下害，是以政日乱而不自知。惟能亲正直，远邪佞，则可以免斯患矣。

胡氏曰：士良狡黠，思所以蛊君者密矣，然知其利而不知其害者也。已无疏斥之道，以忠信谨厚服其职，亦何用蛊君，然后得安？苟欲自安而蛊君，至于危亡之地，则岂有君亡而我存之理？其祸岂止于疏斥而已哉？故士良之术，自以为智，实则愚也。

**吐蕃论恐热攻尚婢婢于鄯州**吐蕃鄯州节度使尚婢婢好读书，不乐仕进，国人敬之，年四十余，彝泰赞普强起之，使镇鄯州。婢婢宽厚沉勇，有谋略，训练士卒多精勇。论恐热谋篡国，恐婢婢袭其后，举兵击之。婢婢谓其下曰："恐热之来，以我为不足屠也。不如迎伏[1]以骄之，然后可图也。"乃遣使犒师，且致书深自卑屈[2]。恐热喜曰："婢婢惟把书卷，安知用兵！待吾得国，当位以宰相，坐之于家，无所用也。"乃引兵归。婢婢笑曰："我国无主，则归大唐，岂能事此犬鼠乎？"

**秋，七月，以卢钧为昭义节度使**朝廷以钧在襄阳有惠政，得众心，故使领昭义以招怀之。

**遣御史中丞李回宣慰河北三镇**诏遣御史中丞李回宣慰河北，令幽州早平回鹘，镇、魏早平泽潞。回至河朔，弘敬、元逵、仲武皆具橐鞬郊迎，立于道左，不敢令人控马，让制使[3]先行。自兵兴以来，未之有也。回明辩有胆气，三镇无不奉诏。

范氏曰：武宗不惟使三镇不敢助逆，又因以为臂指之用，由德裕所以告之者，能服其心也。人主威制天下，岂有不由一相者哉？

**以石雄为晋绛行营节度副使**李德裕言："向日河朔用兵，诸道利于出境，仰给度支，或阴与贼通，借一县一栅据之，自以为功，坐食转输，延引岁

---

1 迎伏：欢迎并服从。
2 卑屈：卑躬屈膝。
3 制使：皇帝派遣的使者。

时。今请诏诸军，令王元逵取邢州，何弘敬取洺州，王茂元取泽州，李彦佐、刘沔取潞州，毋得取县。"上从之。彦佐行甚缓，德裕请诏切责，仍以石雄为副，因以代之。

**王元逵破昭义兵，拔宣务栅**[1]元逵奏拔宣务栅，击刘稹，败之。诏加元逵平章事，切责李彦佐、刘沔、王茂元，使速进兵，且称元逵之功以激励之。

**八月，昭义大将李丕降**昭义大将李丕来降。议者或谓贼故遣丕降，欲以疑误官军。李德裕曰："自用兵半年，未有降者，今安问诚之与诈？且须厚赏以劝将来，但不可置之要地耳。"

**诏王宰趋磁州，何弘敬拔肥乡、平恩**王元逵前锋入邢州境已逾月，何弘敬犹未出师，元逵密表弘敬怀两端。李德裕言："忠武累战有功，军声颇振。王宰年力方壮，谋略可称。请诏弘敬以'河阳、河东未能进军，贼屡出兵焚掠晋、绛[2]。今遣王宰将忠武全军径[3]魏博，抵磁州，以分贼势'，弘敬必惧，此攻心伐谋之术也。"从之。弘敬苍黄[4]出师，拔肥乡、平恩，杀伤甚众。上曰："弘敬已拔两县，可释前疑。既有杀伤，虽欲持两端，不可得已。"

**昭义兵陷科斗寨**[5]刘稹使牙将薛茂卿拔河阳科斗寨，距怀州十余里。议者鼎沸，以为泽潞不可取。上亦疑之，李德裕曰："小小进退，兵家之常。愿陛下勿听外议，则成功必矣。"上乃谓宰相曰："为我语朝士，有上疏沮议者，我必于贼境上斩之！"议者乃止。

**九月，以王宰兼河阳行营攻讨使，敬昕为河阳节度使**李德裕奏："河阳兵力寡弱，茂元习吏事而非将才，复有疾，请以宰为河阳行营攻讨使，使亟以军援河阳，兼可临制魏博。"茂元寻薨。德裕奏："河阳节度先领怀州刺史，常以判官摄事，割河南五县租赋隶河阳。不若遂以五县置孟州[6]，其怀州别置刺

---

1　宣务栅：古代防御工事名，位于今河北省邢台市隆尧县西北尧山东麓。
2　晋、绛：即晋州、绛州。
3　径：经过，行经。
4　苍黄：匆促，慌张。
5　科斗寨：古地名，即科斗店，位于今山西省晋城市天井关南。
6　孟州：古州名，辖今河南省孟州、温县、济源等县市及荥阳市部分地。

史。俟昭义平日，仍割泽州隶河阳，则太行之险不在昭义，而河阳遂为重镇，东都无复忧矣。"上采其言，以敬昕为河阳节度，王宰将行营以捍敌，昕供馈饷[1]而已。

**吐蕃尚婢婢遣兵击论恐热，大破之。**

以石雄为晋绛行营节度使石雄代李彦佐之明日，即引兵逾乌岭[2]，破五寨，杀获千计。上得捷书，喜甚，谓宰相曰："雄真良将。"德裕因言："比年潞州市有男子磬折[3]唱曰：'石雄七千人至矣！'刘从谏以为妖言，斩之。破潞州者必雄也。"诏赐雄帛，雄悉置军门，自取一匹，余悉分将士，故士卒乐为之致死。

冬，十月，以刘沔为义成节度使，李石为河东节度使沔与张仲武有隙，故徙之。

十一月，以兖王岐为安抚党项大使，李回副之邠宁奏党项入寇。李德裕奏："党项分隶诸镇，剽掠于此，则亡逃归彼，无由禁戢[4]。请以皇子兼统诸道，择廉干[5]之臣副之，居于夏州，理其辞讼。"故有是命。

十二月，王宰克天井关忠武军素号精勇，王宰治军严整，贼甚惮之。薛茂卿以科斗寨之功，意望超迁。或谓刘稹曰："留后所求者，节耳。茂卿深入多杀，激怒朝廷，此节所以来益迟也。"由是无赏。茂卿愠怼，密与王宰通议。宰引兵攻天井关，茂卿小战遽走，宰遂克之。茂卿入泽州，密使谍召宰进攻，当为内应，宰疑，不敢进。稹诱茂卿杀之，以刘公直代茂卿。宰进击，破之。

河东克石会关[6]洺州刺史李恬，石之从兄也，以书与石云："刘稹愿举族归命。"石以闻，李德裕言："令官军四合[7]，贼势穷蹙，故伪输诚款，冀以缓

---

1　馈饷：粮饷。
2　乌岭：古地名，一名黑水岭，位于今山西省临汾市翼城县东北，与沁水县交界处。
3　磬折：形容声音抑扬宛转。
4　禁戢：禁止，杜绝。
5　廉干：廉洁干练。
6　石会关：古关隘名，位于今山西省晋中市榆社县西北，为泽潞和太原间交通要道。
7　四合：四面围拢。

师。宜诏石答恬书云：'前书未敢闻奏。若郎君诚能悔过，面缚境上，则石当往受降，护送归阙。若虚为诚款，则石必不敢以百口保人。'仍望诏诸道，乘其上下离心，速进兵攻讨。"上从之。

## 甲子四年（公元844年）

春，正月，河东都将杨弁作乱，讨平之初，河东行营兵马使王逢奏乞益榆社[1]兵，诏河东以兵二千赴之。时河东无兵，李石召横水戍卒千五百人，使杨弁将之诣逢。先是，军士出征，人给绢二匹。刘沔之去，竭府库以自随。石初至，军用乏，以己绢益之，人才得一匹。时已岁尽，军士求过正旦而行，监军吕义忠趣之，弁遂作乱。石奔汾州。弁据军府，使其侄诣刘稹，约为兄弟。石会关守将复以关降于稹。朝议喧然[2]，言两地皆应罢兵，王宰又言："游弈将得刘稹表，有意归附。"李德裕言："宰擅受稹表，似欲擅[3]招抚之功。昔韩信破田荣，李靖擒颉利，皆因其请降，潜兵掩袭。止可令王宰失信，岂得损朝廷威命？建立奇功，实在今日，必不可以太原小扰，失此事机。望即遣使督其进兵，必稹与诸将举族面缚，方可受纳。兼谕石雄以宰若纳稹，则雄无功可纪，当于垂成[4]之际，自取奇功。"又为相府与宰书，言："昔王承宗虽逆命，犹遣子弟奉表入朝，宪宗犹未之许。今稹置章表于衢路之间，游弈将不即毁除，实恐非是。且稹逆状如此，而将帅受之，是私惠[5]归于臣下，不赦在于朝廷，事体之间，交[6]恐不可。自今更有章表，宜即所在焚之。惟面缚而来，始可容受。"德裕又上言："太原人心从来忠顺，止是贫虚[7]，赏犒不足。况千五百人何能为事？必不可纵。且用兵未罢，深虑所在动心。望诏李石还赴太原，召兵讨乱。"

---

1 榆社：古县名，治所即今山西省晋中市榆社县。
2 喧然：声大而杂貌。
3 擅：独揽。
4 垂成：事情将近成功。
5 私惠：私人的恩惠。
6 交：一起。
7 贫虚：贫乏虚空。

上皆从之。诏王逢留太原兵守榆社，以易定、汴、兖[1]兵还讨弁。又遣中使马元实至太原晓谕，且觇之。元实受弁略，还，于众中大言："相公须早与之节！"德裕曰："何故？"元实曰："自牙门至柳子列十五里曳地光明甲，若之何取之[2]？"德裕曰："李相正以无兵，故发横水兵赴榆社。弁何能遽致如此之众乎？"元实曰："召募所致耳。"德裕曰："召募须有货财，李相止以欠军士绢一匹，故致此乱，弁何从得之？"元实辞屈。德裕曰："从其有十五里光明甲，必须杀此贼！"因奏："弁微贼，决不可恕！如国力不支，宁舍刘稹！"河东兵戍榆社者闻朝廷令客军取太原，恐妻孥为所屠灭，乃拥监军吕义忠自取太原，擒杨弁，尽诛乱卒。送弁京师，并其党斩之。

　　胡氏曰：见理明白，则听言不为所眩，若德裕于元实是也。虽然，犹有恨焉。元实以大言虚喝[3]，情非苟然，若付之廷尉，则受略之事必不得隐，于以施刑，斯乃训一而惩百矣。

　　**三月朔，日食。**

　　**以刘沔为河阳节度使**李德裕言于上曰："事固有激发而成功者，陛下命王宰趋磁州，而何弘敬出师；遣客军讨太原，而戍卒先取杨弁。今王宰久不进军，请徙刘沔镇河阳，仍令以义成精兵二千直抵万善[4]，处宰肘腋之下。若宰识此意，必不敢淹留。若宰进军，沔以重兵在南，声势亦壮。"上从之。

　　**黠戛斯遣使入贡。**

　　**以刘濛为巡边使**朝廷以回鹘衰微，吐蕃内乱，议复河湟四镇十八州，乃遣给事中刘濛巡边，使先备器械糗粮，今天德、振武、河东训卒砺兵，以俟今秋。

　　**以赵归真为道门教授先生**上好神仙，归真得幸。李德裕谏曰："归真，

---

1　汴、兖：即宣武、兖海，均为方镇名。
2　自牙门至柳子列十五里曳地光明甲，若之何取之：从河东节度使衙门到柳子列之间十五里内，遍地都是光明甲，这么强盛的兵力，怎么能讨伐平定呢。光明甲，明晃晃崭新的甲胄。
3　虚喝：虚张声势，企图威胁。
4　万善：古地名，位于今河南省焦作市辖沁阳市东北。

敬宗朝罪人，不宜亲近。"上曰："朕官中无事时，与之谈道涤烦¹耳。至于政事，朕必问卿等与次对官，虽百归真不能惑也。"德裕曰："小人见势所在，则奔趋之，旬日以来，归真之门车马辐凑，愿陛下深戒之。"

　　胡氏曰：三教之名，自其徒失本真²而云然，其谬尤之甚者，道家是也。儒以名学，仁义道德之人，自周有之。佛者，觉也，为其道而觉，则瞿昙³之徒是也。若夫道，则以天下共由而得名，犹道路然。得道而尽，惟尧、舜、文王、孔子耳。老聃之言，独善其身，不可与天下共由也，而名之曰道，自汉以来失之矣。其后乃有飞仙变化之术，丹药符篆之技，祷祠醮祭之法，沉沦鬼狱⁴之论，杂然并兴，皆归于道家者流，岂不远哉？

　　**夏，六月，减州县冗员**李德裕以州县佐官太冗，奏令吏部郎中柳仲郢裁减，凡一千二百一十四员。仲郢，公绰之子也。

　　**诏削仇士良官爵，籍没家赀**宦官有发士良宿恶⁵，于其家得兵仗数千，故有是命。

　　**秋，七月，遣王逢屯翼城**上与李德裕议以王逢将兵屯翼城。上曰："闻逢用法太严，有诸？"对曰："臣亦尝以此诘之。逢言前有白刃，法不严，其谁肯进？"上曰："言亦有理。卿更召而戒之。"

　　**以杜悰同平章事**上闻扬州倡女⁶善为酒令，敕监军选而献之。监军请节度使杜悰同选，悰不从。监军怒，表其状。左右因请敕悰同选，上曰："敕藩方⁷选倡女入宫，岂圣天子所为？杜悰得大臣体，朕甚愧之。"遽敕勿选，召悰入相，劳之曰："卿不从监军之言，朕知卿有致君⁸之心。今相卿，如得一魏

---

1　涤烦：消除烦恼。
2　本真：本性。
3　瞿昙：释迦牟尼的姓，一译乔答摩，亦作佛的代称。
4　鬼狱：地狱。
5　宿恶：以往的罪恶。
6　倡女：以歌舞娱人的妇女。
7　藩方：藩镇。
8　致君：辅佐国君，使其成为圣明之主。

徵矣。"

闰月，李绅罢。

**昭义将高文端降**李德裕访文端破贼之策，文端曰："官军今直攻潞州，泽州兵约万五千人，贼常分兵太半，潜伏山谷，伺官军攻城疲弊，则四集救之，官军必失利。请令陈许军过乾河[1]立寨，自寨城连延[2]筑为夹城，环绕泽州，日遣大车布阵于外以捍救兵。贼见围将合，必出战。待其败北，然后乘势可取。固镇寨[3]四崖悬绝，势不可攻。然寨中无水，宜令王逢绝其水道，不过三日，贼必遁去。又都头王钊将万兵戍洺州，以积数诛大将，疑惧，召之不入。但钊及士卒家属皆在潞州，招之必不肯来。若谕以引兵取积，事成即除他镇，仍厚有赐与，庶几肯从。"镇州奏事官高迪密陈二事：其一，以为贼中好为偷兵术，潜抽诸处兵聚于一处，官军多就迫逐，以致失利。官军须知此情，自非来攻，慎勿与战。彼淹留不过三日，须散归旧屯。如此数四空归，自然丧气。官军密遣谍者，诇其抽兵之处，乘虚袭之，无不捷矣。其二，镇、魏下营，不离故处，每三两月一深入，烧掠而去。贼但固守城栅[4]，城外百姓，贼亦不惜。宜令进营据其要害，以渐迫之。德裕皆请以其言谕诸将。

**八月，邢、洺、磁三州降，郭谊斩刘稹以降**刘稹年少懦弱，押牙王协、兵马使李士贵用事，专聚货财，府库充溢，而将士有功无赏，由是人心离怨。协请税商人[5]，每州遣军将一人主之。并籍编户家赀，十分取二，民恼恼不安。邢州将裴问，稹之舅也，所将兵多富商子弟。问以其父兄被拘，为之请，不得，乃杀税商军将，而请降于王元逵。洺州守将王钊、磁州守将安玉闻之，皆请降于何弘敬。李德裕曰："昭义根本，尽在山东。三州降，则上党不日有变矣。"上曰："郭谊必枭刘稹以自赎。"德裕曰："诚如圣料。"上曰："于今

---

1　乾河：古水名，位于今山西省临汾市翼城县南。
2　连延：连续，绵延。
3　固镇寨：古地名，位于今山西省长治市沁源县西南。
4　城栅：围墙和栅栏，常代指防御设施。
5　税商人：向商人征税。

所宜先处者何事？"德裕曰："万一镇、魏请占三州，朝廷难于可否[1]。请以给事中卢弘止为三州留后。"上从之。诏卢钧乘驿赴镇。潞人闻三州降，大惧。郭谊、王协谋说刘稹以兵授谊，束身归朝，稹许之。遂杀稹，灭其族，函首，遣使奉表，降于王宰。宰以状闻，宰相入贺，上曰："郭谊宜如何处之？"德裕对曰："刘稹，呆孺子耳，阻兵拒命，皆谊为之谋主。及势孤力屈，又卖稹以求赏。此而不诛，何以惩恶？宜及诸军在境，并谊等诛之。"上曰："朕意亦以为然。"乃诏石雄将七千人入潞州，以应谣言。杜悰请赦谊等，上不应。诏昭义五州给复一年，横增赋敛，悉从蠲免，所籍团兵[2]，并纵归农。诸道将士等级[3]加赏。雄至潞州，尽执谊等送京师。卢钧素宽厚爱人，襄州士卒在行营者，对阵[4]辄扬其美。及赴镇，散卒[5]归之者，皆厚抚之，人情大洽，昭义遂安。郭谊、王协等至京师，皆斩之。

司马公曰：董重质之在淮西，郭谊之在昭义，吴元济、刘稹如木偶人，在伎儿[6]之手耳。始则劝人为乱，终则卖主规利[7]，其死固有余罪。然宪宗用之于前，武宗诛之于后，臣愚以为皆失之。何则？赏奸非义也，杀降非信也。失义与信，何以为国？如谊等免死，流之远方，没齿不还可矣，杀之非也。

**加李德裕太尉，赐爵卫国公**加李德裕太尉、卫国公，德裕辞，上曰："恨无官赏卿耳。"初，德裕以："比年将帅出征屡败，其弊有三：一者，诏令下军前者，日有三四，宰相多不预闻。二者，监军各以意见指挥军事，将帅不得专进退。三者，每军各有宦者为监使，悉选军中骁勇数百为牙队，其在阵战斗者，皆怯弱之士。每战，视军势小却，辄引旗先走，阵从而溃。"德裕乃与枢密使杨钦义、刘行深议，约敕监军不得预军政，每兵千人，听取十人自卫，

---

1　可否：决定可以不可以，能不能。
2　所籍团兵：所登记的土团士兵。
3　等级：分等，逐步。
4　对阵：两军对峙，交锋。
5　散卒：被击溃了的士兵。
6　伎儿：歌舞艺人。
7　规利：谋求利益。

有功随例沾赏[1]。二枢密皆以为然，白上行之。自非中书进诏意，更无他诏自中出者。号令既简，将帅得以施其谋略，故所向有功。元和后，数用兵，宰相或不休沐，或继火[2]乃得罢。德裕从容裁决，率午漏[3]下还第，休沐辄如令，沛然若无事时。

范氏曰：治天下之繁者，必以至简；制天下之动者，必以至静。夫用兵于千里之外，而君、相忧于内，则本先摇矣，何以制其末乎？是故号令简，则民听不惑；心虑[4]静，则事变[5]不挠，此所以能成功也。

河北三镇每遣使者至京师，德裕常面谕之曰："河朔兵力虽强，不能自立，须借朝廷官爵、威命以安军情。归语汝使，与其使大将邀敕使以求官爵，何如自奋忠义，立功立事，结知明主乎？且李载义为国家平沧景，及为军中所逐，不失作节度使；杨志诚遣大将遮敕使马求官，及为军中所逐，朝廷竟不赦其罪。此二人祸福足以观矣。"由是三镇不敢有异志。

范氏曰：古之明主，天下有不顺者，必谆谆而告，教之再三。不可，然后征之。则其民知罪，而用兵有辞矣。自唐之失河朔，或讨伐之，或姑息之，不闻有文告之命，戒敕之辞也。是以兵加而不服，恩厚而愈骄。李德裕以一相而制御三镇，如运之掌，使武宗享国长久，天下岂有不平者乎？

冬，十一月，贬牛僧孺为循州长史，流李宗闵于封州李德裕言于上曰："刘从谏据上党十年，太和中入朝，僧孺、宗闵执政，不留之，加宰相纵去，以成今日之患。"又使昭义孔目官郑庆言从谏每得二人书疏，皆自焚毁。河南少尹吕述与德裕书，言僧孺闻积破，失声叹恨。德裕奏之，上大怒，贬僧孺等。初甘露之乱，李训、王涯、贾𫗧等子弟数人皆归从谏，至是皆为郭谊所

---

1 沾赏：沾光受赏赐。
2 继火：傍晚举火以接日光。
3 午漏：午时的滴漏，亦指午时。
4 心虑：思虑，神思。
5 事变：政治、军事方面的重大变化。

杀。德裕复下诏称："逆贼涯、𫓧已就昭义诛其子孙。"识者非之。

胡氏曰：大臣欲正君心，必先自正其心。其心不正，如正君何？德裕欲报私仇，而未得其便，乃于功成之后，因行中伤之计，非惟武宗志已骄怠，德裕之量亦满矣，又乌能纳其君于持盈守成之盛哉？是故君子不可不学也。

## 乙丑**五年**（公元 845 年）

春，群臣上尊号李德裕等请上尊号，上不受，凡五上表，乃许。

胡氏曰：莫难强如[1]怠心，莫难制如欲心，莫难降如骄心，莫难平如怒心，莫难抑如忌心，莫难开如惑心，莫难解如疑心，莫难正如偏心，然皆放心[2]也。大臣格君心之非者，格此等也。未至乎大人[3]，而当大臣之任，亦当勉之。要使君心常收而不放，则善日起，恶日消，治可立，安可保矣。武宗英断[4]，削平叛乱，唐室威令，赫然复张，此正骄、欲易生之时也。三镇未朝，河湟未复，天子偏惑方士，饵金石以济其淫溺[5]，宰相逃忧免责之不暇，德裕乃请上尊号，是以满假[6]矜伐劝其君，夫岂引君于当道[7]之义哉？故评德裕才气谋略诚高绝一时，而于道则万分未得一焉者也。

**义安太后王氏崩。**

**以卢弘宣为义武节度使**弘宣性宽厚而难犯，为政简易[8]，其下便之。诏赐粟三十万斛在飞狐西。计运致之费，逾于粟价。弘宣遣吏守之。会春旱，弘宣命军民随意往取，约秋稔偿之，境内足食。

---

1　如：相当于"乎"。
2　放心：放纵之心。
3　大人：德行高尚、志趣高远的人。
4　英断：英明果断。
5　淫溺：沉迷于癖好。
6　满假：自满自大。
7　当道：合于正道。
8　简易：疏略平易。

杀江都令吴湘淮南节度使李绅按[1]湘盗用程粮[2]钱，强娶所部百姓女，估[3]其资装为赃，罪当死。湘，武陵之兄子也。李德裕素恶武陵，议者多言其冤。诏御史崔元藻、李稠覆之，与前狱异。德裕贬二人远州司户。不复更推，亦不付法司详断，即如绅奏处死。

夏，五月，葬恭僖皇后。

杜悰、崔铉罢，以李回同平章事。

册黠戛斯为英武诚明可汗。

秋，七月朔，日食。

诏毁天下佛寺，僧尼并勒[4]归俗上恶僧尼耗蠹天下，欲去之，道士赵归真等复劝之，乃先毁山野招提、兰若[5]。至是，敕上都[6]、东都各留二寺，每寺留僧三十人。天下节镇各留一寺。寺分三等，留僧有差。余僧及尼并勒归俗。寺皆立期毁撤[7]，仍遣御史分道督之。财货田产并没官，寺材以葺公廨驿舍[8]，铜像、钟磬[9]以铸钱。凡天下所毁寺四千六百余区，招提、兰若四万余区。归俗僧尼二十六万五百人，收良田数千万顷，奴婢十五万人。五台僧[10]多亡奔幽州。德裕召进奏官[11]谓曰："汝速白本使，五台僧为将必不如幽州将，为卒必不如幽州卒，何为虚取容纳之名，染于人口[12]？独不见刘从谏招聚无算闲人，竟有何益？"张仲武乃封二刀付居庸关[13]曰："有游僧入境则斩之。"

---

1　按：查验。
2　程粮：旅途所需的粮食。
3　估：强迫，逼迫。
4　勒：强制，逼迫。
5　招提、兰若：招提，梵语，原指四方，此指各地私造、供四方僧人止宿的寺院。兰若，梵语，原指森林，此指躲避人间热闹之地的佛寺，供修道者居住静修之用。
6　上都：指都城长安，相对陪都而言。
7　毁撤：撤除毁掉。
8　公廨驿舍：公廨，官府衙门的别称。驿舍，驿站供来往人员住宿的房屋。
9　钟磬：钟和磬，古代礼乐器。
10　五台僧：五台山的僧侣。
11　进奏官：古官名，主持藩镇设在京师官邸之邸务，掌朝廷与本镇间诏令、章奏及各种文书的承传。
12　染于人口：成为别人的话柄。
13　居庸关：代指居庸关的守将。

胡氏曰：一身正气，为邪气所伤，必以五谷六味养生之物辅之，然后邪去而正复。若盗跖[1]伏于室，乃召阳虎[2]而去之，是重自伐也，庸何愈？此元魏用寇谦之、会昌[3]用赵归真以去释氏之类也。释氏蠹民心而耗其财，诚宜废绝[4]，武宗君臣以公道行之，夫岂不可而待归真乎？且佛教行乎中国久矣，非一日所能废。诚欲废绝释氏，当使天下知其为害，而不惑其说，又不利其鬻牒[5]之资，持之三十年，则本根除扫，余风亦殄矣。

**昭义戍卒作乱，讨平之**诏发昭义兵戍振武。潞卒[6]素骄，惮于远戍，闭门大噪。卢钧奔潞城[7]，乱兵奉都将李文矩为帅。文矩以祸福谕之，乱兵听命，乃遣人谢卢钧。钧还上党，复遣之，行一驿[8]，乃潜选兵，追而杀之。

**置备边库**李德裕请置备边库，令户部岁入钱、帛十二万缗、匹，度支、盐铁岁入钱、帛十三万缗、匹，明年减其三之一，凡诸道所运助军财货皆入焉，以度支郎中判之。

**冬，十月，以道士刘玄静为崇玄馆学士**玄静固辞还山，许之。

**十二月，贬韦弘质为某官**李德裕秉政日久，好徇爱憎，人多怨之。左右言其太专，上亦不悦。给事中韦弘质上疏言："宰相权重，不应更领三司、钱谷。"德裕奏曰："制置[9]职业，人主之柄。弘质受人教导，所谓贱人图柄臣[10]，非所宜言。"弘质贬官。由是众怒愈甚。

**诏罢来年正旦朝会**初，上饵方士金丹，性加躁急，喜怒不常。问李德裕以外事，对曰："陛下威断不测，外人颇惊惧。天下既平，愿陛下以宽理之，使得罪者无怨，为善者不惊，则天下幸甚！"上自秋来已觉有疾，而道士以为

---

1　盗跖：春秋时率领盗匪数千人的大盗，当时鲁国贤臣柳下惠之弟。
2　阳虎：春秋时鲁国人，一名货，鲁国权臣季孙氏家臣，儒家视之为窃国大盗。
3　会昌：唐武宗李炎的年号，存续时间为公元841至846年。此处借指唐武宗李炎。
4　废绝：废止灭绝。
5　牒：即度牒，也称戒牒，官府发给和尚、尼姑证明身份的文件。
6　潞卒：即昭义的士卒。潞，此处代指昭义，方镇名，又称泽潞，领有泽、潞、沁三州。
7　潞城：潞州的州城。
8　行一驿：走过一个驿程。驿程，驿站之间的里程。
9　制置：规划。
10　柄臣：执掌政权的大臣。

换骨。至是，诏罢正旦朝会。

**吐蕃论恐热击尚婢婢，大败**论恐热击尚婢婢，婢婢拒之，恐热大败。
婢婢传檄河湟，数恐热罪曰："汝辈本唐人，吐蕃无主，则相与归唐，无为恐
热所猎，如狐兔也。"

**是岁天下户数**四百九十五万五千一百五十一。

## 丙寅**六年**（公元 846 年）

**春，二月，以米暨为招讨党项使**党项侵盗[1]不已，攻陷邠、宁、盐州界
城堡。上决意讨之，故有是命。

**三月，立光王忱为皇太叔**[2]。**帝崩，太叔即位**上疾久未平，以为唐土
德[3]，不可以王气胜君名，乃改名"炎"。初，宪宗纳李锜妾郑氏，生光王怡。
幼时，宫中皆以为不慧，太和以后，益自韬匿[4]，群居游处，未尝发言。文宗好
诱其言，以为戏笑。上性豪迈，尤所不礼。及上疾笃，旬日不能言，诸宦官密
于禁中定策，下诏以"皇子冲幼，立怡为皇太叔，更名忱，令权句当军国政
事"。太叔见百官，哀戚满容[5]，裁决庶务，咸当于理，人始知有隐德[6]焉。上崩，
以李德裕摄冢宰。宣宗即位，德裕奉册。既罢，上谓左右曰："适近我者，非
太尉邪？每顾我，使我毛发洒淅[7]。"

**胡氏曰：**武宗身病子幼，宜念终始之必正，召见宰相，出顾命焉，而曾
不一施[8]。李德裕为上相[9]，受深知[10]，六十日之间，亦不能力请入问起居，面禀嗣

---

1　侵盗：侵犯劫夺。
2　皇太叔：皇帝的叔父，与皇太子、皇太孙、皇太弟相同，都是皇位继承人的封号。
3　土德：五德之一。古以五行相生相克附会王朝命运，谓土胜者为得土德。
4　韬匿：敛藏，隐藏，谓不为人所知。
5　哀戚满容：哀戚，悲伤，悲哀。满容，满脸。
6　隐德：不为人知的德行。
7　洒淅：打寒颤。
8　曾不一施：竟然一件也没做。
9　上相：对宰相的尊称。
10　深知：深厚的礼遇。

事[1]，碌碌拱手[2]，一听宦官。君、相皆英特人也，尚且如此，其余固无责矣。

夏，四月，尊帝母郑氏为皇太后。

李德裕罢为荆南节度使德裕秉权日久，位重有功，众不谓其遽罢，闻之莫不惊骇。

赵归真等伏诛。五月，诏上京增置八寺，复度僧尼。

以白敏中同平章事。

六月，定太庙为九代十一室复祀代宗，以敬、文、武宗同为一代，为九代十一室。

秋，七月，回鹘杀乌介可汗乌介之众，降散馁死[3]，所余不及三千人，其相杀之，而立其弟遏捻。

八月，葬端陵[4]初，王才人宠冠后庭，武宗欲立以为后。李德裕以其寒族、无子，恐不厌天下之望，乃止。武宗疾，顾之曰："我死，汝当如何？"对曰："愿从陛下于九泉。"武宗以巾授之。武宗崩，才人即缢。上闻而矜之，赠贵妃，葬于端陵柏城[5]之内。

以牛僧孺为衡州长史，李宗闵为郴州司马僧孺、宗闵及崔珙、杨嗣复、李珏等五相皆武宗所贬、逐，至是，同日北迁。宗闵未行而卒。

九月，郑肃罢，以卢商同平章事。

罢册黠戛斯可汗使或以为僻远小国，不足与之抗衡。回鹘未平，不应遽有建置。事遂寝。

以李景让为浙西[6]观察使初，景让母郑氏性严明，早寡，家贫子幼，每自教之。宅后墙陷，得钱盈船，母祝之曰："吾闻无劳而获，身之灾也。天必

1　嗣事：皇位继承人的事。
2　碌碌拱手：碌碌，随众附和貌，平庸无能貌。拱手，束手，谓无能为力。
3　降散馁死：投降、离散、饥饿而死亡。
4　端陵：唐武宗李炎的陵墓，位于今陕西省咸阳市三原县东北。
5　柏城：指皇陵。古代帝、后陵寝周围筑墙，列植柏树，故称。
6　浙西：方镇名，浙江西道的简称，辖今江苏省长江以南、茅山以东及浙江省新安江以北地区和上海市。

以先君余庆，矜其贫而赐之。则愿诸孤[1]学问有成，此不敢取。"遽命掩而筑之。景让宦达[2]，发已班白，小有过，不免捶楚。在浙西，有牙将迕意，杖之而毙。军中愤怒，将为变。母闻之，出坐听事，立景让于庭而责之曰："天子付汝以方面，岂得以国家刑法为喜怒之资，而妄杀无罪之人乎？万一致一方不宁，岂惟上负朝廷，使垂年[3]之母衔羞入地，何以见汝之先人哉？"命左右褫其衣，坐之，将挞其背，将佐皆为之请，久乃释之。军中遂安。弟景庄老于场屋[4]，每被黜，母辄挞景让，然景让终不肯属主司，曰："朝廷取士，自有公道，岂可效人求关节乎？"

冬，十月，禘于太庙礼院[5]奏祝文于穆、敬、文、武，但称"嗣皇帝臣某昭告[6]"。从之。

帝受三洞法箓。

十二月朔，日食。

胡氏曰：宣宗尽反会昌所为，而有不能反者，受法箓是已。盖其心蔽于长生，陷溺而不可解，是以谪见于天，日为之食。苟能仰思其故，以克正[7]厥事，则他日必免金丹之祸矣。


## 丁卯宣宗皇帝大中元年（公元847年）

春，二月，旱上以旱故，减膳撤乐，出宫女，纵鹰隼，止营缮，命卢商与御史中丞封敖疏理[8]京城系囚。大理卿马植奏曰："官典[9]，犯赃及故杀人，大赦所不免。今因疏理而原之，使贪吏无所惩畏[10]，死者衔冤无告，恐非所以消旱

---

1　诸孤：众孤儿。
2　宦达：官位显达，仕途亨通。
3　垂年：生命将尽之年，晚年。
4　老于场屋：多年入贡院参加科举考试。场屋，科举考试的地方，又称科场。
5　礼院：古官署名，唐代太常寺的别称。
6　昭告：明白地告知。
7　克正：能够改正。克，能。
8　疏理：分别处理。
9　官典：朝廷的典制。
10　惩畏：警戒和畏惧。惩，警戒。

灾、致和气也。"诏两省[1]议之。谏议大夫张鹭等言:"所原死罪,无冤可雪,恐凶险侥幸之徒,常思水旱为灾。宜如植奏。"诏从之。以植为刑部侍郎。植素以文学、政事有名于时,李德裕不之重,及白敏中秉政,凡德裕所薄者,皆不次用之。

以李德裕为太子少保、分司初,德裕引白敏中入翰林。及德裕失势,敏中竭力排之,使其党讼德裕罪,故有是命。

卢商罢,以崔元式、韦琮同平章事。

闰月,敕复废寺是时君臣务反会昌之政,故僧尼之弊,皆复其旧。

积庆太后[2]萧氏崩。

吐蕃寇河西,河东节度使王宰击破之吐蕃论恐热乘武宗之丧,诱党项及回鹘余众寇河西。诏河东节度使王宰将诸军击之,以沙陀朱邪赤心为前锋,战于盐州,破走之。

夏,六月,复遣使册黠戛斯可汗。

以令狐绹为考功郎中、知制诰上谓白敏中曰:"朕昔从宪宗之丧,道遇风雨,百官皆散,惟山陵使长而多髯,攀灵驾不去,谁也?"对曰:"令狐楚。"上曰:"有子乎?"敏中以绹对,且称其有才器,上即擢绹知制诰。问以元和故事,绹条对[3]甚悉,上悦,遂有大用之意。

秋,八月,李回罢。

葬贞献皇后[4]。

作雍和殿上敦睦兄弟,作雍和殿于十六宅[5],数临幸,置酒作乐,击球尽欢。诸王有疾,常亲至卧内存问,忧形于色。

冬,十二月,贬李德裕为潮州司马吴汝纳讼其弟湘罪不至死,为李德

---

1　两省:中书省和门下省的合称,为唐代最高国务机构。
2　积庆太后:即唐文宗李昂之母萧氏。
3　条对:逐条对答天子的垂询。
4　贞献皇后:即积庆太后萧氏。
5　十六宅:唐末诸王共居的宅第,武宗、宣宗皆由中官从十六宅迎立登位。

裕所枉杀。御史鞫之，再贬德裕。

　　复增州县官三百八十三员。

戊辰二年（公元 848 年）

　　春，正月，群臣上尊号。

　　贬丁柔立为南阳[1]尉初，李德裕执政，有荐丁柔立清直可任谏官者，德裕不能用。至是，为右补阙，上疏讼[2]德裕冤，坐阿附贬。

　　胡氏曰：宰相行私，必不能表正百官；人君行私，又何以责望宰相？故公者，君、相之要道也。李德裕政事，公私参半，是非莫掩。宣宗去其非，取其是，则公道得矣。乃又以好恶、偏党[3]胜之，故虽窜[4]德裕，而人终不服也。丁柔立必克己正心之人也，使宣宗而留意公道，则柔立正可奖用[5]者，乃不能然，是自为偏私也，欲臣子之奉公[6]，难矣！

　　黠戛斯攻室韦，大破之回鹘遏捻可汗日益耗散，所存贵臣以下不满五百人，依于室韦。使者入贺正[7]，过幽州，张仲武使归取遏捻等。遏捻闻之，夜与妻子九骑西走室韦，分其余众。黠戛斯率诸胡兵取之，大破室韦，悉收回鹘余众归碛北。

　　二月，以令狐绹为翰林学士上尝以太宗所撰《金镜》授绹，使读之。至"乱未尝不任不肖[8]，治未尝不任忠贤"，止之，曰："凡求致太平，当以此言为首。"又书《贞观政要》于屏风，每正色[9]拱手而读之。上欲知百官名数，绹曰："六品以下，吏部注拟；五品以上，政府制授。各有籍[10]，命曰具员。"上

1　南阳：古县名，治所即今河南省南阳市。
2　疏讼：上疏争辩是非。
3　偏党：偏私，偏向。
4　窜：放逐。
5　奖用：奖励任用。
6　奉公：不徇私。
7　贺正：岁首元旦之日，群臣朝贺。
8　不肖：不成材，不正派。
9　正色：态度严肃。
10　籍：登记册。

命宰相作《具员御览》五卷，置于案上。

作五王院上欲作五王院以处皇子之幼者，召术士柴岳明，使相其地。岳明对曰："臣庶[1]迁徙不常，故有祸福之说。阴阳书本不言帝王家也。"上善其言，赐以束帛。

夏，五月朔，日食。

崔元式罢，以周墀、马植同平章事初，墀为义成节度使，辟韦澳为判官。及为相，谓澳曰："何以相助？"澳曰："愿相公无权。"墀愕然，澳曰："官赏刑罚，与天下共其可否，勿以己之爱憎喜怒移之，天下自理，何权之有？"墀深然之。

太皇太后郭氏暴崩于兴庆宫初，宪宗之崩，上疑郭太后预其谋。又郑太后本郭太后侍儿[2]，有宿怨，故上即位，待郭太后礼殊薄，郭太后意怏怏。一日，登勤政楼，欲自陨[3]。上闻之，大怒。是夕暴崩，外人颇有异论。上不欲以郭后祔葬[4]宪宗，有司请葬景陵外园，礼院检讨官[5]王皞奏："宜合葬祔庙[6]。"上大怒。白敏中召皞诘之，皞曰："太皇太后，汾阳王之孙，宪宗在东官为正妃，母天下历五朝，岂得以暧昧之事，遽废正嫡[7]之礼乎？"敏中怒甚，皞气愈厉。周墀见之，举手加额[8]，叹其孤直[9]。皞竟坐贬句容令。

胡氏曰：古圣人之重嫡、妾之辨，以人道尊其父也。父之妾，犹父之仆也；吾之母，则父之敌体[10]也。举父妾侪[11]之母而可，则崇父之仆而侪诸父而可乎？故孔子作《春秋》，凡以私恩崇其所生，必加讥、贬，以示嫡、妾之必不

---

1　臣庶：臣民。
2　侍儿：使女，女婢。
3　自陨：跳楼自杀。
4　祔葬：合葬。
5　检讨官：古官名，唐朝时掌修国史。
6　祔庙：附祭后死者于先祖之庙。
7　正嫡：正室，嫡妻。
8　额：额头。
9　孤直：孤高耿直。
10　敌体：双方不相上下，处在相等的地位。
11　侪：等同。

可鉴，其为后世法戒[1]深矣。今宣宗嫡母无恙，遽奉侍儿，比肩宸极[2]，而又镌削仪数[3]，亲行弑逆，此岂人理哉？设使太后得罪先帝，臣子犹无贬黜之礼，况过失不闻，徒以暧昧之说加之乎？是宜革前史疑似之言，正名宣宗弑母之罪，使知大恶之不可以小善掩，嫡母之不可以妄母黜，虽获罪于君子而不辞也。

秋，九月，贬李德裕为崖州司户。

以石雄为神武统军雄诣政府，自陈黑山、乌岭之功，求一镇以终老。执政以雄李德裕所荐，除神武统军。雄怏怏而薨。

冬，十一月，以万寿公主适起居郎郑颢颢以文雅著称。公主，上之爱女，故选尚之。旧例以银装车，上曰：“吾欲以俭约化天下，当自亲者始。”令依外命妇，以铜装车。仍诏公主执妇礼，皆如臣庶之法，戒以毋得轻夫族，预时事。颢弟颛尝得危疾，上遣使视之。还，问：“公主何在？”曰：“在慈恩寺观戏场。”上怒，叹曰：“我怪士大夫家不欲与我家为婚，良有以也！”亟召公主，责之曰：“岂有小郎[4]病，不往省视，乃观戏乎？”由是贵戚皆守礼法，如衣冠之族。

葬懿安皇后[5]于景陵之侧。

韦琮罢。


## 己巳三年（公元849年）

春，正月，以韦宙为御史上与宰相论元和循吏孰为第一，周墀曰：“臣尝守土江西，闻观察使韦丹功德被[6]于八州，没四十年，老稚歌思[7]，如丹尚存。”诏史馆修撰杜牧撰丹遗爱碑，仍擢其子宙为御史。

---

1　法戒：楷式和鉴戒。
2　宸极：借指帝王。
3　镌削仪数：镌削，消减。仪数，礼仪规定的等级。
4　小郎：称丈夫之弟。
5　懿安皇后：即太皇太后郭氏，唐宪宗嫡妻，唐穆宗生母。
6　被：施加，覆盖。
7　老稚歌思：老稚，老幼，老人和小孩。歌思，歌颂思慕。

二月，吐蕃三州、七关来降。

夏，四月，周墀罢为东川节度使王宰入朝，以货结贵幸，求以使相[1]领宣武。周墀上疏论之，宰遂还镇。驸马都尉韦让求为京兆尹，墀言京兆尹非才望不可为，让议竟寝。墀又谏上开边[2]，忤旨，遂罢。翰林学士郑颢言于上曰："周墀以直言入相，亦以直言罢。"上深感悟，加检校右仆射。

以崔铉、魏扶同平章事。

卢龙节度使张仲武卒子直方为留后。

五月，武宁军乱，逐其节度使李廓。诏以卢弘止代之李廓在镇不治，右补阙郑鲁上言其状，且曰："臣恐新麦未登[3]，徐师[4]必乱，速命良帅，救此一方。"上未之省[5]。徐州果乱，逐廓。上思鲁言，擢为起居舍人。以卢弘止为节度使。武宁士卒素骄，有银刀都尤甚，屡逐主帅。弘止至镇，都虞候胡庆方复谋作乱，弘止诛之，抚循其余，训以忠义，军府遂安。

六月，以张直方为卢龙节度使。

秋，七月，克复河湟泾原节度使康季荣取原州及六关[6]，灵武[7]节度使朱叔明取长乐州[8]，邠宁节度使张君绪取萧关。八月，改长乐州为威州。河陇老幼千余人诣阙。上御延喜门楼见之，欢呼舞跃，解胡服，袭冠带。诏："募百姓垦

---

1　使相：古官名。晚唐时为了笼络节度使，朝廷授予他们同平章事的头衔，与宰相并称，号为使相。
2　开边：用武力开拓疆土。
3　登：谷物成熟。
4　徐师：武宁的部队。徐，即武宁，方镇名，领徐、泗、濠三州。
5　未之省：并未省悟。
6　六关：六座关隘，即石门、驿藏、木峡、制胜、六盘、石峡。石门，位于今宁夏固原市原州区西北。驿藏，位于今宁夏中卫市海原县北。木峡，亦作木狭关、木硖关，位于今宁夏固原市原州区西南。制胜，位于今宁夏固原市泾源县西北。六盘，位于今宁夏固原市隆德县东北。石峡，亦作硖关，位于今宁夏中卫市海原县东北。
7　灵武：方镇名，又称朔方、灵盐，领灵、盐、夏、丰州及西受降城、定远、天德两军，辖今宁夏回族自治区银川市至壶口的黄河流域，北括阴山南北，南迄陕西省宜川县、宁县一线。
8　长乐州：古州名，亦作"安乐州"，治所位于今宁夏吴忠市同心县东北，辖今宁夏回族自治区同心县附近区域。

辟三州、七关土田，五年不收租税。将吏能为营田者，官给牛及种粮。温池[1]盐利，委度支制置。戍卒倍给衣粮，二年一代。余没蕃[2]州县，亦令量力收复。"

冬，十月，改备边库为延资库。

取维州。

闰十一月，加顺宗、宪宗谥号宰相以克复河湟，请上尊号。上曰："宪宗尝有志复河湟，未谐而崩。今乃克成先志耳。其议加顺、宪二庙尊谥以昭功烈。"

张直方归京师直方暴忍[3]喜游猎[4]。军中将作乱，直方知之，举族逃归京师。军中推牙将周綝为留后。

**李德裕卒。**

范氏曰：裴度、李德裕皆有功烈，为唐贤相，大中[5]以后，无能继之者。德裕才优于度，而德器不及也。盖度不为党，而德裕为党，是以度虽为小人所倾，而能以功名终；德裕一失势，而斥死[6]海上也。虽牛僧孺之党多小人，德裕之党多君子，然其因私以害公，挟势以报怨，则一而已。夫惟天吏[7]可以伐燕，德裕自为朋党而欲破朋党，此以燕伐燕也。孔子曰："克、伐、怨、欲不行焉，可以为难矣[8]。"又曰："君子矜而不争，群而不党[9]。"德裕克、伐、怨、欲必行焉，矜而争，群而党，其能免乎？

## 庚午**四年**（公元850年）

夏，四月，贬马植为常州刺史上之立也，中尉马元贽有力焉，由是有

----

1　温池：古县名，治所位于今宁夏吴忠市盐池县西南。
2　没蕃：沦陷于吐蕃。
3　暴忍：暴虐残忍。
4　游猎：出游打猎。
5　大中：唐宣宗李忱的年号，存续时间为公元847至860年。
6　斥死：被驱逐而死。
7　天吏：奉天命治民的人。
8　克、伐、怨、欲不行焉，可以为难矣：好胜、自夸、怨恨、贪欲都能避免，可以称得上难能可贵。
9　矜而不争，群而不党：自尊而不与人争强好胜，合群而不结党营私。

宠。植与之叙宗姓[1]。上赐元贽宝带，元贽以遗植，植服之以朝。上见而识之，收其亲吏[2]鞫之，尽得交通之状，故贬之。

六月，魏扶卒，以崔龟从同平章事。

秋，八月，卢龙节度使周綝卒，军中推张允伸为留后。

九月，贬孔温裕为柳州司马党项为边患，发兵讨之，连年无功。补阙孔温裕上疏切谏，上怒，贬之。温裕，戣之子也。既而戣弟子、吏部侍郎温业亦求补外，白敏中谓同列曰："我辈须自点检[3]，孔吏部不肯居朝廷矣。"

吐蕃论恐热击尚婢婢，遂掠河西论恐热击尚婢婢。婢婢拒之，不利。粮乏，留拓拔怀光守鄯州，率部落就水草于甘州西。恐热自将追之，大掠河西八州，五千里间，赤地殆尽。

冬，十月，以令狐绹同平章事。


辛未**五年**（公元 851 年）

春，二月，沙州降。

以裴休为盐铁转运使自太和以来，岁运江淮米不过四十万斛，吏卒侵盗沉舟，达渭仓[4]者什不三四，大堕[5]刘晏之法。休穷究其弊，立漕法十条，岁运百二十万斛。

以李福为夏绥节度使上颇知党项之反，由边帅利其羊马，数欺夺、诛杀之。自是继选儒臣以代边帅之贪暴者。行日，复面加戒励[6]。党项遂安。

三月，以白敏中充招讨党项都统制置使[7]上以党项久未平，颇厌用兵。崔铉建议宜遣大臣镇抚，乃以白敏中为制置使。初，上令敏中为万寿公主选佳

---

1　宗姓：同姓。
2　亲吏：心腹之吏。
3　点检：反省，检点。
4　渭仓：古粮仓名，疑为"渭桥仓"，位于今陕西省西安市东北古霸水入渭处，关东漕粮先聚于此，然后转运长安。
5　堕：损毁，败坏。
6　戒励：告诫勉励。
7　制置使：古官名，唐代后期在军事行动前后为控制一方秩序而设，掌筹划沿边军事。

婿，敏中荐郑颢。时颢已约婚卢氏，甚衔之，由是数毁敏中。敏中将赴镇，言于上曰："郑颢不乐尚主，怨臣入骨髓。今臣出外，颢必中伤，臣死无日矣。"上曰："朕知之久矣。"命左右于禁中取小柽函[1]以授敏中，曰："此皆郑郎谮卿之书也。朕若信之，岂任卿以至今日？"敏中遂行，军于宁州。定远城[2]使史元破党项九千余帐，敏中奏党项平。诏："南山党项[3]犹行钞掠，宜于银、夏[4]境内授以闲田[5]。或复入山林，不受教令，则诛讨无赦。若边将贪鄙，致其怨叛，当先罪边将，后讨寇虏[6]。"南山党项寻亦请降，赦之。

夏，五月，吐蕃论恐热入朝恐热残虐，所部多叛。恐热势孤，乃扬言曰："吾今入朝，借兵于唐，来诛不服者。"至是入朝，求为河渭节度使，上不许。召对遣还，恐热怏怏而去。众稍散，才有三百余人，奔于廓州。

冬，十月，以魏谟同平章事时上春秋已高，未立太子，群臣莫敢言。谟入谢，因言："今海内无事，惟未建储副，使正人辅导，臣窃以为忧。"且泣。时人重之。

以白敏中为邠宁节度使。

十一月，以张义潮为归义[7]节度使先是，义潮以沙州降，发兵略定其旁瓜、伊、西、甘、肃、兰、鄯、河、岷、廓十州，遣其兄义泽奉图籍[8]入见，于是河湟之地尽入于唐。诏置归义军于沙州，以义潮镇之。

崔龟从罢。

---

1　小柽函：红柳木做成的小盒子。柽，树名，即红柳。
2　定远城：古城名，位于今宁夏石嘴山市平罗县南姚伏镇附近。
3　南山党项：即党项羌南山部，原居今青海省东南部黄河河曲和四川省松潘以西山谷地带的党项羌，后迁居于今陕北横山一带，因横山又称南山，故名。
4　银、夏：即银州、夏州。
5　闲田：无主之田，无人耕种的荒地。
6　寇虏：盗贼，敌人。
7　归义：方镇名，原名河西，治所位于沙州，辖今甘肃河西走廊一带。
8　图籍：地图和户籍，常以代指疆土人民。

## 壬申**六年**（公元 852 年）

　　**春，二月，鸡山[1]群盗寇掠果州，刺史王赟弘讨平之**初，蓬、果[2]群盗依阻鸡山，寇掠三州。诏果州刺史王赟弘讨之。山南西道亦奏巴南妖贼言辞悖慢，上怒甚。崔铉曰："此皆陛下赤子，迫于饥寒，盗弄兵于溪谷[3]间，不足辱大军，但遣一使者可平矣。"乃遣京兆少尹刘潼招谕之。潼言："使之归命，其势甚易。所虑者，武臣耻不战之功，议者责[4]欲速之效耳。"潼至山中，盗弯弓待之。潼直前曰："我面受诏赦汝罪，使汝复为平人。汝真欲反，可射我！"贼皆投弓，列拜请降。潼归馆，而赟弘引兵已至山下，竟击灭之。

　　胡氏曰：崔铉请迫使[5]，刘潼请说降，皆未尝得可报，则宜再请，以为必欲用兵，当俟招谕不从乃进耳。今不俟可报，而潼遽行，群盗既降，乃复灭之，此韩信不顾郦生，李靖不恤唐俭，狙诈[6]侥幸之计，圣人所谓行一不义而得天下，不为者也。李文饶又引以为例曰："止可令王宰失信，岂得损朝廷威命！"愚以为非矣。处己、处人，一也，将帅仗国威命，岂有置之失信之地而可乎？

　　**三月，诏大将军郑光赐庄免税役，寻罢之**敕："先赐郑光鄠县等庄并免税役。"中书门下奏："税役之法，天下皆同，郑光独免，似乖法意。"敕曰："朕以郑光元舅，初不细思。亲戚之间，人所难议。卿等苟非爱我，岂进嘉言？庶事能尽如斯，天下何忧不理？有始有卒[7]，当共守之。并依所奏。"

　　**夏，六月，以毕诚为邠宁节度使**党项复扰边，上欲择帅而难其人，从容与翰林毕诚论边事，诚援古据今，具陈方略。上悦，曰："不意颇、牧[8]近在禁庭[9]。卿其为朕行乎？"诚欣然奉命。

---

1　鸡山：古山名，又称金鸡山、鸡栋山，位于今四川省雅安市名山县区西南。
2　蓬、果：即蓬州、果州。蓬州，古州名，辖今四川省南充市仪陇县及营山县大部地。
3　溪谷：山谷，沟壑。
4　责：要求。
5　迫使：逼着使做某事。
6　狙诈：伺机使诈。
7　卒：完毕，结束。
8　颇、牧：即廉颇、李牧，均为战国时赵国名将。
9　禁庭：宫廷。

闰月，以卢钧为河东节度使河东节度使李业纵吏民侵掠杂虏，由是北边扰动。诏以钧代之。业内有所恃，人莫敢言，魏謩独请贬黜，上不许。钧奏韦宙为副使，遣诣塞下，谕以祸福，禁其侵掠，杂虏遂安。掌书记李璋杖一牙职，明日，牙将百余人诉于钧。钧杖其为首者，谪戍外镇，曰："边镇百余人无故横诉[1]，不可不抑也。"

秋，八月，以裴休同平章事。

冬，十月，毕诚招谕党项，降之。

十二月，复禁私度僧尼先是，进士孙樵上言："百姓男耕女织，不自温饱，而群僧安坐华屋[2]，美衣精馔[3]，率[4]以十户不能养一僧。武宗愤其然，发[5]十七万僧，是天下百七十万户始得苏息也。陛下即位以来，修复废寺，度僧，几复其旧。纵不能如武宗除积弊，奈何兴之于已废乎？愿早降明诏罢之，庶几百姓犹得以息肩也。"至是，中书门下奏："陛下崇奉释氏，群下莫不奔走，恐财力有所不逮，因之生事扰人。望委长吏量加撙节，仍禁私度僧尼。"从之。

胡氏曰：论事于人生，必陈其治乱之本原，辨之而明，犹或藐藐[6]其听，若徒言末流之害，固宜不纳，若孙樵之论复僧修寺是也。使佛教有益于生人[7]，虽以百七十万户养十万僧，诚不足爱。何者？所费者财力，而所资者善道，孟子所谓有功可食者也。惟其殄灭彝伦，戕败[8]人理，故虽使吸风饮露，巢居野处，犹将废之。况华屋、精馔，以养惰游[9]乎？此自圣帝明王之所必除，岂系于武宗举措之是非哉？以此言之，则庶乎其有感矣。

---

1　横诉：强横地申诉。
2　华屋：华美的房子。
3　精馔：精美的饮食。
4　率：大概。
5　发：要求留发还俗。
6　藐藐：轻视冷漠貌。
7　生人：人民，民众。
8　戕败：毁伤。
9　惰游：不务正业，游手好闲。

癸酉**七年**（公元 853 年）

夏，四月，定杖笞[1]法敕："自今法司处罪，用常行杖。杖脊一，折法杖[2]十；杖臀一，折笞五。"

冬，十二月，以郑光为右羽林统军上事郑太后甚谨，不居别官，朝夕奉养。郑光镇河中，入朝，上与论政，光对鄙浅[3]，上不悦，留为统军。太后数言其贫，上辄厚赐金帛，终不复任以民官。

胡氏曰：孝者，人君之盛德也，宣宗能之，可不谓贤乎？然弑其嫡母，不自知其罪恶之大也，而区区焉妾母是孝，所谓计末遗本，饰小善，害大德，岂所以为孝乎？

**度支奏岁入之数**钱九百二十五万缗，内五百五十万缗租税，八十二万余缗榷酤，二百七十八万余缗盐利。

甲戌**八年**（公元 854 年）

春，正月朔，日食，罢元会初，左补阙赵璘请罢元会，止御宣政。宰相曰："天下无事，元会大礼，不可罢也。"上曰："近华州有贼，关中少雪，皆朕之忧，何谓无事？虽宣政亦不可御也。"

二月，以牛丛为睦州刺史中书门下奏谏官缺员，请补。上曰："谏官要在举职，不必人多。如张道符、牛丛、赵璘辈数人，使朕日闻所未闻，足矣。"久之，丛出为刺史，入谢，上赐之紫[4]，丛曰："臣所服绯，刺史所借[5]也。"上遽曰："且赐绯。"上重惜服章[6]，有司常具绯、紫衣数袭从行，以备赏赐。或半岁不用其一，故当时以绯、紫为荣。上重翰林学士，然迁官必校岁月，以为不

---

1　杖笞：杖，使用棍棒打。笞，用竹板或荆条拷打犯人脊背或臀、腿。
2　法杖：古代杖刑所用刑具。
3　鄙浅：鄙陋浅薄。
4　紫：紫衣，高官官服的颜色。
5　借：凭借，依靠。
6　服章：表示官阶身份的服饰。

可以官爵私近臣也。

秋，九月，以高少逸为陕虢观察使有敕使过硖石，怒饼黑，鞭驿吏见血。少逸以闻，上责敕使，谪配恭陵[1]。其后，上召翰林学士韦澳，屏左右问之曰："近日内侍权势何如？"对曰："陛下威断，非前朝之比。"上闭目摇首曰："全未，全未！尚畏之在[2]。策将安出？"对曰："若与外庭[3]议之，恐有太和之变，不若就其中择有才识者与之谋。"上曰："此乃末策[4]，朕已试之矣。自衣绯以下皆感恩，才衣紫，则相与为一矣。"上又与令狐绹谋尽诛宦官，绹恐滥及无辜，密奏曰："但有罪勿舍，有缺勿补，自然渐耗，至于尽矣。"宦者窃见其奏，由是益与朝士相恶，南北司如水火矣。

胡氏曰：韦澳之谋，非末策也。昔李德裕与枢密议，约敕[5]监军，于是师出有功。故知裁制中臣，就其中择忠智者与之谋，其处之未必不善于外廷所为也。弘逸、季棱方奉陈王，而士良、弘志已立武宗；归长、公孺方立夔王，而元实、宗实乃推戴[6]懿宗。宣宗乃曰："比衣紫，则相与为一。"何其近而不能察也！令狐绹之意亦善，而不面陈之，乃露诸奏牍[7]。《易》所以有"不出户庭[8]"之戒欤！

冬，十月，以李行言为海州刺史上猎于苑北，遇樵夫，问其县令为谁，曰："李行言。""为政如何？"曰："性执[9]。有强盗数人，匿军家[10]，索之，竟不与，尽杀之。"上归，帖[11]其名于寝殿之柱。及除刺史，入谢，上赐之金紫，取

---

1　谪配恭陵：谪配，贬谪发配。恭陵，唐高宗李治太子李弘的陵墓，位于今河南省洛阳市辖偃师市南。
2　全未，全未！尚畏之在：都不是这么回事，都不是这么回事！朕对宦官还是有畏惧的。
3　外庭：亦作"外廷"，国君听政的地方。对内廷、禁中而言。
4　末策：下策。
5　约敕：约束诫饬。
6　推戴：推举拥戴。
7　露诸奏牍：在奏章中表达。奏牍，奏章。
8　户庭：原指户外庭院，亦泛指门庭、家门。
9　执：固执，坚持。
10　军家：古代军事家或用兵者的通称。
11　帖：通"贴"，粘。

帖示之。

**诏雪王涯、贾𫗧等**上以甘露之变，惟李训、郑注当死，余人无罪，诏雪其冤。

乙亥**九年**（公元855年）

**春，正月，成德节度使王元逵卒，军中立其子绍鼎为留后。**

**二月，以李君奭为怀州刺史**初，上校猎渭上，有父老十数聚于佛祠[1]。上问之，对曰："醴泉，百姓也。县令李君奭有异政[2]，考满[3]当罢，诣府乞留，故此祈佛，冀谐[4]所愿耳。"及怀州刺史缺，上手笔[5]除君奭。上聪察强记[6]，天下奏狱吏、卒姓名，一览皆记之。度支奏误"渍"为"清"，枢密承旨[7]孙隐中足成[8]之，上怒，推按、谪罚[9]之。尝密令翰林学士韦澳纂次[10]州县境土风物及诸利害为书，书号曰《处分语》。他日，邓州刺史薛弘宗入谢，出谓澳："上处分本州事惊人。"澳询之，皆《处分语》中事也。

范氏曰：宣宗抉摘[11]细微，以惊服其群下，小过必罚，而大纲不举，欲以一人之智，周天下之务，而不能与贤人共天职[12]也。譬如廉刻[13]之吏，谨治簿书、期会，而不知为政，特一县令才耳，岂人君之德哉？

**夏，闰四月，诏州县作差科簿**[14]诏以"州县差役不均，自今每县据人贫

---

1　佛祠：佛堂，奉祀佛像的处所。
2　异政：优异的政绩。
3　考满：官吏的考绩期限已满。一考或数考为一任，故考满亦常为任满。
4　谐：满足。
5　手笔：亲手书写诏令。
6　强记：记忆力强。
7　枢密承旨：古官名，掌管枢密院内部事务，检查枢密院主事以下官吏的功过及其迁补等事。
8　足成：补足凑成。
9　谪罚：惩罚，处罚。
10　纂次：编撰，编排。
11　抉摘：抉择，择取。
12　天职：上天授与的职分，指治理政事。
13　廉刻：廉洁刻苦。
14　差科簿：唐代地方政府为征发徭役而编制的簿册，由县令亲自注定。

富及役轻重作簿，送刺史检署[1]讫，锁于令厅[2]，每有役事，委令据簿轮差"。

秋，七月，浙东军乱，逐观察使李讷讷性卞急[3]，遇将卒不以礼，故乱作。

崔铉罢为淮南节度使淮南饥，民多流亡，节度使杜惊荒[4]于游宴，政事不治。上闻之，罢惊，以铉代之。

九月，贬李讷为朗州刺史，杖监军王宗景，配恭陵诏："自今戎臣失律[5]，并坐监军。"

冬，十一月，以柳仲郢为盐铁转运使有医工刘集交通禁中，上敕盐铁补场官[6]。仲郢上言："医工术精，宜补医官，若委务铜盐，何以课其殿最？且场官贱品，非特敕所宜亲。"上遽赐绢遣之。他日，见仲郢，劳之曰："卿论刘集事甚佳。"上尝有疾，医工梁新治之，良已[7]，自陈求官，但一月给钱三十缗而已。

十二月，贬康季荣为夔州长史季荣前为泾原节度使，擅用官钱，事觉，请以家财偿之。上以季荣有河湟功，许之。给事中封还敕书，谏官亦上言，乃贬之。

以郑祗德为宾客、分司江西观察使郑祗德以其子颢尚主通显[8]，固求散地，从之。

## 丙子十年（公元856年）

春，正月，以郑朗同平章事。

---

1　检署：审查并签署意见。
2　令厅：县令衙署。
3　卞急：急躁。
4　荒：迷乱。
5　失律：军行无纪律。
6　上敕盐铁补场官：唐宣宗下旨任命刘集为盐铁补场官。
7　良已：痊愈。
8　通显：官位高、名声大。

夏，五月，以韦澳为京兆尹澳为人公直，既视事，豪贵敛手。郑光庄吏[1]恣横，积年租税不入，澳执而械之，具奏其状，欲置于法。上曰："郑光甚爱之，何如？"对曰："如此，则是陛下之法独行于贫户耳，臣不敢奉诏。"上曰："然则痛杖而贷其死，可乎？"澳归，即杖之，督租数百斛足，乃释之。

六月，裴休罢为宣武节度使初，上命休极言时事，休请早建太子。上曰："若建太子，则朕遂为闲人。"休不敢复言，以疾辞位，从之。

胡氏曰：豫建太子，所以重宗庙也。宣宗之论，一何异哉！盖以大利为心，至乃靳[2]于其子，故虽赏罚必严，措时康定[3]，而器局褊促[4]，无人君伟然[5]之度矣。然裴休既发其端，当卒其说，使以帝所目击文宗、武宗之事为戒，则宣宗亦必惕然[6]而省矣。

冬，十月，以郑颢为秘书监颢营求作相[7]甚切，其父祗德闻之，与书曰："闻汝已判户部[8]，是吾必死之年；又闻欲求宰相，是吾必死之日也。"颢惧，表辞，从之。

十一月，册回鹘为怀建可汗先是，诏以"回鹘有功于国，世为婚姻。会昌奸臣，遽加殄灭。近闻已庞历今为可汗，尚寓[9]安西，俟归牙帐[10]，当加册命"。至是，回鹘遣使入贡，册拜可汗。

诏议迁穆宗以下出太庙吏部尚书李景让上言："穆宗乃陛下兄，敬宗、文宗、武宗乃兄之子，陛下拜兄尚可，拜侄可乎？宜迁四主出太庙，还代宗以下入庙。"诏百官议，不决而止。时人以是薄景让。

---

1 庄吏：掌主家田租的人。
2 靳：吝惜。
3 措时康定：在当时形成安康稳固的局面。
4 褊促：气量狭小，性情急躁。
5 伟然：卓异超群貌。
6 惕然：警觉省悟貌。
7 营求作相：营求，谋求，追求。作相，担任宰相。
8 判户部：裁定户部，即主管户部。判，裁定。
9 寓：寄居。
10 牙帐：指边境少数民族匈奴、鲜卑、羌、铁勒、柔然、回纥、突厥、沙陀等建立的国家的首都。

以**崔慎由同平章事**上命相，左右无知者。前此令枢密宣旨，以萧邺为相，枢密使王归长等覆奏："邺所判度支应罢否？"上以为归长等佑之，即手书慎由名付学士院[1]，云"仍罢判度支"。

范氏曰：尧、舜畴咨四岳，询谋佥谐[2]，而后用人，既以为可，则用之而不疑矣。二使之请，亦有司之常职也，何疑而遽易之？宣宗以此为明，防其群下，知臣之道，其不然乎？

**诏内园使[3]李敬寔剥色配南牙[4]**内园使李敬寔遇郑朗不避马，朗奏之。上责敬寔，对曰："供奉官例不避。"上曰："汝衔敕命[5]横绝[6]可也，岂得私出而不避宰相乎？"命剥色配南牙。

## 丁丑十一年（公元 857 年）

**春，正月，以韦澳为河阳节度使**澳尝奏事，上欲以澳判户部，以心力衰耗[7]、难处繁剧为辞，上不悦。及归，其甥柳玭尤之，澳曰："主上不与宰辅佥议[8]，私欲用我，人必谓我以他岐得之，何以自明？且尔知时事浸不佳乎，由吾曹贪名位所致耳。"遂出镇河阳。玭，仲郢之子也。

胡氏曰：韦澳可谓见得思义者矣。人臣必以君父亲擢[9]为荣，人主必欲以出于己意为亲，非也；百官必欲由宰辅荐达，宰辅必欲使归恩于我，亦非也。惟其公而已矣。天下人才之众，非宰辅旁招广引，人主安得而知之？至于耳目之官，喉舌之任，股肱、心膂之寄，非人主精别贤者，举以自近，则必有比

---

1 学士院：即翰林院。
2 佥谐：《书·舜典》记帝舜征询意见以任命臣工之事，多有"佥曰""汝谐"之语，后遂以"佥谐"谓遴选、任命朝廷重臣。
3 内园使：古官名，内诸司使之一，亦称内苑使，管理皇室庄田。
4 剥色配南牙：脱去标志其内官身份的颜色的衣服，发配到南衙服役。
5 衔敕命：衔，接受。敕命，皇帝的诏令。
6 横绝：骄横。
7 衰耗：减弱。
8 佥议：共同商议。
9 亲擢：亲自提拔。

党、阿私之患矣。

二月，**魏謩罢为西川节度使**上乐闻规谏，凡谏官论事，门下封驳，苟合于理，多屈意从之。得大臣章疏，必焚香盥手而读之。尝欲幸华清宫，谏官论之，上为之止。謩为相，每议事，正言无所避，上每叹曰："謩绰[1]有祖风，我心重之。"然竟以刚直，为令狐绹所忌而出之。

秋，七月，以萧邺同平章事。

**流祝汉贞于天德军**教坊使祝汉贞滑稽[2]敏给，宠冠诸优。一日，抵掌诙谐[3]，颇及外事。上正色谓曰："我畜养尔曹，止供戏笑耳，岂得辄预朝政邪？"会其子坐赃，流之。乐工罗程善琵琶，有宠，杀人系狱。众工为请曰："程负陛下，万死。然臣等惜其绝艺，不复得奉宴游矣。"上曰："汝曹所惜者，罗程艺；朕所惜者，高祖、太宗法。"竟杖杀之。

八月，成德军节度使王绍鼎卒，军中立其弟绍懿。

冬，十月，**以尚延心为河渭都游奕使**[4]先是，吐蕃酋长尚延心以河、渭二州部落来降，秦成防御使[5]李承勋利其羊马，诱之入居秦州之西，谋尽掠其财。延心知之，谓承勋曰："延心欲入见天子，请尽率部众分徙内地，使西边永无扬尘之警，但惜秦州无所复恃耳。"承勋默然。明日，诸将皆曰："明公首开营田，置使府，拥万兵，仰给度支，将士无战守之劳，有耕市[6]之利。若从延心之谋，则西陲无事，朝廷必罢府省戍[7]，还以秦州隶凤翔，吾属无所复望矣。"承勋以为然，即奏延心为河渭都游奕使，使统其众居之。

郑朗罢。

---

1　绰：隐隐约约。
2　滑稽：能言善辩，言辞流利。后亦指言语、动作或事态令人发笑。
3　抵掌诙谐：抵掌，击掌。诙谐，戏语，笑话。
4　游奕使：古官名，唐中期以后用兵，兵多地广者则置，主巡营、防遏事。
5　秦成防御使：秦成，秦州和成州。防御使，古官名，主管军事，诸州刺史不带团练使者多加此衔，或与团练使互兼，诸道不设节度使处，亦或置都防御使以领军事。
6　耕市：农商。
7　省戍：减少边防部队。

遣使迎道士轩辕集于罗浮山[1]上好神仙，迎轩辕集至长安，问曰："长生可学乎？"对曰："王者屏欲而崇德，则自然受天遐福，何处更求长生？"留数月，求还山，乃遣之。

## 戊寅十二年（公元858年）

春，正月，以土式为安南都护式有才略，至安南，树芳木[2]为栅，深堑[3]其外，寇不能冒[4]。选教士卒甚锐。顷之，南蛮大至，去城半日[5]。式意思[6]安闲，遣译谕之，中其要害，蛮夜引去。都校[7]罗行恭久专府政，麾下精兵二千，都护中军才羸兵数百，式杖而黜之。

以刘瑑同平章事瑑与崔慎由议政于上前，慎由曰："惟当甄别品流，上酬万一[8]。"瑑曰："昔王夷甫祖尚浮华，妄分流品，致中原丘墟。今当循名责实，使百官各称其职，而遽以品流为先，臣未知致理之日。"慎由无以对。

二月，崔慎由罢上欲御楼肆赦，令狐绹曰："御楼所费甚广，事须有名。且赦不可数。"上不悦，曰："遣朕于何得名[9]？"慎由曰："陛下未建储宫[10]，四海属望[11]，若举此礼，虽郊祀亦可，况于御楼？"时上饵方士药，已觉躁渴，疑忌方深，闻之俯首不复言。旬日，慎由罢相。

范氏曰：三代之时，自天子至于庶人，皆有常职以食其力，有常行以勤其生，壮而强勉[12]焉，老而教训焉，修身以俟死而已。天下无异道。未有众人皆

1　罗浮山：古山名，又称东樵山，位于今广东省中部，跨博罗、增城、龙门三县市，由罗山、浮山合称为罗浮山，居岭南四大名山之首，为道教圣地。
2　芳木：木名。胡三省注："其字从艸从力，读与棘同，羊矢枣也，此木可以支久。"
3　堑：挖掘。
4　冒：侵犯。
5　去城半日：距离交趾城只有半天的路程。
6　意思：神情。
7　都校：古官名，为千人统兵官。
8　甄别品流，上酬万一：甄别百官的类别，天子据此赐与职位。
9　遣朕于何得名：对于朕来讲，登楼大赦以什么名份最合适。
10　储宫：太子所居的宫室，亦借指太子。
11　属望：期望，期待。
12　强勉：努力，尽力而为。

死，而欲一己独不死者也。执左道以乱政者杀，故无迂怪之士。由秦、汉以来，乃有神仙服食不死之说，故人心多惑，圣道[1]不明，此其一端也，而人主尤甘心焉。以唐考之，自太宗至于武宗，饵药以败者六七君，亦可以为戒矣。而宣宗又败以药，至以储嗣为讳恶，岂不蔽甚矣哉？

夏，四月，岭南[2]军乱，诏以李承勋为节度使，讨平之初，上命李燧镇岭南，已命中使赐之节，给事中萧仿封还制书。上方奏乐，不暇别召中使，使优人追之，节及燧门而返。改授承勋，讨乱，平之。

以夏侯孜同平章事。

五月，刘瑑卒瑑病笃，犹手疏论事，上甚惜之。

湖南军乱，逐观察使韩琮。六月，江西军乱，逐观察使郑宪。

蛮寇安南初，安南都护李琢为政贪暴，强市蛮中马、牛。群蛮怨怒，导南诏侵盗边境。自是安南始有蛮患。

秋，七月，宣州军乱，逐观察使郑薰右补阙张潜上疏曰："藩府代移[3]之际，皆奏仓库羡余，以为课绩，朝廷因而甄奖[4]。夫藩府财赋，所出有常，苟非赋敛过差[5]，及停废将士，减削衣粮，则羡余何从而致？比来南方诸镇数有不宁，皆此故也。一朝有变，所蓄之财，悉遭剽掠。又发兵致讨，费用百倍，然则朝廷竟有何利？乞自今藩府长吏不增赋敛，不减粮赐，独节游宴，省浮费，能致羡余者，然后赏之。"上嘉纳之。

河南、北、淮南大水徐、泗[6]水深五丈，漂没数万家。

胡氏曰：祸福各以类至，故三川震而知周将亡，岷山崩，江水竭，而汉将

---

1　圣道：圣人之道，也特指孔子之道。
2　岭南：方镇名，领广管诸州，辖今广东省钦山港以东大部分地区（连州、连山、连南等市县除外），并兼领桂、邕、容、安南四管。
3　代移：调任。
4　甄奖：嘉奖，赏识称扬。
5　过差：过分，失度。
6　徐、泗：即徐州、泗州。

亡。庞勋乱徐土[1]，芝、巢[2]起山东，唐自是亡。则河南、北、淮南大水，而徐、泗为甚，天之示戒明矣。夫天理高明悠久，非如人喜怒报施之促狭也。祸在十年之后，一世[3]之外，则目前之异，诚非浅丈夫[4]所经意，于是置而不恤，至于国家败坏，则亦无如之何矣。

　　冬，十月，以于延陵为建州刺史延陵入辞，上曰："建州去京师几何？"对曰："八千里。"上曰："卿到彼为政善恶，朕皆知之，勿谓其远。此阶前则万里也，卿知之乎？"令狐绹拟李远杭州刺史，上曰："吾闻远诗云'长日惟消一局棋'，安能理人？"绹曰："诗人托此为高兴耳，未必实然。"上曰："且令往，试观之。"诏刺史毋得外徙，必令至京师，面察其能否，然后除之。令狐绹尝徙其故人为邻州刺史，便道[5]之官。上以问绹，对曰："以其道近，省送迎耳。"上曰："朕以刺史多非其人，为百姓害，故欲一一访问，知其优劣以行黜陟。而诏命既行，直废格不用，宰相可畏有权！"时方寒，绹汗透重裘[6]。上临朝，接对群臣如宾客，虽左右近习，未尝见其有惰容。每宰相奏事，旁无一人立者，威严不可仰视。奏事毕，忽怡然曰："可以闲语矣。"因问闾阎细事[7]，或谈宫中游宴，无所不至。一刻许，复整容[8]曰："卿辈善为之，朕常恐卿辈负朕，后日不复得再相见。"乃起入宫。令狐绹谓人曰："吾十年秉政，最承恩遇，每延英奏事，未尝不汗沾衣也。"

　　范氏曰：古者臣进戒于君，君申敕其臣，上下交修，所以勤于德也。宣宗视辅相之臣，体貌虽恭，而心实防之，如遇胥史，惟恐其欺也，拘之以利禄，惮之以威严，故所用多流俗[9]之人，而贤者不能有所设施。白敏中、令狐绹之

---

1　徐土：即徐州。
2　芝、巢：即王仙芝、黄巢。
3　一世：一代。
4　浅丈夫：见识短浅的人。
5　便道：即行。指拜官或受命后不必入朝谢恩，直接赴任。
6　重裘：厚毛皮衣。
7　细事：小事。
8　整容：整肃仪容。
9　流俗：平庸粗俗。

徒，崇极将相，持宠保位二十余年。其相如此，则其君之功烈亦可知也。

山南东道节度使徐商讨湖南乱军，平之商以封疆险阔[1]，素多盗贼，选精兵数百人，别置营训练，号捕盗将。及湖南逐帅，诏商讨平之。

以崔铉为宣歙观察使，讨乱军，平之。

以韦宙为江西观察使，讨乱军，平之宙过襄州，徐商遣都将韩季友率捕盗从行，至江州，自间道一夕至洪州，讨平之。

十二月，以蒋伸同平章事伸从容言于上曰："近日官颇易得，人思徼幸。"上惊曰："如此，则乱矣！"对曰："乱则未乱，但徼幸者多，乱亦非难。"上称叹再三，曰："异日不复得独对卿矣[2]。"伸不谕。寻拜相。

## 己卯十三年（公元859年）

夏，四月，以广德公主适校书郎于琮初，上欲以琮尚永福公主，既而中寝[3]。宰相请其故，上曰："朕近与此女子食，对朕辄折匕箸。性情如是，岂可为士大夫妻？"乃更命琮尚广德公主。

武宁军乱，诏以田牟为节度使武宁军节度使康季荣不恤士卒，士卒噪而逐之。上以田牟尝镇徐州，有能名，复以为帅，一方遂安。

秋，八月，帝崩，郓王温即位初，上长子郓王温无宠，爱第三子夔王滋，欲以为嗣。为其非次，故久不建东宫。上饵李玄伯等药，疽发于背，宰相不得见。上密以夔王属王归长等三人，使立之。独左军中尉王宗实素不同心，三人相与谋出宗实为淮南监军。宗实已受敕将出，左军副使亓元实谓曰："圣人[4]不豫逾月，中尉何不一见圣人而出乎？"宗实感悟，复入至寝殿。上已崩，东首，环泣矣[5]。宗实叱归长等，责以矫诏，皆捧足乞命。乃迎郓王，立为太

---

1 险阔：险峻广阔。
2 异日不复得独对卿矣：以后就不能再单独与你谈论政事了。
3 中寝：中止。
4 圣人：臣子对君主的尊称。
5 东首，环泣矣：东首，天子头朝东。孔颖达疏："以东方生长，故东首向生气。"环泣，围聚着哭泣。

子，权句当军国政事，更名漼。取归长等杀之。太子即位，是为懿宗。

范氏曰：古者受遗托孤，必求天下之忠贤。齐桓公定嗣于易牙，故其国大乱。唐自文宗以后，立不以正矣，然非人主使之也。宣宗不能早立太子，而以非次属诸宦者，盖以宰相为外臣，宦者为腹心，溺于所习，而不自知其非也，安在其为明哉？

胡氏曰：立嗣，天下至重事也，必贤，必长，必嫡，必豫[1]，必公，然后祸乱不作。宣宗反之，其乱宜矣。王宗实非能以正义奉长君，盖素不为上所厚，事势所激，乃似义举耳。使王归长等意属郓王，安知宗实不以夔王有爱而立之耶？不可不辨也。

宣宗性明察沉断[2]，用法无私，从谏如流，重惜官赏，恭谨节俭，惠爱民物，故大中之政，讫于唐亡，人思咏之，谓之"小太宗"。

范氏曰：宣宗之治，以察为明，虽听纳规谏，而性实猜刻[3]，虽吝惜爵赏，而人多侥幸。外则藩方数逐其帅守[4]而不能治，内则宦者握兵柄、制国命自如也。然百吏奉法，政治不扰，海内安靖，几十五年。继以懿、僖不君[5]，唐室坏乱，是以人思大中之政，为不可及。《书》曰："自成汤至于帝乙，罔不明德恤祀[6]。"若宣宗者，岂不足为贤君哉？

尊皇太后为太皇太后。

李玄伯等伏诛。

冬，十一月，萧邺罢。十二月，以杜审权同平章事。

令狐绹罢，以白敏中同平章事绹执政岁久，忌胜己者，中外侧目，其子滈颇招权受贿。宣宗崩，言事者竞攻其短，至是罢。复以敏中为相。

1　豫：预先，事先。
2　沉断：深沉果断。
3　猜刻：疑忌而刻薄。
4　帅守：代指节度使。
5　懿、僖不君：懿、僖，即唐懿宗、唐僖宗。不君，不行君道。
6　明德恤祀：明德，彰明德行。恤祀，忧虑祭祀，意指担心国家危亡。

　　**南诏僭号，寇陷播州**初，韦皋开青溪道[1]以通群蛮，使入贡。又选群蛮子弟聚之成都，教以书数[2]，以羁縻之。既而军府厌于禀给[3]，又蛮使入贡，利于赐与，所从傔人[4]浸多，杜悰奏减其数。南诏丰祐怒，入贡不时，颇扰边境。丰祐卒，子酋龙立，朝廷以名近玄宗讳，遂不行册礼。酋龙乃自称皇帝，改国号"大礼"，遣兵陷播州。

### 庚辰**懿宗皇帝咸通元年**（公元 860 年）

　　**春，正月，浙东贼裘甫作乱**初，裘甫攻陷象山[5]，官军屡败。观察使郑祗德遣兵讨之，大败。甫遂陷剡县[6]，开府库，募壮士，众至数千人。时二浙久安，人不习战，甲兵朽钝[7]，见卒不满三百。祗德更募新卒，遣以击贼，又大败。于是诸盗云集，众至三万，小帅有谋略者推刘暀，勇力推刘庆、刘从简。铸印改元，自称天下都知兵马使，声振中原。

　　**葬贞陵[8]。**

　　**三月，以王式为浙东观察使，发诸道兵讨裘甫，破之**郑祗德求救于邻道，浙西、宣歙遣兵赴之。祗德馈[9]之，比度支多十三倍，而将士犹以为不足。宣、润将士请土军为导[10]，诸将或称病不行，或先邀[11]职级，竟不果[12]遣。城

---

1　青溪道：古道路名，即清溪道，唐自今四川西部通向今云南的重要道路，起自黎州（位于今四川省雅安市汉源县北清溪镇），渡大渡河南行，出清溪峡（位于今四川省雅安市汉源县西南），沿越嶲河谷，越小相公岭，转安宁河，经西昌、会理，渡金沙江，南抵云南之大姚、姚安、祥云，西通大理。
2　书数：六艺中的六书、九数之学。
3　禀给：官家给食。
4　傔人：随从佐吏，随身的差役。
5　象山：古山名，位于今浙江省宁波市象山县西北。
6　剡县：古县名，治所位于今浙江省绍兴市嵊县西南。
7　朽钝：衰朽不锋利。
8　贞陵：唐宣宗李忱的陵墓，位于今陕西省咸阳市泾阳县西北仲山上。
9　馈：馈赠。
10　导：向导，领路人。
11　邀：求取。
12　不果：没有成为事实。

中各谋逃溃。朝廷议选将代之，夏侯孜曰："浙东山海幽阻[1]，可以计取，难以力攻。西班[2]中无可语者，王式虽儒家子，前任安南有功，可任也。"乃以为浙东观察使。召入，问以方略，对曰："但得兵，贼必可破。"有宦官侍侧，曰："发兵所费甚大。"式曰："兵多贼速破，其费省矣。若兵少不能胜，延引岁月，贼势益张，江、淮不通，则上自九庙[3]，下及十军[4]，皆无以供给，其费岂可胜计哉？"上顾宦官曰："当与之兵。"乃诏发诸道兵授之。裘甫分兵掠衢、婺、明、台[5]，所过俘其少壮。及王式除书下，浙东人心稍安。甫方与其徒饮酒，闻之不乐。刘暀曰："宜急引兵取越州[6]，凭城郭，据府库。遣兵过大江，掠扬州，选修石头城而守之，宣歙、江西必有响应者。遣刘从简以万人循海而南，袭取福建[7]。如此，国家贡赋之地，尽入于我矣。"进士王辂曰："刘副使谋，乃孙权所为，未易成也。不如拥众据险自守，陆耕海渔，急则逃入海岛，此万全策也。"甫犹豫未决。式军所过，若无人。至西陵[8]，甫遣使请降。式曰："是必欲窥吾所为，且欲使吾骄怠耳。"乃谓使者曰："甫面缚以来，当免而死。"式入越州，送郑祗德，乐饮而归，始修军令。于是告馈饷不足者息矣，称疾卧家者起矣，先求迁职者默矣。贼别帅洪师简、许会能率所部降，式曰："汝降是也，当立效以自异[9]。"使率其徒为前锋，与贼战有功，乃奏以官。先是贼谍入越州，军吏匿而饮食之。及是，或诈引贼将来降，实窥虚实。式悉捕索[10]斩之，严门禁，警夜周密，贼始不知我所为矣。式命诸县开仓廪以赈贫乏，或曰军食方急，不

---

1　幽阻：幽深偏僻。
2　西班：唐代指武官，亦用以称内阁各官。
3　九庙：指帝王的宗庙。古时帝王立庙祭祀祖先，有太祖庙及三昭庙、三穆庙，共七庙。王莽时增为祖庙五、亲庙四，共九庙。
4　十军：北门十支禁军。
5　衢、婺、明、台：即衢州、婺州、明州、台州。
6　越州：古州名，辖今浙江省浦阳江（浦江县除外）、曹娥江、甬江流域。
7　福建：方镇名，领福、建、泉、汀、漳、潮六州，辖今福建省及广东省平远、揭西县以东地区。
8　西陵：古地名，本名固陵，即今浙江省杭州市萧山区西北西兴镇。
9　自异：显示自己和别的贼寇不同。
10　捕索：搜寻捕捉。

可散也。式曰："非汝所知。"官军少骑卒，式曰："吐蕃、回鹘比配江淮者[1]，其人习险阻，便鞍马。"举籍管内[2]，得数百人。虏久羁旅，困馁[3]甚。式既犒饮，又赒[4]其家，皆泣拜欢呼，愿效死。悉以为骑卒，使骑将石宗本将之。又奏得龙陂监[5]马二百匹，于是骑兵足矣。或请为烽燧以诇贼，式笑而不应。选懦卒[6]，使乘健马，少给之兵，以为候骑，众怪之，不敢问。于是阅诸营见卒及土团子弟，得四千人，使导诸军分路讨贼，令之曰："毋争险易[7]，毋焚庐舍，毋杀平民以增首级！胁从者，募降[8]之。得贼金帛，官无所问。"自是诸军与贼十九战，贼连败。刘晔谓裘甫曰："向从吾谋，宁有此困邪？"收王辂等斩之。式曰："贼窘且饥，必逃入海。"命罗锐军海口[9]以拒之。贼皆弃船走山谷，率其徒屯南陈馆[10]下，众尚万余人。

夏，五月，禁州县税外科率右拾遗薛调言："兵兴以来，赋敛无度，所在群盗，半是逃户，固须薙灭，亦可闵伤[11]。望敕州县税外毋得科率。"从之。

六月，王式擒裘甫，送京师，斩之浙东兵大破裘甫于南陈馆，斩首数千级。贼委弃缯帛盈路，昭义将闲跌戣令士卒："敢顾者斩！"贼复入剡，式曰："贼来就擒耳。"命趣诸军围之。贼城守甚坚，三日，凡八十三战。贼请降，式曰："贼欲少休耳。"益谨备[12]之。贼果复出，又三战。甫等从百余人出降，离城数十步，官军疾趋断其后，遂擒之。式斩晔等，械甫送京师，斩之。诸将还越，式大置酒。诸将请曰："某等生长军中，久更行阵[13]，今幸得从公破

---

1　吐蕃、回鹘比配江淮者：吐蕃、回鹘归降的俘虏发配到江淮地区的。
2　举籍管内：在辖区内的户口册中查找。
3　困馁：困乏饥饿。
4　赒：周济，救济。
5　龙陂监：唐朝重要的养马场，位于今河南省驻马店市汝南县西。
6　懦卒：胆小的士兵。
7　险易：接受的任务是危险还是容易。
8　募降：招募使归降。
9　海口：内河通海之处。
10　南陈馆：古馆驿名，位于今浙江省宁波市宁海县西南。
11　闵伤：哀怜伤悼。
12　谨备：谨慎戒备。
13　行阵：军队行列。

贼，然私有所不谕者。敢问：公之始至，军食方急，而遽散之，何也？"式曰："此易知耳。贼聚谷以诱饥人，吾给之食，则彼不为盗矣。且诸县无守兵，贼至，则仓谷适足资之耳。""不置烽燧，何也？"式曰："烽燧所以趣救兵也。今兵尽行，无以继之，徒惊士民，使自溃乱耳。""使懦卒为候骑而少给兵，何也？"式曰："彼勇卒操利兵，遇敌且不量力而斗，斗死，则贼至不知矣。"皆拜曰："非所及也！"先是，上每以越盗为忧，夏侯孜曰："王式才有余，不日告捷矣。"与式书曰："公专以执袂甫为事，军须细大，此期悉力[1]。"故式所奏无不从，由是能成其功。

秋，九月，以白敏中为司徒、中书令。

冬，十月，追复李德裕官爵，赠左仆射右拾遗刘邺上言："李德裕父子为相，有声迹功效，窜逐以来，血属[2]将尽，生涯[3]已空。宜赐哀悯[4]，赠以一官。"从之。

夏侯孜罢，以毕诚同平章事。

## 辛巳二年（公元861年）

春，正月，白敏中罢，以杜悰同平章事一日，两枢密使诣中书，宣徽使[5]杨公庆继至，独揖悰，出斜封文书以授。悰发之，乃宣宗大渐时，宦官请郓王监国奏也，曰："当时宰相无名者，当以反法处之[6]。"悰曰："此非臣下所宜窥。"复封以授公庆，曰："主上欲罪宰相，当于延英面示圣旨，明行诛谴。"公庆去，悰谓两枢密曰："内外之臣，事犹一体。今主上新践阼，未熟万机，当以仁爱为先，岂得遽赞成杀宰相事？若习以性成[7]，则中尉、枢密，岂得不自

---

1　军须细大，此期悉力：行军所需的粮仗衣物，不管多少，我们一定按期尽力协办。
2　血属：有血缘关系的亲属。
3　生涯：财产。
4　哀悯：哀怜，同情。
5　宣徽使：古官名，宣徽院长官，领内诸司使及三班内侍名籍，掌其迁补、郊祀、朝会、宴享供帐，检视内外进奉名物。
6　当时宰相无名者，当以反法处之：当时没有签名的在位宰相，应当以谋反罪处分。
7　习以性成：习以为常，养成滥杀的性情。

忧乎？"既而事寝。是时士大夫深疾宦官，事有小相涉[1]，则众共弃之。建州进士叶京尝预[2]宣武军宴，识监军之面。既而及第，遇之于途，马上相揖，因之谤议喧然[3]，遂沉废[4]终身。其不相悦如此。

秋，七月，南蛮攻陷邕州[5]先是，广、桂、容[6]三道共发兵三千人戍邕，三年一代。经略使段文楚请以三道衣粮自募土军[7]，朝廷许之，所募才得五百人。文楚入为金吾将军，经略使李蒙利其缺额衣粮以自入，悉罢遣三道戍卒，止以所募兵戍守左、右江[8]，比旧什减七八。故蛮人乘虚入寇，遂陷邕州。

九月，以孟穆为南诏吊祭使杜悰上言："南诏强盛，西川兵食单寡，未可轻与之绝。且应遣使吊祭，谕以新王名犯庙讳，故未行册命。待其更名谢恩，然后遣使，庶全大体。"上从之。会南诏寇嶲州，遂不行。

## 壬午三年（公元862年）

春，正月，群臣上尊号。

蒋伸罢。

二月，南诏复寇安南。以蔡袭为经略使，发兵御之南诏复寇安南，经略使王宽数来告急。朝廷以袭代之，仍发许、滑、徐、汴、荆、襄、潭、鄂等道兵，合三万人，以授袭。兵势既盛，蛮遂引去。

夏，四月，置戒坛，度僧尼上奉佛太过，怠于政事，于禁中设讲席，自唱经，手录梵夹[9]。又数幸诸寺，施与无度。吏部侍郎萧仿上疏曰："玄祖[10]之

---

1 相涉：相关。
2 预：参与，参加。
3 谤议喧然：谤议，诽谤议论。喧然，声大而杂貌。
4 沉废：埋没在下层，不被起用。
5 邕州：古州名，辖今广西南宁市及邕宁、武鸣、隆安、大新、崇左、上思、扶绥等县地。
6 广、桂、容：即广州、桂州、容州。
7 土军：地方兵。
8 左、右江：左江和右江。左江，古水名，又称斤南水、南水、丽江、员水，郁江南源，位于今广西西南部。右江，古水名，又称右溪，位于今广西西部，郁江北源。
9 梵夹：佛书。佛书以贝叶作书，贝叶重迭，用板木夹两端，用绳穿结，故称。
10 玄祖：即老子。

道，慈俭[1]为先。素王[2]之风，仁义为首。垂范百代，必不可加。佛之为道，殊异于此，非帝王所宜慕也。愿陛下时开延英，接对四辅，力求人瘼，虔奉宗祧，罢去讲筵[3]，躬勤政事。"上不能从。

五月，分岭南东、西二道，以韦宙、蔡京为节度使左庶子蔡京性贪虐多诈，时相以为有吏才，奏遣制置岭南事。岭南旧分五管：广、桂、邕、容、安南，皆隶岭南。蔡京奏请分为两道，以广州为东道，邕州为西道，使韦宙及京分领之。蔡袭将诸道军在安南，蔡京忌之，恐其立功，奏称："南蛮远遁，边徼无虞，请罢戍兵。"从之。袭累奏"群蛮伺隙，不可无备，乞留兵五千"，不听。袭作十必死状申中书，时相信蔡京之言，终不之省。

秋，七月，徐州军乱，逐节度使温璋，诏以王式代之初，王智兴既得徐州，募勇悍之士三千人以自卫。其后节度使多儒臣，其兵浸骄，小不如意，一夫大呼，其众和之，节度使即自后门逃去。田牟至，与之杂坐[4]饮酒，犒赐之费，日以万计，犹时喧哗，邀求不已。牟薨，璋代之。骄兵素闻璋性严，惮之。璋开怀[5]慰抚，而骄兵终猜忌，竟聚噪[6]而逐之。忠武、义成两军从王式讨裘甫者犹在浙东，诏式率以赴徐州。骄兵益惧。式至，视事三日，飨两镇将士，遣还。既擐甲执兵，命围骄兵，尽杀之，数千人皆死。敕改武宁为徐州团练使，隶兖海；以濠州归淮南，更置宿泗观察使。留二千人守徐州，余皆分隶兖、宿[7]。委式分配将士赴诸道讫，然后将两道兵至汴滑，遣归本道，身诣京师。

以夏侯孜同平章事。

----

1　慈俭：慈爱俭约。
2　素王：上古帝王。汉代的一些儒者也称孔子为素王。
3　力求人瘼，虔奉宗祧，罢去讲筵：力求除去人民的疾苦，虔诚地供奉宗庙，罢去与僧、尼讲经用的宫廷讲席。人瘼，人民的疾苦。宗祧，宗庙。
4　杂坐：混杂而坐。
5　开怀：放宽胸怀，能容人。
6　聚噪：聚集在一起大喊大叫。
7　兖、宿：即兖海、徐泗，均为方镇名。

**蔡京伏诛**京为政苛惨[1]，设炮烙之刑，阖境怨之，为军士所逐。贬崖州司户，不肯之官，还至零陵，敕赐[2]自尽。

**冬，十一月，南诏寇安南**南诏率群蛮寇安南，蔡袭告急。敕发荆湖兵二千、桂管兵三千赴之。未至，南诏已围交趾，袭婴城固守，救兵不得至。

## 癸未**四年**（公元 863 年）

**春，正月，南诏陷交趾，经略使蔡袭死之**交趾城陷，蔡袭左右皆尽，徒步力战，身集十矢，欲趋监军船，船已离岸，遂溺海死。荆南将士四百余人，走至城东水际，虞候元惟德等谓众曰："吾辈无船，入水则死。不若还与蛮斗，人以一身易二蛮，亦为有利。"遂还向城，纵兵杀蛮二千余人而死。南诏两陷交趾，所杀虏且十五万人。留兵二万，使其将杨思缙据交趾城，溪洞夷獠皆降之。诏诸道兵悉召还保岭南。上游宴无节，左拾遗刘蜕上疏曰："今西凉筑城，南蛮侵轶，陛下不形忧闵[3]，何以责其死力？"弗听。

**二月朔，帝历拜十六陵。**

康熙御批：古人虽重庙祭，然陵寝[4]所在，拜之未为非礼。传云：过墓思哀，乃人情也。故天下风俗虽殊，至于拜墓，则四海同然矣。

**三月，归义军奏克复凉州。**

**夏，四月，毕诚罢**为兵部尚书诚以同列多徇私不法，称疾辞位。

**以康承训为岭南西道[5]节度使。**

**五月，以杨收同平章事**收与中尉杨玄价叙宗相结，故得为相。

**杜审权罢。**

**六月，杜悰罢，以曹确同平章事。**

---

1　苛惨：暴虐，残酷。
2　敕赐：皇帝的赏赐。
3　忧闵：忧虑哀怜。
4　陵寝：帝王的坟墓及墓地的宫殿建筑。
5　岭南西道：方镇名，辖今广西大部及越南北部地区，后号建武军。

秋，七月朔，日食。

以宋戎为安南都护时诸道兵援安南者屯聚岭南，馈运劳费。润州人陈磻石上言："请造千斛大舟，自福建运米，泛海一月至广州。"从之。军食以足。然有司以和雇[1]为名，夺商人舟入海，或遇风涛没溺[2]，有司囚系纲吏[3]、舟人，使偿其米，人颇苦之。

八月，以吴德应为馆驿使[4]台谏[5]上言："故事，御史巡驿，不应忽以内臣代之。"上谕以敕命[6]已行，不可复改。左拾遗刘蜕上言："自古明君所尚者，从谏如流，岂有已行而不改？且敕自陛下出之，自陛下改之，何为不可？"弗听。

冬，十月，以令狐滈为詹事司直[7]初，以令狐滈为左拾遗，拾遗刘蜕上言："滈专家无子弟之法，布衣行公相之权[8]。"起居郎张云言："滈父绹用李琢为安南，致南蛮至今为梗[9]，由滈纳贿，陷父于恶。绹执政时，人号滈'白衣宰相'。"滈亦引避[10]，故有是命。

甲申**五年**（公元 864 年）

春，正月，贬张云兴元少尹，刘蜕华阴令令狐绹为其子滈讼冤，故贬之。

---

1　和雇：官府出价雇用人力。
2　没溺：沉没。
3　囚系纲吏：囚系，囚禁。纲吏，押船运粮的官吏。
4　馆驿使：古官名，掌管全国供邮传、行旅食宿的旅舍驿站。
5　台谏：专司纠弹的御史为台官，职掌建言的给事中、谏议大夫等为谏官，两者虽各有所司，而职责往往相混，合称"台谏"。
6　敕命：皇帝的诏令。
7　詹事司直：古官名，太子詹事府属官，掌纠劾宫僚及率府之兵。
8　专家无子弟之法，布衣行公相之权：令狐滈治家不像官家子弟的做法，任命他担任左拾遗犹如让平民百姓行使公卿宰相的权力。公相，指公卿、宰相一类的显官。
9　梗：阻碍。
10　引避：避嫌引退。

三月，彗星出彗出于娄[1]，长三尺。司天监[2]奏："按《星经》，是名含誉，瑞星也[3]。"上大喜。"请宣示中外，编诸史册。"从之。

夏，四月，以萧置同平章事。

南诏寇邕州，官军败没。加康承训检校右仆射承训至邕州，不设斥候。南诏率六万，将入境，承训遣六道兵凡万人拒之。敌至，不设备，五道八千人皆没，惟天平军[4]后至，得免。承训不知所为，副使李行素率众治壕栅[5]，甫毕，蛮军已合围。四日，攻具将就，诸将请夜分道斫蛮营，承训不许。有天平小校[6]再三力争，乃许之。将勇士三百，夜缒而出，散烧蛮营，斩五百余级。蛮大惊，解围去。承训腾奏[7]告捷，中外皆贺。加承训检校右仆射，子弟亲昵皆奏功受赏。烧营小校不迁一级。由是军中怨怒，声流道路[8]。

五月，发徐州兵三千人戍邕州。

秋，七月，以康承训为将军、分司，高骈为岭南西道节度使韦宙具知承训所为，以书白宰相，乃罢承训，而以张茵代之。茵不敢进。夏侯孜荐骁卫将军高骈代之。骈颇读书，好谈今古，两军[9]宦官多誉之。

冬，十一月，夏侯孜罢，以路岩同平章事。

### 乙酉六年（公元865年）

春，正月，始以懿安皇后配飨宪宗时王皞复为礼官，伸前议，朝廷从之。

以杜宣猷为宣歙观察使宦官多闽人，宣猷为福建观察使，每寒食，遣吏

---

1　娄：星宿名，二十八宿之一，西方白虎七宿的第二宿。
2　司天监：古官名，改太史令置，掌察天文，稽历数。
3　是名含誉，瑞星也：这颗彗星的名字为含誉，是一颗象征祥瑞的彗星。
4　天平军：方镇名，治郓州，领郓、曹、濮三州，辖今山东省西南部地。
5　壕栅：壕沟和营寨。
6　小校：低级武官名。
7　腾奏：上奏。
8　声流道路：流言蜚语传布于道路。
9　两军：即左、右神策军。

分祭其先垄[1]，宦官德之，故有是命。时人谓之"敕使墓户"。

三月，萧置卒。

夏，四月，以高璩同平章事。

六月，高璩卒，以徐商同平章事。

冬，十月，太皇太后郑氏崩。

丙戌**七年**（公元 866 年）

春，三月，以刘潼为西川节度使初，南诏遣清平官[2]董成等诣成都节度使李福，福盛仪卫以见之。故事，南诏使见节度使，拜伏于庭。成等曰："骠信[3]已应天顺人，我见节度使，当抗礼。"传言往返，自旦至日中不决，将士皆愤怒，福械系之。刘潼至镇，释之，奏遣还国。召至京师，厚赐而遣之。

成德节度使王绍懿卒绍懿在镇十年，为政宽简，军民便之。疾病，召兄子景崇，告之曰："吾兄以汝之幼，以军政授我。今汝长矣，我复以归汝。努力为之，上忠朝廷，下和邻藩，勿坠吾兄之业。"言竟而薨。

夏，五月，葬孝明皇后[4]葬于景陵之侧，祔于别庙。

六月，魏博节度使何弘敬卒军中立其子全皞为留后。

高骈大破南诏蛮，复取交趾初，高骈治兵于海门[5]，未进，监军李维周恶骈，欲去之，屡趣骈，使进军。骈以五千人先济，约维周发兵应援[6]。骈既行，维周拥余众不发。骈至南定[7]，峰州蛮众近五万获田[8]，骈掩击，大破之，取其所获以食军。进击南诏，屡破之。捷奏至海门，维周皆匿之，奏骈玩军[9]不

---

1　先垄：祖先的坟墓。
2　清平官：唐南诏王以下最高行政官员，有坦绰、布燮、久赞之分，共六人，相当于唐朝的宰相。
3　骠信：古南蛮诸国的国君称号。
4　孝明皇后：即唐宣宗李忱生母郑氏，唐宪宗李纯之妃。
5　海门：古地名，位于今越南海防省安阳县北。
6　应援：接应。
7　南定：古县名，治所位于今越南河内市东北。
8　获田：在田里收割粮食。
9　玩军：部队消极抗敌。

进。上怒，欲贬骈，以王晏权代之。是月，骈复大破南诏，杀获甚众，遂围交趾城。十余日，蛮困蹙甚。城且下，会得王晏权牒，即以军事授监军韦仲宰，与麾下百余人北归。先是，骈遣小校曾衮入告交趾之捷，至海中，望见旌旗东来，云新经略使与监军也。衮意维周必夺其表，乃匿于岛间，维周过，即驰诣京师。上得奏，大喜，加骈检校工部尚书，复镇安南。骈至海门而还。晏权暗懦，维周凶贪[1]，诸将不为之用，遂解重围，蛮遁去者太半。骈至，复督励将士攻城，克之，斩首三万余级。土蛮[2]率众归附者万七千人。

冬，十月，杨收罢杨玄价兄弟受方镇之赂，屡有请托，收不能尽从。玄价怒，出之。

吐蕃拓跋怀光斩论恐热，传首京师吐蕃自是衰绝[3]，乞离胡君臣不知所终。

以高骈为静海军[4]节度使自李涿侵扰群蛮，为安南患，殆将十年，至是始平，乃置静海军于安南，以骈为节度使。

范氏曰：戎狄自古迭为中国患。由秦以来，未有得志于南蛮者也。盖以瘴毒[5]险阻，不得天时地利，所恃者人和而已。而民从征役，皆知必死，如往弃市，则是三者皆亡矣。明皇[6]之末，南诏盛强，至于懿宗，陷安南，围成都，中国首尾疲于奔命。其后庞勋之乱，起于桂州之戍；黄巢之寇，本于徐方[7]之余。唐室之衰，宦者蠹其内，南诏扰其外，财竭民困，海内大乱，而因以亡矣。蛮夷非能亡中国也，而中国之亡，蛮夷常为之资[8]。是以圣主不重外而轻内，不勤远而忘迩，恐征伐不息，变生于内而摇其本也。

---

1　凶贪：凶暴贪婪。
2　土蛮：旧称今仡佬族，分布于今贵州省西部、广西壮族自治区隆林和云南省文山等地区。
3　衰绝：衰落灭绝。
4　静海军：方镇名，治海门，领交州等十二州，辖今北至云南省红河、文山两自治州，南抵今越南河静、广平省界，东至广西那坡、靖西、龙州、宁音、防城等县市。
5　瘴毒：瘴气毒雾。
6　明皇：即唐玄宗李隆基。
7　徐方：即徐州。
8　资：条件。

十二月，黠戛斯遣使入贡。

丁亥**八年**（公元 867 年）

春，二月，归义节度使张义潮入朝。

三月，以李可及为左威卫将军上好音乐宴游，供奉乐工常近五百人，每月宴设不减十余，水陆皆备。每行幸，内外诸司扈从十余万人，所费不可胜纪。可及善为新声[1]，上以为将军。曹确谏曰："太宗定文武官六百余员，谓房玄龄曰：'朕以待天下贤士，工商杂流，不可处也。'太和中，文宗欲以乐工为王府率[2]，拾遗窦洵直谏，即改光州长史。乞别除可及官。"不从。

秋，七月，怀州民逐刺史刘仁规民诉[3]旱，仁规揭榜[4]禁之。民怒，相与作乱，逐仁规，掠其家赀，久之乃定。

以于琮同平章事。

---

1  新声：新作的乐曲。
2  王府率：古官名，主领门卫士卒、役夫。
3  诉：控告。
4  揭榜：张贴文告。

卷

五十一

起戊子唐懿宗咸通九年，尽甲辰[1]唐僖宗中和四年五月**凡十六年有奇**。

## 戊子**九年**（公元 868 年）

夏，六月，以李师望为定边军[2]节度使师望上言："嶲州控扼[3]南诏，为其要冲。成都道远，难以节制。请建定边军，屯重兵于嶲州，以邛州为理所[4]。"诏以师望充节度使。师望利于专制方面，故建此策，其实邛距成都才百六十里，嶲距邛千里，其欺罔如此。

秋，七月，桂州戍卒作乱，判官庞勋将之。冬，十月，陷宿、徐州，囚观察使崔彦曾。十一月，诏遣康承训发诸道兵讨之。十二月，贼陷滁、和州，攻泗州，不克初，南诏陷安南，敕徐、泗募兵二千赴援，分八百人别戍桂州。初约三年一代，至是戍桂者已六年，屡求代还[5]。徐泗观察使崔彦曾性严刻，押牙尹戡、杜璋、徐行俭等用事，以军帑[6]空虚，不能发兵，请令更留戍[7]一年，彦曾从之。戍卒闻之怒，都虞候许佶等作乱，杀都将王仲甫，推粮料判官庞勋为主，劫库兵，北还，所过剽掠，州县莫能御。八月，诏遣中使赦其罪，部送归徐。至湖南，监军诱之，使悉输其甲兵。勋等谋曰："吾辈罪大，朝廷见赦，虑缘道攻劫耳。若至徐州，必菹醢矣。"乃各以私财造甲兵、旗帜，招集亡命，众至千人。入淮南，节度使令狐绹遣使慰劳。押牙李湘曰："徐卒径归，势必为乱。虽无敕令诛讨，藩镇大臣当临事制宜。高邮岸峻而水深狭，请将奇兵伏于其侧，焚荻舟[8]以塞其前，以劲兵蹙其后，可尽擒也。纵之渡淮，为患必大。"绹素懦怯，曰："彼在淮南不为暴，听其自过，余非吾事也。"朝廷屡敕崔彦曾慰抚之，彦曾遣使谕以敕意，道路相望。

---

1　甲辰：即公元 884 年。
2　定边军：方镇名，治所位于邛州，领眉、蜀、邛、雅、嘉、黎等州。
3　控扼：控制。
4　理所：衙署，办公处所。
5　代还：军队被调回原地驻防。
6　军帑：军用的库藏。
7　留戍：留下来驻守。
8　荻舟：装满荻草的船。

勋至徐城，乃言于众曰："吾辈擅归，思见妻子耳。今闻已有密敕下本军，至则灭族。与其自投网罗，曷若相与戮力同心，赴汤蹈火，岂徒脱祸，富贵可求也！"众皆呼跃称善。遂于递[1]中申状[2]，乞停尹戡等职任。彦曾召诸将谋之，皆曰："戍卒猖狂，若纵使入城，必为逆乱。不若乘其远来疲弊，发兵击之，我逸彼劳，往无不捷。"彦曾乃命都虞候元密等将三千人讨勋，戒以毋伤敕使。仍命宿、泗州出兵邀之。密至任山[3]，顿兵不进，思所以夺敕使之计。欲俟贼入馆，乃击之。贼诇知之，夜遁，官军引退。贼至符离[4]，宿州戍卒出战，望风奔溃，贼遂攻城，陷之。悉聚城中货财，募兵得数千人，勒兵乘城，勋自称兵马留后。官军至，以为贼必固守，但为攻取之计。贼夜掠城中大船，以载资粮，顺流而下，欲入江湖为盗。明旦，官军乃觉，狼狈追之，士卒皆未食，比追及，已饥乏。贼陈堤外，伏舟中，夹攻之，官军大败。密及士卒死者殆千人，其余皆降于贼，无得还者。贼知彭城无备，还趋彭城。彦曾始选城中丁壮为守备，内外震恐，无复固志。或劝彦曾奔兖州，彦曾怒曰："吾为元帅，城陷而死，职也！"立斩言者。贼至，城陷，囚彦曾，杀尹戡等。即日城中愿从者万余人。勋召温庭皓，使草表求节钺。庭皓请还家草之，明旦来曰："昨日欲一见妻子耳，今谨来就死。"勋熟视，笑曰："书生敢尔，不畏死邪？庞勋能取徐州，何患无人草表？"遂释之。有周重者，每以才略自负，为勋草表，略曰："臣之军，乃汉室兴王之地。顷因节度使刑赏失中[5]，遂致迫逐。陛下夺其节制，翦灭一军，或死或流，冤横无数。臣见利不失，遇时不疑，伏乞圣慈，复赐旄节[6]。不然，挥戈曳戟，诣关非迟[7]！"勋遣其将刘行及屯濠州，李圆屯泗州，

---

1　递：驿站。
2　申状：呈文，上行公文。
3　任山：古山名，位于今江苏省徐州市铜山区西南，旧时为宿州至徐州必由之路，唐设馆驿于此。
4　符离：古县名，治所位于今安徽省宿州市东北。
5　失中：不合准则。
6　臣见利不失，遇时不疑，伏乞圣慈，复赐旄节：我见到利益就不会让它失去，遇到有利时机就不会迟疑，恳切地希望陛下大发慈悲，再赐给我节度使的符节。
7　诣关非迟：再进攻朝廷的关隘也不迟。

梁丕屯宿州，要害县镇，悉缮完戍守。远近群盗，皆倍道归之。行及引兵至涡口，濠州刺史卢望回开门迎之。泗州刺史杜慆完守备以待贼。李圆至，攻之，不克。初，辛云京之孙谠寓居广陵，喜任侠，年五十不仕，与慆有旧，闻勋作乱，诣泗州，劝慆避之。慆曰："安平享其禄位，危难弃其城池，吾不为也！誓与将士共死此城！"谠曰："公能如是，仆当与公同死！"乃还广陵，与其家诀，复如¹泗州。时勋募人为兵，人利于剽掠，皆断锄首²而锐之，执以应募，由是贼众日滋。官军数不利，贼遂破鱼台³等县。诏以康承训为行营都招讨使，王晏权、戴可师为南、北面招讨使，大发诸道兵以隶之。承训奏乞沙陀三部落，使朱邪赤心率以自随，诏许之。勋以李圆攻泗州久不克，遣其将吴迥代攻，昼夜不息。时敕使郭厚本将淮南兵千五百人救泗州，至洪泽⁴，畏贼强，不敢进。辛谠夜乘小舟潜渡，说厚本，不听而还。贼攻益急，谠复往说厚本，乃许之。淮南都将袁公弁曰："贼势如此，何暇救人？"谠拔剑欲击之，厚本趋抱⁵，止之。谠乃回望泗州，恸哭终日，士卒皆为之流涕。厚本乃许分五百人与之，谠率以进击贼，贼败走。勋遣其将刘佶将精兵数千助迥，刘行及遣将王弘立引兵会之。十二月，陷都梁城⁶，据淮口⁷，漕驿⁸路绝。承训军新兴，兵才万人，以众寡不敌，退屯宋州。勋乃分遣其将南寇舒、庐，北侵沂、海，破沭阳⁹、下蔡、乌江、巢县¹⁰，攻陷滁州，杀刺史高锡望。又寇和州，刺史崔雍引贼入城，

---

1　如：到，往。
2　锄首：锄头的头部。
3　鱼台：古县名，治所位于今山东省济宁市鱼台县西。
4　洪泽：古地区名，位于今江苏省淮安市洪泽县西洪泽湖中，原南濒淮河，当南北交通大道。
5　趋抱：紧走两步抱住。
6　都梁城：古地名，位于今江苏省淮安市盱眙县城东南都梁山麓。
7　淮口：古淮河入海处。
8　漕驿：漕运和驿站。
9　沭阳：古县名，治所即今江苏省宿迁市沭阳县。
10　乌江、巢县：乌江，古县名，治所位于今安徽省马鞍山市和县东北。巢县，古县名，治所即今安徽省合肥市辖巢湖市。

贼遂大掠。泗州援绝粮尽，谠夜率敢死士十人，执长柯斧[1]，乘小舟，破贼水寨而出。明旦，贼以五千人追之，谠力斗三十余里，乃得免。至扬州，见令狐绹。至润州，见杜审权。审权乃遣兵二千人，与淮南共输米五千斛、盐五百斛，以救泗州。戴可师将兵三万渡淮，转战而前，恃胜不设备。王弘立引兵数万奄至，纵击，官军大败，可师及监军皆死。勋自谓无敌于天下，作露布，散示诸寨，乘胜围寿州，掠诸道贡献、商货，益自骄，日事游宴。既而诸道兵大集于宋州，勋始惧，应募者益少，勋乃驱人为兵，敛富室及商旅财，什取七八。由是境内之民不聊生矣。晏权兵数退衄[2]，朝廷以曹翔代之。谠以浙西军至楚州，贼水陆布兵，锁断淮流。谠募敢死士数十人，先以四舟乘风直进死战，斧断其锁，率众扬旗鼓噪[3]而前。贼见其势猛锐[4]，避之，遂得入城。

胡氏曰：何以聚人曰财？故省费节用，恐穷竭而召祸也。民无信不立，故明约慎令[5]，恐欺诈而人携[6]也。徐卒所以叛者，为崔彦曾失信而已。彦曾所以失信者，为军帑空虚而已。自宣宗末年，诸镇相继逐帅而叛，言事者以谓藩镇减削衣粮以充贡献之所致。况懿宗穷奢极侈[7]，所费不赀[8]，则敛财之方，必又多岐[9]。州府调度，仅足自给。一有变故，无以应之。如徐州是也。然则俭与信，岂非为国之急务乎？

是岁，江淮旱、蝗。

---

1　长柯斧：唐代劈砍兵器，斧较之前代刃部加宽，柄也变短，柄尾有棱状尖器，砍杀效率高。
2　退衄：受挫败退。衄，损伤，挫败。
3　噪：大喊大叫。
4　猛锐：勇猛而富有锐气。
5　明约慎令：彰明约定，谨慎发布命令。
6　携：背离，叛离。
7　穷奢极侈：极端奢侈，极度享受。
8　所费不赀：花费的钱财不计其数。不赀，无从计量，表示多或贵重。
9　多岐：同"多歧"，多岔道，意指并不完全遵循正道。

## 己丑十年（公元 869 年）

春，正月，以同昌公主适右拾遗韦保衡公主，郭淑妃之女，上特爱之，倾宫中珍玩以为资送，赐第窗户皆饰以杂宝[1]，井栏、药臼[2]亦以金银为之，赐钱五百万缗，他物称是。

二月，流杨收于驩州，寻赐死初，尚书左丞裴坦子娶收女，资送甚盛，器用饰以犀玉[3]。坦见之，怒曰："破我家矣！"立命坏之。已而收竟以贿败。

康承训大败贼将王弘立于鹿塘[4]康承训将诸道兵七万余人，屯柳子[5]之西，自新兴[6]至鹿塘三十里，壁垒相属。徐贼寇海州，官军戍海州者断贼所过桥柱而弗殊[7]，仍伏兵以待之。贼过桥崩，苍黄散乱，伏兵发，尽歼之。承训使朱邪赤心将沙陀三千骑为前锋，陷阵却敌，十镇之兵，伏[8]其骁勇。承训数与贼战，败之。王弘立自矜淮口之捷，独将三万人，夜袭鹿塘寨，黎明，围之，自谓功在漏刻。沙陀左右突围，出入如飞，贼纷扰移避，沙陀纵骑蹂之，贼遂大败，官军麾之，溺死者不可胜纪。自鹿塘至襄城，伏尸五十里，斩首二万余级，弘立走免。时有敕，诸军破贼，得农民皆释之。自是贼每与官军遇，其驱掠之民先自溃。

夏，四月，庞勋杀崔彦曾，自称天册将军，与官军战，大败康承训进与贼将姚周战，一月数十合，遂围柳子。会大风，四面纵火，贼弃寨走，沙陀以精骑邀之，屠杀殆尽。周奔宿州，守将梁丕斩之。勋闻之大惧，议自将出战，周重曰："柳子地要兵精，姚周勇敢有谋，今一旦覆没，危如累卵[9]。不若遂建大号，悉兵四出，决死力战。杀崔彦曾以绝人望。"勋以为然，杀彦

---

1 杂宝：诸色珍宝。
2 药臼：捣药用的器具。
3 犀玉：犀牛角和玉。
4 鹿塘：古地名，位于今河南省商丘市辖永城市东南。
5 柳子：古地名，位于今安徽省淮北市濉溪县西南。
6 新兴：古地名，位于今河南省驻马店市遂平县西南。
7 弗殊：不断绝。殊，断绝。
8 伏：通"服"，佩服，信服。
9 危如累卵：情况像堆起来的蛋一样危险，很容易倒下来打碎。比喻情况非常危险。

曾、庭皓等，选丁壮，得三万人，给以精兵。许佶等推勋为天册将军。勋以父举直为大司马，留守徐州。或曰："将军方耀兵威，不可以父子之亲，失上下之节。"乃令举直趋拜于庭，勋据案而受之。勋夜至丰[1]，击魏博军，败之，诸军宵溃[2]。勋约诸寨兵合五六万人，乘胜攻柳子，康承训设伏以待之。贼兵先至者，遇伏败走，勋所将皆不战而溃。承训命诸将急追之，贼狼狈，自相蹂藉，死者数万人。勋走归彭城。

**马举救泗州，杀贼将王弘立，泗州围解**辛谠复自泗州引骁勇四百人，迎粮于扬、润[3]。贼夹岸攻之，转战百里，乃得出。至广陵，舟载盐、米二万石，钱万三千缗。还至斗山[4]，贼将率众万余拒之，于盱眙密布战舰以塞淮流，又纵火船[5]逆之。谠命以长叉托过，自卯战及未[6]，官军不利。谠命勇士乘小舟，入贼舰旁战棚[7]之下，以枪揭火牛[8]焚之，贼遂溃走，官军乃得入城。马举将精兵三万救泗州，分军三道渡淮，至中流大噪，声闻数里。贼大惊，敛兵屯城西寨。举就围之，纵火烧栅，贼众大败，王弘立死，吴迥退保徐城。泗州之围始解。

六月，**陕民[9]作乱，逐观察使崔荛**荛以器韵[10]自矜，不亲政事。民诉旱，荛指庭前树曰："此尚有叶，何旱之有？"杖之。民怒，逐之。荛走渴，求饮，民以溺[11]饮之。

**徐商罢，以刘瞻同平章事。**

秋，八月，**贼将张玄稔以宿州降，引兵进平徐州**七月，康承训克临

---

1　丰：古县名，治所即今江苏省徐州市丰县。
2　宵溃：夜间溃逃。
3　扬、润：即扬州、润州。
4　斗山：古山名，一名陡山，位于今江苏省淮安市盱眙县西南。
5　火船：一种设有火攻装备的战船。
6　自卯战及未：从卯时战到未时。卯时，早晨五时至七时。未时，下午一时至三时。
7　战棚：古代城墙上防守用的活动棚屋。
8　火牛：古代火攻的一种战具，用草捆起来做成。
9　陕民：陕州百姓。
10　器韵：器局与风度。
11　溺：小便。

涣[1]，拔襄城、留武、小睢[2]等寨，曹翔拔滕县[3]，进击丰、沛。贼诸寨戍兵多相率
保据山林，有陈全裕者为之帅，凡叛勋者皆归之，至数千人。承训遣人招之，
遂举众来降。贼将朱玫亦以蕲、沛降于曹翔。承训乘胜进抵宿州。初，庞勋怒
梁丕杀姚周，使张玄稔代之，以其党张儒、张实等将城中兵数万拒官军，承训
攻之不能克，遣辩士招谕之。玄稔尝戍边有功，虽胁从于贼，心常忧愤，召所
亲数十人谋归国，众多从之，乃勒兵斩儒等，开门出降。承训即宣敕拜御史中
丞，赐遗甚厚。玄稔复言：“今举城归国，四远未知。请诈为城陷，引众趋符
离及徐州，贼党不疑，可尽擒也。”承训许之。宿州旧兵三万，承训益以数百
骑，皆赏劳而遣之。玄稔复入城，暮发平安火，明日积薪数千束，纵火焚之，
如城陷军溃之状，直趋符离。符离纳之。斩其守将，收其兵，复得万人。北趋
徐州，围之，谕城上人曰：“朝廷唯诛逆党，不伤良人[4]，汝曹奈何为贼城守？
若尚狐疑[5]，须臾之间，同为鱼肉矣。”于是守城者稍稍弃甲投兵而下。崔彦曾
故吏路审中开门纳官军。庞举直、许佶自北门出，玄稔遣兵追斩之。悉诛戍桂
州者，亲族皆死，徐州遂平。勋将兵二万，自石山出，承训引步骑八万西击
之，使朱邪赤心将数千骑为前锋。勋袭宋州，陷其南城，南掠亳州。沙陀追及
之，官军亦大集纵击，杀贼近万人，余皆溺死。勋亦死，数日乃获其尸。贼诸
寨皆杀其守将而降。

　　冬，十月，马举克濠州。

　　以张玄稔为骁卫大将军，康承训为河东节度使，杜慆为义成节度
使。朱邪赤心为大同军节度使，赐姓李，名国昌。辛谠为亳州刺史谠在
泗州，犯围[6]出迎兵粮，往返凡十二。及除亳州，上表言：“臣之功，非杜慆不
能成也。”

---

1　临涣：古县名，治所位于今安徽省宿州市西南。
2　留武、小睢：古地名，二地均位于今安徽省淮北市濉溪县南。
3　滕县：古县名，治所即今山东省枣庄市辖滕州市。
4　良人：平民，百姓。
5　狐疑：犹豫。
6　犯围：冲出包围圈。

　　**流陈蟠叟于爱州**上荒宴，不亲庶政，委任路岩。岩奢靡，颇通赂遗。至德[1]令陈蟠叟上书言：“请破边咸一家，可赡[2]军二年。”上问：“咸为谁？”对曰：“路岩亲吏。”上怒，流之。自是无敢言者。

　　**南诏入寇。十二月，陷嘉、黎[3]、雅州**初，南诏遣使来谢释董成之囚，定边节度使李师望欲激怒南诏以求功，遂杀之。师望贪残，戍卒怨怒，欲生食之，帅望以计免。诏以窦滂代之，贪残尤甚。蛮寇未至，而定边已困。是月，南诏骠信酋龙倾国入寇，陷犍为[4]及嘉州，窦滂自将拒之大渡河。骠信诈遣清平官数人来约和。滂与语未毕，蛮乘船筏争渡，诸将勒兵出战，滂单骑宵遁，蛮遂陷黎、雅。诏左神武将军颜庆复将兵赴援。

## 庚寅十一年（公元 870 年）

　　**春，正月，群臣上尊号。**

　　**贬康承训为恩州[5]司马**路岩、韦保衡上言：“承训讨庞勋时，逗挠不进，又贪虏获，不时上功[6]。”贬之。

　　**二月，南诏进攻成都**西川民闻蛮寇将至，争走入成都，节度使卢耽与前泸州刺史杨庆复共修守备，选将校[7]，分职事，造器备[8]，严警逻。募骁勇之士，厚给粮赐，应募者云集。庆复乃谕之曰：“汝曹皆军中子弟，年少材勇，平居无由自进。今蛮寇凭陵，乃汝曹取富贵之秋也，可不勉乎？”于是使之各试所能，察其勇怯而进退之，得选兵三千人，号曰突将。蛮进军定边北境，耽遣使致书其用事之臣，问所以来之意，蛮留之不遣。耽乃告急于朝廷，且请遣使与

---

1　至德：古县名，治所位于今安徽省池州市东至县东北。
2　赡：供给财物。
3　嘉、黎：即嘉州、黎州。嘉州，古州名，辖今四川省乐山、峨眉山、夹江、犍为、沐川、马边等市县地。黎州，古州名，辖今四川省汉源、石棉、甘洛等县。
4　犍为：古县名，治所位于今四川省乐山市犍为县东南。
5　恩州：古州名，辖今广东省恩平、阳江二市地。
6　上功：呈报功劳。
7　将校：将官和校官，泛指高级军官。
8　器备：器物，器具。

和，以纾[1]一时之急。诏太仆卿支详为宣谕通和使。蛮亦以耽待之恭，为之盘桓，由是成都守备粗完。蛮进陷双流[2]，抵成都。时兴元、凤翔援兵已至汉州。会窦滂奔汉州，自以失地，欲西川相继陷没[3]以分其责，每援军至，辄说之曰："蛮众多于官军数十倍，未易遽前。"诸将皆疑不进。二月，蛮合梯冲四面攻城，城上以钩缳[4]挽之使近，投火沃[5]油焚之。庆复与押牙李骧各率突将出战，杀伤蛮二千余人，焚其攻具三千余物而还。蜀人素怯，其突将新为庆复所奖拔，且利[6]于厚赏，勇气自倍。其不得出者，皆愤郁求奋[7]。时支详遣使与蛮约和，蛮遣使迎详，详谓蛮使曰："受诏诣定边约和，冀其不犯成都也。今矢石昼夜相交，何谓和乎？"蛮以和使不至，复攻城，城中出兵击之，乃退。初，韦皋招南诏以破吐蕃，以蛮无甲弩[8]，使匠往教之，数岁，蛮中甲弩皆精利。朝廷贬窦滂康州司户，以颜庆复为东川节度使，凡援蜀诸军，皆受节制。蛮分兵拒之，大为所败。会将军宋威继至，又败蛮军，遂进军，距成都二十里。蛮数遣使请和，城中依违答之，蛮复急攻。会威军至城下，与战，遂夜遁去。初，朝廷使颜庆复救成都，命威为后继。威乘胜先至城下破蛮军，庆复疾之。威饭士[9]，欲追蛮军。庆复牒威夺其军，勒归汉州。蛮至双流，阻水狼狈，造桥三日乃得过，蜀人甚恨之。颜庆复始教蜀人筑壅城[10]，穿堑引水满之，植鹿角，分营铺[11]。蛮知有备，自是不复犯成都矣。西川牙将以功补官者，堂帖[12]，人输堂例钱三百缗，贫者苦之。

---

1　纾：缓解。
2　双流：古县名，治所即今四川省成都市双流区。
3　陷没：沦陷，被攻占。
4　钩缳：环钩。
5　沃：浇。
6　利：谋利。
7　愤郁求奋：愤郁，愤恨抑郁。求奋，主动请战。
8　甲弩：甲胄和弓弩。
9　饭士：安排士兵吃饭。
10　壅城：即瓮城，大城外的小城。
11　分营铺：分立营寨。
12　堂帖：亦称"堂帖子"，唐时宰相签押下达的文书。

三月，曹确罢。夏，四月，以韦保衡同平章事。

五月，光州民逐刺史李弱翁左补阙杨堪等上言："刺史不道，百姓负冤[1]，当诉于朝廷，置诸典刑，岂得群聚，擅自斥逐，乱上下之分？此风殆不可长，宜加严诛以惩来者。"

六月，复置徐州观察使，统三州徐贼余党犹相聚闾里为群盗，上令百官议处置之宜，太子少傅李胶等曰："徐州虽屡构祸乱，未必比屋顽凶[2]，盖由统御失人，是致奸回乘衅。今使名虽降，兵额尚存，以为支郡[3]则粮饷不给，分隶别藩则人心未服，或旧恶相济，更成披猖。惟泗州向因攻守，结衅已深，宜有更张，庶为两便。"诏复为观察使，统徐、濠、宿三州。

秋，八月，同昌公主卒同昌公主薨，上痛悼不已，杀医官二十余人，收其亲族三百余人系狱。宰相刘瞻召谏官言之，莫敢进，乃自奏曰："修短之期，人之定分。昨公主有疾，医者非不尽心，而祸福难移，竟成差跌[4]。械系老幼，物议沸腾。奈何以达理知命之君，涉肆暴不明之谤？"上不悦。瞻又与京兆尹温璋等力谏，上大怒，叱出之。

**魏博逐其节度使何全皞推大将韩君雄为留后。**

九月，贬刘瞻为骧州司户，温璋为振州司马刘瞻罢为荆南节度使，温璋贬振州司马。璋叹曰："生不逢时，死何足惜！"仰药卒。韦保衡又与路岩共谮刘瞻，云："与医官通谋，投毒药。"贬康州刺史。翰林学士承旨[5]郑畋草制曰："安数亩之居，仍非已有；却四方之赂，惟畏人知。"岩谓畋曰："侍郎乃表荐刘相也。"坐贬梧州刺史。岩素与瞻论议不协，既贬，犹不快，阅《十道图》，以骧州去长安万里，再贬之。

冬，十一月，以王铎同平章事。

---

1 负冤：被冤枉。
2 顽凶：愚妄不顺。
3 支郡：唐末五代时，各地节度使割据一方，兼领数州，称为"支郡"。
4 差跌：失足跌倒，喻失误。差，通"蹉"。
5 翰林学士承旨：古官名，也称翰林承旨，翰林学士之长，在禁中职掌机密，是唐朝实际上的宰相，被称为"内相"。

复以徐州为感化军。

十二月，以李国昌为振武节度使。

## 辛卯十二年（公元 871 年）

春，正月，葬文懿公主服玩每物皆百二十舆[1]，锦绣珠玉，辉焕[2]三十余里。乐工李可及作《叹百年曲》，舞者数百人，以杂宝为首饰，以八百匹为地衣[3]，舞罢，珠玑覆地。

夏，四月，路岩罢岩与韦保衡素相表里[4]，既而争权有隙，保衡遂短岩于上，出镇西川。出城之日，路人以瓦砾[5]掷之。岩谓京兆尹薛能曰："临行，烦以瓦砾相饯。"能曰："向来宰相出，府司[6]无例发人防卫。"岩甚惭。

五月，帝幸安国寺赐沉檀[7]讲坐二，各高二丈。设万人斋。

冬，十月，以刘邺同平章事。

## 壬辰十三年（公元 872 年）

春，正月，幽州节度使张允伸卒允伸镇幽州二十三年，勤俭恭谨，边鄙无警，上下安之。得疾，请委军[8]就医，许之。以其子简会为留后。病甚，表纳旌节而薨。

二月，于琮罢，以赵隐同平章事。

夏，四月，以张公素为平卢留后平州刺史张公素素有威望，为幽人所服。张允伸薨，公素率州兵来奔丧。张简会惧，奔京师。诏以公素为留后。

---

1 百二十舆：用一百二十辆车拉。
2 辉焕：照耀，映照。
3 地衣：地毯。
4 相表里：内外互相配合，共为一体。
5 瓦砾：破碎的砖头瓦片。
6 府司：官府。
7 沉檀：沉香木和檀木，二者均为香木。
8 委军：放下军政事务。

五月，杀国子司业韦殷裕国子司业诣阁门[1]，告郭淑妃弟阴事，上怒，杖杀之。阁门使亦坐受状[2]，夺紫、配陵。

　　胡氏曰：懿宗淫刑，人能讥之。殷裕出位而言，非所宜，得无罪乎？

贬于琮为韶州刺史于琮为韦保衡所谮，贬官。琮妻广德公主，上之妹也，与琮皆之韶州，行则肩舆门相对，坐则执琮之带，琮由是获全。时诸公主多骄纵，惟广德动遵法度，事于氏宗亲无不如礼，内外称之。

秋，七月，以李璋为宣歙观察使韦保衡欲以其党裴条为郎官，惮左丞李璋方严，恐其不放上，先遣人达意。璋曰："朝廷迁除，不应见问[3]。"保衡怒，出之。

八月，归义节度使张义潮卒，以其长史曹义金代之是后中原多故，朝命不及，回鹘陷甘州，余州亦为羌、胡所据。

## 癸巳十四年（公元 873 年）

春，正月，遣使迎佛骨。夏，四月，至京师上遣敕使诣法门寺迎佛骨，群臣谏者甚众，至有言"宪宗迎佛骨，寻晏驾"者，上曰："朕生得见之，死亦无恨。"及至京师，仪卫之盛，过于郊祀。上降楼膜拜[4]，流涕沾臆[5]，迎入禁中。宰相以下，竞施金帛。因下德音，降[6]中外系囚。

六月，王铎罢时韦保衡挟恩弄权，铎薄其为人，保衡谮而逐之。

秋，七月，帝崩，普王俨即位上疾大渐，中尉刘行深、韩文约立上少子普王俨为皇太子，权勾当军国政事。帝崩，太子即位，时年十二，是为僖宗。

　　胡氏曰：韦保衡、刘邺、赵隐虽不能大正人主之终始，盍出次策，与两

---

1　阁门：古代宫殿的侧门。
2　受状：接受诉状。
3　见问：被问。
4　降楼膜拜：降楼，走下楼。膜拜，合掌加额，长跪而拜，表示尊敬或畏服的礼式。
5　沾臆：泪水浸湿胸前。臆，胸部，胸骨。
6　降：减少。

中尉公议之曰："政事不修，中国多故。若立长而贤者，非惟宗社之福，实亦南、北司交¹有所赖。必欲赞私²立少，若涉渊冰³，求济难矣。"宦官中岂无忠智之人？闻此语，亦必悚然⁴更虑。而宴安宠禄，了不⁵预知，至使僖宗逾越四兄，蠢然尸位⁶，遂以亡唐。古人所谓"焉用彼相⁷"者，其邠、隐、保衡之谓邪？

八月，关东、河南大水。

九月，贬韦保衡为贺州⁸刺史，寻赐死。

冬，十月，以萧仿同平章事。

十一月，贬路岩为新州刺史岩喜声色游宴，在西川，委政于亲吏边咸、郭筹，军中不安，坐贬。

### 甲午**僖宗皇帝乾符元年**（公元874年）

春，正月，关东旱、饥翰林学士卢携上言曰："国家之有百姓，如草木之有根柢，若秋冬培溉⁹，则春夏滋荣。今关东旱灾，所至皆饥，人无依投，待尽沟壑。其蠲免余税，实无可征。而州县督趣甚急，动加捶挞，虽撤屋伐木，雇妻鬻子，止可供所由¹⁰酒食之费，未得至于府库也。朝廷傥不抚存¹¹，百姓实无生计。乞敕州县一切停征，仍发义仓亟加赈给。"敕¹²从其言，而有司竟不能行。

**赐路岩死**岩之为相也，密奏："三品以上赐死，皆令使者剔取结喉¹³三寸

---

1　交：一齐。
2　赞私：满足其私心。
3　渊冰：语出《诗·小雅·小旻》："战战兢兢，如临深渊，如履薄冰。"后遂以"渊冰"比喻危险境地。
4　悚然：害怕的样子。
5　了不：绝不，全不。
6　蠢然尸位：蠢然，笨拙迟钝的样子。尸位，居位而无所作为。
7　焉用彼相：典出《论语·季氏将伐颛臾》："危而不持，颠而不扶，则将焉用彼相矣？"意思是何必要用那些辅助者。
8　贺州：古州名，以贺水为名，辖今广西壮族自治区贺州、富川、钟山等市县地。
9　培溉：培土灌溉。
10　所由：即所由官，有关官吏。因事必经由其手，故称。
11　抚存：抚慰，安抚。
12　敕：嘱咐，告诫。
13　结喉：男子颈前的隆起物，也叫喉结。

以进，验其必死。"至是，自罹其祸，所死之处乃杨收之榻也。边咸、郭筹皆伏诛。岩自淮南崔铉幕府入为御史，不出长安十年，至宰相。其入翰林也，铉闻之，曰："路岩已入翰林，如何得老？"果如其言。

二月，葬简陵[1]。

赵隐罢。

以裴坦同平章事。夏，五月，卒。

以刘瞻同平章事，秋，八月，卒瞻之贬也，人无贤愚，莫不痛惜。及还长安，两市人率钱[2]雇百戏迎之。瞻闻之，改期由他道而入。初，瞻南迁，刘邺附于韦、路[3]，共短之。至是邺惧，延瞻置酒。瞻归而薨，人以为邺鸩之也。

胡氏曰：刘瞻之死，其犹费祎待郭循之失，不得同郭尚父[4]见鱼朝恩之量欤！刘邺与韦、路为党，瞻论其罪恶而显[5]逐之可也。既不能然，又饮其酒以陷不测[6]，与立乎岩墙之下，毙乎桎梏之间者，相去几何？难以言尽其道而死矣。

以崔彦昭同平章事。

冬，十月，刘邺罢，以郑畋、卢携同平章事。

十一月，群臣上尊号。

**魏博节度使韩允中卒**允中，韩雄赐名也。薨，子简为留后。

**南诏寇西川，陷黎州，入邛崃关**[7]南诏作浮梁济大渡河，防河兵马使黄景复俟其半济击之，蛮败走，断其浮梁。蛮以中军多张旗帜当其前，而分兵潜出上、下流各二十里。济，袭破诸城栅，夹攻景复。景复佯败走，而设三伏以待之，蛮兵大败。归，至之罗谷，遇国中发兵继至，新旧相合，复寇大渡河，

---

1　简陵：唐懿宗李漼的陵墓，位于今陕西省渭南市富平县西北。
2　率钱：凑钱，募钱。
3　韦、路：即韦保衡、路岩。
4　郭尚父：即郭子仪。
5　显：公开。
6　不测：料想不到的事情，多指祸患。
7　邛崃关：古关隘名，位于今四川省雅安市荥经县西南大相岭上大关。

与景复战连日。援兵不至，景复军遂溃。蛮乘胜陷黎州，入邛崃关，攻雅州。成都惊扰，大为守备。骠信遗节度使牛丛书云："欲入见天子，面诉冤抑。今假道贵府，留止数日。"丛素懦怯，欲许之。杨庆复以为不可，斩使者，留二人遣还，授以书，詈辱之。蛮兵乃退。

**遣使册回鹘可汗**回鹘屡求册命，遣册立使郏宗莒诣其国。会回鹘为吐谷浑嗢末所败，逃遁不知所之，宗莒乃还。

**濮州人王仙芝作乱**自懿宗以来，奢侈日甚，用兵不息，赋敛愈急。关东连年水旱，州县不以实闻，百姓流殍，无所控诉，相聚为盗，所在蜂起。州县兵少，人不习战，每与盗遇，官军多败。是岁，王仙芝聚众数千人，起于长垣[1]。

## 乙未二年（公元875年）

**春，正月，以高骈为西川节度使**骈至剑州，先遣使开成都门。或谏曰："蛮寇逼近，万一豨突[2]，奈何？"骈曰："蛮闻我来，逃窜不暇，何敢辄犯成都？今春气向暖，数十万人蕴积[3]城中，将成疠疫，不可缓也。"使者至，纵民出城，各复常业，民大悦。蛮方攻雅州，闻之，遣使请和引去。骈发兵追至大渡河，杀获甚众，擒其酋长数十人。修复邛崃关、大渡河诸城栅，各置兵数千戍之，自是蛮不复入寇。骈召黄景复，责以失守，斩之。先是，南诏督爽[4]屡牒中书，辞语怨望，中书不答。卢携以为："如此，则蛮益骄，宜数其罪责之。然自中书发牒，则嫌于体敌[5]，请诏高骈，使录报之[6]。"从之。

---

1　长垣：古县名，治所位于今河南省新乡市长垣县西南。
2　豨突：像野猪受惊一样乱奔，比喻人横冲直撞，流窜侵扰。豨，大野猪。
3　蕴积：蕴藏，积聚。
4　督爽：南诏官名，总管全部三爽的各项事务。爽，相当于中原王朝的"省"或后来的"部"。
5　体敌：彼此地位相等，不分上下尊卑。
6　使录报之：让他们抄录诏文，以地方官的身份给南诏下牒文。

以田令孜为中尉上之为普王也，小马坊使[1]田令孜有宠。及即位，使知枢密，遂擢为中尉。上专事游戏，政事一委令孜，呼为"阿父"。令孜颇读书，多巧数[2]，纳贿[3]，除官不复关白。每见，常自备果食，与上对饮。上与内园小儿[4]狎昵，赏赐动以万计，府藏空竭。令孜说上籍[5]两市商货悉输内库。有陈诉[6]者，付京兆杖杀之。宰相以下，钳口[7]莫敢言。

胡氏曰：唐自明皇以来，尊宠宦者。德宗始委以禁兵。文宗以后，天子由其所立。故其末流子孙至于如此。夫国之兴也，未有不由亲贤，及其衰也，犹以小人取败，况祖宗所任不正，则后世必有甚焉者矣。是以明王必慎其所与，恐开祸乱之源也。若僖宗者，又何责焉？

夏，四月，西川军乱，讨平之初，杨庆复以右职、优给募突将以御蛮兵。高骈至，悉罢之。突将作乱，大噪突入府廷[8]。骈走，匿厕间[9]。监军遣人招谕，许复职名、廪给，乃肯还营。骈使人夜围其家，悉杀之，死者数千人。

浙西镇遏使王郢作乱，陷苏、常州浙西镇遏使王郢等有战功，节度使赵隐赏以职名而不给衣粮。郢等遂劫库兵作乱，收众万人，攻陷苏、常，泛江入海，转掠二浙，南及福建，大为人患。

五月，萧仿卒。

六月，以李蔚同平章事。

王仙芝陷濮、曹州，冤句[10]人黄巢聚众应之仙芝及其党尚君长攻陷濮、曹州，天平节度使薛崇出兵击之，不利。冤句人黄巢善骑射，喜任侠，粗涉书传，屡举进士不第，遂与仙芝共贩私盐。至是，聚众应之，攻剽州县，民之困

1　小马坊使：古官名，唐朝内诸司使之一，掌饲本坊御马。小马坊，御马诸厩之一。
2　巧数：巧计心术。
3　纳贿：受贿。
4　内园小儿：唐代禁苑中供使唤的杂役。
5　籍：登记。
6　陈诉：诉说委屈。
7　钳口：闭口。
8　府廷：衙门，公堂。
9　匿厕间：匿，藏匿。厕间，厕所里。
10　冤句：古县名，亦作宛朐、宛句，治所位于今山东省菏泽市曹县西北。

于重敛者争归之，数月之间，众至数万。

范氏曰：自古贼盗之起，国家之败，未有不由暴赋重敛[1]，而民之失职者众也。唐之季世，政出阉尹，不惟赋敛割剥，复贩鬻百物，尽夺民利，故有私盐之盗。使民无衣食之资，欲不亡，其可得乎？

秋，七月，大蝗飞蝗蔽日[2]，所过赤地。京兆尹杨知至奏：“蝗不食稼，皆抱荆棘[3]而死。”宰相以下皆贺。

冬，十月，贬董禹为郴州司马左补阙董禹谏上游畋、击球，上赐金帛以褒之。邠宁节度使李侃奏为假父求赠官，禹上疏论之，语侵宦官。枢密使杨复恭等诉于上，遂坐贬。

十二月，以宋威为诸道行营招讨使王仙芝寇沂州，平卢节度使宋威请率兵讨贼，故有是命。仍诏诸道兵并取处分[4]。

丙申三年（公元876年）

春，正月，天平军乱，诏本军宣慰之天平军遣将士张晏等救沂州，还，闻北境有盗，使留捍御。晏等不从，喧噪趋府，都将张思泰出城慰谕然后定。诏本军宣慰，无得穷诘。

二月，令天下乡村各置弓、刀、鼓板[5]以备群盗。

三月，崔彦昭罢，以王铎同平章事。

夏，五月，以李可举为卢龙节度使初，可举父茂勋逐张公素而代之，至是致仕，请以军授可举。

六月，雄州[6]地震裂，水涌出坏州城及公私庐舍皆尽。

---

1　暴赋重敛：苛捐杂税。
2　蔽日：遮蔽日光。
3　荆棘：泛指山野丛生多刺的灌木。
4　并取处分：一并接受宋威的布置和指挥。
5　鼓板：鼓和拍板，为传递信号用。
6　雄州：古州名，辖今宁夏回族自治区中卫市、中宁县一带。

秋，七月，宋威击王仙芝于沂州，大破之宋威击王仙芝，大破之，仙芝亡去。威奏仙芝已死，纵遣诸道兵。百官皆入贺。居二日，州县奏仙芝尚在，攻剽如故。时兵始休，诏复发之，士皆忿怨思乱。

诏忠武节度使崔安潜发兵讨王仙芝。

九月朔，日食。

王仙芝陷汝州，又陷阳武，攻郑州。冬，十月，攻唐、邓[1]。

高骈筑成都罗城[2]高骈将筑成都罗城，使僧景仙规度，周二十五里，悉召县令庀徒赋役[3]，吏受百钱以上皆死。蜀土疏恶，以甓甃[4]之，取土皆铲丘垤[5]平之，无得为坎埳[6]以害耕种。役者十日而代，众乐其均，不费扑挞[7]，凡九十六日而毕。役之始作也，骈恐南诏扬声入寇以惊役者，乃奏遣景仙托游行[8]入南诏，说谕骠信，许以公主妻之。又声言欲巡边，蛮中慑恐。由是讫于城成，边候[9]无警。先是西川遣使至南诏，骠信皆坐受其拜。骈以其俗尚浮屠，故遣景仙往，骠信果迎拜，信用其言。

王仙芝寇淮南诸州郑畋上言："自沂州奏捷之后，仙芝愈肆猖狂，屠陷五六州，疮痍数千里。宋威衰病，殊[10]无进讨之意。曾元裕望风退缩。崔安潜威望过人，张自勉骁雄良将。宫苑使李琢，西平王晟之孙，严而有勇。请以安潜为行营都统，琢为招讨使代威，自勉为副使代元裕。"上颇采其言。

以王仙芝为神策押牙，不受王仙芝攻蕲州，以书与刺史裴渥，约敛兵[11]不战。渥许为之奏官，开城延仙芝及黄巢辈入城，置酒，厚赠之，表陈其状。

---

1　唐、邓：即唐州、邓州。
2　罗城：城墙外另修的环墙。
3　庀徒赋役：庀徒，聚集工匠、役夫。赋役，分配徭役。
4　甓甃：砖壁。
5　丘垤：小山丘，小土堆。
6　坎埳：坑穴。
7　扑挞：鞭打。
8　游行：游览，漫游。
9　边候：古代边境上伺望侦察的土堡，哨所。
10　殊：很，甚。
11　敛兵：收起兵器，收缩兵力。

诏以仙芝为左神策军押牙，仙芝甚喜，黄巢大怒曰："始者共立大誓，横行天下，今独取官而去，使此五千余众安所归乎？"因殴仙芝，伤首，其众喧哗不已。仙芝遂不受命，大掠蕲州。分其军三千余人从仙芝及尚君长，二千余人从巢，分道而去。

**丁酉四年**（公元877年）

春，二月，王郢陷明、台州。

王仙芝陷鄂州。

黄巢陷郓州。

**南诏酋龙死，子法立。请和，许之**酋龙嗣立以来，为边患殆二十年，中国为之虚耗，而其国中亦弊。酋龙卒，谥景庄皇帝。子法立，好畋猎酣饮，委国事于大臣。岭南西道节度使辛谠奏南诏请和，且言："诸道兵戍邕州岁久，馈饷疲弊，请许其和，使嬴瘵[1]息肩。"诏许之，但留荆南、宣歙数军，余减什六七。

闰月，**王郢众降，郢走明州，败死**王郢横行浙西，节度使裴璩严兵设备，不与之战，密招其党，降之，散其徒六七千人，输器械二十余万，舟航[2]、粟帛称是。郢收余众至明州，镇遏使刘巨容射杀之，余党皆平。

三月，黄巢陷沂州。

夏，四月朔，日食。

贼帅柳彦璋掠江西。

秋，七月，**王仙芝、黄巢围宋州**贼围宋威于宋州，将军张自勉将忠武兵七千救之，杀贼二千余人，贼解围遁去。王铎、卢携欲使自勉以所将兵受宋威节度，郑畋以为："威与自勉已有疑忿[3]，若在麾下，必为所杀。"不肯署奏[4]。

---

1　嬴瘵：病困。
2　舟航：船只。
3　疑忿：疑忌愤恨。
4　署奏：在奏章上签名。

遂皆求罢免，不许。

王仙芝陷安州。

盐州军乱，逐刺史王承颜。诏贬承颜象州司户承颜素有政声[1]，以严肃为骄卒[2]所逐。朝廷与贪暴致乱者同贬，时人惜之。

冬，十一月，王仙芝遣尚君长请降，宋威执之以献，斩之招讨副都监杨复光遣人说谕士仙芝，仙芝遣尚君长等请降。宋威遣兵劫取[3]，诡与战，生擒以献。复光奏君长实降。诏御史鞠之，竟不能明，遂斩于狗脊岭[4]。

黄巢陷濮州。

江州刺史刘秉仁斩柳彦璋秉仁乘驿之官，单舟入贼水寨。贼出迎降，秉仁斩之而散其众。


## 戊戌**五年**（公元878年）

春，正月，王仙芝寇荆南王仙芝寇荆南，节度使杨知温不设备。贼陷罗城，知温犹赋诗。山南东道节度使李福自将救之。时有沙陀五百在襄阳，福与之俱至荆门。遇贼，沙陀纵骑奋击，破之。仙芝闻之，焚掠而去，死者什三四。

招讨副使曾元裕大破王仙芝于申州，诏以为招讨使，张自勉副之先是，郑畋与王铎、卢携争论用兵于上前，畋不胜。退，上奏曰："自王仙芝俶扰，崔安潜首请讨之，贼不敢犯其境。又以兵授张自勉，解宋州围，使江淮漕运流通，不输寇手。今罢自勉而以所将兵七千人隶宋威，威复奏加诬毁[5]。若勍寇[6]忽至，何以枝梧[7]？臣请以四千人授威，余三千人使自勉将之，守卫其境。"

---

1　政声：官吏的政治声誉。
2　骄卒：骄横不听指挥的士卒。
3　劫取：夺取，强取。
4　狗脊岭：古山名，位于今陕西省西安市东南，唐京城东市。
5　诬毁：诬蔑诋毁。
6　勍寇：强敌。
7　枝梧：斜而相抵的支柱。亦引申为对抗，抵挡。

卢携不以为然，上不能决。畋复上言："宋威欺罔朝廷，败衄狼藉[1]，宜正军法，早行罢黜[2]。"不从。至是，元裕大破仙芝，杀万人，招降、散遣[3]者亦万人。乃罢威，而以元裕为招讨使，自勉副之。

胡氏曰：僖宗诸相，幸有郑畋，若专守其策，贼必可平矣。虽然，秦有赵高，而后关东兵起；汉有十常侍，而后黄巾贼作。正使畋计得行，芝、巢破灭，而田令孜在内，与僖宗如一人，畋独，且奈何哉？唐亦必亡而已矣。

**大同军乱，杀防御使段文楚，推李克用为留后** 振武节度使李国昌之子克用，为沙陀副兵马使，戍蔚州。时河南盗贼蜂起，沙陀兵马使李尽忠与牙将康君立、薛志勤、程怀信、李存璋等谋曰："今天下大乱，朝廷号令不复行于四方，此乃英雄立功名、取富贵之秋也。李振武[4]功大官高，名闻天下。其子勇冠诸军，若辅以举事，代北[5]不足平也。"众以为然。会代北荐饥，漕运不继，防御使段文楚颇减军士衣米，军士怨怒。尽忠遣君立潜诣蔚州说克用起兵，除文楚而代之。克用曰："吾父在振武，俟我禀之。"君立曰："今机事已泄，缓则生变。"于是尽忠夜执文楚系狱。克用率其众趋云州，行收兵众，且[6]万人。尽忠送符印，请克用为留后而杀文楚。克用遂入府视事，表求敕命，朝廷不许。国昌上言："请速除防御使，若克用违命，臣请率本道兵讨之，终不爱一子以负国家。"朝廷乃以卢简方为防御使。诏国昌语克用，令迎候如常仪。除克用官，必令称惬。

**二月，曾元裕大破王仙芝于黄梅[7]，斩之。**

**黄巢自称冲天大将军，陷沂、濮，掠宋、汴** 巢方攻亳州未下，尚让率

---

1　狼藉：纵横散乱貌。
2　罢黜：罢免。
3　散遣：遣散。
4　李振武：即振武节度使李国昌。
5　代北：代州以北地区。
6　且：将要。
7　黄梅：古县名，治所位于今湖北省黄冈市黄梅县西北。

仙芝余众归之。推巢号冲天大将军，改元，署[1]官属，攻陷沂、濮，掠宋、汴。

**王仙芝余党陷洪州。**

**黄巢陷虔、吉、饶、信等州。**

夏，四月，以李国昌为大同[2]节度使，国昌不奉诏朝廷以克用据云中，以李国昌为大同节度使，以为克用必无以拒也。国昌欲父子并据两镇，得制书毁之，杀监军，与克用合兵，进击宁武及岢岚军[3]。

**诏河南贷[4]商旅富人钱谷，除官有差**诏以东都军储不足，贷商旅富人钱谷以供数月之费，仍以空名告身赐之。时连岁旱、蝗，寇盗充斥，耕桑半废，租赋不足，故有是命。

**南诏请和亲**南诏请和，无表，但令督爽牒中书，请为弟而不称臣。诏百官议之，礼部侍郎崔澹等以："南诏骄僭无礼，高骈不达大体，反因一僧呫嗫[5]，卑辞诱致其使。若从其请，恐垂笑后代。"骈上表，与澹等辩，诏谕解[6]之。

**五月，郑畋、卢携罢**郑畋、卢携议蛮事，携欲和亲，畋不可。携怒，拂衣起，袂罥砚[7]，堕地，破之。上闻之，曰："大臣相诟，何以仪刑四方？"遂皆罢之。

**以豆卢瑑、崔沆同平章事**时宰相有好施者，常以囊贮钱自随，行施丐者。每出，褴褛[8]盈路。有朝士以书规之曰："今百姓疲弊，寇盗充斥。相公宜举贤任能，纪纲庶务，捐不急之费，杜私谒之门，使万物各得其所，何必如此行小惠乎？"宰相大怒。

**六月，以曹翔为河东节度使**河东节度使窦浣发土团千人戍代州，土团

---

1　署：部署，任命。
2　大同：方镇名，辖今山西省雁北内外长城之间地区。
3　宁武及岢岚军：宁武，即宁武军，驻所位于今河北省张家口市怀来县东南。岢岚军，驻所位于今山西省忻州市岢岚县，因境有岢岚山，故名。
4　贷：借。
5　呫嗫：形容低语。
6　谕解：开导劝解。
7　袂罥砚：衣袖挂到桌上的砚台。罥，挂，缠绕。
8　褴褛：形容衣服破烂，此代指衣服破烂的人。

不发，求优赏。时府库空竭，滁遣虞候邓虔往慰谕之，给钱三百，布一端[1]，众乃定。朝廷以滁为不才[2]，遣曹翔代之。翔至，诛乱者，引兵救忻州，为沙陀所败，乃还晋阳，闭门城守。寻卒。

**以高骈为镇海节度使**王仙芝余党剽掠浙西。朝廷以高骈先在天平有威名，仙芝党多郓[3]人，乃徙骈镇浙西。

**秋，七月，黄巢寇宣州，入浙东**黄巢寇宣州，观察使王凝拒之。巢攻城不克，乃引兵入浙东，开山路七百里，攻剽福建诸州。

**九月，李蔚罢，以郑从谠同平章事。**

**冬，十月，河东、昭义合兵讨沙陀，大败，昭义节度使李钧战死。**

**十二月，黄巢陷福州[4]。**

**曹师雄寇掠二浙**王仙芝余党曹师雄寇掠二浙，杭州募兵使石镜、都将董昌等将以讨之。临安[5]人钱镠以骁勇事昌，为兵马使。

## 己亥**六年**（公元879年）

**春，正月，高骈遣将分道击黄巢，大破之。巢趋广南。**

**岭南西道节度使辛谠遣使如南诏**初，辛谠遣贾宏等使南诏，相继道死。时谠已病风痹，召摄[6]巡官徐云虔，执其手曰："遣使入南诏，而相继物故。吾子[7]既仕，则思徇国，能为此行乎？谠恨风痹不能拜耳。"因呜咽流涕。云虔曰："士为知己死，敢不承命！"谠喜，厚具资装而遣之。云虔至善阐城[8]，骠信见之，与抗礼，使人谓曰："贵府牒，欲使骠信称臣，奉表贡方物。骠信已遣人

---

1　一端：古代布帛二端相向卷，合为一匹，一端为半匹，其长度相当于二丈。
2　不才：没有才能。
3　郓：即郓州。
4　福州：古州名，辖今福建省尤溪县北、尤溪口以东的闽江流域和古田、屏南、福安、福鼎等市县以东地区。
5　临安：古县名，治所位于今浙江省杭州市临安区北。
6　摄：代理。
7　吾子：古时对人的尊称，可译为您。
8　善阐城：古地名，唐南诏后期以拓东城改称，位于今云南省昆明市旧城南关外。

与唐约为兄弟，不则舅甥，何表、贡之有？”云虔曰：“骠信之先，由大唐之命，得合六诏为一，恩德深厚。中间小忿，罪在边鄙。今骠信欲修旧好，岂可违祖考之故事乎？顺祖考，孝也；事大国，义也；息战争，仁也；审名分，礼也。四者，皆令德也，可不勉乎？”骠信待云虔甚厚，授以木夹[1]遣还，然犹未肯奉表称贡。

**河东军乱，杀节度使崔季康。**

**夏，四月朔，日食。**

**以王铎为行营招讨都统**上以群盗为忧，王铎曰：“臣在朝不足分陛下之忧，请自督诸将讨之。”诏以铎为荆南节度使、行营都统。铎奏以李系为副使，将精兵五万屯潭州，以拒黄巢。系，晟之曾孙也，有口才，而实无勇略。铎以其世将[2]，奏用之。

胡氏曰：王铎忧贼而不治其本，不能已[3]乱，只以滋之。无亦[4]力为上言宦官擅政，纲纪紊乱，将帅顾望，不肯尽力，因其开寤[5]，格[6]去非心，治自内兴，外患弭矣。不然，与其无益，曷若奉身而退之为愈也？

**秋，九月，黄巢陷广州**黄巢上表求广州节度使，上命大臣议之。左仆射于琮以为：“广州市舶，宝货所聚，岂可令贼得之？”宰相请除巢率府率，从之。巢得告身，大怒，诟执政，急攻广州，陷之，执节度使李迢，使草表。迢曰：“予[7]代受国恩，亲戚满朝，腕可断，表不可草。”巢杀之。高骈奏：“请遣兵马使张璘将兵五千于郴州守险，留后王重任将兵八千于循、潮二州邀遮，自将万人自大庾岭[8]趋广州击黄巢，巢必逃遁。乞敕王铎以兵三万守梧、昭[9]、桂、

---

1　木夹：古代传递并保护文书用的木制夹板。
2　世将：世代为将。
3　已：停止。
4　无亦：不是，岂不是。表示委婉的反问语气。
5　开寤：觉醒，醒悟。寤，通“悟”，觉悟，认识到。
6　格：纠正，匡正。
7　予：第一人称代词，我。
8　大庾岭：古地名，五岭之一，亦名塞上、台岭，位于今江西省大余、广东省南雄二县交界处。
9　昭：昭州，古州名，辖今广西壮族自治区平乐、恭城两县地。

永四州之险。"不许。

胡氏曰：高骈所建，良策也，而朝廷不从，则亦崔沆、豆卢瑑昧于制胜之道耳。为宰相而不知兵，轻用人，国以致倾危，安得专归罪于北司哉？凡人才气，当及其锋而用之。高骈既不得所请，又移镇淮南，知朝廷不足禀畏，其精锐亦自销衰，不复能振矣。

冬，十月，以高骈为淮南节度使，充盐铁转运使，崔安潜为西川节度使安潜到官不诘盗[1]，蜀人怪之。安潜乃出库钱千五百缗，分置三市，榜其上曰："能告捕一盗，赏钱五百缗。同侣[2]告捕，释其罪，赏同平人。"未几，有捕盗而至者，盗曰："汝与我同为盗十七年，赃皆平分，汝安能捕我？我与汝同死耳。"安潜曰："汝既知吾有榜，何不捕彼以来？则彼应死，汝受赏矣。既为所先，死复何辞！"立命给告者钱，剐[3]盗于市。于是诸盗相疑，无地容足，散逃他境。安潜以蜀兵怯弱，奏遣将诣陈、许诸州募壮士，与蜀人相杂，训练得三千人，戴黄帽，号黄头军。又奏乞洪州弩手教蜀人用弩走丸[4]而射之，选得千人，号神机营。蜀兵由是浸强。

黄巢陷潭州黄巢士卒罹瘴疫[5]，死者什三四，其徒劝之北还，以图大事。巢乃自桂州编筏，沿湘[6]而下，抵潭州。李系不敢出，巢攻陷之。

黄巢将尚让逼江陵，王铎走，守将刘汉宏作乱尚让进逼江陵，众号五十万。江陵兵不满万，王铎留刘汉宏守江陵，自率众趋襄阳。汉宏大掠，北归为盗。后数日，贼乃至。

山南东道节度使刘巨容大破黄巢于荆门黄巢趋襄阳，刘巨容与江西招讨使曹全晸合兵屯荆门以拒之。贼至，巨容伏兵林中，全晸逆战，佯败。贼

---

1 诘盗：追查惩办强盗。
2 同侣：同伴。
3 剐：割肉离骨，指凌迟刑。
4 用弩走丸：用弓弩射弹丸的技术。
5 瘴疫：瘴气和疾病。
6 湘：古水名，源出今广西灵川县东、海洋山西麓，东北流贯湖南省东部，经永州、衡阳、湘潭、长沙等地，至湘阴县芦林潭入洞庭湖。

追之，伏发，大破之，俘、斩什七八。贼渡江东走，或劝巨容穷追，巨容曰："国家喜负人，有急则抚存将士，不爱官赏，事宁则弃之，或更得罪。不若留贼以为富贵之资。"众乃止。全最渡江追贼，会朝廷除代，亦还。由是贼势复振，陷鄂州，掠饶、信等十五州，众至二十万。

胡氏曰：夫食人之禄，则事人之事；乘人之车，则忧人之忧。邂逅有成，适足塞责，而必望非分之报，少不如意，则生怏怏心，此臧获下陈[1]之见尔。若巨容尽力殄贼，恩荣[2]立至，为唐勋臣，顾[3]不贤于养贼自封之丑耶？一念不善，纵贼挺祸[4]，他日无辜，毙于奄尹之手，非不幸矣。

十一月，王铎罢，以卢携同平章事初，卢携尝荐高骈可为都统，至是骈将屡破贼，乃复以携为相。凡王铎、郑畋所除将帅，多易置之。

## 庚子广明元年（公元880年）

春，正月，沙陀寇忻、代[5]，逼晋阳。

河东军乱，杀节度使康传圭传圭贪虐，遣教练使[6]张彦球将兵追沙陀，至百井[7]，军变，还杀传圭。朝廷闻之，遣使宣慰曰："杀节度使，事出一时，各宜自安，勿复忧惧。"

二月，杀左拾遗侯昌业昌业以盗贼满关东，而上专务游戏，赏赐无度，田令孜专权无上[8]，社稷将危，上疏极谏。上大怒，召昌业至内侍省赐死。上善骑射，剑槊、法算[9]，至于音律、蒲博，无不精妙，好蹴鞠[10]、斗鸡，尤善击球。尝谓优人石野猪曰："朕若应击球进士举，须为状元。"对曰："若遇尧、舜作

1　下陈：位于堂下。
2　恩荣：受皇帝恩宠的荣耀。
3　顾：反而，却。
4　挺祸：引发祸乱。挺，引发，延及。
5　忻、代：即忻州、代州。
6　教练使：古官名，节度使府军将，掌教练兵法及武艺，亦或领兵出战。
7　百井：古地名，又作柏井，位于今山西省太原市阳曲县东北。
8　无上：目无长上。
9　剑槊、法算：剑槊，剑和槊，也泛指兵器。法算，算学。
10　蹴鞠：古代的一种足球运动，用以练武、娱乐、健身，传说始于黄帝。

礼部侍郎，恐陛下不免驳放[1]。"上笑而已。

改杨子院为发运使[2]从高骈之请也。度支以用度不足，奏借富户、胡商货财之半。骈上言："天下盗贼蜂起，皆出于饥寒，独富户、胡商未耳。"乃止。

三月，以陈敬瑄为西川节度使崔安潜之镇许昌也，田令孜为其兄陈敬瑄求兵马使，不得。至是，令孜见关东群盗日炽[3]，阴为幸[4]蜀之计，奏以敬瑄及其腹心杨师立、牛勖、罗元杲镇三川。上令四人击球赌之，敬瑄得第一筹，即以为西川节度使，代安潜。师立镇东川，勖镇兴元。

以郑从谠为河东节度使康传圭既死，河东兵益骄，故以宰相镇之。从谠奏以王调、刘崇龟、崇鲁、赵崇为参佐，时人谓之"小朝廷"，言名士之多也。从谠貌温而气劲，多谋而善断，将士欲为恶者，辄先觉，诛之。知张彦球有方略，本心非欲为乱，独推首乱者杀之，慰谕彦球，委以兵柄。彦球为尽死力，卒获其用。

以高骈为诸道行营都统卢携奏以骈为都统。骈乃传檄征天下兵，且广召募，得兵七万，威望大振。携病风不能行，内挟田令孜，外倚高骈，宠遇甚厚，货赂公行。豆卢瑑无他才，附之。崔沆时有启陈，常为所沮。

夏，四月，以李琢为蔚朔[5]节度使。

五月，刘汉宏寇宋、兖[6]，征诸道兵讨之。

以李顺融为枢密使始降白麻，与将相同。

六月，黄巢别将陷睦、婺州黄巢屯信州[7]，遇疾疫[8]，卒徒多死，张璘急击之。巢以金啖璘，且致书请降于高骈。骈欲诱致之，许为之求节钺。时昭义、

---

1　驳放：科举时代否定已发榜公布的中式者而贬黜之。
2　发运使：古官名，掌漕运。
3　日炽：一天天兴盛。
4　幸：皇帝亲临。
5　蔚朔：方镇名，领蔚、朔等州。
6　宋、兖：即宋州、兖州。
7　信州：古州名，辖今江西省贵溪市以东、怀玉山以南地区。
8　疾疫：疫病，瘟疫。

感化[1]、义武等军皆至淮南，骈恐分其功，乃奏贼不日当平，不烦诸道兵，悉遣归之。贼知之，乃告绝请战。骈怒，令璘击之，兵败，璘死。巢势复振，陷两州。

**青城**[2]**妖人作乱，讨平之**陈敬瑄素微贱，报至，蜀人皆惊，莫知为谁。青城有妖人，诈称陈仆射，止逆旅，索马甚急。马步使[3]瞿大夫觉其妄，执之，沃以狗血，即引服[4]，诛之。

**朔州降**李琢将兵万人屯代州，与幽州节度使李可举、吐谷浑都督赫连铎共讨沙陀。李克用遣大将高文集守朔州，自将其众拒官军。铎遣人说文集归国。文集执克用将傅文达与沙陀酋长李友金降于琢，开门迎官军。

**黄巢陷宣州。**

**刘汉宏掠申州。**

**遣宗正少卿李龟年使南诏，与和亲**初，西川节度使崔安潜表以崔澹之议为是，上命宰相议之。卢携、豆卢瑑曰："蛮数犯边，天下疲弊，致百姓困为盗贼，皆蛮故也。不若且遣使臣报复[5]，纵未得其称臣奉贡，且不使之怀怨犯边，亦可矣。"乃诏陈敬瑄，许其和亲而不称臣，以宗正少卿李龟年充使，赐以金帛。

**秋，七月，黄巢渡江**黄巢自采石渡江，围天长[6]、六合，兵势甚盛。淮南将毕师铎言于高骈曰："朝廷倚公为安危。今贼数十万众，乘胜长驱，若不据险击之，使逾长淮，必为大患。"骈以诸道兵已散，张璘复死，自度力不能制，不敢出兵。且上表告急，称贼六十余万，去城无[7]五十里。先是，卢携谓骈有

---

1 感化：方镇名，即感化军，治所位于今江苏省徐州市，辖今江苏省长江北灌南、涟水、泗阳以东，安徽省定远、明光、蚌埠以北，怀远、濉溪、萧县以东，兼有山东省郯城、微山、滕州地。
2 青城：古山名，亦名赤城山，位于今四川省都江堰市西南。
3 马步使：古官名，掌行营兵马。
4 引服：认罪，服罪。
5 报复：答复，应对。
6 天长：古县名，治所即今安徽省滁州市辖天长市。
7 无：不到。

文武长才，若悉委以兵柄，黄巢不足平。及表至，人情大骇。诏书责骈，骈遂称风痹，不复出战。

刘汉宏降。

李可举讨李克用，大破之。李琢讨李国昌，败之。国昌、克用亡走达靼[1]李克用引兵击高文集，李可举遣兵邀之于药儿岭[2]，大破之，杀万七千余人，李尽忠、程怀信皆死。李琢及吐谷浑都督赫连铎进攻蔚州，李国昌战败，部众皆溃，独与克用及宗族北入达靼。达靼本鞑靼之别部也，居于阴山。后数月，赫连铎阴赂达靼，使取之。克用知之，时与其豪帅游猎，置马鞭、木叶或悬针，射之无不中，豪帅心服。又置酒与饮，酒酣，克用言曰："吾得罪天子，愿效忠而不得。今闻黄巢北来，必为中原患。一旦天子若赦吾罪，得与公辈南向共立大功，不亦快乎！人生几何，谁能老死沙碛邪？"达靼知无留意，乃止。

黄巢渡淮黄巢之众号十五万，副都统曹全晸以其众六千与之战，颇有杀获。以众寡不敌，退屯泗上，以俟援军。而高骈竟不之救。贼遂击全晸，破之。时诏诸道发兵屯溵水。徐州兵过许昌大噪，节度使薛能登城慰劳，久之方定。时忠武亦遣大将周岌诣溵水，行未远，闻之，夜还，袭杀徐卒，遂逐能杀之。于是溵水之兵皆散。黄巢遂悉众渡淮，所过不虏掠，惟取丁壮以益兵。

冬，十月，黄巢陷申州，入颍、宋、徐、兖之境。

群盗陷澧州群盗陷澧州，杀刺史李询及判官皇甫镇。镇举进士二十三上，不中第，询辟之。贼至，城陷，镇走，问人曰："使君免乎？"曰："贼执之矣。"镇曰："吾受知若此，去将何之？"遂还诣贼，竟与同死。

十一月，河中虞候王重荣作乱，诏以为留后。

黄巢陷东都初，黄巢将渡淮，豆卢瑑请以天平节钺授巢，俟其到镇讨之。

---

1　达靼：古部族名，即鞑靼，由室韦部柔然大檀可汗后裔及部民与白种人融合而来，居住在蒙古高原东部。
2　药儿岭：古地名，位于今北京市平谷区东北。

卢携曰："盗贼无厌，虽与之节，不能止其剽掠。不若急发诸道兵扼泗州，贼既前不能入关，必还掠淮、浙[1]，偷生海诸耳。"从之。既而淮北相继告急，携称疾不出，京师大恐。巢自称天补大将军，转牒诸军云："各宜守垒，勿犯吾锋。吾将入东都，即至京邑，自欲问罪，无预[2]众人。"豆卢瑑、崔沆请发关内及神策军守潼关。上对宰相泣下，田令孜陈幸蜀之计，瑑和之，上不怿，令且发兵守潼关。令攸将张承范等，使将兵。以令孜为都指挥制置招讨等使。黄巢入东都境，汝、郑把截使[3]齐克让收军退保潼关，奏乞早遣粮援。上命选两神策弩手得二千八百人，令张承范等将以赴之。巢陷东都，留守刘允璋率百官迎谒。巢入城劳问，间里晏然。田令孜奏募坊市数千人以补两军。

**以周岌为忠武节度使，秦宗权为蔡州刺史**初，薛能遣牙将秦宗权调发至蔡州，闻许州乱，托云赴难，选募蔡兵，遂逐刺史，据其城。及周岌帅忠武，即以为刺史。

**十二月，黄巢入潼关**张承范等发京师。神策军士皆长安富家子，赂宦官窜名[4]军籍，厚得禀赐，未尝更战阵，闻当出征，父子聚泣，多以金帛雇病坊贫人代行，往往不能操兵[5]。是日，上御章信门楼临遣[6]之。承范进言："闻黄巢拥数十万之众，鼓行而西。齐克让以饥卒万人依托关下，复遣臣以二千余人屯于关上，而未闻为馈饷之计。以此拒贼，臣窃寒心。愿陛下趣诸道精兵早为继援。"上曰："卿辈第行[7]，兵寻至矣！"十二月，承范等至潼关，与克让军皆绝粮。黄巢军抵关下，不见其际，呼声振河华[8]。克让力战，自午至酉[9]，士卒饥甚，

---

1　淮、浙：即淮河、浙江流域。
2　预：牵涉。
3　汝、郑把截使：汝、郑，即汝州、郑州。把截使，古官名，临时专设，负责统兵堵截黄巢。
4　窜名：以不正当手段列名其中。
5　操兵：执持与使用兵器。
6　临遣：临轩派遣。轩，殿堂前檐处。
7　第行：次第出发，意指先行一步。
8　河华：黄河和华山的并称。
9　自午至酉：从午时到酉时。午时，上午十一时到下午一时。酉时，下午五时到七时。

遂溃，克让走入关。贼急攻潼关，承范悉力拒之。贼自关左禁坑[1]入，夹攻潼关，关上兵溃，师会[2]自杀，承范变服脱走。巢入华州，留其将乔钤守之。河中留后王重荣请降于贼。

**以黄巢为天平节度使。**

**以王徽、裴澈同平章事。**卢携自杀田令孜闻巢已入关，恐天子责己，乃归罪于携，贬为宾客、分司，而荐徽、澈为相。携仰药死。

胡氏曰：元稹、卢携初年奏疏，其意气岂不壮哉？终自浼[3]于北司，义理不胜，私欲为主，其意谓媚灶[4]可恃以安也。不知以势合者，势倾则离；以利合者，利穷则散。卢携之事，亦可监[5]矣。而交结匪人，酖[6]于爵禄者，犹不为戒也。

**黄巢入长安，上走兴元**凤翔、博野援兵至渭桥，见新军衣裘温鲜[7]，大怒，掠之，更为贼乡导，以趋长安。既入城，令孜率神策兵五百奉帝自金光门出，惟福、穆、泽、寿四王及妃嫔数人从行，百官皆莫之知。晡时，贼前锋入长安，金吾将军张直方率文武数十人迎于霸上。巢入城数日，其徒各出大掠，巢不能禁。尤憎官吏，得皆杀之。

范氏曰：《诗》曰："岂弟[8]君子，民之父母。"夫为吏而使民爱之如父母，则爱其君可知矣。苟使民疾吏如寇仇，则其君岂得不危亡乎？

**上趋骆谷，**凤翔节度使郑畋谒于道次，请留凤翔，上曰："朕不欲密迩巨寇，且幸兴元，征兵以图收复。卿可纠合邻道，勉建大勋。"畋曰："道路梗

---

1　关左禁坑：关左，潼关以东，在地理上古人以东为左。禁坑，潼关边有山谷，平时禁止人在谷中往来，以便专征商税，人们称此谷为"禁坑"。
2　师会：即右军步军将军王师会，与张承范同遣救援潼关者。
3　自浼：玷污自己。浼，沾污，玷污。
4　媚灶：比喻阿附权贵。
5　监：通"鉴"，借鉴，鉴戒。
6　酖：通"耽"，沉溺。
7　衣裘温鲜：即"衣鲜裘温"，衣服华丽，皮裘温暖。
8　岂弟：和乐平易。

涩[1]，奏报难通，请得便宜从事。"许之。

**黄巢僭号**巢杀唐宗室在长安者，无遗类。遂入宫，自称大齐皇帝，改元"金统"。唐官三品以上悉停，四品以下如故。以尚让为太尉。巢将砀山[2]朱温屯东渭桥。温少孤贫，与兄存、昱依萧县刘崇家，崇数笞辱之。崇母独怜之，戒家人曰："朱三非常人，汝曹善遇之。"豆卢瑑、崔沆、于琮、刘邺匿民间，巢搜获，皆杀之。广德公主曰："我唐室之女，誓与丁仆射俱死！"贼并杀之。将作监郑慕、库部郎中郑系义不臣贼，举家自杀。张直方多纳亡命，匿公卿于复壁，巢杀之。

**凤翔节度使郑畋合邻道兵讨贼**郑畋还凤翔，召将佐议拒贼，皆曰："贼势方炽，且宜从容以俟兵集，乃图收复。"畋曰："诸君劝畋臣贼乎？"因闷绝仆地[3]，不能言。会巢使者以诏书至，监军与之宴，乐奏，将佐以下皆哭。使者怪之，幕客靳储曰："以相公风痹不能来，故悲耳。"民间闻者无不泣。畋闻之，曰："吾固知人心尚未厌唐，贼授首无日矣。"乃刺指血为表，遣使诣行在。召将佐谕以逆顺，皆听命，刺血与盟。完城堑，缮器械，训士卒，密约邻道合兵讨贼。邻道皆许诺发兵。时禁军分镇关中者尚数万，畋使人招之，皆至，军势大振。巢遣人赍诏召畋，畋斩之。

**车驾至兴元，诏诸道出兵收复京师。**

**以张濬为兵部郎中**初，杨复恭荐处士张濬，拜太常博士。黄巢逼潼关，濬避乱商山。上幸兴元，道中无供顿，汉阴[4]令李康以骡负糇粮数百驮献之，从行军士始得食。上问康："何能如是？"对曰："臣不及此，乃张濬教臣。"上召濬，拜兵部郎中。

**义武节度使王处存举军入援**处存闻长安失守，号哭累日，不俟诏命，举军入援，遣二千人间道诣兴元卫车驾。

---

1　梗涩：阻塞。
2　砀山：古县名，治所位于今安徽省宿州市砀山县东。
3　仆地：倒地。
4　汉阴：古县名，治所位于今陕西省安康市石泉县南。

黄巢遣朱温攻河中，节度使王重荣与战，大破之，遂入援巢遣使调发河中，吏民不胜其苦。王重荣谓众曰："始吾屈节[1]以纾患，今调发不已，亡无日矣。"悉驱巢使者杀之。巢遣朱温击河中，王重荣与战，大破之，获粮、仗四十余船。遣使与王处存结盟，引兵营于渭北。

## 辛丑**中和元年**（公元 881 年）

春，正月，帝幸成都陈敬瑄遣兵奉迎[2]，请幸成都。田令孜亦劝上，上从之。

以萧遘同平章事。

以乐朋龟为翰林学士裴澈自贼中奔诣行在。时百官未集，乏人草制，右拾遗乐朋龟谒田令孜而拜之，由是擢为翰林学士。张濬先亦拜令孜。至是，令孜召朝贵饮酒，濬耻于众中拜之，乃先谒令孜谢酒。及宾客毕集，令孜言曰："令孜与张郎中清浊异流，尝蒙[3]中外。既虑玷辱[4]，何惮改更？今日于隐处谢酒则又不可。"濬惭惧无所容。

胡氏曰：张濬才气亦有过人者，观其教李康奉糗粮于行在，责王敬武效忠顺于朝廷，其与庸人远矣。卒之功名不立者，急于自售，行事反复故也。使其抑制欲心，克忍私愤，岂不以其才气表见[5]于当时哉？故君子有言："富贵易得，名节难守。"又曰："富贵有命，枉道[6]以求，徒丧所守。"自古如此者，可胜数[7]哉？

二月，以王铎同平章事。

加高骈东面都统上遣使趣骈讨黄巢，道路相望，骈终不出兵。

---

1 屈节：失节归附。
2 奉迎：用为敬辞，迎接。
3 蒙：欺骗，隐瞒。
4 玷辱：使蒙受耻辱。
5 表见：显扬。
6 枉道：违背正道。
7 胜数：数得过来。

三月，朱温陷邓州。

以郑畋为京城四面诸营都统诏以畋为都统，藩、汉将士赴难有功者，并听以墨敕除官。畋奏以泾原节度使程宗楚为副都统。

黄巢遣尚让寇凤翔，郑畋击败之黄巢遣尚让率众五万寇凤翔，畋使司马唐弘夫伏兵要害，自以兵数千陈于高冈[1]。贼以畋书生，轻之。鼓行而前，伏发，大败于龙尾陂[2]，斩首二万余级。

赦李克用，遣李友金召之沙陀李友金入援，至绛州，刺史瞿稹谓曰："贼势方盛，未可轻进。"乃俱还代州。募兵得三万人，皆北方杂胡，屯于崞[3]西，犷悍暴横[4]，稹与友金不能制。友金乃说监军陈景思曰："吾兄司徒父子勇略过人，为众所服。请奏天子，赦其罪，召以为帅，则代北之人一麾[5]响应，贼不足平也。"景思遣使言之，诏如所请。友金以五百骑迎之。克用率达靼诸部万人赴之。

郑畋传檄天下，合兵讨贼宥州刺史拓跋思恭，本党项羌也，纠合夷夏兵，会鄜延[6]节度使李孝昌，同盟讨贼。奉天镇使齐克俭遣使诣郑畋求自效。畋乃传檄天下，合兵讨贼。时天子在蜀，诏令不通，天下谓朝廷不能复振。及得畋檄，争发兵应之。贼惧，不敢复窥京西。而诸道及四夷贡献行在不绝，蜀中府库充实，赏赐不乏，士卒欣悦。

夏，四月，官军入长安，黄巢走。还袭之，杀副都统程宗楚、凤翔司马唐弘夫，复据长安是时唐弘夫屯渭北，王重荣屯沙苑，王处存屯渭桥，拓跋思恭屯武功，郑畋屯盩厔。弘夫乘龙尾之捷，进薄长安。黄巢率众东走。程宗楚先入，弘夫继至，处存率锐卒五千夜入城。民欢呼出迎，争以瓦砾击

---

1　高冈：高的山脊。
2　龙尾陂：古地名，一作龙尾坡，位于今陕西省宝鸡市岐山县东。
3　崞：古县名，治所位于今山西省忻州市辖原平市北。
4　犷悍暴横：犷悍，粗野强悍。暴横，横行不法。
5　一麾：一挥，指发令调遣。
6　鄜延：方镇名，领鄜、延等州，辖今陕西省宜君、黄龙、宜川等县以北，吴堡县及大里河、白于山以南地。

贼。军士释兵入第舍，掠金帛、妓妾。贼露宿[1]霸上，诇知官军不整，还袭之，大战长安中。宗楚、弘夫死，军士死者什八九，处存收余众还营。巢复入长安，纵兵屠杀，流血成川，谓之"洗城"。诸军皆退。

五月，高骈移檄讨贼，出屯东塘[2]有双雉集广陵府舍[3]，占者以为城邑将空之兆。骈恶之，乃移檄四方，云："将入讨黄巢。"发兵八万，舟二千艘，出屯东塘。诸将数请行期，骈托风涛为阻，竟不发。

忠武监军杨复光克邓州黄巢之陷长安也，周岌降之。尝以夜宴，急召监军杨复光。左右曰："周公臣贼，将不利于内侍，不可往。"复光曰："事已如此，义不图全。"即诣之。酒酣，岌言及本朝，复光泣下，良久，曰："丈夫所感者，恩义耳。公自匹夫为公侯，奈何舍十八叶[4]天子而臣贼乎？"岌亦流涕曰："吾不能独拒战，故貌奉[5]而心图之。今日召公，正为此耳。"因沥酒[6]为盟，分军八千人为八都，遣牙将鹿晏弘、晋晖、王建、韩建、张造、李师泰、庞从等八人将之，复光率之以击朱温，败之，遂克邓州。

六月，以郑畋为司空、同平章事，都统如故。

李克用陷忻、代州李克用牒河东，称奉诏将兵讨黄巢，令具顿递[7]。郑从谠闭城设备而犒给[8]之。克用累日不发，纵沙陀剽掠，城中大骇。寻引兵还，陷忻、代，留居代州。

秋，七月，以韦昭度同平章事。

西川黄头军作乱，讨平之田令孜为行在都指挥处置使，颁赐从驾诸军无虚月，不复及蜀军，颇有怨言。令孜宴土客都头[9]，以金杯行酒，因赐之。诸

---

1　露宿：在室外或野外住宿。
2　东塘：古地名，位于今江苏省扬州市东湾头至宜陵一带。
3　府舍：官舍，官邸。
4　十八叶：意指已经延续十八世。
5　奉：尊奉。
6　沥酒：洒酒于地，表祝愿或起誓。
7　顿递：置备酒食、邮驿以供军用。
8　犒给：犒赏供给。
9　土客都头：土客，本土部队和从驾客军。都头，古官名，都将的别称。

都头皆拜受，黄头军[1]使郭琪独不受，起言曰："蜀军与诸军同宿卫，而赏赐悬殊，颇有觖望，恐万一致变。愿军容[2]减诸将之赐以均蜀军，使土客如一，则上下幸甚！"令孜默然，乃自酌酒于别樽以赐琪。琪知其毒，不得已饮之。归，杀一婢，吮其血以解毒，吐黑汁数升，遂率所部作乱。令孜奉天子保东城，闭门登楼，命诸军击之。琪夜突围，出奔高骈于广陵。

**杀左拾遗孟昭图**上曰少与宦官同处议天下事，待外臣殊薄。左拾遗孟昭图上疏曰："治安之代，退迩犹应同心；多难之时，中外尤当一体。去冬车驾西幸，不告南司[3]，遂使宰相以下悉为贼所屠。前夕黄头军乱，陛下亦不召宰相、朝臣，至今未知圣躬安否。夫天下者，高祖、太宗之天下，非北司之天下；天子者，四海九州之天子，非北司之天子。北司未必尽可信，南司未必尽无用。若天子与宰相了无关涉，朝臣皆若路人，臣恐收复之期，尚劳宸虑[4]。"疏入，令孜屏不奏，矫诏贬昭图嘉州司户，遣人沉于蟇颐津[5]，闻者气塞。

范氏曰：自僖宗播越，几于亡矣，而谏争之职，犹有人焉。盖天下未尝无贤，惟其君不能用也。昭图岂不知言发而祸应哉？特出于忠义，愤激而不能已耳。夫明主导天下而使之言，故国家可得而治也。苟上下否隔，使言者出于愤激之气，则其国岂不殆哉？

八月，星交流如织[6]，或大如杯碗。

**感化牙将时溥杀节度使支详，诏以溥为留后**支详遣时溥、陈璠将兵入关讨黄巢，二人皆详所奖拔也。至东都，矫称详命，还师屠河阴，掠郑州而东。及彭城，详迎劳甚厚。溥说详曰："众心见迫[7]，请公解印以相授。"详不能制。璠谓溥曰："支仆射有惠于徐人，不杀，必成后悔。"溥不许，送详归朝。

---

1　黄头军：以黄帕包头的军队。
2　军容：古官名，即观军容使的省称，为监视出征将帅的最高军职，以掌权宦官担任。此处代指田令孜。
3　南司：唐时中书、门下、尚书三省均在皇宫南面，故称"南衙"，亦称"南司"。
4　宸虑：帝王的思虑谋划。
5　蟇颐津：古渡口名，又作蟆颐津，位于今四川省眉山市东北岷江滨。
6　星交流如织：流星来往如梭。
7　见迫：逼迫。

璠伏甲于七里亭[1]，并其家属杀之。溥表璠为宿州刺史。

**寿州人王绪作乱，陷光州**寿州屠者王绪与妹夫刘行全聚众五百，盗据本州。月余，复陷光州，有众万余人。秦宗权表为光州刺史。固始[2]县佐王潮及弟审邽、审知皆以材气知名。绪以潮为军正，信用之。

**南诏上表款附。**

**九月，高骈罢兵还府**骈与镇海节度使周宝俱出神策军，骈以兄事宝，及封壤[3]相邻，数争细故，遂有隙。骈檄宝入援，宝治舟师以俟之，怪其久不行。幕客或曰："高公有并吞江东之志，声云[4]入援，未必非图我也。"会骈使人约宝面会瓜洲[5]议军事，宝辞疾不往，由是遂为深仇。骈留东塘百余日，诏屡趣之。骈上表托以宝将为后患，复罢兵还府。其实无赴难心，但欲禳雊集[6]之异耳。

**以董昌为杭州刺史**高骈召董昌至广陵，钱镠说昌曰："观高公无讨贼心，不若去之。"昌从之，自石镜[7]引兵入据杭州，周宝表为杭州刺史。

**冬，十月，凤翔行军司马李昌言作乱，郑畋赴行在**李昌言将兵屯兴平。时凤翔仓库虚竭，犒赏稍薄。昌言因激怒其众，引军还袭府城。郑畋登城谓之曰："行军[8]苟能戢兵爱人，为国灭贼，亦可以顺守[9]矣。"乃以留务委之，即日西赴行在。诏以畋为太子少傅、分司，昌言为凤翔节度使。

**胡氏曰：**人固有能谋而不能为者，郑畋是也。畋为僖宗画命将之策，视诸相为贤矣。及自当大镇[10]，身任讨贼，乃不知居重驭轻而倒持太阿[11]，又不知和众

---

1　七里亭：古地名，位于今江苏省徐州市西北，因在彭城西七里，故名。
2　固始：古县名，治所位于今河南省信阳市固始县东北。
3　封壤：疆域，疆界。
4　声云：声言。
5　瓜洲：古地名，又作瓜州、瓜步浦，长江中沙洲，位于今江苏省扬州市邗江区南。
6　雊集：两只雊鸡齐集军府。
7　石镜：古山名，位于今浙江省杭州市临安区南。
8　行军：即行军司马李昌言。
9　顺守：顺着事理或情势而持守。
10　大镇：大的藩镇。
11　倒持太阿：倒拿着剑，把剑柄给别人。比喻把大权交给别人，自己反受其害。太阿，宝剑名。

丰财，而士有饥色，坐被袭、逐，何耻如之？此用之者违其才，而畋不审己之
过也。

裴澈罢。

十二月，武陵蛮雷满等寇陷朗、衡、澧州。

壬寅**二年**（公元 882 年）

春，正月，以王铎为诸道行营都统王铎以高骈无心讨贼，自以身为首
相[1]，发愤请行，恳款[2]流涕，至于再三。上许之，以铎充都统。罢高骈，但领
盐铁转运使。铎辟崔安潜为副都统，以周岌、王重荣为司马，诸葛爽、康实为
先锋使[3]。又以王处存、李孝昌、拓跋思恭为京城三面都统，以杨复光为南面行
营都监使。

二月，朱温据同州。

以郑畋为司空、同平章事军事一以咨之。

李克用寇蔚州。

邛州牙官阡能作乱，陈敬瑄遣兵讨之敬瑄多遣人历县镇诇事[4]，谓之
"寻事人"，所至多所求取。有二人过资阳镇[5]，独无所求。镇将谢弘让邀之，
不至，自疑有罪，夜亡入群盗中，而实无罪也。捕盗使杨迁诱而执之，求功。
敬瑄不之问，钉于西城，煎油泼之，备极惨酷。邛州牙官阡能因公事违期，亡
命，迁复诱之。能方出首[6]，闻弘让之冤，发愤为盗。逾月，众至万人，横行邛、
雅[7]，所过涂地[8]。蜀中盗贼竞起，州县不能制。敬瑄遣杨行迁将兵数千人讨之。

---

1　首相：宰相中居首位者。
2　恳款：恳切忠诚。
3　先锋使：古官名，每有大的军事行动，则设先锋使统领前军，皆以精兵为之。
4　诇事：刺探情况。
5　资阳镇：古军镇名，治所位于今四川省资阳市雁江区境内。
6　出首：自首。
7　邛、雅：即邛州、雅州。
8　涂地：彻底败坏而不可收拾。

　　夏，四月，王铎以诸道兵逼长安铎将西川、兴元之军屯灵感寺[1]，泾原屯京西，易定、河中屯渭北，邠宁、凤翔屯兴平，保大、定难[2]屯渭桥，忠武屯武功。官军四集，巢势日蹙，号令所行，不出同、华[3]。

　　五月，加高骈侍中，罢盐铁转运使骈既失兵柄，复解利权，攘袂大诟，上表自诉，言辞不逊。上命郑畋草诏切责之。骈臣节既亏，贡赋遂绝。初，骈好神仙，有方士吕用之坐妖党，亡命归骈。骈补以军职，颇言公私利病，骈信任之。用之欲专权，浸以计去骈旧将梁缵等，而引其党张守一、诸葛殷，共蛊惑骈。殷诡辩风生，骈以为神。骈与郑畋有隙，用之谓曰："宰相有遣剑客来刺公者，今夕至矣！"骈大惧，问计，用之曰："张先生可以御之。"骈请于守一，守一乃使骈衣妇人服，潜于他室，而代居骈寝中，夜掷铜器于阶，令铿然有声，又密以彘血[4]洒于庭宇[5]，如格斗之状。及旦，笑谓骈曰："几落奴[6]手！"骈泣，谢之。用之刻青石为奇字，云"玉皇授白云先生高骈"。密令左右置道院[7]香案。骈得之，惊喜。用之曰："玉皇以公焚修[8]功著，将补真官[9]，计鸾鹤[10]不日当降此际。用之等谪限[11]亦满，必得陪幢节[12]，同归上清[13]耳。"是后，骈于道院庭中刻木鹤，时着羽服[14]跨之。用之常厚赂骈左右，使伺骈动静，共为欺罔，骈不之寤。少有异议者，辄为所陷，死不旋踵。夺人资财，掠人妇女，

---

1　灵感寺：古寺庙名，位于今陕西省渭南市富平县西。
2　保大、定难：保大，方镇名，领鄜、坊、丹、延四州，辖今陕西省子长、延川以南，宜君、黄龙以北，志丹、黄陵以东，黄河以西地。定难，方镇名，领夏、绥、银、宥四州，辖今陕西省长城、清涧河以北、秃尾河以南及内蒙古伊克昭盟南部。
3　同、华：即同州、华州。
4　彘血：猪血。
5　庭宇：庭院。
6　奴：贱奴，此处指刺客。
7　道院：道观。
8　焚修：焚香修行，亦泛指净修。
9　真官：仙人而有官职者。
10　鸾鹤：鸾与鹤，相传均为仙人所乘。
11　谪限：古代迷信认为神仙因罪谪降人间有一定期限，谓之"谪限"。期限一满，即可重返仙界。
12　幢节：旗帜仪仗。
13　上清：道家所称的三清境之一。
14　羽服：仙人或道士的衣服。

所破灭者数百家。公私大小之事，皆取决焉。用之又欲以兵威胁制诸将，请募骁勇二万人，号莫邪都。骈即以张守一及用之为军使，置将吏如帅府。虑人泄其奸谋，乃言于骈曰："神仙不难致，但恨学道者不能绝俗累[1]，故不肯降临耳！"骈乃悉去姬妾，谢绝人事，宾客、将吏皆不得见。有不得已见之者，皆先令沐浴斋祓[2]，拜起才毕，已复引出。由是用之得专行威福，无所忌惮，境内不复知有骈矣。

六月，蜀中群盗应阡能，官军与战，大败蜀人罗浑擎、句胡僧、罗夫子、韩求各聚众数千以应阡能。官军与之战，不利，恐获罪，多执村民为俘，日数十百人。敬瑄不问，悉斩之。其中亦有老弱妇人。或问之，皆曰："我方治田绩麻[3]，官军忽入村系虏以来，竟不知何罪。"

秋，七月，以钟传为江西观察使王仙芝寇掠江西，高安[4]人钟传聚蛮獠，依山为堡，众至万人。仙芝陷抚州而不能守，传入据之，诏即以为刺史。至是，又据洪州，朝廷遂以传为观察使。传既去抚州，南城[5]人危全讽复据之，遣其弟仔倡据信州。

刘汉宏寇杭州，董昌击破之刘汉宏既降，以为浙东观察使。汉宏遣弟汉宥将兵二万营于西陵，谋并浙西。董昌遣兵马使钱镠拒之。镠夜济江袭其营，大破之。

九月，朱温以华州降，王铎以为同华[6]节度使朱温见巢兵势日蹙，知其将亡，遂举州降。

冬，十月，贼帅韩秀昇、屈行从断峡江路[7]。

以朱温为河中行营招讨副使，赐名"全忠"。

---

1　俗累：世俗的牵累。
2　斋祓：斋戒沐浴，祓除秽恶。
3　绩麻：把麻搓成线。
4　高安：古县名，治所即今江西省宜春市高安县。
5　南城：古县名，治所位于今江西省抚州市南城县东南。因其在豫章郡之南，故名南城。
6　同华：方镇名，领同、华两州。
7　峡江路：长江三峡水路。

　　**以王敬武为平卢留后**诸道兵皆会关中，独平卢不至。王铎遣判官张濬往说之。时平卢大将王敬武方逐节度使，自为留后，已受黄巢官爵，不出迎。濬见而责之曰："公为藩臣，侮慢诏使<sup>1</sup>，不能事上，何以使下？"敬武愕然，谢之。既宣诏，将士皆不应，濬徐谕之曰："人生当先晓逆顺，次知利害。黄巢，前日贩盐虏耳，公等舍累叶天子而臣之，果何利哉？今天下勤王之师皆集京畿，而淄青独不至。一旦贼平，天子返正，公等何面见天下之人乎？"将士皆改容引咎曰："谏议<sup>2</sup>之言是也。"敬武即发兵从濬而西。

　　**十一月，李克用将沙陀趋河中**黄巢兵势尚强，王重荣谋于都监杨复光。复光曰："雁门李仆射骁勇有强兵<sup>3</sup>，素有徇国之志，所以不来者，以与河东结隙耳。若以朝旨<sup>4</sup>谕郑公而召之，必来。来，则贼不足平矣！"时王铎在河中，乃以墨敕召李克用，谕郑从谠。克用遂将沙陀万七千人趋河中，不敢入太原境，独以数百骑过晋阳城下，与从谠别，从谠厚赠之。

　　**陈敬瑄遣押牙高仁厚讨阡能等，平之**阡能入蜀州境。陈敬瑄以杨行迁等久无功，以押牙高仁厚为都招讨指挥使，往代之。未发前一日，执阡能之谍者。仁厚温言问之，对曰："某村民，阡能囚某父母妻子，而曰：'汝诇事得实，则免汝家。不然，皆死。'某非愿尔也。"仁厚曰："诚如是，我何忍杀汝？汝归，但语阡能云：'高尚书<sup>5</sup>来日发，所将止五百人，无多兵也。'然我活汝一家，汝为我潜语寨中人云：'仆射<sup>6</sup>闵汝曹皆良人，为贼所制，故使尚书救汝。汝若投兵迎降，当书汝背为归顺字，遣汝复旧业。所欲诛者，阡能、罗浑擎、句胡僧、罗夫子、韩求五人耳。'"谍曰："此皆百姓心上事，尚书尽知而赦之，其<sup>7</sup>谁不听命？"遂遣之。明日，引兵发至双流，周视堑栅，怒曰：

---

1　诏使：皇帝派出的特使。
2　谏议：即张濬，张濬曾任谏议大夫。
3　强兵：强大的军队。
4　朝旨：朝廷的旨意。
5　高尚书：即高仁厚。
6　仆射：即陈敬瑄。
7　其：通"岂"，难道，表示诘问。

"重复、牢密如此，宜其可以安眠饱食，养寇邀功也。"将斩之，监军力救得免。命悉平堑栅，留兵五百守之。贼伏兵千人于野桥箐[1]以邀官军，仁厚诇知[2]之，引兵围之。下令勿杀，遣人释戎服入贼中告谕，贼大喜，争投兵请降。仁厚悉抚谕，书其背，使归寨中。余众争出降。浑鏊走，其众执之以来。仁厚谓降者曰："本欲即遣汝归，为前途[3]诸寨未知吾心，或有忧疑，借汝曹为我前行，过诸寨，求以背字告谕之。"乃取浑鏊旗倒系之，每五十人授以一旗，使前走扬旗疾呼曰："罗浑鏊已擒，大军行至。汝曹速如我出降，立得为良人，无事矣！"至穿口、新津、延贡[4]，寨中皆争出降，执句胡僧，斩韩求。罗夫子奔阡能寨，与之谋悉众决战。未定，执旗先驱者至，能欲出兵，众皆不应。明旦，诸寨呼噪争出，罗夫子自到，众挈[5]其首，缚阡能，驱之前迎官军，见仁厚，拥马首大呼泣拜曰："百姓负冤日久，无所控诉。自谍者还，百姓引领，度顷刻如期年。今遇尚书，如出九泉睹白日[6]，已死而复生矣。"贼寨在他所者，分遣诸将往降之。仁厚出军凡六日，五贼皆平。敬瑄枭二首于市，钉阡能、罗浑鏊、句胡僧而剐之。阡能孔目官张荣屡举进士不中第，归于能，为之谋主，仁厚送府，钉于马市[7]。自余不戮一人。敬瑄榜邛州，贼党皆释不问。未几，邛州刺史申捕获阡能叔父行全家，请准法[8]。敬瑄以问孔目官唐溪，对曰："公已榜勿问，而刺史复捕之，此必有故。今若杀之，岂惟使明公失大信，窃恐阡能之党纷纷复起矣！"敬瑄从之，因问其故。果行全有良田，刺史欲买之，不与，故恨之耳。敬瑄召刺史，将按之，刺史以忧死。他日，行全密饷溪金百两，溪怒曰："此乃太师仁明，何预吾事，汝乃怀祸相饷乎？"还其金，斥逐使去。

---

1　野桥箐：古地名，位于今四川省成都市双流区西南。箐，山间大竹林，竹木丛生的山谷。
2　诇知：侦察得知。
3　前途：前方。
4　穿口、新津、延贡：穿口，古地名，位于今四川省成都市新津县东北。新津，古县名，治所位于今四川省成都市新津县东。延贡，古地名，位于今四川省成都市大邑县东南。
5　挈：举起，提起。
6　白日：太阳。
7　马市：以金帛或茶、盐同边区民族换马的地方。
8　准法：按照法令执行。

胡氏曰：唐溪明足以照奸，智足以守信，廉足以禔身[1]，若使处敬瑄之位，阡能、韩秀升、杨师立之祸无自而起矣。由此观之，自古衰世人才之易地[2]者，岂特一唐溪哉？经世之人所以汲汲于求贤，惟恐不闻，良有以也。

十二月，以李克用为雁门[3]节度使李克用将兵四万至河中，皆衣黑。贼惮之，曰："鸦军至矣，当避其锋。"

## 癸卯三年（公元883年）

春，正月，李克用败贼将黄揆于沙苑。王铎以克用为东北面行营都统揆，巢之弟也。

以王铎为义成节度使田令孜欲归重[4]北司，称铎讨黄巢久无功，卒用杨复光策，召沙陀而破之，故罢铎兵柄，以悦复光。

以田令孜为十军、十二卫观军容使令孜自以建议幸蜀、收传国宝、列圣真容、散家财犒军为己功，令宰相请加赏，故有是命。

魏博节度使韩简寇郓州及河阳，其将乐行达杀之，诏以为留后赐名"彦祯"。

以王镕为成德留后。

三月，李克用围华州，黄巢遣尚让救之，克用逆战，破之巢兵数败，食复尽，阴为遁计，发兵三万搤[5]蓝田道，遣尚让救华州。李克用及王重荣引兵逆战，破之。克用进军渭桥，每夜令其将薛志勤、康君立潜入长安，燔积聚，斩虏而还，贼中大惊。

以杨行愍为庐州刺史淮南押牙杨行愍勇敢，屡有战功，高骈以为押牙，知庐州事，朝廷因而命之。行愍闻州人王勘贤，召欲用之，固辞。问其子弟，

---

1　禔身：安身，修身。
2　易地：互换所处的地位。
3　雁门：方镇名，前称大同军，此后还曾改称代北，领左神策军、天宁镇遏观察使，辖今山西省繁峙、代县、原平、五台、定襄、忻州等县市地。
4　归重：推重。
5　搤：通"扼"，把守，控制。

曰："子潜好学慎密，可任以事。弟子稔有气节，可为将。"行愍召潜置门下，以稔及定远人季章为骑将。

**夏，四月，陈敬瑄遣高仁厚讨峡路[1]群盗，平之**初，陈敬瑄遣兵讨韩秀昇、屈行从，皆为所败，江淮贡赋断绝，云安、淯井[2]路不通，乏盐。敬瑄乃奏以高仁厚为行军司马，将兵三千以讨之。行遇败兵还走，仁厚叱之。即日斩都虞候一人，更令修娖[3]部伍。乃召耆老，询以山川蹊径及贼寨所据，喜曰："贼精兵尽在舟中，使老弱守寨，而资粮皆在寨中，此所谓重战轻防，其败必矣！"乃扬兵[4]江上，为欲涉[5]之状。贼昼夜御备[6]，遣兵挑战。仁厚不应，潜遣勇士千人攻焚其寨，贼救之不及，资粮荡尽。仁厚复募善游者凿其舟底，相继皆沉，贼惶惑不能相救。仁厚遣兵于要路邀击，且招之。贼众执秀昇、行从以降。仁厚诘之曰："何故反？"秀昇曰："自大中皇帝[7]晏驾，天下无复公道，纽解纲绝[8]。今日反者，岂惟秀昇？机上之肉[9]，惟所烹醢耳！"仁厚愀然，命善食[10]而械之，献于行在，斩之。

**五月，李克用破黄巢，收复长安**李克用与忠武将庞从、河中将白志迁等引兵先进，与黄巢军战于渭南，一日三捷。义成、义武等诸军继之，贼众大奔。克用等入京师，巢焚宫室遁去，多遗珍宝于路，官军争取之，不急追，贼遂逸去。诏克用同平章事，斩巢相崔璆。克用时年二十八，于诸将最少，而兵势最强，破黄巢，复长安，功第一，诸将皆畏之。克用一目微眇[11]，时人谓之

---

1 峡路：峡谷中的道路或航道。
2 云安、淯井：云安，古县名，治所位于今重庆市云阳县西。淯井，古地名，亦名雌雄水，为盐井，位于今四川省宜宾市长宁县南。
3 修娖：休整。娖，整理，整顿。
4 扬兵：举兵，陈兵。
5 涉：趟水过河。
6 御备：防备。
7 大中皇帝：即唐玄宗李忱，其年号为大中。
8 纽解纲绝：意指纲纪废弛。
9 机上之肉：砧板上的肉，比喻任人宰割者。
10 善食：让他吃好。
11 眇：一只眼睛盲。

"独眼龙"。

六月，黄巢取蔡州，节度使秦宗权降之，合兵围陈州巢使其骁将孟楷将万人击蔡州，宗权逆战而败，遂称臣于巢。初，陈州刺史赵犨谓将佐曰："巢不死长安，必东走。陈，其冲[1]也，不可不为之备。"乃完城堑，缮甲兵，积刍粟，六十里之内民有资粮者，悉徙之入城。多募勇士，使子弟分将之。楷果移兵击陈。犨先示之弱，伺其无备袭击，杀获殆尽，擒楷，斩之。巢闻之怒，与宗权合兵围之，掘堑五重，百道攻之。陈人大恐，犨谕之曰："忠武素著义勇[2]，陈州号为劲兵。况吾家久食陈禄，誓与此州存亡！且徇国而死，不愈于臣贼而生乎？有异议者斩！"数引锐兵开门击贼，破之。巢益怒，营于州北，为持久之计。时民间无积聚，贼掠人为粮，置舂磨寨[3]。

以刘谦为封州刺史初，上蔡刘谦为岭南小校，节度使韦宙奇之，妻以兄女。谦屡击盗有功，故有是命。

秋，七月，以朱全忠为宣武节度使时汴宋荐饥，骄军难制，外有大敌，众心危惧，而全忠勇气益振。

左骁卫上将军杨复光卒于河中复光慷慨喜忠义，善抚士卒，及卒，军中恸哭累日，八都将各以其众散去。田令孜素忌复光，闻其卒甚喜，因摈斥其兄枢密使复恭为飞龙使。令孜专权，人莫与之抗，惟复恭数与之争得失，故令孜恶之。

郑畋罢为太子太保畋虽当播越，犹谨法度。田令孜为判官吴圆求郎官，畋不许；陈敬瑄欲立于宰相之上，畋以故事，使相品秩虽高，皆居真相[4]之下，固争之。二人乃令凤翔节度使李昌言上言："军情猜忌，不可令畋扈从过此。"乃罢之。

---

1　冲：交通要道。
2　素著义勇：向来以义勇著称。
3　贼掠人为粮，置舂磨寨：贼人抓百姓充作粮食，设"舂磨寨"，把活人扔到石磨里面去磨，作为粮食吃。
4　真相：真正担任宰相。

**以裴澈同平章事。**

**冬，十月，李克用取潞州**昭义节度使孟方立以潞州地险人劲[1]，屡篡[2]主帅，欲迁治所于邢州，潞人不悦，潜乞师于李克用。克用遣李克修击之，取潞州。是后克用每岁出兵争山东，三州之人半为俘馘，野无稼穑[3]矣。

**以宗女妻南诏。**

**十二月，忠武大将鹿晏弘据兴元**晏弘率所部自河中南掠襄、邓、金、洋，所过屠灭，声云西赴行在。至兴元，遂逐节度使牛勖，自称留后。

**时溥杀其判官李凝古**溥因食中毒，疑判官李凝古，杀之。时凝古父损为散骑常侍，在成都。溥奏凝古与父同谋，田令孜受其赂，令御史台鞫之。萧遘奏曰："李凝古行毒，事出暧昧。父损相别数年，安得诬以同谋？溥恃功乱法，欲杀天子侍臣，若徇其欲，朝廷何以自立？"由是损得免。时令孜专权，群臣莫敢迕视，惟遘屡与争辨，朝廷倚之。

**朱全忠据亳州**赵犨求救于邻道，朱全忠救之，与贼战于鹿邑[4]，败之。遂入亳州，据之。

甲辰**四年**（公元884年）

**春，二月，东川节度使杨师立举兵反。三月，诏以高仁厚为留后，将兵讨之**陈敬瑄之遣高仁厚讨韩秀昇也，语之曰："成功而还，当奏以东川相赏。"杨师立闻之，怒。令孜恐其为乱，征为右仆射。师立得诏书，怒，不受代，杀官告使及监军使，举兵进屯涪城，移檄行在及诸道，数陈敬瑄十罪，自言集本道将士十五万人长驱问罪。诏仁厚讨之。

**夏，四月，李克用会许、汴、徐、兖之军于陈州，黄巢退走**黄巢兵尚强，周岌、时溥、朱全忠等求救于李克用，克用将蕃、汉兵五万赴之。巢围

---

1　劲：强劲有力。
2　篡：非法地夺取。
3　稼穑：农作物，庄稼。
4　鹿邑：古县名，治所位于今河南省周口市鹿邑县西。

陈州几三百日，赵犨兄弟与之大小数百战，虽兵食将尽，而众心益固。克用会许、汴、徐、兖之军于陈州，攻尚让于太康[1]，拔之。巢闻之惧，解围去。

五月，黄巢趋汴州，李克用等追击，大破之，尚让率众降。巢收余众奔兖州　五月，大雨，平地三尺，巢营为水所漂，且闻李克用至，遂引兵东北趋汴州，至尉氏。尚让以骁骑五千进逼大梁，全忠复告急于克用。克用追之，及于中牟北王满渡[2]，乘其半济奋击，大破之，杀万余人。贼遂溃，尚让率其众降。巢逾汴而北，克用追击之于封丘，又破之。巢收余众近千人，东奔兖州。克用追至冤句，骑能属者[3]才数百人，昼夜行二百余里。以粮尽还汴州，欲裹粮[4]复追之。获巢幼子及乘舆、器服、符印。得所掠男女万余人，皆纵遣之。

李克用至汴州，朱全忠袭之，克用走还　李克用至汴州，全忠固请入城，馆于上源驿[5]，就置酒甚恭。克用乘酒使气，语颇侵之，全忠不平。薄暮[6]罢酒，从者皆醉。宣武将杨彦洪密与全忠谋，连车塞路，发兵围驿而攻之。克用醉，不之闻，亲兵薛志勤、史敬思等十余人格斗，侍者郭景铢扶克用匿床下，以水沃其面而告之，克用始张目援弓[7]而起。须臾烟火四合，会大雨震电，天地晦冥，志勤扶克用，率左右数人逾垣突围，乘电光[8]而行。汴人扼桥，力战得渡，敬思为后拒，战死。克用缒城得出。全忠误射彦洪，杀之。克用妻刘氏多智略，左右先归者以变告，刘氏神色不动，立斩之，阴召大将约束，谋保军以还。比明，克用至，欲勒兵攻全忠，刘氏曰："此当诉之朝廷。若擅举兵相攻，则天下孰能辨其曲直？且彼得以有辞[9]矣。"克用从之，引兵去，但移书责全忠。全忠复书曰："前夕之变，仆不之知，朝廷自遣使者与杨彦洪为谋。

---

1　太康：古县名，属陈州，治所即今河南省周口市太康县。
2　王满渡：古渡口名，位于今河南省郑州市中牟县北，唐时为汴河渡口。
3　骑能属者：能够跟随的骑兵。
4　裹粮：携带熟食干粮，以备出征或远行。
5　上源驿：古驿馆名，位于今河南省开封市境内。
6　薄暮：傍晚。
7　援弓：拉弓。
8　乘电光：乘，借助。电光，闪电的光。
9　有辞：有借口。

彦洪既伏其辜，惟公谅察[1]。"克用乃还晋阳。克用养子嗣源，年十七，从克用自上源出，矢石之间，独无所伤。嗣源本胡人，名邈佶烈，无姓。克用择军中骁勇者，皆养为子，张存信、孙存进、王存贤、安存孝皆以养子冒姓李氏。

胡氏曰：克用固全忠所忌也，然亲救其危困，全忠虽欲图之，必未敢发。其固请入城，特欲示殷勤、伸谢悃[2]尔，而克用不谨于礼，激全忠祸贼之心，而召其兵。全忠失矣，克用亦岂为得乎？得免之后，宜以书与全忠，引咎修好，劝以勤王，则善矣。乃不省己失，力校[3]犯者，挈兵[4]至死，志不克伸，惜哉！

高仁厚败东川兵于鹿头关，进围梓州高仁厚至德阳[5]，杨师立遣其将郑君雄据鹿头以拒之，坚壁不出。高仁厚曰："攻之则彼利我伤，围之则彼困我逸。"遂列寨[6]围之。夜二鼓[7]，君雄等出劲兵掩击城北寨，副使杨茂言不能御，率众走，诸寨闻之皆走。仁厚闻之，大开寨门，设炬火[8]照之。自率士卒为两翼，伏道左右。贼至，见门开，不敢入，还去。发伏击之，东川兵大奔，追至城下，斩获甚众。仁厚念诸寨皆走，当死者众，乃召孔目官张韶，谕之曰："尔速遣数十人，分道追走者，自以尔意[9]谕之曰：'仆射[10]幸不知，汝曹速归。来旦牙参如常[11]，勿忧也。'"韶素名长者，众信之，皆还。惟茂言走至张把[12]，乃追及之。诘旦，诸将牙集[13]，仁厚谓茂言曰："昨夜闻副使走至张把，有诸？"

---

1　谅察：原谅体察。
2　谢悃：感谢的诚意。
3　校：计较。
4　挈兵：引兵。
5　德阳：古县名，治所即今四川省德阳市。
6　列寨：排列营寨。
7　二鼓：二更天，夜里九点至十一点。
8　炬火：点燃的火把。
9　尔意：你自己的意思。
10　仆射：即高仁厚，时为检校仆射。
11　来旦牙参如常：明天早晨牙将们像往常一样去参见高仁厚。来旦，明天早晨。牙参，同"衙参"，官吏到上司衙门，排班参见，禀白公事。
12　张把：古地名，即张杷寨，位于今四川省绵阳市三台县南。
13　牙集：在衙内聚集。

对曰："昨夜闻贼攻中军，仆射已去，遂策马参随[1]，既审[2]其虚，复还寨中矣。"仁厚曰："仁厚与副使俱受命讨贼，若仁厚先走，副使当叱下马，行军法，代总军事，然后奏闻。今副使既先走，又为欺罔，理当如何？"茂言拱手曰："当死。"仁厚曰："然！"命扶下斩之，诸将股栗。仁厚陈于关下，郑君雄等悉众出战。仁厚设伏于阵后，佯败走，君雄等追之，伏发，大败遁归。仁厚遂进围梓州。

---

1　参随：跟随。
2　审：知道。

卷

五十二

起甲辰唐僖宗中和四年六月，尽丙辰[1]唐昭宗乾宁三年凡十二年有奇。

## 甲辰四年（公元884年）

六月，东川将吏斩杨师立以降。诏以高仁厚为节度使高仁厚围梓州，久不下，乃为书射城中，道其将士曰："仁厚不忍城中玉石俱焚，为诸君缓师十日，使诸君自成其功。如其不然，四面俱进，克之必矣。诸君图之。"数日，郑君雄大呼于众曰："天子所诛者，元恶耳，它人无预也。"众大噪，突入府，师立自杀，君雄挈其首以降。诏以仁厚为东川节度使。

尚让败黄巢于瑕丘，贼党斩巢以降尚让追黄巢至瑕丘，败之。巢众殆尽，巢甥林言斩巢兄弟妻子首，将诣时溥。沙陀夺之，并斩言以献。

天平节度使朱瑄击秦宗权，败之秦宗权纵兵四出，侵噬[2]邻道。天平节度使朱瑄有众三万，从父弟瑾勇冠军中。朱全忠为宗权所攻，势甚窘，求救于瑄。瑄遣瑾将兵救之，败宗权于合乡[3]。

秋，七月，时溥献黄巢首时溥遣使献黄巢首，并其姬妾。上御楼受之，宣问[4]姬妾："汝曹皆勋贵子女，何为从贼？"其居首者对曰："狂贼凶逆，国家以百万之众失守宗祧，播迁巴蜀。今陛下乃以不能拒贼责一女子，置公卿将帅于何地乎？"上皆戮之。

李克用表乞[5]讨朱全忠，诏谕解之李克用还晋阳，大治甲兵，奉表自陈为朱全忠所图，将佐三百余人并牌印[6]皆没不返，乞遣使按问，发兵讨之。朝廷方务姑息，得表大恐，但优诏和解之。克用前后八表，称："全忠阴狡祸贼[7]，异日必为国患。惟乞下诏削其官爵，臣自率本道兵讨之。"上累遣杨复恭

---

1　丙辰：即公元906年。
2　侵噬：侵占吞并，侵害。
3　合乡：古地名，又称互乡，位于今河南省周口市项城县南老城北。
4　宣问：帝王后妃向臣下发问。
5　表乞：上表请求。
6　牌印：令牌和印信。
7　祸贼：作祸残害。

等谕指，称："吾深知卿冤，方事之殷，姑存大体。"克用终郁郁不平。时藩镇相攻者，朝廷不复为之辨曲直，由是互相吞噬[1]，惟力是视，皆无所禀畏矣。

范氏曰：天子所以制御天下者，赏善罚恶，辨是非枉直，使人各当其所，物各安其分，而不相陵暴也。克用有复唐室之大功，而全忠辄欲杀之，克用不敢专兵[2]复仇而赴诉[3]于朝廷，是诸侯犹有尊王室之心也。为天子者，诘其孰是孰非，使征伐号令出于天子，则诛一镇而大卜莫敢不从矣。僖宗则不然，知其直者而不恤，置其不直者而不问，不惟全忠无所忌惮，而克用心亦不服，欲两存之，乃两失之。自是以后，藩镇擅相攻伐，不复禀命[4]，以天子不足诉也。《书》曰："有罪无罪，予曷敢有越厥志[5]？"刑罚者，所以为天讨也。王者之于天下，惩劝可不明哉？

八月，**以李克修为昭义节度使**李克用请以其弟克修镇泽潞，从之。由是昭义分为二镇。

**进李克用爵为陇西郡王。**

**以王徽知京兆尹事**上以长安宫室焚毁，故久留蜀未归。以徽为京兆尹，招抚流散，缮治[6]宫室。

**冬，十一月，鹿晏弘据许州，诏以为忠武节度使**晏弘之去河中也，王建、韩建、张造、晋晖、李师泰各率其众与之俱。晏弘猜忍，众心不附。田令孜密遣人诱之，二建与张造率众数千奔行在，令孜皆养以为假子，拜诸卫将军，使各将其众，号"随驾五都"。又遣禁兵讨晏弘。晏弘弃兴元，陷襄州，转掠襄、邓，还据许州，自为留后。朝廷不能讨，因以为节度使。

**田令孜杀内常侍曹知愚**初，宦者曹知愚有胆略。黄巢陷长安，知愚集壮

---

1　吞噬：吞并，兼并。
2　专兵：把持兵权。
3　赴诉：奔走求告，上诉。
4　禀命：奉行命令，接受命令。
5　越厥志：失去这个志向。越，失坠，坠落。
6　缮治：整理，修补。

士据嵯峨山¹，数遣人变服夜入长安攻贼营，贼惊疑不自安。朝廷闻而嘉之，就除内常侍。田令孜恶之，矫诏使邠宁节度使王行瑜袭杀之。令孜由是益骄横，禁制²天子，不得有所主断³，上时语左右而流涕。

**十二月，以陈岩为福建观察使**初，黄巢转掠福建，建州⁴人陈岩聚众数千保乡里，号九龙军。观察使郑镒表以自代。岩为治有威惠，闽人安之。

**盗杀中书令王铎**铎厚于奉养，徙义昌⁵节度使，过魏州，侍妾成列，服御鲜华。魏博节度使乐彦祯之子从训围而杀之，掠其侍妾。彦祯以遇盗闻，朝廷不能诘。

胡氏曰：铎在相位，不明是非，同卢携而沮郑畋，信裴渥而庇宋威，一年之间，使贼大炽。及为都统，又不能戎遏黄巢，更生刘汉宏一寇。然则谋议乖刺⁶，施置乖方，政之所杀多矣，晚而陷祸，岂特骄奢汰侈⁷之罪哉？

**以冯行袭为均州刺史**贼帅孙喜聚众数千人攻均州，刺史吕晔不知所为，都将冯行袭伏兵江南，自乘小舟迎喜，谓曰："州人得良牧⁸，无不归心。然公从卒太多，州人惧其剽掠，尚以为疑。不若置军江北，独与腹心轻骑俱进。行袭请为前道，告谕州人，无不服者矣。"喜从之。既渡江，伏发，行袭手击喜，斩之。诏以行袭为刺史。

## 乙巳光启元年（公元 885 年）

春，正月，诏招抚秦宗权黄巢虽平，宗权复炽，寇掠焚翦⁹，其残暴又甚

---

1　嵯峨山：古山名，即巉嶻山，位于今陕西省咸阳市泾阳县西北。
2　禁制：控制，约束。
3　主断：专断，决断。
4　建州：古州名，辖今福建省南平以上的闽江流域（沙溪中上游除外）。
5　义昌：方镇名，即横海军后期之号，领沧、景二州，辖今天津市马厂减河以南，运河以东，山东省津浦铁路线以东，黄河以北及博兴县北部地区。
6　乖刺：悖谬失当。
7　骄奢汰侈：骄奢，骄横奢侈。汰侈，奢侈。
8　良牧：贤能的州郡长官。
9　焚翦：烧杀。焚，烧。翦，杀戮。

于巢。军行未始转粮[1]，车载盐尸[2]以从，北至卫、滑，西及关辅，东尽青、齐，南出江、淮，极目[3]千里，无复烟火。上将还长安，畏宗权为患，诏招抚之。

**车驾发成都。**

**淮南叛将张瑰据荆南，郭禹据归州**雷满屡攻掠荆南，淮南将张瑰、韩师德叛高骈，据复、岳二州。荆南节度使陈儒请瑰摄行军司马，使将兵击雷满。瑰还兵逐儒而代之。瑰性贪暴，荆南旧将夷灭殆尽。恶牙将郭禹慓悍[4]，欲杀之，禹亡去，袭归州据之。禹，成汭也，因杀人亡命，更其姓名。

**王绪陷汀、漳[5]二州**秦宗权责租赋于光州，刺史王绪不能给。宗权怒，发兵击之。绪惧，悉举光、寿二州兵五千人渡江，转掠江、洪、虔州。是月，陷汀、漳，然皆不能守也。

**三月，车驾至京师**京师荆棘满城，狐兔纵横，上凄然不乐。时朝廷号令所及，惟河西、山南、剑南、岭南数十州而已。

**秦宗权僭号，诏以时溥为行营都统讨之。**

**夏，四月，田令孜自兼两池榷盐使**初，田令孜在蜀，募新军五十四都，每都千人。又南牙、北司官共万余员，而上供[6]不至，赏赉不时，士卒有怨言，令孜患之。先是，安邑、解县[7]两池皆隶盐铁，中和[8]以来，河中节度使王重荣专之，岁献三千车以供国用。令孜奏复旧制，自兼两池使，收其利以赡军。重荣论诉[9]不已，而令孜养子匡祐使河中，骄傲，重荣数责之。匡祐脱归，劝令

---

1 转粮：运送军粮。
2 盐尸：盐腌的死尸。
3 极目：用尽目力远望。
4 慓悍：轻捷勇猛。
5 汀、漳：汀，汀州，古州名，辖今福建省武夷山脉以东，三明、永安、漳平、龙岩、永定等市县以西地区。漳，漳州，古州名，辖今福建省九龙江流域及其西南地区。
6 上供：唐宋时所征赋税中解交朝廷的部分。
7 安邑、解县：安邑，古县名，治所位于今山西省运城市东北。解县，古县名，治所位于今山西省运城市西南。
8 中和：唐僖宗李儇的年号，存续时间为公元881至885年。
9 论诉：论辩申诉。

孜图重荣。乃徙重荣为泰宁[1]节度使，以王处存代之。仍诏李克用以河东兵援处存赴镇。重荣自以有复京城功，为令孜所摈，不肯之兖州，累表数令孜十罪。令孜结邠宁节度使朱玫、凤翔节度使李昌符以抗之。昌符，昌言之弟也。

**李可举、王镕寇易定，王处存击破之**卢龙节度使李可举、成德节度使王镕恶李克用之强，而义武节度使王处存与克用亲善，又河北唯义武尚属朝廷，可举等虑其害己，约共灭而分之。可举遣其将李全忠攻易州，镕亦遣将攻无极[2]。卢龙裨将刘仁恭穴地[3]入城，陷易州。李克用自将救无极，大败成德兵，拔新城[4]。处存夜遣兵蒙羊皮袭卢龙军，复取易州。

**六月，卢龙将李全忠杀李可举而代之**全忠既丧师，恐获罪，还袭幽州。李可举自焚死，全忠自为留后。

**秦宗权遣将孙儒陷东都**留守李罕之与儒相拒数月，兵少食尽，弃城，西保渑池。儒据东都月余，焚掠而去，城中寂无鸡犬。

**秋，七月，杀右补阙常濬**濬上疏曰："陛下姑息藩镇太甚，是非功过，骈首并足[5]，致天下纷纷若此，犹未之寤。宜稍振典刑，以威四方。"田令孜曰："此疏传于藩镇，岂不致其猜忿[6]？"贬濬万州[7]司户，寻赐死。

范氏曰：杀谏臣者，其国必亡。故侯昌业、孟昭图、常濬皆以谏死，而唐亡之兆著矣，何必天变、彗孛[8]之为妖乎？夫忠臣欲救社稷之危，人君不惟弃其言，而又戮其身，不祥莫大焉。此其国所以为墟也。

**八月，以赵犨为蔡州节度使**秦宗权攻邻道二十余州，陷之。唯陈距蔡百余里，兵力甚弱。刺史赵犨日与宗权战，宗权不能屈。诏以犨为蔡州节度使。

---

1　泰宁：方镇名，领沂、海、兖、密、徐五州，辖今山东省胶州湾以西，高密、安丘、莱芜、泰安以南，济宁及江苏省丰县以东，南至安徽省怀远县、江苏省沭阳县。
2　无极：古县名，治所即今河北省石家庄市无极县。
3　穴地：挖地道。
4　新城：古城名，位于今河北省石家庄市无极县西。
5　骈首并足：骈首，头靠着头，并排。并足，脚挨着脚。
6　猜忿：疑忌愤恨。
7　万州：古州名，辖今重庆市万州区及梁平县地。
8　彗孛：彗星和孛星。旧谓彗孛出现是灾祸或战争的预兆。孛，古人指光芒四射的一种彗星。

犫德朱全忠之援，凡所调发，无不立至。

王绪前锋将擒绪，奉王潮为将军王绪至漳州，以道险粮少，令军中无得[1]以老弱自随，犯者斩。唯王潮兄弟扶其母以从。绪责之曰："军皆有法，未有无法之军。汝违吾令而不诛，是无法也。"潮等曰："人皆有母，未有无母之人，将军奈何使人弃其母乎？"绪怒，命斩其母。潮等曰："潮等事母如事将军，既杀其母，安用其子，请先母死！"将士皆为之请，乃舍之。有望气者谓绪曰："军中有王者气。"于是绪见将卒有勇略及气质魁岸者，皆杀之，众皆自危。行至南安[2]，潮说其前锋将伏壮士篁竹中，擒绪，反缚以徇。遂奉潮为将军，引兵将还光州，约其属所过秋毫无犯。行及沙县[3]，泉州人张延鲁等以刺史廖彦若贪暴，率耆老奉牛酒，请潮为州将。潮乃引兵围泉州。

冬，十月，田令孜遣朱玫、李昌符攻河中，李克用救之。十二月，进逼京城，帝奔凤翔十月，王重荣求救于李克用。克用方怨朝廷不罪朱全忠，选兵市马，聚结诸胡，议攻汴州，报曰："待吾先灭全忠，还扫鼠辈如秋叶耳。"重荣曰："待公自关东还，吾为虏矣。不若先除君侧之恶，退擒全忠易矣。"时朱玫、李昌符亦阴附于全忠，克用乃上言："玫、昌符与全忠相表里，欲共灭臣。臣不得不自救，已集藩、汉兵十五万，决以来年济河，北讨二镇。不近京城，保无惊扰。还灭全忠，以雪仇耻。"上遣使者谕释[4]，冠盖相望。朱玫欲朝廷讨克用，数遣人潜入京城，烧积聚，杀近侍，声云克用所为，于是京师震恐。令孜遣玫、昌符将本军及神策等军合三万人屯沙苑，以讨王重荣。重荣发兵拒之，告急于克用，克用引兵赴之。十一月，与重荣俱壁[5]沙苑，表请诛令孜及玫、昌符。诏和解之，克用不听。十二月，合战，玫、昌符大败，克用进逼京城，令孜奉天子幸凤翔。长安宫室复为乱兵焚掠，无孑遗矣。

---

1　无得：不许，不准。
2　南安：古县名，治所位于今福建省泉州市辖南安市东。
3　沙县：古县名，治所位于今福建省三明市沙县东。
4　谕释：规劝解释。
5　壁：驻扎。

## 丙午二年（公元 886 年）

春，正月，田令孜劫帝如宝鸡[1]李克用还军河中，与王重荣同表请上还宫，因罪状田令孜，请诛之。令孜引兵入宫，劫上幸宝鸡，从者才数百人，宰相、朝臣皆不知，翰林承旨杜让能独追及之。明日，乃有太子少保孔纬等数人继至，太庙神主皆失之。上以纬为御史大夫，使还召百官。时田令孜弄权，再致播迁，天下共忿疾之，朱玫、李昌符亦耻为之用，且惮蒲、晋[2]之强，更与之合。萧遘召玫亟迎车驾，玫引步骑五千至凤翔。孔纬诣宰相宣诏，萧遘、裴澈以令孜在上侧，辞疾不见。纬令台吏[3]趣百官赴行在，皆辞以无袍笏[4]。纬召三院御史[5]，泣谓曰：“布衣亲旧有急，犹当赴之，岂有天子蒙尘而臣子累召不往耶？”御史请办装[6]数日而行，纬拂衣起曰：“吾妻病垂死且不顾，诸君善自为谋，请从此辞。”遂复走行在。

朱玫、李昌符追逼[7]车驾，帝复走入大散关[8]邠、岐兵[9]追逼乘舆，钲鼓之声闻于行宫，田令孜奉上发宝鸡。神策军使王建以长剑五百前驱奋击，乘舆乃得前。上以传国宝授建，使负之以从。登大散岭，李昌符焚阁道丈余，将摧折矣，王建掖[10]上自烟焰[11]中跃过，夜宿板下。玫攻散关不克。嗣襄王煴，肃宗之玄孙也，为玫所得，与之俱还凤翔。克用还太原，重荣复与玫、昌符表请诛田令孜。

二月，至兴元朱玫、李昌符使山南西道节度使石君涉栅险要[12]，烧邮驿。

---

1  宝鸡：古县名，治所即今陕西省宝鸡市。
2  蒲、晋：代指王重荣、李克用。
3  台吏：中央政府机构的属官。
4  袍笏：朝服和手板。上古自天子以至大夫、士人，朝会时皆穿朝服执笏。
5  三院御史：唐制，御史台设三院：台院，置侍御史；殿院，置殿中侍御史；察院，置监察御史。
6  办装：置办行装。
7  追逼：追赶进逼。
8  大散关：古关隘名，又称散关，位于今陕西省宝鸡市西南大散岭上。
9  邠、岐兵：代指邠宁节度使朱玫、凤翔节度使李昌符的部队。
10  掖：用手扶着别人的胳膊。
11  烟焰：烟和火焰。
12  栅险要：在险要的地方安设营寨。

上由他道以进，山谷崎岖，邠军迫其后，危殆者数四，仅得达山南。君涉弃镇走凤翔。百官萧遘等罪状田令孜及其党韦昭度，请诛之。诏加王重荣应接粮料使，调其谷十五万斛以继国用。重荣表称令孜未诛，不奉诏。诏遣王建率部兵戍三泉[1]，遥领壁州刺史。将帅遥领州镇自此始。

三月，以孔纬、杜让能同平章事。

陈敬瑄杀东川节度使高仁厚。

夏，四月，朱玫奉襄王煴权监军国事，还京师，以郑昌图同平章事朱玫以田令孜在天子左右，终不可去，言于萧遘曰："主上播迁六年，将士冒矢石，百姓供馈饷，战死饿死，什减七八，仅能复京城。主上更以勤王之功为敕使之荣，委以大权，使堕纲纪，骚扰藩镇，召乱生祸。玫昨奉尊命[2]，来迎大驾。不蒙信察[3]，反类胁君。吾辈报国之心极矣，战贼之力殚矣，安能垂头弭耳[4]，受制于阉寺之手哉？李氏子孙尚多，相公盍改图以利社稷乎？"遘曰："主上无大过恶，正以令孜专权肘腋，致坐不安席。近日初无行意，令孜陈兵帐前，迫胁以行。足下尽心王室，正有引兵还镇，拜表迎銮[5]。废立重事，遘不敢闻命！"玫出，宣言曰："我立李氏一王，敢异议者斩！"遂逼凤翔百官奉襄王煴权监军国事，承制封拜。率百官奉煴还京师，使遘为册文[6]。遘不从，乃使兵部侍郎郑昌图为之。以昌图同平章事。

田令孜自为西川监军令孜自知不为天下所容，乃荐杨复恭为中尉，自除西川监军，往依陈敬瑄。复恭斥令孜之党，出王建为利州刺史。

五月，朱玫以萧遘为太子太保遘遂辞归永乐[7]。

---

1　三泉：古县名，治所位于今陕西省汉中市宁强县西北。
2　尊命：对对方嘱托的敬称。
3　信察：信任明察。
4　弭耳：帖耳，驯服、安顺貌。
5　拜表迎銮：拜表，上奏章。迎銮，迎接皇帝。銮，銮驾，皇帝的车驾。
6　册文：文体名，册命、册书等诰命文字，凡祭告、上尊号及诸祀典，均得用之。
7　永乐：古县名，治所位于今山西省运城市芮城县西南。

胡氏曰：天子蒙尘，虽外诸侯，犹当奔问官守[1]，况辅弼[2]大臣乎？田令孜有宠，用事久矣，萧遘未尝为上极言令孜败国致寇之罪，亦安可望帝自瘳，而悻悻不从乎？虽不预废立，辞撰册文，而亦受其官保[3]之命矣。处君臣之际如此，乃欲以辞疾自全，难乎其免矣。

**朱玫自加侍中，以裴澈判度支，高骈兼中书令，吕用之为岭南东道[4]节度使**朱玫承制大行封拜以悦藩镇，受其命者什六七。高骈仍奉笺劝进。吕用之建牙开幕[5]，一与骈同。凡骈之腹心及将校能任事者，皆逼以从己，不复咨禀。骈颇疑之，欲夺其权，而无如之何。用之亦惧，访于其党郑杞，杞曰："宁我负人，无人负我。"

**六月，诏扈跸[6]都将杨守亮与王重荣、李克用共讨朱玫**初，李昌符与朱玫谋立襄王。既而玫自为宰相，昌符怒，更通表兴元。玫遣王行瑜将兵五万追乘舆，屯凤州。是时诸道贡赋多之长安，兴元从官、卫士皆乏食，上涕泣，不知为计。杜让能曰："杨复光与王重荣同破黄巢，相亲善，若遣重臣往谕以大义，且致复恭之意，宜有回虑。"上从之。重荣即听命，表献绢十万匹，且请讨朱玫以自赎。襄王熅遣使者至晋阳，赐李克用诏，言："上已晏驾，吾为藩镇所推，今已受册。"克用大怒。其大将盖寓因说曰："銮舆播迁，天下皆归咎于我。今不诛朱玫，黜李熅，无以自湔洗。"克用从之，燔诏书，囚使者，遣使上表，移檄进讨。诏复恭假子、扈跸都将杨守亮将兵二万出金州，与重荣、克用共讨朱玫。先是，山南之人皆言克用与朱玫合，人情恟惧。表至，上出示从官，并谕山南诸镇，由是帖然。然克用表犹以朱全忠为言。上使杨复恭以书谕之，云："俟三辅事宁，别有进止。"

---

1　官守：臣下。
2　辅弼：辅佐，辅助。
3　宫保：太子太保、少保的通称。
4　岭南东道：方镇名，辖今广东省(除连州、连南瑶族自治县、连山壮族瑶族自治县外)及海南省。
5　开幕：开建幕府等。
6　扈跸：随侍皇帝出行至某处。跸，指帝王的车驾或行幸之处。

秋，七月，秦宗权陷许州，杀鹿晏弘。

朱玫遣王行瑜寇兴州，诏神策都将李茂贞等拒之茂贞，博野人宋文通也，以功赐姓名。

以周岳为武安军¹节度使衡州²刺史周岳发兵攻潭州，闵勖招淮西将黄皓入城共守。皓遂杀勖。岳攻拔州城，擒皓杀之。诏更其军号，以岳为节度使。

八月，卢龙节度使李全忠卒，以其子匡威为留后。

王潮陷泉州潮拔泉州，杀廖彦若，闻观察使陈岩威名，不敢犯福州境，遣使降之。岩表潮为泉州刺史。潮沉勇有智略，招怀离散，均赋缮兵，吏民悦服。王绪自杀。

冬，十月，朱玫立襄王煴，称帝，改元。

十一月，董昌取越州董昌谓钱镠曰：“汝能取越州，吾以杭州授汝。”镠遂将兵攻克之。刘汉宏走台州，刺史杜雄执送昌，斩之。昌遂徙镇越州，以镠知杭州事。

十二月，王行瑜还长安，斩朱玫。煴奔河中，王重荣杀之，传首行在杨复恭传檄关中曰：“得朱玫首者，以静难³节度使赏之。”王行瑜战数败，与其下谋曰：“今无功归亦死，曷若与汝曹斩玫首，定京城，迎大驾，取邠宁节钺乎？”众从之，遂引兵归长安。玫怒责之曰：“汝欲反邪？”行瑜曰：“吾不反，欲诛反者耳！”遂擒斩之，并杀其党数百人。诸军大乱。裴澈、郑昌图奉襄王奔河中，重荣诈为迎奉，执煴杀之，百官死者殆半。函煴首送行在。刑部请御门献馘⁴，百官毕贺，太常博士殷盈孙曰：“煴为贼臣所逼，正以不能死节为罪耳。礼，公族罪在大辟，君为之素服不举⁵。今煴已就诛，宜废为庶人，

1　武安军：方镇名，领潭、衡、郴、连、道、永、邵等州，辖今湖南大部、广东北部、广西东北部分地。
2　衡州：古州名，以衡山得名，辖今湖南省衡山和常宁市、耒阳市间的湘江流域。
3　静难：方镇名，即静难军，由邠宁改称，领邠、宁、庆、衍四州，辖今甘肃省东部的环江、马连河流域以东及陕西省彬县、永寿、旬邑、长武等县地。
4　献馘：古时出战杀敌，割取左耳，以献上论功。馘，被杀者的左耳。
5　不举：古代逢大的天灾人事，皆除去盛馔，偃息声乐，称“不举”。

而葬其首。其献馘、称贺之礼，请俟朱玫首至而行之。"从之。

**孙儒陷河阳**初，忠武决胜指挥使孙儒与龙骧指挥使刘建锋戍蔡州，拒黄巢。马殷隶军中，以材勇闻。及秦宗权叛，儒等皆属焉。宗权遣儒将兵攻陷郑州，进陷河阳。儒自称节度使。张全义据怀州、李罕之据泽州以拒之。

**天平牙将朱瑾逐泰宁节度使齐克让而代之**瑾将袭兖州，乃求婚于克让，而盛饰车服，私藏兵甲以赴之。亲迎之夕，甲士窃发，逐克让而代之。

## 丁未三年（公元 887 年）

春，正月，以王行瑜为静难军节度使，李茂贞领武定[1]节度使，杨守亮为山南西道节度使。

以董昌为浙东观察使，钱镠为杭州刺史。

二月，流田令孜于端州令孜依陈敬瑄，竟不行。

代北[2]节度使李国昌卒。

三月，诛伪宰相萧遘、郑昌图、裴澈时朝士受熴官者甚众，法司皆处以极法。杜让能力争之，免者什七八。

胡氏曰：萧遘之罪，固可以死，然有拒朱玫之言，有罪状田令孜之奏，有不撰伪册、弃官归永乐之节，若裴、郑则身相襄王，其事有间[3]矣。杜让能为余人力争，而不为遘区别，惜哉！以愚考之，遘之死，由令孜、韦昭度也。遘在凤翔，罪状令孜，并及昭度，此让能所以不能救欤。

车驾至凤翔李昌符恐车驾还京，虽不治前过，恩赏必疏，乃以宫室未完，固请驻跸府舍，从之。

**镇海军乱，节度使周宝奔常州**宝募亲军千人，号后楼兵，倍其稟给。

---

1　武定：方镇名，即武定军，辖今陕西省佛坪、洋县、西乡、镇巴及四川省仪陇、营山、蓬安、西充、南充、岳池、通江等市县地。
2　代北：方镇名，由雁门改称，领左神策军、天宁镇遏观察使，辖今山西省繁峙、代县、原平、五台、定襄、忻州等县市地。
3　有间：有区别。

军中皆怨，而后楼兵浸骄，不可制。宝溺于声色，不亲政事。有言军中怨望者，宝曰："乱则杀之！"军将刘浩率其党作乱，后楼兵亦叛，宝奔常州。迎度支催勘使薛朗入为留后。

**利州刺史王建袭阆州**[1] **而据之**山南西道节度使杨守亮忌王建骁勇，屡召之，建惧，不往。周庠说建曰："唐祚[2]将终，藩镇互相吞噬，皆无雄材远略，不能戡济[3]多难。公勇而有谋，得士卒心，立大功者，非公而谁！然葭萌四战之地，难以久安。阆州地僻人富，刺史杨茂实不修职贡，若表其罪，兴兵讨之，可一战而擒也。"建从之，召募溪洞酋豪，有众八千，沿嘉陵江[4]而下，袭阆州，逐茂实，自称防御使，招纳亡命，军势益盛。部将张虔裕说建："遣使奉表天子，仗大义以行师。"部将綦毋谏复说建养士爱民，以观天下之变。建皆从之。

**夏，四月，淮南都将毕师铎等发兵讨吕用之，克扬州。用之亡走，师铎执高骈而幽之**高骈遣毕师铎将兵屯高邮，备秦宗权。师铎与吕用之有隙，疑惧不自安，谋于腹心，皆劝师铎起兵诛之。师铎曰："用之数年以来人怨鬼怒，安知天不假手于我诛之邪？"淮宁军使郑汉章亦素切齿于用之，师铎乃夜与百骑潜诣之。汉章大喜，发兵千余人，从师铎至高邮，与镇遏使张神剑割臂沥酒饮之，推师铎为行营使，移书境内，言诛用之及张守一、诸葛殷之意。神剑请留高邮，师铎、汉章前至广陵。城中惊扰，用之断桥塞门为守备而不以告骈。骈闻喧噪声，左右乃以变告。骈惊，急召用之诘之，用之徐对曰："师铎之众思归，为门卫所遏，适已随宜区处。傥或不已，正烦玄女[5]一力士耳。"骈曰："近者觉君之妄多矣，君善为之，勿使吾为周侍中[6]！"用之惭

---

1　阆州：古州名，辖今四川省阆中、南部、苍溪等市县地。
2　唐祚：大唐的国运。
3　戡济：戡定，平定。
4　嘉陵江：古水名，古称阆水、渝水、西汉水、巴水，长江上游支流，位于今四川省东部和重庆市北部。
5　玄女：传说中的天上神女，亦称九天玄女，道教所奉之神，曾授黄帝兵法，以制服蚩尤。
6　周侍中：即周宝。

慊[1]而退。师铎遣孙约诣宣州，乞师于观察使秦彦，且许以克城之日迎彦为帅。骈命用之遣一大将以手札[2]谕师铎等。用之以诸将皆仇敌，恐不利于己，遣所部许戡往。师铎始亦望骈遣旧将劳问，得以具陈用之奸恶，见戡至，大骂，斩之。射书入城，用之焚之，拥甲入见，骈大惊曰："汝欲反耶？"命驱出。自是高、吕判[3]矣。用之命诸将大索城中丁壮，驱缚登城，自旦至暮[4]，不得休息。又恐其与外寇通，数易其地，家人饷[5]之，莫知所在。由是城中人亦恨师铎入城之晚。骈遣师铎幼子谕师铎，师铎遽遣子还，曰："令公但斩吕、张[6]以示师铎，师铎不敢负恩，请以妻子为质。"会秦彦遣其将秦稠将兵三千助师铎，攻罗城，克之。用之亡走，骈保子城。师铎纵兵大掠。骈命撤备，与师铎相见，交拜[7]如宾主之仪，署节度副使，承制加左仆射，郑汉章等迁官有差。都虞候申及说骈曰："逆党不多，诸门尚未有守者，令公及此夜出，发诸镇兵，还取府城，此转祸为福之计也。若一二日事定，恐浸艰难，及亦不得在左右矣。"骈犹豫不从。明日，师铎果分兵守诸门，搜捕用之亲党，悉诛之。遣使趣秦彦过江。或说师铎曰："仆射向者举兵，盖以用之辈奸邪暴横，高令公不能区理[8]，故顺众心为一方去害。今用之既败，军府廓然[9]，仆射宜复奉高公而佐之，但总其兵权以号令，谁敢不服？用之乃淮南一叛将耳，移书所在，立可枭擒。如此，则外有推奉之名，内得兼并之实，虽朝廷闻之，亦无亏臣节。使高公聪明，必知内愧；如其不悛[10]，乃机上肉耳，奈何以此功业付之他人？不若亟止秦司空[11]，彼必未敢轻进。就使他日责我以负约，犹不失为高氏忠臣也。"师铎不

---

1　慊慊：羞惭。
2　手札：亲笔写的信。
3　判：分，分开。
4　自旦至暮：从早到晚。
5　饷：用酒食等款待。
6　吕、张：即吕用之、张守一。
7　交拜：互拜，中国古时相见的一种礼节。
8　区理：分别处理。
9　廓然：阻滞尽除貌。
10　不悛：不知悔改。
11　秦司空：即秦彦。

从，以告郑汉章，汉章曰："此智士也！"求之，不复见。既而宣军[1]焚进奉两楼数十间。师铎获诸葛殷，杖杀之。迎骈入道院，并收其亲党十余人，幽之。

秦宗权攻汴州，朱全忠拒击，大破之秦宗权悉力攻汴州，朱全忠患兵少，以朱珍为淄州刺史，募兵于东道。珍至淄青，旬日得万余人。又袭青州，获马千匹，还至大梁。朱全忠喜曰："吾事济矣。"时蔡兵数万环汴城，列二十六寨，全忠谓诸将曰："彼未知朱珍之至，宜出其不意击之。"乃自引兵攻之，连拔四寨，斩万余级，蔡人自惊以为神。宗权自引精兵会之。全忠求救于兖、郓，朱瑄、朱瑾皆引兵赴之，义成军亦至。全忠以四镇兵攻宗权，大破之，宗权宵遁。全忠深德朱瑄，兄事之。蔡人之守东都、河阳、许、汝、怀、郑、陕、虢者，闻宗权败，皆弃去。宗权之势，自是稍衰。

宣州观察使秦彦入扬州，庐州刺史杨行密引兵攻之初，吕用之诈为高骈牒，署庐州[2]刺史杨行密行军司马，追兵入援。庐江[2]人袁袭说行密曰："高公昏惑，用之奸邪，师铎悖逆，凶德参会[3]而求兵于我，此天以淮南授明公也，趋赴之。"行密从之，至天长，用之及张神剑皆以其众归之。会秦彦将兵三万入广陵，自称权知节度使。行密遂率诸军抵广陵，彦闭城自守，遣秦稠出战，败死，士卒死者什七八。行密即行愍也，高骈改其名。

六月，李昌符作乱，败走。以李茂贞为招讨使讨之天威都头杨守立与李昌符争道，麾下相殴，帝命中使谕之，不止。昌符遂拥兵烧行营，守立与战，昌符败，走保陇州。诏遣茂贞讨之。

河中军乱，杀节度使王重荣，诏以王重盈代之重荣用法严，末年尤甚。牙将常行儒作乱，攻重荣，杀之。制以其弟重盈为护国[4]节度使，执行儒杀之。

---

1　宣军：秦彦率领的宣州军队。
2　庐江：古县名，治所位于今安徽省合肥市庐江县西。
3　凶德参会：凶德，违背仁德的恶行。参会，汇集。
4　护国：方镇名，由河中改称，辖今山西省三川河以南、太岳山及析城山以西地区，河南省卢氏、栾川、灵宝等县，陕西省大荔、韩城、合阳、白水、澄城等县地。

以李罕之为河阳节度使，张全义为河南尹孙儒既去河阳，李罕之召张全义于泽州，与之收合余众。罕之据河阳，全义据东都，共求救于河东。李克用表罕之为河阳节度使，全义为河南尹。初，东都荐[1]经寇乱，居民不满百户。全义选麾下十八人材器可任者，人给一旗一榜，谓之屯将，使诣十八县故墟落中植旗张榜，招怀流散，劝之树艺[2]，蠲其租税，惟杀人者死，余但笞杖[3]而已，由是民归之者如市。又选壮者教之战阵以御寇盗。数年之后，都城坊曲渐复旧制，诸县户口率皆归复[4]，桑麻蔚然[5]，野无旷土。其胜兵者，大县至七千人，小县不减二千人，乃奏置令佐[6]以治之。全义明察，人不能欺，而为政宽简。出，见田畴美者，辄下马，与僚佐共观之，召田主，劳以酒食；有蚕麦善收[7]者，或亲至其家，悉呼出老幼，赐以茶彩[8]衣物。民间言："张公不喜声伎，见之未尝笑，独见佳麦良茧则笑耳。"有田荒秽者，则集众杖之。或诉以乏人、牛，乃召其邻里，责使助之。由是邻里有无相助，比户丰实，凶年不饥，遂成富庶焉。

秋，八月，李茂贞平陇州，李昌符伏诛。诏以茂贞为凤翔节度使。

朱全忠取曹州全忠欲兼兖、郓，而以朱瑄兄弟有功于己，攻之无名，乃诬瑄招诱宣武军士，遣其将朱珍、葛从周袭曹州，拔之。又攻濮州，与兖、郓兵战于刘桥[9]，杀数万人，瑄、瑾仅以身免。

秦彦遣兵击杨行密，大败而还秦彦悉出城中兵万二千人，遣毕师铎、郑汉章将之，陈于城西，延袤数里。行密安卧帐中，曰："贼近告我。"诸将以众寡不敌，欲还。李涛怒曰："吾以顺讨逆，何论众寡？且大军至此，去将

---

1　荐：接连，再。
2　树艺：种植，栽培。
3　笞杖：古代的笞刑与杖刑。
4　归复：回归，回还。
5　蔚然：形容茂盛，盛大。
6　令佐：县令和佐官。
7　善收：丰收。
8　茶彩：茶叶和丝绸。
9　刘桥：古地名，位于今山东省菏泽市鄄城县西南。

安归？涛愿为前锋，保为公破之。"行密乃积金帛麰[1]米于一寨，使羸弱守之，多伏精兵于其旁，自将千余人冲其阵。兵始交，行密佯不胜而走，广陵兵追之，入寨纵掠，伏兵四起，俘斩[2]殆尽。自是秦彦不复言出师矣。

　　**九月，以张浚同平章事。**

　　**秦彦杀高骈**高骈在道院，左右无食。秦彦与毕师铎出师屡败，疑骈为厌胜。外围益急，恐骈党为内应，乃杀骈，并其子弟甥侄，同坎[3]瘗之。杨行密闻之，率士卒缟素，向城大哭三日。骈之在成都杀突将也，有一妇人临刑，戟手[4]大骂曰："我必诉于上帝，使汝它日举家屠灭如我今日！"至是，卒如其言。

　　胡氏曰：高骈之事，岂非佛氏所谓轮回果报[5]者乎？曰：似之而非也。《易》曰："积善之家，必有余庆[6]。积不善之家，必有余殃。"曾子曰："出乎尔者，反乎尔者也。"若骈所得，犹未足以偿数千人之怨，才足以见天道好还[7]之不差忒[8]耳。若夫轮回之说，谓死于此，生于彼，今世为人，后世为异物，负怨于阳明[9]之界，而取偿于幽阴[10]之府，则无是理也。行密起兵赴难，于义已得，又能举军缟素，向城大临，虽非其诚，亦假仁[11]之举也。

　　**冬，十月，朱全忠拔濮州，进攻郓州。**

　　**杨行密克扬州**广陵城中无食，草根木实皆尽，以堇泥[12]为饼食之，饿死

---

1　麰：大麦。
2　俘斩：俘获斩杀。
3　同坎：同一墓穴。
4　戟手：伸出食指和中指指人，以其似戟，故云，常用以形容愤怒或勇武之状。
5　果报：因果报应。
6　余庆：留给子孙后辈的德泽。
7　天道好还：善有善报，恶有恶报。
8　差忒：差错，误差。
9　阳明：光明。
10　幽阴：阴暗。
11　假仁：伪装仁慈。
12　堇泥：黏土。

者太半。宣军掠人诣肆[1]卖之，驱缚屠割[2]，流血满市。部将张审威率麾下登城，启关纳外兵，守者皆不斗而溃。先是，彦、师铎信重妖尼奉仙，至是问计，奉仙曰："走为上策。"乃奔东塘。行密入城，改殡[3]骈及其族。城中遗民[4]才数百家，饥羸非复人状，行密辇[5]西寨[6]米以赈之，自称淮南留后。

**十一月，秦宗权遣孙儒攻扬州，屠高邮**秦宗权遣其弟宗衡将兵万人渡淮，与杨行密争扬州，以孙儒为副，张佶、刘建锋、马殷及宗权族弟彦晖皆从，抵广陵城西，据行密故寨。秦彦、毕师铎引兵与合。未几，宗权召宗衡等还蔡拒朱全忠。孙儒知宗权势不能久，称疾不行。宗衡屡促之，儒怒，杀之，传首于全忠。分兵掠邻州，众至数万，以城下乏食，还袭高邮。张神剑逃归扬州，儒屠高邮。行密杀神剑而坑其众，又恐孙儒乘胜取海陵，命镇遏使高霸率其兵、民悉归府城，凡数万户。

**闰月，以朱全忠兼淮南节度使**朝廷以淮南久乱，以全忠兼节度使。全忠遣张廷范致朝命于杨行密，以行密为副使，又以李璠为留后，遣牙将郭言将兵千人送之。感化节度使时溥自以先进[7]为都统，顾[8]不得淮南，而全忠得之，意甚恨望。全忠以书假道于溥，溥不许。璠至泗州，溥以兵袭之，郭言力战得免而还。徐、汴始构怨。全忠多权数，将佐莫测其所为，惟馆驿巡官敬翔能逆知[9]之，往往助其所不及，全忠大悦，自恨得翔晚，凡军机、民政悉以咨之。

**王建攻成都，不克，退屯汉州**王建既据阆州，东川节度使顾彦朗畏之，数遣使问馈[10]。陈敬瑄恐其合兵图己，谋于田令孜。令孜曰："建，吾子也，今折简召之，可致麾下。"遣使召之，建大喜，留其家于梓州，率麾下精兵二千，

---

1　诣肆：到店铺去。
2　驱缚屠割：驱赶、捆绑、屠杀、宰割。
3　改殡：改葬。
4　遗民：劫后留下的人民。
5　辇：载运，运送。
6　西寨：广陵城西的营寨。
7　先进：首先入仕。
8　顾：反而。
9　逆知：预知。
10　问馈：慰问并赠送礼物。

与从子宗锷、假子宗瑶、宗弼、宗侃、宗弁俱西至鹿头关。西川参谋李乂谓敬瑄曰："王建，虎也，奈何延之入室？彼安肯为公下乎？"敬瑄悔，遣人止之。建怒，破关而进，拔汉州。敬瑄遣使让之，对曰："十军阿父[1]召我来，及门而拒之，重为顾公所疑[2]，进退无归矣。"令孜登楼慰谕之，建与诸将罗拜曰："今既无归，且辞阿父作贼矣。"彦朗发兵助之，急攻成都，三日不克，退屯汉州。敬瑄告难于朝，诏遣中使和解之，不从。

**杨行密斩吕用之**吕用之之在天长也，绐杨行密曰："用之有银五万铤[3]，埋于所居，克城之日，愿备麾下一醉之资。"至是，行密阅士卒，顾用之曰："仆射许此曹银，何食言邪？"因牵下腰斩之，怨家剐割[4]立尽。发其中堂[5]，得桐人[6]，书骈姓名于胸，桎梏而钉之。张守一亦归行密，复为诸将合仙丹，又欲干军府之政，行密怒而杀之。

胡氏曰：吕用之之罪大矣，而杨行密久留不杀，何也？用之尝诈牒行密为司马，又以其众迎之于天长，此行密所以不杀欤。夫天下之恶一也，用之既误高骈，有如举城以授行密，行密亦当数其罪恶，肆诸市朝，以谢扬土[7]，乃怀其私惠而容贷之；及责饷不效[8]，然后施刑，向使得金，其势必将不死。是行密喜怒生杀皆以利行，夫岂仗大义、图霸业之道哉？桐人、桎梏，世所谓祝诅[9]也，或见高骈受诛，必以为验。彼吕用之、张守一、诸葛殷，又谁诅厌[10]者哉？苟明乎理，则不以此为惑矣。

**十二月，秦宗权陷荆南**张瓌留其将王建肇守城而去，遗民才数百家。

---

1　十军阿父：我的义父神策十军观军容使，即田令孜。阿父，父亲。
2　重为顾公所疑：又会让顾彦朗怀疑我。
3　铤：熔铸成条、块等固定形状的金银，其重数两至数十两不等。
4　剐割：剖杀，切割。
5　中堂：堂屋。
6　桐人：桐木做的人像。
7　扬土：即扬州。
8　不效：没有效果。
9　祝诅：诅咒。
10　诅厌：诅咒厌胜。

钱镠取润州。

**戊申文德元年**（公元 888 年）

春，正月，孙儒杀秦彦、毕师铎、郑汉章彦等之归孙儒也，其从犹二千余人，其后稍稍为儒所夺。裨将唐宏知其必及祸，恐并死，乃诬告彦等潜召汴军。儒杀彦等，以宏为马军使。

**以朱全忠为蔡州四面行营都统**蔡将石璠将万余人寇陈、亳，朱珍、葛从周将兵击擒之。诏以全忠为都统，代时溥，诸镇兵皆受节度。

二月，**以杨行密为淮南留后**张廷范至广陵，杨行密厚礼之。及闻李璠来，怒，有不受之色。廷范密使人白全忠，宜自以大军赴镇。全忠从之，至宋州，廷范逃归曰："行密未可图也。"全忠乃奏以为留后。

**帝至长安。**

**魏博军乱，逐其节度使乐彦祯，推牙将罗弘信知留后事**魏博节度使乐彦祯骄泰不法[1]，筑罗城方八十里，人苦其役。子从训凶险，聚亡命为亲兵。牙兵疑之，籍籍[2]不安。从训逃出，彦祯以为相州刺史。从训遣人至魏[3]，运甲兵金帛，交错于路，牙兵益疑。彦祯惧，请避位为僧。众推牙将罗弘信知留后事。弘信引兵出，与从训战，败之。

**张全义袭河阳，李罕之奔泽州**初，罕之与全义刻臂[4]为盟，相得欢甚。罕之勇而无谋，性复贪暴，意轻全义，闻其勤俭力穑[5]，笑曰："此田舍[6]一夫耳。"屡求谷帛，全义皆与之。小不如所欲，辄械主吏杖之，河南将佐皆愤怒。全义竭力奉之，罕之益骄。罕之所部不耕稼，专以剽掠为资，至是悉众攻绛州，降之，进攻晋州。王重盈密结全义以图之。全义潜发屯兵夜袭河阳，黎明

---

1　骄泰不法：骄泰，骄恣放纵。不法，不守法度。
2　籍籍：众口喧腾貌。
3　魏：即魏州。
4　刻臂：古人盟誓的一种形式，割臂出血以昭信义。
5　力穑：努力耕作。
6　田舍：田家。

入之。罕之逾垣步走[1]，全义尽俘其家，遂兼领河阳节度使。罕之奔泽州，求救于李克用。

三月朔，日食，既。

立寿王杰为皇太弟。帝崩，太弟即位上疾大渐，皇弟吉王保长而贤，群臣属望，十军观军容使杨复恭请立其弟寿王杰。是日，下诏立杰为皇太弟，监军国事。中尉刘季述遣兵迎杰入居少阳院[2]，宰相以下就见之。上崩，遗制太弟即位，更名敏，以韦昭度摄冢宰。昭宗体貌明粹[3]，有英气，喜文学，以僖宗威令不振，朝廷日卑，有恢复前烈之志，尊礼大臣，梦想贤豪[4]，践祚之始，中外忻忻[5]焉。

范氏曰：宦者利于幼弱，欲专威权，以长而立，则己无功，故必有所废置[6]，谓之定策。夫立君以为天下，而宦者以私一己。既以援立为功，未有不乱国家者也。

夏，四月，孙儒袭扬州，陷之孙儒陷扬州，自称节度使。杨行密将奔海陵，袁袭劝行密归庐州，再为进取之计，从之。

李克用遣兵攻河阳，朱全忠救，却之李克用以其将康君立督骑七千助李罕之攻河阳，张全义婴城自守，求救于朱全忠。全忠遣丁会等将兵数万救河阳。李存孝战败，君立惧，引兵还。全忠表会为留后，张全义复为河南尹。全义德全忠出己[7]，尽心附之，给其粮仗。李罕之为泽州刺史，领河阳节度，专以寇钞为事，自怀、孟、晋、绛数百里间，州无刺史，县无令、长，田无麦禾，邑无烟火者，殆将十年。

---

1　步走：步行逃跑。
2　少阳院：唐代大明宫内建筑。唐代前期，太子居住太极宫东宫。玄宗以后，太子多随皇帝居住在大明宫寝殿旁。因太子亦称少阳，其居处故称少阳院。
3　明粹：明晰精粹。
4　梦想贤豪：梦想，渴望。贤豪，贤明豪迈。
5　忻忻：欣喜得意貌。
6　废置：官吏的任免或帝王的废立。
7　出己：救出自己。

罗弘信杀乐彦祯及其子从训，诏以弘信知魏博留后。

以郭禹为荆南留后郭禹击荆南，逐其帅王建肇，诏以禹为留后。荆南兵荒之余，止有一十七家。禹厉精为治，抚集雕残，通商务农，晚年殆及万户。时藩镇各务兵力相残，莫以养民为事，独华州刺史韩建招抚流散，劝课农桑，数年之间，民富军赡，时人谓之北韩南郭。久之，朝廷遂以禹为节度使。禹奏复姓名为"成汭"。

五月，朱全忠击蔡州，克其外城全忠既得洛、孟，无西顾之忧，乃大发兵击秦宗权，大破之，克北关门。宗权守中州[1]，全忠分诸将为二十八寨以环之。

六月，以韦昭度为西川节度使，兼两川招抚使[2]陈敬瑄与王建相攻，贡赋中绝[3]。建以成都尚强，欲罢兵，周庠、綦毋谏以为不可，请据邛州为根本。建曰："吾在军中久，观用兵者不倚天子之重，则众心易离。不若疏敬瑄之罪，表请朝廷，命大臣为帅而佐之，则功庶可成。"乃使周庠草表，请讨敬瑄以赎罪，因求邛州。顾彦朗亦表请赦建罪，移敬瑄他镇以靖两川。初，黄巢之乱，上为寿王，从幸蜀，徒行[4]疲乏，卧磻石[5]上，田令孜自后至，以鞭抶之使前，上心衔之。及即位，使监西川军，令孜不奉诏。上方愤藩镇跋扈，欲以威制之，会得彦朗、建表，以令孜所恃者敬瑄耳，乃以昭度兼两川招抚、制置等使，征敬瑄为龙武统军。

秋，八月，杨行密围宣州杨行密畏孙儒之逼，欲轻兵袭洪州，袁袭曰："钟传定江西已久，兵强食足，未易图也。赵锽新得宣州，怙乱[6]残暴，众心不附。公宜卑辞厚币说和州孙端、上元[7]张雄，使自采石济江侵其境，彼必来逆

---

1　中州：州城中间。
2　招抚使：古官名，唐朝置于边疆地区，掌安抚边民。
3　中绝：中断。
4　徒行：步行。
5　磻石：磐石，大石。
6　怙乱：乘乱取利。
7　上元：古县名，治所即今江苏省南京市。

战，公自铜官[1]济江会之，破锽必矣。"行密从之。锽将苏塘等出战，大败。行密遂围宣州。

朱全忠遣兵击徐州，大破其兵，遂取宿州。

冬，十月，葬靖陵[2]。

十二月，蔡将申丛执秦宗权以降。

以王建为永平军[3]节度使，削陈敬瑄官爵陈敬瑄、田令孜闻书昭度将至，治兵完城以备之。诏割邛、蜀、黎、雅置永平军，以王建为节度使，削敬瑄官爵。

## 己酉**昭宗皇帝龙纪元年**（公元 889 年）

春，正月，以刘崇望同平章事。

王建攻彭州，陈敬瑄遣兵救之，大败初，感义[4]节度使杨晟为王行瑜所逐，弃兴、凤，走据文、龙[5]、成、茂四州，田令孜使守彭州。王建攻之，陈敬瑄使眉州刺史山行章将兵五万壁新繁[6]以救之，建大破之。晟惧，徙屯三交[7]。

二月，秦宗权伏诛。

三月，进朱全忠爵东平郡王

夏，六月，李克用拔磁、洺，杀孟方立李克用大发兵，遣李罕之、李存孝攻孟方立，拔磁、洺。方立遣大将马溉将兵数万拒之，大败。克用乘胜进攻邢州。方立性猜忌，诸将不为用，惧，饮药死。弟迁素得士心，众奉为留后，求援于宣武。朱全忠遣大将王虔裕将精甲数百赴之。

---

1　铜官：古地名，即铜官渚，位于今安徽省铜陵市西长江滨。
2　靖陵：唐僖宗李儇的陵墓，位于今陕西省咸阳市乾县东北。
3　永平军：方镇名，辖今四川省崇州、新津西南，大渡河中游以东、以北地区。
4　感义：方镇名，又称感义军，领兴、凤二州，辖今甘肃省徽县、两当，陕西省凤县、留坝、略阳、宁强与四川省广元地区。
5　龙：龙州，古州名，辖今四川省平武县及青川县、江油市部分地。
6　新繁：古县名，治所位于今四川省成都市新都县西北新繁镇。
7　三交：古地名，位于今四川省成都市辖彭州市西。

**以杨行密为宣歙观察使**杨行密围宣州，城中食尽，人相啖。指挥使周进思据城逐赵锽，锽将奔广陵，田頵追擒之。未几，城中执进思以降。行密入宣州，诸将争取金帛，徐温独据米囷[1]为粥以食饿者。锽将周本勇冠军中，行密以为神将。锽既败，左右皆散，惟李德诚不去，行密以宗女妻之。诏以行密为观察使。朱全忠与锽有旧，遣使求之。袁袭劝行密斩首还之。未几，袭卒，行密哭之曰："天不欲成吾大功耶？何为折吾股肱也？"

**秋，七月，朱全忠攻徐州，不克，引兵还**全忠遣朱珍攻徐州，拔萧县，据之。时溥与相拒，全忠欲自往临之。珍命诸军皆茸马厩，李唐宾部将严郊独惰慢[2]，军吏责之。唐宾怒，见珍诉之。珍怒，斩之，白全忠，云唐宾谋叛。敬翔恐全忠乘怒仓猝处置违宜[3]，故留使者，逮[4]夜，然后白之，全忠果大惊。翔因为画策[5]，收唐宾妻子系狱，遣骑往慰抚，军中始安。七月，全忠至，珍出迎，执而诛之。进攻时溥，会大雨，引兵还。

**冬，十月，平卢节度使王敬武卒**军中推其子师范为留后。

**十一月，帝更名"晔"。**

**帝祀圜丘**上将祀圜丘。故事，中尉、枢密皆袯衫[6]侍从。僖宗之世，已具襕笏[7]。至是，又令有司制法服，孔纬及谏官、礼官皆以为不可，上出手札谕之曰："卿等所论至当。事有从权，勿以小瑕遂妨大礼。"于是宦官始服剑佩[8]侍祠。上在藩邸，素疾宦官。及即位，杨复恭恃援立功，所为多不法。上意不平，政事多谋于宰相。孔纬、张濬劝上举大中故事，抑宦者权。复恭常乘肩舆至太极殿。他日，上与宰相言及四方反者，孔纬曰："陛下左右有将反者，况四方乎？"上矍然问之，纬指复恭曰："复恭陛下家奴，乃肩舆造前殿，多养壮士

---

1　米囷：米仓。囷，古代一种圆形的谷仓。
2　惰慢：懈怠涣散。
3　违宜：不恰当。
4　逮：及，到。
5　画策：出主意，筹划计谋。
6　袯衫：大襟分开的衣衫。
7　襕笏：穿襕袍，执手板，古代官吏朝会时的服饰。襕，古代上下衣相连的服装。
8　剑佩：宝剑和垂佩。

为假子，使典禁兵，或为方镇，非反而何？"复恭曰："子壮士，欲以收士心，卫国家，岂反邪？"上曰："然则何不使姓李而姓杨乎？"复恭无以对。复恭假子天威军使守立勇冠六军。上欲讨复恭，恐守立为乱，谓复恭曰："朕欲得守立在左右。"复恭见之。上赐姓名李顺节，使掌六军管钥，不期年，擢至天武都头，俄加平章事。及谢日，台吏申请班见[1]百僚，孔纬判不集[2]。顺节不悦。他日，语微及之，纬曰："宰相师长[3]百僚，故有班见。相公职为都头，而于政事堂班见百僚，于意安乎？"顺节不敢复言。朱全忠求领盐铁，纬谓进奏吏曰："朱公须此职，非兴兵不可！"全忠乃止。

胡氏曰：僭乱之事，未有不自微而著，故孔子曰："惟名与器不可以假人[4]。"皋陶曰："五服五章[5]哉！"故乱之所生，则衣服以为阶也。

十二月，田令孜杀刘巨容巨容能烧药为黄金，田令孜求其方，不与，恨之。至是，杀巨容，灭其族。


## 庚戌**大顺元年**（公元890年）

春，正月，群臣上尊号。

李克用拔邢州。

王建攻邛州王建攻邛州，陈敬瑄遣其大将杨儒将兵三千助刺史毛湘守之。儒登城，见建兵盛，叹曰："唐祚尽矣。王公治众严而不残[6]，殆可以庇民[7]乎？"遂率所部出降。建养以为子，更名"宗儒"。留判官张琳为邛南招安使，引兵还成都。韦昭度营于唐桥[8]，建营于东阊门外，事昭度甚谨。简、资、嘉、戎四

---

1　班见：列班进见。
2　判不集：裁决不准召集朝中百官进见。
3　师长：统率。
4　假人：授予人。
5　五服五章：五服，古代天子、诸侯、卿、大夫、士五等服式。五章，服装上的五种不同文采，用以区别尊卑。
6　不残：不残暴。
7　庇民：庇护老百姓。
8　唐桥：古地名，位于今四川省成都市区东南。

州皆降。

二月，杨行密取润州。

李克用攻云州克用将兵攻云州，克其东城，防御使赫连铎求救于卢龙。李匡威将兵三万赴之，克用引还。

以杨行密为宁国军[1]节度使。

夏，四月，诏削夺李克用官爵、属籍，以张濬为招讨制置使，会诸道兵讨之赫连铎、李匡威请讨李克用，朱全忠亦上言："克用终为国患，臣请与河北三镇共除之。乞朝廷命大臣为统帅。"初，张濬因杨复恭以进，复恭中废，更附田令孜而薄复恭，复恭再用事，深恨之。上知濬与复恭有隙，特亲倚[2]之。濬亦以功名为己任，每自比谢安、裴度。克用薄其为人，闻其作相，私谓诏使曰："张公好虚谈而无实用，倾覆之士也。主上采其名而用之，他日交乱[3]天下必是人也。"濬闻而衔之。上从容与濬论当今所急，对曰："莫若强兵以服天下。"上于是募兵京师，至十万人。及全忠请讨克用，上命三省、御史台四品以上议之，以为不可者十六七。杜让能、刘崇望亦以为不可。濬欲倚外势以挤复恭，乃曰："先帝再幸山南，沙陀所为也。臣常虑其与河朔相表里，致朝廷不能制。今两河藩镇共请讨之，此千载一时也。但乞陛下付臣兵柄，旬月可平。"孔纬曰："濬言是也。"复恭曰："先朝播迁，虽藩镇跋扈，亦由居中之臣措置未得其宜。今宗庙甫安，不宜更造兵端。"上曰："克用有兴复大功，今乘其危而攻之，天下其谓我何？"纬曰："陛下所言，一时之体也；张濬所言，万世之利也。"上以二相言叶[4]，黾俛[5]从之，曰："兹事付卿二人，无贻朕羞！"乃以濬为河东行营都招讨制置使，孙揆副之。濬奏给事中牛徽为行

---

1　宁国军：方镇名，领宣、歙、饶三州，辖今安徽省长江以南，江西省怀玉山以北，鄱阳湖以东至安徽与江苏、浙江交界，并江苏省溧水、溧阳地。
2　亲倚：亲信并倚重。
3　交乱：共乱。
4　叶：通"协"，和洽。
5　黾俛：勉强。

营判官。徽曰："国家以丧乱之余，欲为英武[1]之举，横挑强寇，吾见其颠沛[2]也。"遂以衰疾[3]固辞。濬发京师，言于上曰："俟臣先除外忧，然后为陛下除内患。"杨复恭窃听[4]闻之。饯濬于长乐坂[5]，属濬酒，濬辞，复恭戏之曰："相公杖钺专征[6]，作态[7]邪？"濬曰："俟平贼还，方作态耳。"复恭益忌之。濬会诸道兵于晋州。

**昭义军乱，杀留后李克恭。朱全忠取潞州，李克用遣兵围之。诏以孙揆领昭义节度使**初，李克用巡潞州，以供具[8]不厚，怒节度使李克修，诟而笞之。克修惭愤成疾，薨。克用表其弟克恭为留后。克恭骄恣，不晓军事。潞人素乐克修简俭[9]，以其死非罪，怜之。昭义有精兵号后院将，克用将图河朔，令克恭选五百人送晋阳。克恭遣小校冯霸部送至铜鞮[10]。霸劫其众以叛。牙将安居受率其党作乱，克恭自焚死。霸引兵入潞，自为留后。朱全忠遣河阳留后朱崇节将兵入潞州，克用遣康君立、李存孝将兵围之。诏以孙揆领昭义节度使。

**六月，以朱全忠为宣义节度使**更名义成军曰"宣义"。

**秋，八月，李克用执招讨副使孙揆以归，杀之**七月，官军至阴地关[11]。朱全忠遣骁将葛从周将千骑潜自壶关夜抵潞州，犯围入城。又遣别将攻李罕之于泽州，奏请遣孙揆赴镇。张濬亦恐昭义遂为汴[12]人所据，使揆将兵二千趋潞州。八月，发晋州。李存孝闻之，以三百骑伏于长子西谷中，擒揆及中使韩归范，献于克用。克用欲以揆为河东副使，揆曰："吾天子大臣，兵败而死，分

---

1　英武：英明威武。
2　颠沛：困苦，受挫折。亦指灭亡。
3　衰疾：衰老并身体有病。
4　窃听：偷听。
5　长乐坂：古地名，又称长乐坡，位于今陕西省西安市东北浐河西岸。
6　杖钺专征：持有皇帝赐予的节钺，受命自主征伐。专征，受命自主征伐。
7　作态：故意做出某种姿态或表情。
8　供具：陈设酒食的器具，亦指酒食之类。
9　简俭：为政不繁苛。
10　铜鞮：古县名，治所位于今山西省长治市沁县西南。
11　阴地关：古关隘名，位于今山西省晋中市灵石县西南。
12　汴：即宣武，方镇名。

也。岂能复事镇使¹邪？"克用怒，命锯之，不能入。搋骂曰："死狗奴，锯人当用板夹，汝岂知邪？"乃以板夹而锯之，至死，骂不绝声。

**九月，朱全忠遣兵围泽州。李克用养子存孝与战，破之，复取潞州**汴军之初围泽州也，呼李罕之曰："相公每恃河东，今张相公²围太原，葛仆射³入潞州。旬日之间，沙陀⁴无穴自藏，相公何路求生邪？"及李存孝至，选精骑五百绕汴寨呼曰："我沙陀之求穴⁵者也，欲得尔肉以饱士卒，可令肥者出斗。"邓季筠亦骁将也，引兵出战，存孝生擒之，余众遁去。存孝大破之，复攻潞州，葛从周亦走归。全忠时军河阳，亦引还。克用以康君立为昭义留后，存孝为汾州刺史。存孝以不得昭义，愤恚，始有叛志。

**李匡威攻蔚州，李克用养子嗣源击走之**嗣源性谨重廉俭⁶。诸将相会，各自诧⁷勇略，嗣源独默然。徐曰："诸君喜以口击贼，嗣源但以手击贼耳。"众惭而止。

**王建克邛州**邛州刺史毛湘本田令孜亲吏，王建攻之急，食尽，救兵不至。湘谓都知兵马使任可知曰："吾不忍负田军容⁸，吏民何罪？尔可持吾头归王建。"乃沐浴以俟刃，可知斩湘以降。建入邛州，以张琳知留后，缮完城隍，抚安夷獠，经营⁹蜀、雅，引兵还成都。

**冬，十月，王建取蜀州。**

**李克用遣兵拒官军于赵城。官军溃，张濬、韩建遁还**官军出阴地关，克用遣李存孝将兵五千营于赵城。镇国¹⁰节度使韩建以壮士三百夜袭其营，存

---

1　镇使：藩镇的节度使。
2　张相公：即宰相张濬。
3　葛仆射：即朱全忠的大将葛从周。
4　沙陀：代指李克用的部队。李克用为沙陀人。
5　求穴：寻找藏身之地。穴，洞穴，暗指藏身之地。
6　谨重廉俭：谨重，谨慎稳重。廉俭，清廉节俭。
7　自诧：自夸。诧，夸耀。
8　田军容：即田令孜，曾任十军观军容使。
9　经营：筹划营造。
10　镇国：方镇名，也称镇国军，领华、同二州，辖今陕西省黄河以西，澄城、华县以东，陇海路以北，梁山以南地区。

孝设伏以待之。建兵不利，静难、凤翔之兵不战而走，禁军自溃。河东兵乘胜逐北，抵晋州西门。张濬出战，又败。静难、凤翔、保大、定难之军先渡河西归。濬独有禁军及宣武军合万人，与韩建闭城拒守。存孝攻晋州三日，语其众曰："张濬宰相，俘之无益；天子禁兵，不宜加害。"乃退五十里而军，濬、建乃得遁去。存孝取晋、绛二州，大掠慈、隰之境。先是，克用遣韩归范归，附表讼冤曰："臣父子二代，受恩四朝，破庞勋，翦黄巢，黜襄王，存易定，致陛下今日冠通天之冠[1]，佩白玉之玺[2]，未必非臣之力也。若以攻云州为臣罪，则拓跋思恭之取鄜延，朱全忠之侵徐、郓，何独不讨？赏彼诛此，臣岂无辞？今张濬既已出师，则臣固难束手，已集藩、汉兵五十万，欲直抵蒲、潼[3]，与濬格斗[4]。若其不胜，甘从削夺。不然，轻骑叫阍[5]，顿首丹陛[6]，诉奸回于宸座[7]，纳制敕于庙庭[8]，然后自拘司败[9]，恭俟铁质。"表至，濬已败，朝廷震恐。濬、建至河阳，撤屋为筏以济，师徒失亡[10]殆尽。是役也，朝廷倚朱全忠及河朔三镇，及濬至晋州，全忠方连兵徐、郓，镇、魏倚河东为捍蔽，皆不出兵。兵未交而孙揆被擒，杨复恭复从中沮之，故濬军望风自溃。

复置昇州。

## 辛亥二年（公元891年）

春，正月，朱全忠攻魏博，罗弘信拒之，不克，请和，全忠乃还

初，全忠假道于魏以伐河东，罗弘信不许，乃自黎阳济河击魏。丁会、葛从

---

1　通天之冠：皇帝戴的一种帽子。
2　白玉之玺：白玉制的玺印，为帝王传国之宝。
3　蒲、潼：即蒲州、潼关。
4　格斗：搏斗。
5　叫阍：吏民因冤屈等原因向朝廷申诉。
6　丹陛：宫殿的台阶，也借称朝廷或皇帝。
7　宸座：帝王的座位。
8　庙庭：宗庙和朝堂。
9　司败：古官名，即司寇，掌司法、刑狱、治安。
10　失亡：丧失。

周取黎阳、临河[1]，庞师古、霍存下淇门、卫县[2]，全忠自以大军继之。弘信军于内黄[3]，全忠击之，五战皆捷。弘信惧，遣使厚币请和，全忠乃还。魏博自是服于汴。

孔纬、张濬罢，以崔昭纬、徐彦若同平章事。

贬孔纬、张濬远州刺史，复李克用官爵李克用上表曰："张濬以陛下万代之业，邀自己一时之功，知臣与朱温深仇，私相连结。臣今身无官爵，名是罪人，不敢归陛下藩方，且欲于河中寄寓。进退行止，伏俟指麾。"于是再贬纬、濬，复克用官爵，使归晋阳。杨复恭遣人劫孔纬于长乐坡，资装俱尽。

孙儒攻宣州孙儒尽举淮、蔡[4]之兵济江，转战而南，杨行密城戍皆望风奔溃。儒将李从立奄至宣州东溪[5]，行密守备尚未固，众心危惧，夜使其将台濛将五百人屯溪西。濛使士卒传呼[6]，往返数四。从立以为大众继至，遽引去。儒前军至溧水[7]，行密使其将李神福率精兵袭之，俘斩千人。朱全忠遣使与行密约共攻儒。儒恃其强，移牒藩镇，数行密、全忠之罪，且曰："俟平宣、汴[8]，当引兵入朝，除君侧之恶。"于是悉焚扬州庐舍，尽驱丁壮及妇女渡江，杀老弱以充食。

二月，加李克用中书令，贬张濬绣州司户张濬奔华州，依韩建，与孔纬密求援于朱全忠。全忠表讼其冤，朝廷不得已，并听自便。

范氏曰：李克用有复唐社稷之功，朱全忠欲杀之，而朝廷不诘。全忠与诸镇一请讨克用，则遽从之。有功者见讨，有罪者不诛，昭宗所以失政而海内愈乱者，由张濬为此役也。唐之将亡，譬如人有必死之疾，使和扁[9]救之，未必

---

1　临河：古县名，治所位于今河南省鹤壁市浚县东北。
2　淇门、卫县：淇门，古地名，位于今河南省鹤壁市浚县西南，当卫河与淇河交汇处。卫县，古县名，治所位于今河南省鹤壁市浚县西南。
3　内黄：古县名，治所位于今河南省安阳市内黄县西。
4　淮、蔡：即淮南、蔡州。
5　东溪：古水名，即句溪，位于今安徽省宣州市东永阳江上游。
6　传呼：传声呼喊。
7　溧水：古水名，又名菱水、陵水、濑水，位于今江苏省常州市辖溧阳市境内。
8　宣、汴：即宣歙、汴宋，均为方镇名。
9　和扁：古代良医和与扁鹊的合称。

能起也，而庸医妄药以攻之，所攻非疾，所疾不攻，岂不速其死乎？

三月，复陈敬瑄官爵，诏顾彦朗、王建罢兵韦昭度将诸道兵十余万讨陈敬瑄，三年不能克，馈运不继。朝议欲息兵，故有是命。

以王师范为平卢节度使师范初为留后，棣州刺史张蟾不从，起兵讨之。至是，师范遣其将卢弘击棣州。弘引兵还攻师范，师范使人迎之，仍请避位。弘以师范年少，信之，不设备。师范密谓小校刘鄩曰："汝能杀弘，吾以汝为大将。"弘入城，师范伏甲而飨之，鄩杀弘于座。师范慰谕士卒，自将以攻棣州，杀蟾，以鄩为马步副都指挥使[1]。诏以师范为节度使。师范和谨好学，每本县令到官，师范辄备仪卫往谒之，命客将[2]挟令坐厅事，自称"百姓"，拜之于庭。僚佐或谏，师范曰："吾敬桑梓，所以教子孙不忘本也。"

夏，四月，彗星见，赦天下彗星出三台，入太微，长十余丈。

胡氏曰：天人之际，精祲相荡[3]，善恶相推。天变见乎上，则人事动乎下；人事失于下，则天变作乎上。所以然者，天人一理，上下同流[4]故也。是以为君者，必修大人[5]之德以居天位，先天[6]而天不违，则感之者顺也；后天而奉天时，则应之者正也。是以三光[7]全，寒暑平，虽有舛戾[8]，亦不为咎。今星孛[9]三台，入太微。三台，宰辅也；太微，帝庭也。其象著矣，其戒切矣。使君、相仰而察，俯而思，各正厥事，欲销去之，祸之来也，庶可御乎！乃徒以赦令禳之，恶人幸焉，良民病焉，于是上帝震怒，不复可解。而奸雄好乱之人，各励其芒气[10]以扫王室，如彗[11]之为矣。

---

1 都指挥使：古官名，统兵将领，其所统为诸将，非仅统一都之兵。
2 客将：泛指书吏衙役。
3 精祲相荡：精祲，阴阳灾害之气。相荡，相推移，来回运动。
4 同流：相类似。
5 大人：德行高尚、志趣高远的人。
6 先天：先于天时而行事，有先见之明。
7 三光：日、月、星。
8 舛戾：错误，悖谬。
9 孛：背离。
10 芒气：光芒之气。
11 彗：彗星。

　　王建逐韦昭度，还攻成都成都城中乏食，弃儿满路，饿殍狼藉，吏民
多谋出降。敬瑄悉捕其族党诛之。王建见罢兵制书，曰："大功垂成，奈何弃
之？"周庠劝建请韦公还朝，独攻成都，克而有之。于是建表："敬瑄、令孜
罪不可赦，愿毕命[1]以图成功。"复说昭度曰："今关东藩镇迭相吞噬，此腹心
之疾也。相公宜早归庙堂，与天子谋之。敬瑄疥癣[2]，责建可办也。"昭度犹豫
未决。建擒其亲吏骆保于行府[3]门，脔食之。昭度大惧，遽称疾，以印节授建，
即日东还。建送之出剑门，即以兵守之，不复内东军。急攻成都，环城烽堑[4]，
亘五十里。

　　五月，孙儒遣兵据滁、和[5]，杨行密攻克之。

　　秋，七月，李克用攻云州，克之。

　　王建克成都，自称西川留后陈敬瑄巡内州县，率为建所取。田令孜登
城谓建曰："老夫向于公甚厚，何见困如是？"建曰："父子之恩岂敢忘？但
朝廷命建讨不受代者，傥太师改图[6]，建复何求？"是夕，令孜自携印、节诣建
营授之。建泣谢，请复为父子如初。敬瑄开城迎建，建下令禁焚掠，自称西川
留后。初，敬瑄之拒命也，令孜欲盗其军政，谓曰："军务烦劳，不若尽以相
付，兄但高居[7]自逸而已。"敬瑄素无智能，忻然许之，自是军事皆不由己，以
至于亡。敬瑄寓居新津，建以一县租赋赡之。将佐有器干者，建皆礼而用之。

　　九月，以杨复恭为上将军，致仕杨复恭总宿卫兵，专制朝政，诸假子
皆为节度使。又养宦官子六百人，皆为监军。上舅王瓌求节度使，复恭不可，
瓌怒诟之，复恭奏以为黔南[8]节度使。至桔柏津[9]，覆[10]诸江中，上深恨之。李顺

---

1　毕命：尽忠效命。
2　疥癣：疥癣，指小疾患。
3　行府：在京师外设置的调度军务的机构。
4　烽堑：烽火和壕沟。
5　滁、和：即滁州、和州。
6　改图：改变计划。
7　高居：对他人居处的敬称。
8　黔南：方镇名，辖今贵州省贵阳以南地区。
9　桔柏津：古渡口名，位于今四川省广元市西南昭化镇北白龙江注入嘉陵江处。
10　覆：将船翻转，倾覆。

节尽以复恭阴事告上，上乃出复恭为凤翔监军。复恭愠怼，不肯行，称疾，求致仕，从之。使者致诏命还，复恭潜刺杀之。

　　冬，十月，以王建为西川节度使建留心政事，容纳直言，好施乐士，用人各尽其材，谦恭俭素，然多忌[1]好杀，诸将有功名者，多因事诛之。

　　杨复恭谋反，遣天威[2]都头李顺节讨之。复恭走兴元，与杨守亮等举兵拒命复恭居第近玉山营，假子守信为玉山军使，数往省之。或告复恭与守信谋反。上御安喜门，命李顺节将兵攻其第，不克。禁军欲掠两市，遇刘崇望，立马谕之曰："天子亲在街东督战，汝曹皆宿卫之士，当于楼前杀贼立功，勿贪小利，自取恶名。"众皆曰："诺。"遂从而东。守信兵望见溃走，守信与复恭挈其族趋兴元，与杨守亮等同举兵拒朝廷，以讨李顺节为名。

　　李克用攻王镕，大破之，拔临城[3]。

　　朱全忠取曹州全忠取曹州，徐之骁将刘知俊降之。时溥军自是不振。

　　十二月，杀天威都头李顺节顺节恃恩骄横，出入常以兵自随。中尉刘景宣、西门君遂恶之，白上。恐其作乱，诱杀之。百官表贺。

　　孙儒攻宣州孙儒引兵逼宣州，屡破杨行密之兵，旌旗、辎重亘百余里。行密求救于钱镠，镠以兵食助之。

　　杨守亮执中使，寇梓州，王建遣兵救之东川节度使顾彦朗薨，以其弟彦晖代之，遣中使宋道弼赐旌节。杨守亮因而夺之，使守厚将兵攻梓州，彦晖求救于王建。建遣其将华洪等救之，而密谓诸将曰："汝等破贼，彦晖必犒师，因报宴[4]而执之，无烦再举[5]也。"洪等破守厚，走之。彦晖犒师，及将报宴，王宗弼告之，彦晖以疾辞。守亮又欲自金、商[6]袭京师，均州刺史冯行袭逆击，

---

1　多忌：多猜疑，多猜忌。
2　天威：唐禁军名。
3　临城：古县名，治所即今河北省邢台市临城县。
4　报宴：摆设酒宴报答。
5　再举：再次采取行动。
6　金、商：即金州、商州。

大破之。诏以行袭为昭信[1]防御使，治金州。

福建观察使陈岩卒岩疾病，遣使召泉州刺史王潮，欲授以军政，未至而卒。都将范晖讽将士推己为留后，发兵拒潮。

## 壬子**景福元年**（公元892年）

春，二月，以李茂贞为山南西道招讨使先是，凤翔李茂贞、静难王行瑜、镇国韩建、同州王行约、秦州李茂庄五节度使上言："杨守亮容匿[2]叛臣杨复恭，请出兵讨之。乞加茂贞山南西道招讨使。"朝议以茂贞得山南不可复制，下诏和解之，皆不听。茂贞、行瑜擅举兵击兴元，表请不已，遗杜让能、西门君遂书，陵蔑朝廷。上意不能容，召宰相、谏官议之。时宦者有阴与二镇相表里者，宰相不敢言。给事中牛徽曰："先朝[3]多难，茂贞诚有翼卫[4]之功。诸杨[5]阻兵，亟出攻讨[6]，其志亦在疾恶[7]，但不当不俟诏命耳。比闻兵过山南，杀伤至多。陛下傥不以招讨使授之，使用国法约束，则山南之民尽矣。"上乃从之。

王镕、李匡威攻尧山[8]，李克用遣兵击破之。

朱全忠击朱瑄，瑄击破之。孙儒围宣州。

杨行密取常、润州。

以时溥为太子太师，溥不奉诏朱全忠连年攻时溥，徐、泗、濠三州民不得耕获[9]，兖、郓、河东兵救之，皆无功。复值水灾，人死者十六七。溥困甚，请和于全忠。全忠曰："必移镇乃可。"溥许之。全忠乃奏请移溥他镇。诏以溥为太子太师。溥恐全忠诈而杀之，据城不奉诏。

---

1　昭信：方镇名，又称昭信军，辖今湖北省西北部及陕西省东南部。
2　容匿：隐藏包庇。
3　先朝：前朝，亦指先帝。
4　翼卫：护卫。
5　诸杨：杨复恭的众多义子。
6　攻讨：攻击讨伐。
7　疾恶：憎恨坏人坏事。
8　尧山：古县名，治所位于今河北省邢台市隆尧县西南。
9　耕获：耕种与收获。

三月，以郑延昌同平章事。

李克用、王处存攻王镕，镕击败之。

夏，四月，以钱镠为武胜军[1]防御使。杨行密取楚州时溥遣兵南侵，至楚州。杨行密将张训、李德诚败之于寿河[2]，遂取楚州。

六月，杨行密击孙儒，斩之，遂归扬州杨行密谓诸将曰："孙儒之众十倍于我，吾战数不利，欲退保铜官，何如？"刘威、李神福曰："儒扫地[3]远来，利在速战。宜屯据险要，坚壁清野以老其师，时出轻骑抄其馈饷，夺其俘掠。彼前不得战，退无资粮，可坐擒也。"戴友规曰："若望风弃城，正堕其计。淮南士民及自儒军来降者甚众，公宜遣将先护送归淮南，使复生业。儒军闻淮南安堵，皆有思归之心。人心既摇，安得不败？"行密悦，从之。至是，屡破儒兵。张训屯安吉[4]，断其粮道。儒食尽，士卒大疫。行密纵兵击之，儒军大败，田頵擒斩之，传首京师。儒众多降于行密。刘建锋、马殷收余众七千南走，比至洪州，众十余万。行密率众归扬州，表田頵守宣州，安仁义守润州。先是，扬州富庶甲天下，时人称"扬一益二"。及经秦、毕、孙、杨[5]兵火之余，江、淮之间，东西千里，扫地尽矣。

王建围彭州王建围彭州，久不下，民皆窜匿山谷，诸寨日出俘掠。有军士王先成者，度诸将惟王宗侃最贤，乃往说之曰："彭州本西川之巡属[6]也，陈、田[7]以授杨晟，使拒朝命。今陈、田已平，而晟犹据之。州民皆知西川大府，而司徒[8]其主也，故大军始至，民不入城而入山谷，以俟招安。令军士掠之，而司徒不恤，彼将更思杨氏[9]矣。"宗侃恻然，不觉屡移其床，前问之。先

---

1　武胜军：方镇名，治邓州。
2　寿河：古水名，即今江苏省淮安市东南、涧河支流故城河，上接黄浦，下达射阳湖。
3　扫地：比喻全部，尽数。
4　安吉：古县名，治所位于今浙江省湖州市安吉县西南。
5　秦、毕、孙、杨：即秦彦、毕师铎、孙儒、杨行密。
6　巡属：统属的地方。
7　陈、田：即陈敬瑄、田令孜。
8　司徒：即检校司徒王建。
9　杨氏：即杨晟。

成曰："又有甚于是者。今诸寨旦出淘虏[1]，薄暮乃返，曾无守备之意。城中万一有智者为之画策，伏兵门内，望淘虏者稍远，使出奋击，又于三面城下各出耀兵，诸寨咸自备御，无暇相救，能无败乎？"宗侃矍然曰："此诚有之，将若之何？"先成请条列[2]为状以白王建，凡七条：一乞招安山中百姓；二乞禁诸寨淘虏；三乞置招安寨，选部将谨干[3]者执兵巡街；四乞招安之事，愿帖[4]宗侃专掌；五乞悉索所虏彭州百姓集于营场，有父子、兄弟、夫妇自相认者，即使相从送招安寨，敢匿者斩；六乞置九陇行县于招安寨中，抚理[5]百姓，给帖[6]入山，招其亲戚；七彭土宜麻[7]，民未入山，多沤藏[8]者，宜令县令晓谕，各归田里，出而鬻之，以为资粮，必渐复业。建得之大喜，即行之。三日，民出山赴寨如归市。久之，见村落无抄暴[9]，稍辞县令，复其故业。月余，招安寨皆空。

胡氏曰：古人所以广取士之路者，为贤材[10]难知，恐其遗也。取之广，然后贤材不在下而皆在上。贤材在上，则下受其赐，而乱无自起矣。王先成，走卒[11]也。王建得之，遂不用兵而下一州。然则人材之隐伏于尘土草茅，可胜计哉？是宜表而用之，俾尽见其所长，而建不能，宜所就之狭劣[12]也。夫古人取材之道，惟患其不广，而或者顾[13]以词艺任子，欲得天下之士，使有实而无文、地寒而族冷者何由而进哉？

李茂贞取凤、兴、洋州。

---

1　淘虏：掠夺。
2　条列：分条列举。
3　谨干：谨慎干练。
4　帖：张榜公告。
5　抚理：治理。
6　给帖：发给文告。
7　宜麻：适于种麻。
8　沤藏：沤，用水浸泡。藏，收藏。
9　抄暴：掠夺。
10　贤材：贤才。
11　走卒：供人驱使的差役。
12　狭劣：浅陋卑劣。
13　顾：只是。

秋，八月，以杨行密为淮南节度使孙儒降兵多蔡人，行密选其尤勇健者五千人，厚其廪赐，以皂衣[1]蒙甲，号"黑云都"。每战，使之先登陷阵，四邻畏之。行密以用度不足，欲以茶盐易民布帛，掌书记高勖曰："兵火之余，十室九空，又渔利[2]以困之，将复离叛。不若悉我所有而邻道所无者，相与贸易以给军用。而选守令，课[3]农桑，数年之间，仓库自实。"行密从之。田頵闻之曰："贤者之言，其利远哉！"行密驰射武技，皆非所长，而宽简有智略，善抚御将士，与同甘苦，推心待物[4]，无所猜忌。淮南被兵六年，士民转徙[5]几尽。行密能以勤俭足用，非公宴[6]，未尝举乐[7]。招抚流散，轻徭薄敛，未及数年，公私富庶，几复承平之旧。

李茂贞取兴元，杨复恭、守亮等奔阆州。

冬，复以时溥为感化节度使。

以李存孝为邢洺磁[8]节度使初，邢洺磁留后李存孝与李存信俱为克用假子，不相睦。存信有宠于克用，存孝欲立大功以胜之，乃建议取镇冀[9]。存信从中沮之，不时听许[10]。及王镕围尧山，存孝救之，不克，存信谮之。存孝愤怨，且惧及祸，乃潜结王镕及朱全忠，上表以三州自归[11]，乞赐旌节及会诸道兵讨克用。诏以存孝为节度使，不许会兵。

胡氏曰：李存孝虽非克用真子，固为父子久矣，一旦叛父，请兵讨之，将

---

1　皂衣：黑衣。
2　渔利：用不正当的手段趁机取利。
3　课：督促完成指定的工作。
4　待物：对待他人。
5　转徙：辗转迁移。
6　公宴：公众宴请。
7　举乐：奏乐。
8　邢洺磁：方镇名，领邢、洺、磁州。
9　镇冀：方镇名，又称成德、恒冀，领有恒、冀、深、赵四州，辖今河北省沙河、滹沱河下游以南，献县、阜城二县以西，临城、南宫、枣强等县市以北地。
10　听许：听而许之。
11　自归：自行投案，自行归顺。

何有于君？昭宗宜囚其使，却[1]其表，下诏训励，仍责镇、汴[2]以不当结纳之义，则一举而克用心服，镇、汴内愧，存孝无所容，而纲纪振矣。今虽不许会师，而赐之旄钺[3]，是教子叛父也。子可以叛父，臣独不可以叛君乎？

十一月，朱全忠遣兵取濠、泗、濮州，遂击徐州。

十二月，初行《景福崇玄历》。

王建遣兵击杨守亮于阆州，破之。

### 癸丑二年（公元893年）

春，正月，以李茂贞为山南西道节度使，茂贞不奉诏茂贞自请镇兴元，故有是命。茂贞欲兼得凤翔，不奉诏。

李克用击王镕，李匡威救之。克用还攻邢州李克用围邢州，王镕致书解之。克用怒，进击镕，大破之，遂下井陉。李存孝将兵救之，又乞师于朱全忠。全忠方与时溥相攻，不能救。李匡威亦引兵救镕，败河东兵于元氏。克用引还，攻邢州。

李匡威为弟匡筹所逐，奔镇州匡威之发幽州也，家人会别[4]，以弟匡筹之妻美，醉而淫[5]之。及还，匡筹据军府，自称留后，以符追行营兵，匡威众溃。镕迎归镇州，父事之。

以柳玭为泸州刺史柳氏自公绰以来，世以孝悌礼法为士大夫所宗。玭为御史大夫，上欲以为相，宦官恶之，故久谪[6]于外。玭尝戒其子弟曰："凡门地高，可畏不可恃也。立身行己，一事有失，则得罪重于他人，死无以见先人于地下，此其所以可畏也。门高则骄心易生，族盛则为人所嫉。懿行实材[7]，人

---

1　却：推辞，拒绝。
2　镇、汴：即镇冀、汴宋，均为方镇名。
3　旄钺：白旄和黄钺。亦代指军权。
4　会别：饯别。
5　淫：奸淫。
6　谪：把高级官吏降职并调到边远地方做官。
7　懿行实材：懿行，善行。实材，真才实学。

未之信，小有玼颣[1]，众皆指之，此其所以不可恃也。故膏粱[2]子弟，学宜加勤，行宜加励，仅得比他人耳。"

**夏，四月，王建杀陈敬瑄、田令孜**建屡请杀敬瑄、田令孜，朝廷不许。建使人告敬瑄作乱，令孜通凤翔书，皆杀之。使判官冯涓草表奏之，曰："开柙[3]出虎，孔宣父不责他人；当路斩蛇，孙叔敖盖非利己。专杀不行于阃外，先机恐失于彀中。"

胡氏曰：公道在上，其下服焉，治世也。清议在下，其上恶焉，乱世也。清议者，公道郁而后有；公道者，清议达而后行。是故赏罚者，人主制世御俗之柄，不可以失焉者也。令孜败乱国家，敬瑄败乱藩镇，置于重典[4]，谁不谓然？朝廷既不得而治之，会王建有请，当亟下诏，奖其为国督奸之志而许之，岂不贤于建专杀而不请哉？而犹且不许，倒授之柄，昭宗宜断而不断之过也。

**朱全忠拔徐州，时溥自杀**先是，朱全忠遣其子友裕围彭城，时溥数出兵，友裕闭壁不战。都虞候朱友恭谮友裕于全忠，全忠怒，使庞师古代之。友裕大惧，以二千骑逃入砀山。全忠夫人张氏闻之，使友裕单骑诣汴州见全忠，全忠将斩之，夫人趋就[5]抱之，泣曰："汝舍兵众，束身归罪，无异志明矣！"全忠悟而舍之。夫人多智略，全忠敬惮之，虽军府事，时与之谋议。或将兵出至中途，夫人以为不可，遣一介[6]召之，全忠立为之返。庞师古攻佛山寨[7]，拔之，自是徐兵不敢出。全忠遂自将如徐州。帅古拔彭城，时溥举族登燕子楼[8]自焚，死。全忠以宋州刺史张廷范知感化留后，乞除文臣为节度使。

**李匡威劫王镕，镇人杀之**李匡威为王镕完城堑，缮甲兵，训士卒，潜

---

1　玼颣：玼，事物的缺点。颣，瑕疵，缺点。
2　膏粱：肥美的食物。此处借指富贵人家及其后嗣。
3　柙：关野兽的木笼。
4　重典：严厉的刑律。
5　趋就：疾步走向。
6　介：传宾主之言的人。
7　佛山寨：古地名，位于今江苏省徐州市西南云龙山。
8　燕子楼：古地名，位于今江苏省徐州市内西北隅。

谋夺镇州，阴以恩施[1]悦其将士。王氏在镇久，镇人爱之，不徇[2]匡威。匡威忌日[3]，镕吊之，匡威素服衷甲，伏兵劫之。镕趋抱匡威，曰："镕为晋人[4]所困，几亡矣，赖公以有今日，公欲得四州，此固镕之愿也。不若与公共归府，以位让公，则将士莫之拒矣。"匡威以为然，与镕骈马[5]入府。会大风雷雨，屋瓦皆振。匡威入门，镇军闭之。有屠者墨君和自缺垣[6]跃出，拳殴匡威，甲士挟镕登屋，共攻匡威，杀之。镕时年十七。

**幽州将刘仁恭攻李匡筹，不克，奔河东**仁恭将兵戍蔚州，过期未代。会李匡筹立，戍卒奉仁恭为帅，还攻幽州，不克。仁恭奔河东，李克用厚待之。

**五月，王潮取福州**范晖骄侈失众心。王潮以从弟彦复为都统，弟审知为都监，将兵攻福州，经年不下。白潮罢兵，潮报曰："兵尽添兵，将尽添将，兵将俱尽，吾当自来。"彦复等惧，亲犯矢石，急攻之。城中食尽，晖弃城走，为将士所杀。潮入福州，自称留后，素服葬陈岩，以女妻其子延晦，厚抚其家。汀、建州降，群盗皆溃。

**闰月，以扈跸都头曹诚等为诸道节度使**时李茂贞跋扈，上以武臣难制，欲用诸王代之，故诚等四人皆加恩，罢兵，令赴镇。

**秋，七月，王镕救邢州，李克用败之，复与连和。**

**杨行密克庐州**先是，庐州刺史蔡俦发杨行密父、祖墓，遣使求救于朱全忠。全忠恶其反复，牒报行密。行密遣李神福将兵讨俦，至是，克而斩之。左右请发俦父母冢，行密曰："此俦之罪也，吾何为效之？"

**胡氏曰**：父母冢见发[7]，人子至痛之情也。攻俦斩之，怨可释矣。傥称其犯

---

1　恩施：恩惠。
2　徇：曲从。
3　匡威忌日：李匡威父母去世的纪念日。忌日，父母及其他亲属逝世的日子。
4　晋人：即晋州李克用。
5　骈马：二马并行。
6　缺垣：围墙的缺口。
7　见发：被打开。

而报之然后快，是自为寇也。行密于是知孝道之轻重矣，宜其能驾驭群材[1]，而霸有一方也。

八月，以覃王嗣周为京西招讨使，讨李茂贞茂贞恃功骄横，上表曰："陛下贵为万乘，不能庇元舅之一身；尊极九州，不能戮复恭之一竖[2]。但观强弱，不计是非。体物锱铢，看人衡纩[3]。军情易变，戎马难羁[4]，唯虑甸服[5]生灵，因兹受祸，未审乘舆播越，自此何之？"上怒，决策讨之，命杜让能专掌其事，让能谏曰："陛下初临大宝[6]，国步未夷[7]，茂贞近在国门[8]，未宜与之构怨[9]，万一不克，悔之无及！"上曰："王室日卑，号令不出国门，此乃志士愤痛[10]之秋。朕不能坐视陵夷。卿但为朕调兵食，朕自委诸王用兵，成败不以责卿！"让能曰："陛下必欲行之，则中外大臣共宜协力以成圣志，不当独以任臣。"上曰："卿位居元辅，与朕同休戚，无宜避事！"让能泣曰："臣岂敢避事？顾时有所未可，势有所不能耳。但恐他日徒受晁错之诛，不能弭七国之祸也。敢不奉诏，以死继之！"乃命让能留中书，计划调度，月余不归。崔昭纬阴结邠、岐[11]，为之耳目，让能朝发一言，二镇夕必知之。李茂贞使其党纠合市人数百千人，邀西门君遂马及崔昭纬、郑延昌肩舆诉之，二相曰："兹事主上专委杜太尉，吾曹不预知。"市人因乱投瓦石，二相走匿[12]，仅免。上命捕其唱帅[13]者诛之，用兵之意益坚，遂有是命。

---

1　群材：许多人才。
2　竖：对宦官的蔑称。
3　体物锱铢，看人衡纩：处事视其轻重而斤斤计较，看人权衡利害而仰人鼻息。衡纩，比喻势利的眼光。
4　羁：拘束，束缚。
5　甸服：泛指京城附近的地方。
6　大宝：皇帝之位。
7　夷：太平。
8　国门：国都附近要地。
9　构怨：结怨。
10　愤痛：愤怒悲痛。
11　邠、岐：即邠州、岐州。
12　走匿：逃走躲避。
13　唱帅：倡议领头的。

杨行密取歙州[1]，以陶雅为刺史行密遣田頵攻歙州，刺史裴枢城守，久不下。时诸将为刺史者多贪暴，独池州[2]陶雅宽厚得民。歙人曰："得陶雅为刺史，请听命。"行密即以雅为刺史，歙人纳之。雅尽礼[3]见枢，送之还朝。

朱全忠遣兵攻兖州。

九月，以钱镠为镇海节度使。

李克用攻邢州克用自引兵攻邢州，掘堑筑垒环之，存孝时出突击，堑、垒不能成。河东牙将袁奉韬使人谓存孝曰："大王惟俟堑成，即归晋阳。诸将非尚书敌，咫尺之堑，安能沮尚书之锋锐邪？"存孝以为然，按兵不出。旬日堑、垒成，飞、走不能越。存孝由是遂穷。

李茂贞、王行瑜合兵拒官军，官军逃溃。贬杜让能雷州司户覃王嗣周率禁军三万军于兴平，李茂贞、王行瑜合兵六万军于盩厔以拒之。禁军皆新募市井少年，而两镇皆边兵百战之余。茂贞等进逼兴平，禁军皆望风逃溃。茂贞等乘胜进攻三桥，京师大震。茂贞等陈于临皋驿[4]，表让能罪，请诛之。让能曰："臣固先言之矣，请以臣为解。"上涕下不自禁，曰："与卿诀矣！"是日，贬让能梧州刺史，再贬雷州司户。斩西门君遂等三人。

以韦昭度、崔胤同平章事胤，慎由之子也，外宽弘[5]而内巧险[6]，与崔昭纬深相结，故得为相。季父安潜谓所亲曰："吾父兄刻苦以立门户，终为缁郎所坏。"缁郎，胤小字也。

冬，十月，杀雷州司户杜让能，以李茂贞为凤翔兼山南西道节度使李茂贞勒兵不解，请诛杜让能，然后还镇。崔昭纬复从而挤之，遂赐死。自是朝廷动息皆禀于邠、岐，南北司往往依附二镇以邀恩泽。复以茂贞镇两道。于

---

1　歙州：古州名，辖今安徽省歙县、绩溪、黟县、休宁、祁门等县和黄山市部分地及江西省婺源县地。
2　池州：古州名，辖今安徽省池州、青阳、东至等市县地。
3　尽礼：竭尽礼仪。
4　临皋驿：古馆驿名，位于今陕西省西安市西郊大土门村西北，是唐长安西往成都、凉州的第一个驿站。
5　宽弘：胸怀宽阔，气量弘深，能容人。
6　巧险：奸巧阴险。

是茂贞尽有凤翔、兴元、洋、陇、秦十五州之地。

以王潮为福建观察使。

杨行密取舒州。

十一月，以王行瑜为太师，号尚父，赐铁券行瑜求为尚书令，韦昭度密奏曰："太宗以尚书令登大位，自是不以授人。惟郭子仪以大功拜，终身避让。行瑜安敢轻议？"遂有是命。

十二月，朱全忠请领盐铁，不许朱全忠请徙盐铁于汴州，崔昭纬以为全忠新破徐、郓，兵力倍增，若更判盐铁，不可复制、乃赐诏开谕[1]之。

邵州刺史邓处讷取潭州，杀周岳初，岳杀闵勖，处讷闻而哭之。诸将入吊，处讷曰："吾与公等咸受仆射大恩，今岳杀之，吾欲与公等竭力为仆射报仇，可乎？"皆曰："善！"于是训卒厉兵八年，乃结朗州刺史雷满共攻潭州，斩岳，自称留后。诏以为节度使。

## 甲寅**乾宁元年**（公元 894 年）

春，正月，李茂贞入朝茂贞入朝，大陈兵自卫，数日归镇。

二月，朱全忠大破兖、郓兵于鱼山[2]。

以郑綮同平章事綮好诙谐，多为歇后诗[3]讥嘲[4]时事。上以为有所蕴[5]，手注班簿[6]，命以为相，闻者大惊。堂吏[7]往告之，綮笑曰："诸君大误，使天下更无人，未至郑綮！"吏曰："特出圣意。"綮曰："果如是，奈人笑何！"既而贺

---

1　开谕：劝告。
2　鱼山：古山名，又称吾山，位于今山东省聊城市东阿县南，黄河以西。
3　歇后诗：杂体诗的一种，有两种类型，一是嵌歇后语，用经语、前人语及成语指代所要表述的词语，如以"友于"指代兄弟，以"燕尔"指代新婚。另一种是歇后格，句末藏有隐字，如"当初只为将勤补（拙），一断送一生惟有（酒）"等。
4　讥嘲：讥讽。
5　蕴：包藏，深奥。
6　手注班簿：亲手把他的姓名添入在朝大臣的登记册上。班簿，在朝职官名册。
7　堂吏：中书省的办事吏员。

客至，繁搔首[1]言曰："歇后郑五作宰相，时事可知矣。"累让不获，乃视事。

胡氏曰：人当事任[2]，常苦不自知，及临富贵，常苦不自克[3]。小人败国，大抵坐此。郑繁则自知矣。使其力辞不拜，谁得而笑之？故为利、为义，一念之顷，反覆手之殊，虽君子不可不致慎于此也。

**李克用克邢州，杀李存孝**邢州城中食尽，存孝出见克用，泥首谢罪。克用囚之以归，车裂于牙门。存孝骁勇，军中莫及，常将骑兵为先锋，身被重铠[4]，腰弓髀槊，独舞铁楇陷阵，万人辟易。克用惜其材，意[5]临刑诸将必为之请。既而诸将疾其能，竟无一人言者。既死，克用为之不视事者旬日。又有薛阿檀者，其勇与存孝相侔，诸将疾之，常不得志，密与存孝通，恐事泄，遂自杀。自是克用兵势浸弱，而朱全忠独盛矣。

**夏，五月，刘建锋、马殷入潭州，杀邓处讷**刘建锋、马殷引兵至醴陵，邓处讷遣其将蒋勋将步、骑三千守龙回关[6]。殷遣使说勋曰："刘龙骧智勇兼人，将十万众，精锐无敌，而君以乡兵[7]数千拒之，难矣。不如先下之，取富贵还乡里，不亦善乎？"勋谓众曰："东军[8]许吾属还矣。"士卒皆欢呼，弃旗帜、铠仗遁去。建锋令前锋衣其甲，张其旗，趋潭州，杀处讷，自称留后。

**王建克彭州，杀杨晟**王建攻彭州，克之，杀杨晟，获其马步使安师建，欲使为将。师建泣，谢曰："师建誓与杨司徒同生死，不忍复戴日月[9]，惟速死为惠[10]。"再三谕之，不从，乃杀之。

**郑延昌罢。六月，以李谿同平章事，寻罢之**以翰林学士李谿为相，方

---

1　搔首：以手搔头，焦急或有所思貌。
2　事任：承担职务。
3　自克：自我克制。
4　重铠：沉重的铠甲。
5　意：认为。
6　龙回关：古关隘名，位于今湖南省长沙市长沙县东南。
7　乡兵：古代地方武装。
8　东军：从东面来的刘建锋、马殷部队。
9　戴日月：意指活在天地间。
10　惠：恩惠。

宣制，知制诰刘崇鲁出班掠麻[1]恸哭。上召问之，对曰："黩奸邪，依附宦官，得在翰林，无相业，恐危社稷。"黩竟罢为太子少傅。上师[2]黩为文，崔昭纬恐分己权，故使崇鲁沮之。黩十表自讼，丑诋崇鲁尝庭拜[3]田令孜，为朱玫作劝进表，恸哭正殿，为国不祥。诏停崇鲁见任[4]。

**李克用大破吐谷浑，杀赫连铎。**

**秋，七月，李茂贞克阆州。**

**郑繁致仕**繁自以不合众望，累表避位故也。

**以徐彦若同平章事。**

**八月，杨复恭等伏诛**李茂贞既拔阆州，杨复恭率其党出走，韩建获之，献于阙下，斩于独柳[5]。茂贞献复恭与守亮书，诉致仕之由云："承天门[6]乃隋家旧业，大侄但积粟训兵，勿贡献。吾于荆榛中立寿王，才得尊位，废定策国老[7]，有如此负心门生天子？"

范氏曰：小人无功，犹不可长，况其有功，何以堪之？故小人而有非常之功者，国之不幸也。复恭刑臣，至与天子为敌；昭宗亲战，用大师而后克之。其言不臣如此，由其恃援立之功故也。岂不足永为戒哉？

胡氏曰：中臣冯恃[8]近君，又有兵柄，是以恣横，谓人无如己何。然未有不自屠者，曷若忠顺不失以事其上之为美欤？此可以为中人之永鉴矣。

**冬，十一月，杨行密取泗州**朱全忠遣使至泗州，陵慢刺史张谏，谏举州降行密。行密遣押牙唐令回持茶万余斤如汴宋贸易。全忠执令回，尽取其茶。扬、汴始有隙。

---

1　掠麻：夺过诏书。麻，代指诏书。
2　师：拜师。
3　庭拜：当庭叩拜。
4　见任：现任。
5　独柳：甘露寺独柳树下。
6　承天门：唐长安宫城的正南门，也是太极宫的正门。此处代指唐王朝。
7　国老：国之重臣。
8　冯恃：凭恃，依仗。

十二月，李克用攻幽州，克之。李匡筹走死刘仁恭数因盖寓献策于克用，愿得兵万人取幽州。克用方攻邢州，分兵数千纳仁恭，不克。匡筹益骄，数侵河东之境。克用怒，大举兵攻匡筹，拔武州[1]，进围新州[2]。匡筹遣将救之，克用逆战，破之。新州降。匡筹复发兵出居庸关，克用使精骑夹击之，幽兵大败，匡筹奔沧州。义昌节度使卢彦威遣兵攻杀之。克用进军幽州，其大将请降。

黄连洞[3]蛮围汀州，王潮遣兵击破之闽地略定。潮遣僚佐巡州县，劝农桑，定租税，交好邻道，保境息民，闽人安之。

以刘隐为封州刺史封州刺史刘谦卒，其子隐居丧。贺江土民[4]百余人谋乱，隐一夕尽诛之。岭南节度使刘崇龟召补押牙，表刺封州。

## 乙卯二年（公元895年）

春，正月，李克用入幽州幽州军民数万以麾盖歌鼓[5]迎李克用入府舍。克用命符存审、刘仁恭将兵略定巡属。

以陆希声同平章事。

护国节度使王重盈卒王重盈薨，军中请以重荣子珂知留后。重盈之子保义[6]节度使珙、晋州刺史瑶举兵击珂，表言：“珂非王氏子。”珂上表自陈，且求援于李克用。上遣中使谕解之。

二月，董昌僭号于越州昌为政苛虐，加敛数倍，以充贡献，由是宠命[7]相继。求为越王，未许，昌不悦，曰：“朝廷欲负我矣。”有诒之者曰：“与为越王，曷若为越帝？”于是民间讹言，相率填门，请昌为帝。昌大喜，集将

---

1　武州：古州名，辖今河北省张家口市及宣化、万全县地。
2　新州：古州名，辖今河北省涿鹿、怀来等县地。
3　黄连洞：古地名，本名连城洞，位于今福建省三明市宁化县东。以地产黄连，故名。
4　贺江土民：贺江，古水名，即今广西贺州市八步区南之贺水。土民，土人，当地人。
5　麾盖歌鼓：麾盖，将帅用的旌旗伞盖。歌鼓，歌唱并击鼓。
6　保义：方镇名，即保义军，辖今河南省三门峡市、陕县、灵宝、卢氏及山西省平陆、芮城等县地。
7　宠命：加恩特赐的任命。

佐议之，副使黄碣曰："今唐室虽微，天人未厌。大王兴于畎亩[1]，受朝廷厚恩，位至将相，富贵极矣，奈何一旦忽为族灭之计？"昌族诛之。又问会稽[2]令吴镣，镣曰："大王不为真诸侯以传子孙，欲为假天子以取灭亡邪？"昌亦族诛之。山阴令张逊曰："浙东虽领六州，王若称帝，彼必不从，徒守孤城，为天下笑耳！"昌又杀之。遂称皇帝。钱镠遗昌书曰："与其闭门作天子，与九族、百姓俱陷涂炭，岂若开门作节度使，终身富贵邪？及今悛悔[3]，尚可及也。"昌不听。镠以状闻[4]。

复以李谿同平章事。三月，罢上重谿文学，复以为相。崔昭纬与邠、岐相结，得天子过失、朝廷机事，悉以告之。谿再入相，昭纬使告行瑜曰："向者尚书令之命已行矣，而韦昭度沮之。今又引李谿为同列，相与荧惑圣听，恐复有杜太尉之事！"行瑜乃与茂贞表谿奸邪，昭度无相业，宜罢居散秩。上报曰："军旅之事，朕则与藩镇图之。至于命相[5]，当出朕怀。"行瑜等论列[6]不已，谿复罢。

以刘仁恭为卢龙节度使从李克用之请也。

崔胤罢，以王抟同平章事。

以王珂为护国留后珂，李克用之婿也。克用表重荣有功于国，请赐珂节钺。王珙厚结王行瑜、李茂贞、韩建，更上表称"珂非王氏子"，请以珂为陕州，珙为河中。上报曰："先已允克用之奏矣。"

杨行密取濠州行密攻濠州，拔之，掠得徐州人李氏子，生八年矣，养以为子。其长子渥憎之。行密谓徐温曰："此儿质状、性识[7]颇异于人，吾度渥必不能容。今赐汝为子。"温名之曰"知诰"。知诰勤、孝过诸子，温爱之，使

---

1　畎亩：田间，田地。
2　会稽：古县名，治所位于今浙江省绍兴市。
3　悛悔：悔改，悔悟。
4　闻：报告上级。
5　命相：任命宰相。
6　论列：言官上书检举弹劾。
7　质状、性识：质状，形状，体态。性识，天分，悟性。

掌家事，家人无违言[1]。及长，喜书善射，识度英伟[2]。行密谓温曰："知诰俊杰，诸将子皆不及也。"

夏，四月，罢诸王将兵[3]上以郊畿多盗，至有逾垣入宫侵犯陵寝者，欲令宗室、诸王将兵巡警[4]，又欲使之四方抚慰藩镇。南北司用事之臣恐其不利于己，交章论谏[5]，上不得已，罢之。

胡氏曰：昭宗欲使诸王将兵，虽非上策，然亦足以外慑藩镇，内制中官矣。北司不便可也，而南牙亦请罢之，此必崔昭纬与邠、岐为腹心耳。小人奸邪，视人主昏明、刚柔而作止[6]者也。李克用有劳[7]则伐之，杜让能忠计则杀之，李顺节出死力去叛奄[8]则戮之，然则人臣何所恃于君父哉？昭纬、崔胤、孔纬、张濬各倚藩镇以为外援，盖惧此也。诸臣之罪固大矣，致其如此者谁欤？故君不君则臣不臣，《春秋》之义，所以端本而清源[9]也。

陆希声罢。

杨行密取寿州及涟水[10] 行密围寿州，不克。将还，其将朱延寿请试往更攻，一鼓[11]拔之。以延寿权知寿州。未几，汴[12]兵数万攻之。延寿制，军中每旗二十五骑。命黑云队长李厚将十旗击汴兵，不胜将斩之。厚称众寡不敌，乃益以五旗。厚殊死战，延寿悉众乘之，汴兵败走。

以韦昭度为太保，致仕。

---

1　违言：不合情理的话，不适当的话。
2　英伟：宏伟卓越。
3　将兵：带兵，统兵。
4　巡警：巡查警戒。
5　交章论谏：交章，官员交互向皇帝上书奏事。论谏，议论和进谏。
6　作止：言谈举止。
7　有劳：有功劳。
8　叛奄：谋反的宦官。
9　端本而清源：从根本上加以整顿清理。
10　涟水：古县名，治所即今江苏省淮安市涟水县。
11　一鼓：击鼓一次，亦引申指一举，一战。
12　汴：指汴宋，方镇名。

以刘建锋为武安[1]节度使建锋以马殷为内外马步军都指挥使。

五月，制削夺董昌官爵，委钱镠讨之。

王行瑜、李茂贞、韩建举兵犯阙，杀韦昭度、李谿行瑜以不得尚书令怨朝廷。畿[2]内有八镇兵，隶左、右军。合阳镇近华州，韩建求之；良原[3]镇近邠州，王行瑜求之。宦官曰："此天子禁军，何可得也？"王珂、王珙争河中，行瑜、建及茂贞曾为珙请，不能得，耻之。珙使人语三帅曰："珂与河东婚姻，必为诸公不利，请讨之。"行瑜使其弟同州刺史行约攻河中，而自与茂贞、建各将精兵数千人入朝，市人窜匿。上御安福门以待之，三帅盛陈甲兵，拜伏舞蹈。上诘之曰："卿辈不奏请俟报，辄称兵入京城，其志欲何为乎？若不能事朕，今日请避贤路[4]！"行瑜、茂贞流汗不能言，独韩建粗述入朝之由。上与之宴，三帅奏称："南、北司互有朋党，堕紊[5]朝政。韦昭度讨西川失策，李谿作相不合众心，请诛之。"上未之许。行瑜等辄杀之，及枢密使康尚弼等数人。请除王珙河中，徙王行约于陕，王珂于同州，上皆许之。李克用闻三镇犯阙，即日遣使发北部兵，期以来月渡河入关。始三帅谋废上，立吉王保，及闻克用起兵，行瑜、茂贞各留兵二千人宿卫京师，与建皆还本镇。

六月，钱镠遣其将顾全武讨董昌。

以孔纬同平章事，张濬为诸道租庸使上以崔昭纬等外交[6]藩镇，朋党相倾，思得骨鲠之士，故骤用纬、濬。既而朱全忠荐濬，上欲复相之。李克用表请发兵击全忠，且言："濬朝为相，臣夕至阙。"诏和解之。

李克用举兵讨三镇。秋，七月，王行约、李继鹏作乱。帝如石门

---

1　武安：方镇名，即武安军，领潭、衡、郴、连、道、永、邵等州，辖今湖南大部、广东北部、广西东北部分地。

2　畿：京城所管辖的地区。

3　良原：古县名，治所位于今甘肃省平凉市灵台县西北梁原。

4　避贤路：意指辞官退隐，让有才能的出来做事。贤路，贤才仕进路。

5　堕紊：败坏扰乱。

6　外交：与朝臣交往、勾结。亦指依附于朝廷中某种势力。

镇¹李克用大举藩、汉兵南下，上表称："王行瑜、李茂贞、韩建称兵犯阙，贼害大臣，请讨之。"又移檄三镇，数其罪。行瑜等大惧。克用军至绛州，攻拔之，斩刺史王瑶。至河中，王珂迎谒于路。王行约弃同州走。弟行实时为左军指挥使，奏请幸邠州，枢密使骆全瓘请幸凤翔。上曰："克用已驻军河中，就使至此，朕自有以枝梧。卿等但各抚本军，勿令摇动。"右军指挥使李继鹏，茂贞假子也，谋劫上幸凤翔。中尉刘景宣与王行实知之，欲劫上幸邠州。孔纬面折景宣，以为不可轻离宫阙。向晚²，王行约引左军攻右军，鼓噪震地。上闻乱，登承天楼，欲谕止之。捧日³都头李筠将本军于楼前侍卫。李继鹏以凤翔兵攻筠，矢拂御衣⁴，左右扶上下楼。继鹏复纵火焚门，烟炎⁵蔽天。时有盐州六都兵屯京师，素为两军所惮，上急召，令入卫。既至，两军退走。上幸李筠营，护跸⁶都头李居实率众继至。或传行瑜、茂贞欲自来迎车驾，上惧为所迫，以筠、居实两都兵自卫，幸石门镇。克用遣判官王环奉表问起居，遣兵攻华州。韩建登城呼曰："仆于李公未尝失礼，何为见攻？"克用使谓之曰："公为人臣，逼逐⁷天子，公为有礼，孰为无礼者乎？"会闻邠、岐欲迎车驾，乃移兵营渭桥，遣其将李存贞为前锋，又遣史俨将三千骑诣石门侍卫。遣李存信、存审会保大节度使李思孝攻王行瑜梨园寨⁸，擒其将王令陶等献于行在。李茂贞惧，斩李继鹏，传首行在，上表请罪，且遣使求和于克用。上复遣延王戒丕谕克用，令且赦茂贞，并力讨行瑜。

以崔胤同平章事。

制削夺王行瑜官爵，以李克用为招讨使讨之诏李克用讨王行瑜。克用遣其子存勖诣行在，年十一，上奇其状貌，抚之曰："儿方为国之栋梁，他日

---

1　石门镇：古地名，位于今陕西省西安市蓝田县西南汤峪。
2　向晚：临近晚上的时候。
3　捧日：即捧日营，侍卫皇宫的军队名称。捧日，比喻忠心辅佐帝王。
4　矢拂御衣：箭掠过昭宗的衣服。御衣，皇帝穿的衣服。
5　烟炎：烟和火焰。亦指火苗。
6　护跸：护卫帝王的车驾。
7　逼逐：驱逐。
8　梨园寨：古地名，即今陕西省咸阳市淳化县。本汉梨园，后为寨。

宜尽忠于吾家。”

车驾还京师 李克用表请车驾还京师，从之。时宫室焚毁，未暇完葺，上寓居尚书省，百官往往无袍、笏、仆、马。

崔昭纬罢。

九月，孔纬卒。

王建遣兵赴援，屯绵州。

杨行密遣兵救董昌。

冬，十月，贬崔昭纬为梧州司马。

以孙偓同平章事。

十一月，李克用克邠州，王行瑜伏诛 河东将李存贞败邠宁军于梨园北，李罕之、李存信等又急攻之，王行约、行实遁去。行瑜以精甲五千守龙泉寨[1]，李克用攻拔之。行瑜走入邠州，克用引兵逼之。行瑜登城号哭，谓克用曰：“行瑜无罪，胁迫乘舆，皆茂贞、继鹏所为，请移兵问凤翔。行瑜愿束身归朝。”克用曰：“王尚父何恭之甚？仆受诏讨三贼臣，公预其一。束身归朝，非仆所得专也。”行瑜挈族出走。克用入邠州，封府库，抚居人。行瑜寻为部下所杀，传首。

朱全忠围兖州 朱全忠遣葛从周击兖州，自以大军继之，围其城。朱瑄遣其将贺瑰、柳存、何怀宝将兵万余人袭曹州，以解兖州之围。全忠自中都[2]引兵夜追之，比明，至巨野南及之，屠杀殆尽，擒三将，俘三千人。会大风晦冥，全忠曰：“此杀人未足耳。”命所得俘皆杀之，缚三将徇于兖州城下，谓朱瑾曰：“卿兄已败，何不早降？”既而杀存及怀宝。闻瑰名，礼而用之。瑄、瑾告急于河东，李克用遣大将史俨将数千骑以救之。

十二月，王建遣兵击东川 王建奏顾彦晖不发兵赴难而略夺[3]辎重，请兴

---

1　龙泉寨：古地名，位于今陕西省咸阳市旬邑县东北。

2　中都：即蒲州。唐因蒲州为东都洛阳和西都长安之间的交通枢纽，便建为中都。

3　略夺：掠夺。

兵讨之。

**进李克用爵晋王**诏李克用进爵晋王，李罕之、盖寓诸将佐进官有差。克用性严急，左右小有过，辄死，无敢违忤，惟盖寓敏慧，能揣其意，婉辞裨益，无不从者。克用或以非罪怒将吏，寓必伴助之怒，克用常释之。有所谏诤，必征近事为喻，由是克用爱信之。朱全忠数使人间之，克用待之益厚。

**李克用还晋阳**克用遣掌书记李袭吉入谢，请乘胜势遂取凤翔。上谋于贵近，或曰："茂贞复灭，则沙陀太盛，朝廷危矣。"上乃赐克用诏，褒其忠款，且言："不臣之状，行瑜为甚。茂贞、韩建自知其罪，职贡相继。且当休兵息民。"克用奉诏而止。既而私于诏使曰："观朝廷之意，似疑克用有异心也。然不去茂贞，关中无安宁之日。"又诏免克用入朝，将佐或言："今密迩阙廷，岂可不入见天子？"克用犹豫未决。盖寓曰："天子还未安席[1]，人心尚危。大王若引兵渡渭，窃恐复惊骇都邑。人臣尽忠，在于勤王，不在入觐。愿熟图之。"克用笑曰："盖寓尚不欲吾入朝，况天下之人乎！"乃表曰："臣总帅[2]大军，不敢径入朝觐。"表至京师，上下始安。克用遂引兵归。而茂贞骄横如故，河西州县多为所据。

胡氏曰：克用于三镇，非有父兄之怨，特为王室雪耻，故仗义而来。昭宗不明，又任术数，阴疑克用，偏党茂贞，它日困辱凶终[3]，盖始乎此谋矣。

又曰：克用所咨决者，盖寓而已。而寓于此有失策焉。当此时也，正当劝克用入觐，力陈茂贞不诛，必为后患之意。不然，将在军，君令有所不受，荡平岐、华[4]，驻师郊畿，释戎服以见天子，身辅朝政，修明[5]纪律，使东寇不得西略，王室安矣。释此不为，而区区疲力于幽州，争地于慈、隰[6]，遂使全忠先

---

1　安席：安稳而坐。
2　总帅：统率。
3　凶终：不得善终。
4　岐、华：即岐州、华州。
5　修明：整饬昭明。
6　慈、隰：即慈州、隰州。

手[1]，遂移唐祚，晋阳岌岌[2]，几不自保，此岂非初谋不远故欤？

丙辰三年（公元896年）

春，正月，蒋勋据邵州，刘建锋遣马殷击之勋求邵州，刘建锋不许。勋乃起兵寇湘潭[3]，据邵州，建锋遣殷击之。

闰月，李克用遣李存信将兵救兖、郓。罗弘信袭之，存信军溃李克用遣李存信将万骑假道于魏以救兖、郓，军于莘县。朱全忠使人谓罗弘信曰："克用志吞河朔，师还之日，贵道可忧。"存信戢[4]众不严，侵暴魏人。弘信怒，发兵三万夜袭之，存信军溃，委弃资粮、兵械万数。弘信自是与河东绝，专志汴州。全忠方图兖、郓，畏弘信议其后。弘信每有赠遗[5]，全忠必对使者北向拜受之，曰："六兄于予，倍年[6]以长，固非诸邻之比。"弘信信之。全忠以是得专意[7]东方。

二月，以通王滋判[8]侍卫诸军事。

朱全忠遣庞师古击郓州。

夏，四月，河涨河涨，将毁滑州。朱全忠决为二河，夹城而东，为害滋甚。

李克用攻魏州。

武安军乱，杀刘建锋，推马殷为留后建锋嗜酒，不亲政事。长直兵[9]陈赡妻美，建锋私之。赡杀建锋。诸将迎行军司马张佶为留后。佶将入，马忽踶啮伤髀[10]。时马殷攻邵州未下，佶谢诸将曰："马公勇而有谋，宽厚乐善，吾所

1 先手：先下手取得主动，亦指预谋。
2 岌岌：形容十分危险，快要倾覆或灭亡。
3 湘潭：古县名，治所位于今湖南省衡阳市衡山县东。
4 戢：约束。
5 赠遗：赠送。
6 倍年：年龄大一倍左右。
7 专意：专心，心思专用于某事。
8 判：裁定。
9 长直兵：长期当值的士兵。
10 踶啮伤髀：狂踢乱咬，伤了张佶的左大腿。踶啮，踢咬。

不及，真乃主也。"乃以牒召之。殷至，佶肩舆入府，坐受殷拜谒。已，乃命殷升听事，以留后让之。即趋下，率将吏拜贺，复为行军司马，代殷将兵攻邵州。

**五月，董昌去僭号**董昌使人觇钱镠兵，有言其强盛者，辄怒斩之；言兵疲食尽，则赏之。顾全武进兵越州，昌出战而败，全武围之。昌始惧，去帝号。

**杨行密取苏州**常熟镇使陆郢以城应杨行密，虏刺史成及。行密阅及家赀，惟图书、药物，贤之，归署[1]行军司马。及泣曰："及百口在钱公所，失苏州，不能死，敢求富贵？愿以身易百口之死！"引佩刀欲自刺，行密遽止之。钱镠急召顾全武，使备行密。全武曰："越州，贼之根本，奈何垂克[2]而弃之？请先取越州，后复苏州。"镠从之。

**崔昭纬伏诛**昭纬既贬，复求救于朱全忠。诏遣中使赐昭纬死，及于荆南斩之。中外咸以为快。

**荆南将许存降于王建**成汭与其将许存溯江略地[3]，尽取滨江[4]州县，以赵武为黔中[5]留后，存为万州刺史。知存不得志，使人诇之，曰："存不治州事，日出蹴鞠。"汭曰："存将逃，先匀足力也[6]。"遣兵袭之。存弃城走，降于王建。建忌存勇略，欲杀之。掌书记高烛曰："公方总揽英雄，以图霸业，彼穷来归我，奈何杀之？"建使戍蜀州，阴使知[7]蜀州王宗绾察之。宗绾密言："存忠勇谦厚，有良将材。"建乃舍之，更其姓名曰王宗播。而宗绾竟不使宗播知其免己也。宗播元从孔目官柳修业每劝宗播慎静[8]以免祸。后遇强敌，诸将所惮者，

---

1　署：暂时代理。
2　垂克：即将攻克。
3　溯江略地：沿着长江逆流而上侵占地盘。
4　滨江：沿江。
5　黔中：方镇名，领黔、施、夷、辰、思、费、溆、播、南、溱、珍、锦十二州，辖今重庆市彭水、綦江等县，湖北省利川市、建始县以南，湖南省沅陵、溆浦等县以西，贵州省铜仁、思南、遵义等市县以北地区。
6　先匀足力也：先调整脚的力量。
7　知：主管。
8　慎静：恭敬沉静，谨慎镇静。

宗播以身先之。及有功，辄称病，不自伐，由是得以功名终。

**钱镠克越州，董昌伏诛**全武攻越州，克其外郭，董昌犹据牙城拒之。镠遣绐昌云："奉诏，令大王致仕，归临安。"昌乃送牌印而出，全武斩之。昌在围城中，贪吝益甚，口率民间钱帛，减战士粮。及城破，库有金帛、杂货[1]五百间，仓有粮三百万斛。钱镠散金帛以赏将士，开仓以赈贫乏。

**六月，李克用攻魏博，朱全忠遣其将葛从周救之。还击兖、郓，破之**李克用攻魏博。朱全忠召葛从周于郓州，使将兵营洹水以救魏博，克用引兵击之。汴人多凿坎于阵前，战方酣，克用马踬[2]，几为汴人所获，顾[3]射其将一人毙之，乃得免，引军还。从周复击兖、郓兵，破之。兖、郓属城皆为汴人所据。克用发兵赴之，辄为魏人所拒，不得前。兖、郓由是不振。

**秋，七月，李茂贞举兵犯阙，帝如华州**初，李克用屯渭北，李茂贞、韩建惮之，事朝廷礼甚恭。克用去，二镇贡献渐疏，表章[4]骄慢。上自石门还，置殿后四军，选补数万人，使延王戒丕等将之。茂贞遂表言："延王无故称兵讨臣，臣今勒兵入朝请罪。"上告急于河东，茂贞遂引兵逼京畿。覃王嗣周与战，败绩。七月，茂贞进逼京师，戒丕曰："今关中藩镇无可依者，不若自鄜州济河幸太原。"上至渭北，韩建奉表请幸华州，不许。既而上复惮远适[5]，至富平，复遣人召建面议去留。建至，顿首言："今藩臣跋扈者，非止茂贞。陛下若远巡边鄙，臣恐无复还朝。今华州兵力虽微，亦足自固，西距长安不远。愿陛下临之，以图兴复。"上乃从之，至华州。茂贞遂入长安，燔烧[6]俱尽。

**崔胤罢**上以胤崔昭纬之党，故罢之。

**以陆扆同平章事。**

**八月，李克用发兵入援**韩建移檄诸道，令共输资粮诣行在。李克用闻

---

1　杂货：百货，各种日用零星货物。
2　踬：绊倒。
3　顾：回头。
4　表章：臣子呈交帝王陈述意见的文字。
5　远适：远行。
6　燔烧：焚烧。

之，叹曰："去岁从余言，岂有今日之患？"又曰："韩建天下痴物[1]，为贼臣弱帝室，是不为李茂贞所擒，则为朱全忠所虏耳。"因奏将与邻道发兵入援。

王抟罢，以朱朴同平章事水部[2]郎中何迎表荐国子博士朱朴材如谢安，道士许岩士亦荐朴有经济材。上连日召对。朴有口辩，上悦之，曰："朕虽非太宗，得卿如魏徵矣。"上愤天下之乱，思得奇杰[3]之士，不次用之。朴自言："得为宰相月余，可致太平。"上以为然，以朴为相。朴庸鄙迂僻[4]，中外大惊。寻兼判户部，凡军旅财赋，一以委之。

九月，以王潮为威武军[5]节度使。

以马殷判湖南军府事殷以高郁为谋主，而畏杨行密、成汭之强，议以金帛结之。郁曰："成汭不足畏也。行密，公之仇，虽以万金赂之，安肯为吾援乎？不若上奉天子，下抚士民，训卒厉兵，以修霸业，则谁与敌矣？"殷从之。

以崔胤、崔远同平章事，贬陆扆为硖州[6]刺史胤之罢相，韩建之志也。胤密求援于朱全忠，且教之营东都宫阙，表迎车驾。全忠从之，仍请以兵迎驾，且言："崔胤忠臣，不宜出外。"建惧，复奏召胤为相，遣使谕止全忠。胤恨扆代己，诬以党于茂贞而贬之。

冬，十月，以孙偓为凤翔四面行营招讨使，讨李茂贞茂贞上表请罪，仍献助修宫室钱。韩建复佐佑[7]之，竟不出师。

以王抟同平章事。

以钱镠为镇海、镇东[8]节度使镠令两浙吏民上表请兼领浙东，朝廷不得

---

1　痴物：骂人的话，蠢人，笨东西。
2　水部：古官署名，工部四司之一，掌有关水道的政令。
3　奇杰：杰出，俊杰。
4　庸鄙迂僻：庸鄙，平庸鄙俗。迂僻，迂诞怪僻，不合情理。
5　威武军：方镇名，领福、泉、汀、建四州，辖今福建省漳州市以北大部。
6　硖州：古州名，一作峡州，辖今湖北省宜昌、枝城、长阳、远安等市县地。
7　佐佑：辅助，支持，亦引申为袒护。
8　镇东：方镇名，原称威胜军，领越、睦、衢、婺、台、明、处、温八州，辖今浙江省大部分地。

已，从之。改威胜曰镇东。

　　以刘隐为清海 [1] 行军司马清海节度使、薛王知柔行至湖南，广州牙将卢琚据境拒之。封州刺史刘隐袭广州，斩琚，具军容迎知柔入视事。知柔表隐为行军司马。

---

1　清海：方镇名，以岭南东道节度使改名，辖今广东省（除连州、连南瑶族自治县、连山壮族瑶族自治县外）及海南省。

卷 五十三

起丁巳唐昭宗乾宁四年，尽丙寅<sup>1</sup>唐昭宣帝天祐三年凡十年。

## 丁巳四年（公元897年）

春，正月，诏罢诸王所领兵及殿后四军韩建奏："睦、济、韶、通、彭、韩、仪、陈八王谋杀臣，劫车驾幸河中。"上大惊，召建谕之。建称疾不入，令诸王诣建自陈。建不之见，表请勒归十六宅，妙选师傅，教以诗书，不令典兵预政。上不得已，诏诸王所领军士并纵归田里。建又奏："所置殿后四军，显有厚薄偏党<sup>2</sup>，乞皆罢遣。"诏亦从之。于是天子之亲军尽矣。捧日都头李筠，石门扈从功第一，建复奏斩之。

立德王裕为皇太子建既幽诸王于别第<sup>3</sup>，上意不悦。乃奏请立德王为太子，欲以解之。

朱全忠克郓州，执朱瑄。进袭兖州，克之。朱瑾奔淮南庞师古、葛从周并兵攻郓州，朱瑄兵少食尽，不复出战，但引水为深壕以自固。师古等为浮梁夜济，瑄弃城走，野人执之以献。全忠入郓州，以庞师古为天平留后。朱瑾留大将康怀贞守兖州，自与河东将史俨、李承嗣掠徐境以给军食。全忠遣从周将兵袭兖州，怀贞降。从周入兖州，获瑾妻子。瑾及俨等率其众奔淮南。全忠纳瑾之妻，引兵还。张夫人请见之。瑾妻拜，夫人答拜，且泣曰："兖、郓与司空<sup>4</sup>约为兄弟，以小故<sup>5</sup>恨望，起兵相攻，使吾姒辱于此。他日汴州失守，吾亦如吾姒之今日乎？"全忠乃出瑾妻而斩瑄。于是郓、齐、曹、棣、兖、沂、密、徐、宿、陈、许、郑、滑、濮皆入于全忠，惟王师范保淄、青，亦服于全忠。淮南旧善水战，不知骑射，及得河东、兖、郓兵，军声大振。

王建遣华洪将兵攻东川建更华洪姓名曰王宗涤。

---

1　丙寅：即公元906年。
2　偏党：偏向。
3　别第：正宅以外的宅邸。
4　司空：即朱全忠。
5　小故：小变故，小缘故。

孙偓、朱朴罢朴既秉政，所言皆不效，外议沸腾，故罢。

张佶克邵州，擒蒋勋。

三月，朱全忠以葛从周守兖州，朱友裕守郓州，庞师古守徐州。

夏，四月，遣使和解两川[1]。

六月，贬王建为南州[2]刺史，以李茂贞为西川节度使，覃王嗣周为凤翔节度使王建将兵五万攻东川，李茂贞表其罪，故贬之。徙茂贞镇西川，覃王镇凤翔。建克梓州南寨，执其将李继宁。宣谕使[3]李洵至梓州，建指执旗者曰："战士之情，不可夺也。"茂贞亦不受代，围覃王于奉天。韩建移书茂贞，覃王乃得归。

秋，八月，韩建、刘季述杀通王滋等十一人韩建奏："诸王罢兵，尚苞阴计[4]。愿陛下圣断不疑，制于未乱。"上不报。建乃与知枢密刘季述矫制发兵围十六宅，诸王被发升屋[5]呼曰："宅家[6]救儿！"建尽杀之，以谋反闻。

胡氏曰：御得其道，则昆虫、草木无札瘥、夭阏[7]之患。不然，一身无所容于天地之间，况妻子哉？古之明君所以不敢不敬德，不敢不教子，不敢用小人，不敢失大柄，为易世[8]之后，末流之若此也。唐室至此，岂非祖宗诒谋有未孙[9]欤？

九月，李克用攻幽州，刘仁恭与战，败之初，李克用取幽州，表刘仁恭为节度使，留戍兵及腹心将十人典其机要。租赋供军之外，悉输晋阳。及上幸华州，克用征兵于仁恭以入援，仁恭辞以契丹入寇，不出兵。克用移书责之，仁恭抵书[10]慢骂，囚其使者。克用大怒，自将击之。仁恭遣其将军单可

---

1　两川：剑南东川、西川的合称。
2　南州：古州名，辖今重庆市綦江、万盛二县区。
3　宣谕使：古官名，临时设置，掌宣谕朝廷旨意，事毕即罢职。
4　苞阴计：包藏阴谋诡计。苞，通"包"。
5　被发升屋：披头散发，爬上屋顶。
6　宅家：唐代宫中对皇帝的敬称。
7　札瘥、夭阏：札瘥，因疫疠、疾病而死。夭阏，早死，亦指受挫折而中断。
8　易世：改朝换代。
9　祖宗诒谋有未孙：祖宗为子孙谋划未能尽善。诒谋，为子孙妥善谋划，使子孙安乐。
10　抵书：把书扔在地上。

及引兵迎战。克用方饮酒，前锋白："贼至矣！"克用醉曰："可及辈何足为敌？"亟命击之。是日大雾，幽州将杨师侃伏兵于木瓜涧[1]，河东兵大败。克用醒而后知之，责诸将曰："吾以醉废事，汝曹何不力争？"仁恭奏讨克用，诏不许。仁恭又遣使谢克用，克用复书，略曰："公仗钺控兵[2]，理民立法，擢士则欲其报德，选将则望彼酬恩[3]。己尚不然，人何足信？仆料猜防出于骨肉，嫌忌生于屏帷[4]。持干将[5]而不敢授人，捧盟盘而何辞著誓[6]？"

　　冬，十月，以韩建为镇国、匡国[7]节度使。

　　诏削夺李茂贞官爵、姓名，发兵讨之。复以王建为西川节度使。

　　王建克梓州，顾彦晖自杀初，建与彦晖五十余战，蜀州刺史周德权言于建曰："东川群盗多据州县，彦晖皆啖以厚利，恃其救援，故坚守不下。若遣人谕贼帅以祸福，来者赏之以官，不服者威之以兵，则彼反为我用矣。"建从之。彦晖势益孤。至是，建攻梓州益急，彦晖自杀。建入梓州，城中兵尚七万人。建以王宗涤为留后。

　　朱全忠击杨行密，战于清口[8]，全忠大败朱全忠既得兖、郓，甲兵益盛，乃大举击杨行密，遣庞师古壁清口，葛从周壁安丰[9]，全忠自将屯宿州。行密与朱瑾将兵三万拒之。师古营于清口，或曰："营地污下[10]，不可久处。"不听。朱瑾壅淮上流，欲灌之。或以告师古，以为惑众，斩之。瑾以五千骑潜渡，趋其中军。士卒仓黄[11]拒战，淮水至，汴军骇乱。行密引大军夹攻之，汴军大败，

---

1　木瓜涧：古地名，亦作木井涧，位于今河北省保定市涞源县东南。
2　仗钺控兵：仗钺，手持黄钺，表示将帅的权威。控兵，控制军队。
3　酬恩：报答恩德。
4　屏帷：指内室。
5　干将：古剑名。相传春秋吴有干将、莫邪夫妇善铸剑，为阖闾铸阴阳剑，阳曰干将，阴曰莫邪。
6　捧盟盘而何辞著誓：手捧盟誓之盘时应该如何起誓。盟盘，古代行盟礼时盛牲血的器皿。
7　匡国：方镇名，即匡国军，领晋、慈、隰三州，辖今陕西省关中道东北部、山西省河东道西部之地。
8　清口：古地名，又称泗口、淮泗口、清河口，古泗水入淮之口，位于今江苏省淮安市西。
9　安丰：古县名，治所位于今安徽省淮南市寿县南。
10　污下：低洼。
11　仓黄：仓皇，匆忙而慌张。

斩师古,从周奔还。行密、瑾乘胜追击之,杀、溺殆尽,还者不满千人。全忠亦奔还。行密大会诸将,谓副使李承嗣曰:"始吾欲先趋寿州,副使云不如先向清口,师古败,从周自走。今果如所料。"赏之钱万缗,表领镇海节度。行密待承嗣、史俨甚厚,第舍、姬妾,咸选其尤者[1]赐之,故二人者为行密尽力,屡立功。行密由是遂保据江淮,全忠不能与之争。

**立淑妃何氏为皇后。**

**十二月,威武节度使王潮卒**王潮以弟审知为观察副使,有过犹加捶挞,审知无怨色。潮寝疾,舍其子,命审知知军府事。

**南诏骠信舜化上书**南诏上书,朝廷欲以诏书报之。王建言:"小夷不足辱诏书,臣在西南,彼必不敢犯塞。"从之。黎、雅间有浅蛮[2]三部,岁赐缯帛,使觇南诏。而蛮反受南诏略,诇成都虚实,阴与大将相表里。节度使或失大将心,则教诸蛮纷扰。建绝其赐,斩押牙山行章以惩之。邛崃[3]之南,不置障戍[4],蛮亦不敢侵盗。

**贬张道古施州司户**右拾遗张道古上疏言:"国家有五危、二乱。陛下登极十年,而曾不知为君驭臣之道,先朝封域日蹙,几尽。臣虽微贱,窃伤陛下朝廷、社稷始为奸臣所弄,终为贼臣所有也。"上怒,贬之,仍下诏罪状[5],宣示谏官。


## 戊午**光化元年**(公元898年)

春,正月,诏复李茂贞姓名、官爵,罢诸道兵。

**以韩建为修宫阙使**初,李茂贞以数出兵救东川,不暇东逼乘舆,诈称改过。又闻朱全忠营洛阳宫,累表迎驾,与建皆惧,请修复宫阙,奉上归长安。

---

1　尤者:最好的。
2　浅蛮:古代对南方发展程度较高、生活习俗等比较接近汉族的少数民族的泛称。
3　邛崃:古关隘名,即邛崃关。
4　障戍:防守的工事。
5　罪状:宣布他人罪行。

诏以建为修宫阙使。建及茂贞皆致书于李克用，请和，仍乞丁匠助修宫室，克用许之。

三月，以朱全忠为宣武、宣义[1]、天平节度使朱全忠遣副使韦震入奏，求兼镇天平，朝廷未之许。震力争之，不得已，从之。

以马殷知武安留后时湖南管内多为群盗所据，殷得潭、邵二州而已。

刘仁恭取沧、景、德州义昌节度使卢彦威性残虐，与仁恭争盐利。仁恭遣其子守文将兵袭之，彦威奔汴州。仁恭遂取沧、景、德三州，以守文为留后。兵势益盛，有并吞河朔之志。为守文求旌节，未许。会中使至范阳，仁恭语之曰：“旌节吾自有之，但欲得长安本色[2]耳，何为见拒？”其悖慢如此。

夏，四月，朱全忠会幽州、魏博兵击李克用，败之，拔洺、邢、磁州。

秋，八月，车驾至长安。

遣使宣慰河东、宣武上欲藩镇辑睦，以太子宾客张有孚为河东、汴州宣慰使和解之。克用欲奉诏，全忠不从。

九月，钱镠克苏州钱镠使顾全武攻苏州，城中食尽，淮南所署刺史弃城走，独秦裴守昆山[3]不下。全武率万余人攻之，裴屡出战，复靳侮[4]全武。全武怒，益兵攻城，引水灌之，城坏乃降，赢兵不满百人。镠怒曰：“单弱[5]如此，何敢久为旅拒？”对曰：“裴义不负杨公，今力屈而降耳。”镠善其言，顾全武亦劝宥之。时人称全武长者。

魏博节度使罗弘信卒军中推其子绍威知留后。

以王审知为威武节度使。

冬，十月，王琪杀前常州刺史王柷柷性刚介，有时望，诏征之，时人

---

1 宣义：方镇名，也称宣义军，由义成军改置，领滑、郑、陈三州，辖今河南省北部地。
2 本色：本来面目，意指正宗。
3 昆山：古县名，治所即今江苏省苏州市辖昆山市。
4 靳侮：讥笑侮辱。
5 单弱：孤单势弱。

以为且[1]入相。过陕，节度使王珙延奉甚至[2]，请叙子侄之礼。枢固辞，珙怒，使送者杀之，以覆舟[3]闻，朝廷不敢诘。

十一月，以罗绍威为魏博节度使。

十二月，李罕之据潞州，朱全忠表为节度使李克用之平王行瑜也，李罕之求帅邠宁。克用曰："行瑜恃功邀[4]君，故吾与公讨而诛之。昨破贼之日，吾首奏趣苏文建赴镇。少遽二三[5]，朝野之论，必谓吾辈算如行瑜所为也。俟还镇，当更为公论功耳。"罕之不悦，复求小镇[6]养疾，克用亦不许，罕之郁郁。及昭义节度使薛志勤卒，罕之擅引泽州兵夜入潞州据之。克用怒，遣人让之，罕之遂请降于朱全忠。克用遣李嗣昭将兵讨之。嗣昭先取泽州，收罕之家属送晋阳。全忠表罕之为昭义节度使。

## 己未二年（公元899年）

春，正月，崔胤罢，以陆扆同平章事。

刘仁恭屠贝州。三月，朱全忠遣兵击败之。遂攻河东，大败而还仁恭发幽、沧等十二州兵十万，欲兼[7]河朔，攻拔[8]贝州，城中万余户尽屠之。由是诸城各坚守不下。仁恭进攻魏州，节度使罗绍威求救于朱全忠。全忠遣李思安将兵救魏。仁恭遣守文及单可及将精兵五万击之。思安伏兵逆战，佯却，守文逐之，伏发，大败之，斩可及，杀获三万人，守文仅以身免。可及骁将也，燕军[9]由是丧气。时葛从周将精骑已入魏州。仁恭攻馆陶门，从周出，顾门者阖扉[10]，死战，仁恭复大败，烧营而遁。仁恭自是不振，而全忠益横矣。从周乘

---

1　且：将要。
2　延奉甚至：邀请并侍奉得非常周到。延奉，邀请并侍奉。至，周到。
3　覆舟：翻船。
4　邀：要挟。
5　二三：不专一，反复无定。
6　小镇：小的方镇。
7　兼：兼并。
8　攻拔：进攻占领。
9　燕军：指幽州的部队。
10　顾门者阖扉：回头让守门的士兵关上大门。

势攻河东，拔承天军[1]，别将氏叔琮拔辽州[2]。李克用遣周德威击之。叔琮有骁将陈章，号陈夜叉，请于叔琮曰："河东所恃者周杨五[3]，请擒之，求一州为赏。"克用闻之，以戒德威，德威曰："彼大言耳。"战于洞涡[4]，德威微服往挑战，谓其属曰："汝见陈夜叉即走。"章果逐之，德威奋铁槌击之，坠马，生擒以献。因击叔琮，大破之。从周亦引还。

夏，六月，以丁会为昭义节度使从朱全忠之请也。

保义军乱，杀节度使王珙珙性猜忍，虽妻子、亲近常不自保，至是为麾下所杀。推都将李璠为留后，都将朱简复杀璠而代之，附于朱全忠。改名友谦，预于子侄[5]。

秋，七月，马殷拔道州殷遣李唐攻道州，贼帅蔡结伏兵于隘[6]，击破之。唐曰："蛮所恃者山林耳。"乃因风燔林，光烛[7]天地，群蛮惊遁[8]。遂拔道州，擒结，斩之。

八月，李克用拔潞州先是，克用遣李君庆围潞州，朱全忠遣张存敬救之，君庆解围去。克用诛君庆，以李嗣昭代之。李罕之死，全忠使贺德伦守潞州。嗣昭日以铁骑环其城，捕刍牧者，附城三十里禾黍[9]皆刈之，德伦宵遁。克用表孟迁为留后。

九月，以李茂贞为凤翔、彰义节度使。

---

1　承天军：唐肃宗李亨时置，驻所位于今山西省阳泉市平定县东北，为山西太原和河北平原间交通要冲。
2　辽州：古州名，辖今山西省左权、和顺、榆社等县地。
3　周杨五：即周德威，小字阳五、杨五。
4　洞涡：古水名，又名同戈、铜锅，即今山西省晋中市寿阳县南、榆次市东潇河。
5　预于子侄：加入到朱全忠的子侄辈中。
6　隘：险要的地方。
7　烛：照亮。
8　惊遁：受惊而逃。
9　禾黍：禾与黍，亦泛指黍、稷、稻、麦等粮食作物。

**庚申三年（公元 900 年）**

春，二月，李克用治晋阳城李克用大治晋阳城堑，押牙刘延业谏曰：
"大王声振华夷，宜扬兵以严[1]四境，不当近治城堑，损威望而启寇心。"克用
谢之，赏以金帛。

夏，四月，朱全忠遣兵围沧州全忠遣葛从周将兵击刘仁恭，拔德州，
围沧州。仁恭复遣使求救于河东，李克用遣周德威将五千骑以救之。

六月，以崔胤同平章事，杀司空、同平章事王抟王抟明达有度量，
时称良相。上素疾枢密使宋道弼、景务修专横，崔胤日与上谋去之。由是南、
北司益相憎疾，各结藩镇以相倾。抟恐其致乱，从容言于上曰："人君当务明
大体，无所偏私。宦官擅权之弊，谁不知之？顾其势未可猝除，宜俟多难渐
平，以道消息[2]。愿陛下言勿轻泄，以速奸变。"胤闻之，谮抟为道弼辈外应，
上疑之。及胤罢相，意抟排己，恨之。遗朱全忠书，使表论之。上不得已，召
胤，复相之。贬抟崖州司户，流道弼骧州、务修爱州，皆赐自尽。于是胤专
制[3]朝政，势震中外，宦官皆侧目。

胡氏曰：昭宗在位十有三载，其人才可知已久矣。王抟为相累年，未闻有
所匡益，独此数言，足以救其急促[4]之祸。已为崔胤所挤，置之死地，然则抟
亦暗于度[5]君，而冒[6]于居位矣。当是时也，非贵戚之卿与世受国恩者，无洁身[7]
之义，自余去之可也。

秋，七月，李克用遣兵攻邢、洺以救沧州，汴军败还。

九月，以徐彦若为清海节度使崔胤以彦若位在己上，恶之，彦若亦自
求引去。时藩镇皆为强臣所据，惟嗣薛王知柔在广州，乃求代之。

---

1　严：整饬，整备。
2　道消息：道，引导，疏导。消息，消长，盛衰。
3　专制：控制，掌管。
4　急促：性情急躁，气量狭小。
5　度：估计，揣测。
6　冒：鲁莽，轻率。
7　洁身：保持自身清白。

崔远罢，以裴贽同平章事。

朱全忠攻镇州朱全忠以王镕与李克用交通，伐之。镕惧，遣判官周式诣全忠请和，曰："镇州密迩太原，困于侵暴，王公与之连和，乃为百姓故也。今明公果能为人除害，则天下谁不听命？若但穷威武，则镇州虽小，城坚食足，明公虽有十万之众，未易攻也。"全忠笑曰："与公戏耳。"乃遣使入见镕，镕以其子为质。全忠引还。

朱全忠取瀛、景、莫州成德判官张泽言于王镕曰："河东，勍敌也。今虽有朱氏之援，譬如火发于家，安能俟远水乎？彼幽、沧、易、定犹附河东。不若说朱公乘胜兼服¹之，使河北合而为一，则可以制河东矣。"镕复遣周式往说全忠。全忠喜，遣张存敬击刘仁恭，拔瀛、景、莫三州。

胡氏曰：张泽为王镕谋，若智而愚。舍近附远，一愚也；舍忠功²附奸贼，二愚也；反复弃信³，三愚也；说朱公合河北之势，则于成德何私⁴焉？四愚也。泽之意特以朱强李弱为向背耳。以强弱为向背，而不论义理，非守国⁵之善计也。

马殷取桂州静江军⁶节度使刘士政遣副使陈可璠屯全义岭⁷以备马殷。殷遣李琼等将兵击之。可璠掠县民耕牛，宰以犒军。县民怨之，为琼乡导，以袭秦城⁸，擒可璠。遂围桂州，士政出降。桂、宜⁹、岩、柳、象五州皆降。

朱全忠遣兵攻定州，义武节度使王郜奔晋阳张存敬攻定州，王郜遣兵马使王处直将兵数万拒之。处直请依城为栅，俟其师老而击之。孔目官梁汶曰："昔幽、镇合兵三十万攻我，于时我军不满五千，一战败之。今存敬兵不

1　兼服：一起降服。
2　忠功：尽忠建功。
3　弃信：失信，违背信义。
4　私：偏爱。
5　守国：掌管国政，治理国家。
6　静江：方镇名，辖今广西桂林、临桂、灵川、兴安、龙胜、荔浦、阳朔、永福等市县地。
7　全义岭：古地名，即越城岭，为五岭之一，位于今广西全州、资源二县间。
8　秦城：古城名，位于今广西桂林市兴安县西南。
9　宜：宜州，古州名，辖今广西河池市宜州区大部及罗城仫佬族自治县西南部地。

过三万，我军十倍于昔，奈何示怯，欲依城自固乎？"郜乃遣处直逆战，大败。郜奔晋阳。军中推处直为留后。存敬进围定州。朱全忠至城下，处直登城呼曰："本道事朝廷尽忠，于公未尝相犯，何为见攻？"全忠曰："何故附河东？"对曰："封疆密迩，且婚姻也。今请改图。"全忠许之。处直以缯帛十万犒师，全忠乃还，仍为处直表求节钺。刘仁恭遣其子守光将兵救定州，全忠遣张存敬袭之，杀六万余人。由是河北诸镇皆服于全忠。

十一月，中尉刘季述等幽帝于少阳院，而立太子裕自宋道弼、景务修死，宦官皆惧。中尉刘季述、王仲先、枢密王彦范、薛齐偓等阴相与谋曰："主上轻佻变诈[1]，难奉事，专听任南司官，吾辈终罹其祸。不若奉立太子，引岐、华兵控制诸藩，谁能害我哉？"至是，上猎苑中，夜醉归，手杀黄门、侍女数人。明旦，日加辰巳[2]，宫门不开。季述率禁兵千人破门而入，具得其状，出谓崔胤曰："主上所为如是，岂可理天下？废昏立明，自古有之，为社稷大计，非不顺也！"胤不敢违。季述召百官，陈兵殿庭，作胤等状[3]，请太子监国，胤及百官皆署之。将士大呼入思政殿，上惊起。季述等出状白之，曰："此非臣等所为，皆南司众情不可遏也。"即扶上与何后同辇[4]，嫔御才十余人，适少阳院。季述以银樋画地，数上曰："某时某事，汝不从我言，其罪一也。"如此数十不止。乃手锁其门，镕铁锢[5]之，遣兵围之，穴墙[6]以通饮食。上求钱帛、纸笔，皆不与。公主、嫔御无衣衾[7]，号哭闻于外。季述迎太子入宫，矫诏立之。以上为太上皇。加百官爵秩，将士优赏。凡宫人、左右为上所宠信者，皆榜杀[8]之。

---

1　变诈：欺诈。
2　辰巳：辰时和巳时，分别为上午七时至九时和上午九时至十一时。
3　作胤等状：起草崔胤等的联名状。
4　同辇：与天子同车。辇，天子之车。
5　锢：用熔化的金属堵塞空隙。
6　穴墙：凿墙洞。
7　衣衾：衣服与被子。
8　榜杀：鞭笞致死。

胡氏曰：在《易》，困有亨道[1]。苟有刚中[2]之德，致其诚意，求在下之贤，必有应者，故困厄于前而受福于后也。昭宗德非刚中，心无诚意，卞急噍噍[3]，昧徐说之义，是以终于困而已也。当是时，国家之势如积薪在炎火[4]之上，累卵在颓石[5]之下，尚何心于驰骋田猎，乐饮而沉醉也？左右宦官伺衅日久，又以嚾怒[6]促之，能无少阳之辱乎？

崔胤密致书朱全忠，使兴兵图返正。进士李愚客游华州，上韩建书曰："明公居近关[7]重镇，君父幽辱[8]，坐视凶逆而忘勤王之举，仆所未谕也。一朝山东侯伯唱义连衡[9]，鼓行而西，明公求欲自安，其可得乎？不如驰檄四方，谕以逆顺，军声一振，则元凶破胆，旬浃[10]之间，二竖之首传于天下，计无便于此者。"建虽不能用，厚待之。愚坚辞而去。

胡氏曰：李愚自为进士时，已有远见忠谋，宜终为世用也。惜其所告非所当告耳。韩建前日肆其凶悖，今日岂能率义[11]乎？不可与言而与之言，失言。愚于是为不知矣。

全忠在定州，闻乱而还。季述遣其养子希度诣全忠，许以唐社稷输[12]之。全忠犹豫未决，副使李振独曰："王室有难，霸者之资也。公为唐桓、文，安危所属，宦竖囚、废天子不能讨，何以复令诸侯？且幼主位定，则天下之权尽

1　亨道：通达之路。
2　刚中：内心刚强。
3　卞急噍噍：卞急，急躁。噍噍，羽毛凋敝貌。
4　炎火：烈火。
5　颓石：下坠的石头。颓，下坠。
6　嚾怒：愤怒。嚾，怒而作气的样子。
7　近关：离都城近的边关。
8　幽辱：受辱。
9　山东侯伯唱义连衡：崤山以东的诸侯首倡大义，联合出兵。唱义，首倡大义。连衡，结盟，联合。
10　旬浃：浃旬，满十天。亦指较短的时日。
11　率义：行义，做出仁义之举。
12　输：交给。

归宦官矣。"全忠大悟，即囚希度，遣亲吏蒋玄晖如京师，与崔胤谋之。

### 辛酉天复元年（公元901年）

春，正月朔，神策指挥使孙德昭等讨刘季述等，皆伏诛。帝复于位，黜太子裕为德王神策指挥使孙德昭自季述等废立，常愤惋不平。崔胤闻之，遣判官石戬说之曰："今反者独季述、仲先耳。公诚能诛此二人，迎上皇复位，则富贵穷一时，忠义流千古。苟狐疑不决，则功落他人之手矣。"德昭曰："相公有命，不敢爱死！"遂结右军都将董彦弼、周承诲，谋以除夜[1]伏兵安福门外以俟之。正旦，仲先入朝，德昭擒斩之。驰诣少阳院，叩门呼曰："逆贼已诛，请陛下出劳将士。"何后不信曰："果尔[2]，以其首来。"德昭献其首，上乃与后毁扉[3]而出。崔胤迎上御长乐门楼，率百官称贺。周承诲擒刘季述、王彦范继至，方诘责，已为乱梃[4]所毙。薛齐偓赴井死，出而斩之。灭四人之族，并诛其党二十余人。上曰："裕幼弱，非其罪。"黜为德王。赐孙德昭姓名李继昭，承诲姓名李继诲，彦弼亦赐姓，皆以使相留宿卫，赏赐倾府库，时人谓之"三使相"。上宠待胤益厚，朱全忠由是亦益重李振。

进朱全忠爵为东平王，李茂贞为岐王。

以韩全海、张彦弘为中尉，袁易简、周敬容为枢密使敕："近年宰臣延英奏事，枢密使侍侧，争论纷然，挠权乱政。自今并依大中旧制，俟宰相奏事毕，方得升殿承受[5]公事。"崔胤、陆扆上言："祸乱之兴，皆由中官典兵。乞令胤主左军，扆主右军，则诸侯不敢侵陵，王室尊矣。"上召李继昭等谋之，皆曰："臣等累世在军中，未闻书生为军主。若属南司，必多所变更，不若归之北司为便。"于是复以宦者为中尉，又征前枢密使严遵美为两军中尉、观军

---

1　除夜：除夕晚上。
2　果尔：果真如此。
3　扉：门扇。
4　梃：棍棒。
5　承受：接受。

容处置使。遵美曰："一军犹不可为，况两军乎？"固辞不起。胤以宦官终为肘腋之患，欲以外兵制之。会李茂贞入朝，胤讽茂贞留兵宿卫，以假子继筠将之。谏议大夫韩偓以为不可，曰："留此兵则家、国两危，不留则国、家两安。"胤不从。

范氏曰：刘季述劫太子而幽[1]帝，宦者皆预其谋。昭宗不能因天下仇疾之心穷治逆党，夺其兵柄，归之将相，而以乱易乱，复任宦者。既赦而不问，又稍以法诛之，至使反侧不安，外结藩镇，以致劫迁之祸，由除恶不绝其本，而大信不立故也。昔阳虎作乱于鲁，囚季桓子，劫其国君，《春秋》书之曰"盗"。若季述等，家臣、贱人，不得曰"废立"。为唐史者，宜书曰"盗"，则名实正矣。

胡氏曰：崔胤之言，其心虽私，其策则是。冢宰，六卿之长，于事无所不统，况兵权，有国之司命[2]，而可不预知乎？然不当分为左、右，通掌[3]可也。彼三武夫，固北司之隶[4]也，夫岂足与谋乎？

二月，朱全忠取河中晋、绛等州，执王珂以归，杀之朱全忠既服河北，欲取河中以制河东，遣张存敬将兵三万袭之，而自以中军继其后。晋、绛不意其至，皆降。全忠留兵守之，以扼河东援兵之路。珂告急于李克用，克用兵不得进，报曰："不若举族归朝。"珂又遗李茂贞书，言："天子诏藩镇无得相攻。今朱公不顾诏命，首兴兵相加。河中若亡，则同、华、邠、岐俱不自保，天子神器拱手授人矣。公宜亟率关中诸镇兵固守潼关，赴救河中。关中安危，国祚修短[5]，系公此举。"茂贞不报。存敬围河中，王珂欲奔京师，而人情离贰[6]，不复能出，遂请降。全忠驰赴之，至虞乡[7]，哭重荣墓尽哀[8]，河中人皆悦。

---

1 幽：囚禁。
2 司命：关系命运者。
3 通掌：全面主持。
4 隶：差役，奴仆。
5 修短：长短。
6 离贰：有异心。
7 虞乡：古县名，治所位于今山西省运城市辖永济市东北。
8 尽哀：竭尽哀思。

珂欲面缚，全忠止之曰："太师舅之恩何可忘？若郎君[1]如此，使仆异日何以见舅于九泉？"乃以常礼出迎。全忠表张存敬为留后。珂举族迁于大梁，后全忠竟杀之。

**以王溥、裴枢同平章事。**

**三月，朱全忠遣兵攻河东，取沁、泽、潞、辽等州**李克用遣使请好于全忠，全忠怒其书辞塞傲[2]，遣氏叔琮等分道攻之，沁、泽、潞、辽等州皆降。别将白奉国会成德兵自井陉入，拔承天[3]。叔琮等兵抵晋阳城下，克用登城备御，不遑饮食。时大雨积旬[4]，刍粮不给，士卒疟利[5]，全忠乃召兵还。周德威、李嗣昭以精骑蹑之，杀、获甚众。

**夏，五月，以朱全忠为宣武、宣义、天平、护国节度使**全忠奏乞除河中节度使，而讽吏民请己为帅。

**李茂贞入朝**初，杨复恭借度支卖曲[6]之利一年以赡军，而不复归。至是，崔胤欲抑宦官，罢之，令酤[7]者自造，而月输钱度支。并近镇亦禁之。李茂贞惜其利，表乞入朝论奏，韩全诲请许之。茂贞至京师，全诲深与相结。崔胤始惧，益厚朱全忠，而与茂贞为仇敌矣。

**六月，解崔胤盐铁使**上之返正也，中书舍人令狐涣、给事中韩偓皆预其谋，故擢为翰林学士。时上悉以军国事委崔胤，宦官侧目，胤欲尽除之。韩偓曰："事禁太甚，此辈亦不可全无。恐其党迫切[8]，更生他变。"胤不从。上独召偓问之，对曰："东内[9]之难，敕使谁非同恶？处之当在正旦，今已失其时矣。"上曰："当是时，卿何不为崔胤言之？"对曰："陛下诏书云：'四家之

---

1　郎君：贵家子弟的通称。
2　塞傲：高傲，傲慢。
3　承天：即承天军。
4　积旬：接连多日。
5　疟利：患疟疾和拉痢疾。
6　曲：酒曲，酿酒用的发酵物。
7　酤：卖酒。
8　迫切：逼迫。
9　东内：即大明宫。

外，余无所问。'夫人主所重莫大于信，既下此诏，则守之宜坚。若复戮一人，则人人惧死矣。然后来所去，已为不少，此其所以惴惴不安也。今不若择其尤无良[1]者数人，明示其罪，置之于法，然后抚谕其余。择其忠厚者，使为之长，有善则奖，有罪则惩，则咸自安矣。此曹在公私者以万数，岂可尽诛邪？夫帝王之道，当以重厚镇之，公正御之，至于琐细机巧，此机生，则彼机应矣，终不能成大功，所谓理丝而棼之[2]者也。况今朝廷之权散在四方，苟能先收此权，则事无不可为者矣。"上深以为然，曰："此事终以属[3]卿。"胤复请尽诛宦官，但以官人掌内诸司事。宦官乃求美女知书者数人，内之宫中，阴令诇察其事，尽得胤密谋。日夜谋所以去胤者。时胤领三司，全诲等教禁军对上喧噪，诉胤减损冬衣。上不得已，解胤盐铁使。时朱全忠、李茂贞各有挟天子令诸侯之意。胤知谋泄事急，遗全忠书，称被[4]密诏，令全忠以兵迎车驾。

　　冬，十月，朱全忠举兵发大梁初，韩全诲等惧诛，谋以兵制上，乃与李继昭、继诲、彦弼及神策指挥使李继筠深相结，继昭独不肯从。他日，韩偓因对及之，上曰："是不虚矣。令狐涣欲令朕召胤及全诲等于内殿，置酒和解之，何如？"对曰："如此则彼凶悖益甚。独有显罪数人，速加窜逐，余者许其自新，庶几可息。若一无所问，彼必知陛下心有所贮[5]，益不自安，事终未了耳。"上曰："善。"既而宦官自恃党援已成，稍不遵敕旨[6]。或使监军守陵，皆不行，上无如之何。朱全忠得崔胤书，自河中还大梁发兵。上闻之，急召韩偓，谓曰："闻全忠欲来除君侧之恶，大是尽忠，然须令与茂贞共其功。若两帅交争，则事危矣。卿语崔胤速飞书[7]两镇，使合谋。"又谓偓曰："继诲、彦弼辈骄横益甚。"对曰："兹事失之于初，当其立功之时，但应以官爵、田宅、金

---

1　无良：不善，不好。
2　理丝而棼之：整理蚕丝不找头绪，结果越整理越乱，比喻解决问题的方法不对头。棼，纷乱。
3　属：通"嘱"，托付，委托。
4　被：接受，奉。
5　心有所贮：意指怀恨在心。
6　敕旨：帝王的诏旨。
7　飞书：疾速传送文书。

帛酬之，不应听其出入禁中也。且崔胤本留岐兵[1]，欲以制敕使也。今敕使、卫兵相与为一，汴兵[2]若来，必与斗于阙下，臣窃寒心。"十月，全忠兵发大梁。

**杨行密遣兵攻杭州，擒其将顾全武**杨行密遣李神福等将兵取杭州，全武等列八寨以拒之。神福声言还师，所获杭俘走还者皆不追。暮[3]，遣羸兵先行，而伏兵青山[4]。全武追之，伏发被擒。钱镠闻之，惊泣曰："丧我良将。"既而久攻不拔，神福欲归，恐为镠所邀，乃请人守卫镠祖考丘垄[5]，又使顾全武通家信。镠遣使谢之，神福受其犒赂[6]而还。既而行密遣全武归，以易秦裴。

**十一月，韩全诲等劫帝如凤翔，朱全忠取华州**韩全诲等闻全忠将至，令李继诲、李彦弼等勒兵劫上，请幸凤翔。上密召崔胤，曰："我为宗社大计，势须西行。卿等但东行也。"是日开延英，全诲等复侍侧，同议政事。李继筠遣兵掠内库宝货、法物。全诲遣人密送诸王、宫人先之凤翔。全忠至河中，表请车驾幸东都，京城大骇。上遣中使召百官，皆辞不至。全诲等陈兵殿前，言于上曰："全忠欲劫天子幸洛阳，求传禅[7]。臣等请奉陛下幸凤翔，收兵拒之。"上不许，拔剑登乞巧楼[8]。全诲等逼上下楼，李彦弼即于御院[9]纵火。上不得已，与后妃、诸王百余人皆上马，恸哭而出。李茂贞出迎，上下马慰接[10]之，遂入凤翔。全忠议引兵还，张濬说之曰："韩建，茂贞之党，不取之，必为后患。"乃引兵逼其城，建单骑迎谒。全忠以建为忠武节度使，以兵送之。车驾之在华州也，商贾辐凑，建重征之，得钱九百万缗，至是，全忠尽取之。是时，京师无天子，行在无宰相。崔胤等列状[11]请朱全忠西迎车驾，全忠复书曰："进则惧

---

1　岐兵：即李茂贞的部队。
2　汴兵：即朱全忠的部队。
3　暮：晚上。
4　青山：古山名，位于今浙江省杭州市临安区东青山镇。
5　丘垄：坟墓。
6　犒赂：犒赏和贿赂。
7　传禅：转让帝位。
8　乞巧楼：乞巧的彩楼。乞巧，农历七月初七的晚上，妇女在院子里陈设瓜果，向织女星祈祷，请求帮助她们提高刺绣缝纫的技巧。
9　御院：皇宫的院子。
10　慰接：抚慰接待。
11　列状：分别上书。

胁君之谤，退则怀负国之惭。然不敢不勉！"

范氏曰：崔胤本与韩全诲有隙，故各倚强藩以为外援，而岐、汴[1]亦凭宦官、宰相以制朝廷，故胤召全忠，而全诲劫帝西幸。唐室之亡，由南、北司相吞灭[2]，而人主受其祸。岂不足为将来之永鉴哉？

**朱全忠引兵至凤翔城东而还**朱全忠至长安，宰相率百官班迎[3]。至凤翔，军于城东。李茂贞登城谓曰："天子避灾，非臣下无礼，谗人误公至此。"全忠报曰："韩全诲劫迁天子，今来问罪，迎扈还宫。岐王若不预谋，何烦陈谕[4]？"上屡诏全忠还镇，全忠乃拜表奉辞[5]，移兵北趋邠州。节度使李继徽请降，复姓名杨崇本。李茂贞以诏命征兵河东，李克用遣李嗣昭将五千骑趋晋州，与汴兵战于平阳北，破之。戎昭[6]节度使冯行袭亦遣使听命于全忠。韩全诲遣中使二十余人分道征兵，皆为所杀。全诲又征兵于王建，建使王宗佶等将兵五万，声言迎驾，实袭山南诸州。

**以卢光启参知机务，崔胤、裴枢罢。**

**十二月，清海节度使徐彦若卒**彦若遗表荐刘隐权留后。

**江西节度使钟传取抚州**传围抚州，天火[7]烧其城，士民喧惊[8]。诸将请急攻之。传曰："乘人之危，非仁也。"刺史危全讽闻之，谢罪听命。

## 壬戌二年（公元902年）

春，正月，以韦贻范同平章事。

二月，李克用遣兵取慈、隰，逼晋、绛。朱全忠还河中，遣兵击之

---

1 岐、汴：代指李茂贞、朱全忠。
2 吞灭：并吞消灭。
3 班迎：列班迎接。
4 陈谕：陈述晓谕。
5 奉辞：奉君主之正辞。
6 戎昭：方镇名，即戎昭军，领金、均、房三州，辖今湖北省大巴山以北，丹江口、保康以西，郧西、陕西省旬阳以南，宁陕、紫阳以东地区。
7 天火：由雷电或物体自燃等自然原因引起的大火。
8 喧惊：喧扰惊恐。

先是，朱全忠移军武功，嗣昭等攻慈、隰以分其兵势。全忠遂还河中。嗣昭等克二州，进逼晋、绛。全忠遣兄子友宁会氏叔琮击之。

**盗发简陵。**

三月，汴兵围晋阳氏叔琮、朱友宁进攻李嗣昭、周德威营。时汴军横陈[1]十里，而河东军不过数万。德威战败，叔琮、友宁乘胜攻河东，取慈、隰、汾三州，围晋阳，攻其西门。克用召诸将议走保云州，李存信欲入北虏[2]，嗣昭、德威及李嗣源皆曰："儿辈在此，必能固守。王勿为北谋[3]摇人心。"刘夫人亦曰："王常笑王行瑜轻去其城，死于人手，奈何效之？且一足出城，则祸变不测，塞外可得至邪？"克用乃止。居数日，溃兵复集，军府浸安。嗣昭、嗣源数将敢死士夜入叔琮营，斩首捕虏，汴军惊扰。会大疫，引兵还。嗣昭与德威追之，复取慈、隰、汾三州。自是克用不敢与全忠争者累年。克用以贮粮[4]、缮兵、修城利害问于幕府[5]，掌书记李袭吉曰："国富不在仓储，兵强不由众寡。霸国无贫主，强将无弱兵。愿大王崇德爱人，去奢省役，设险固境，训兵务农。定乱者选武臣，制理[6]者选文吏，钱谷有句[7]，刑法有律。诛赏由我，则下无威福之弊；近密[8]多正，则人无谮谤[9]之忧。如此，则国不求富而自富，不求安而自安矣。至于率间阎，定间架，增曲糵，检田畴[10]，恐非开国建邦之切务也。"克用以封疆日蹙，忧形于色。存勖进言曰："朱氏穷凶极暴，人怨神怒，今其极也，殆将毙矣。吾家代袭忠贞，大人当遵养时晦以待其衰，奈何轻为沮丧，使群下失望乎？"克用悦。刘夫人无子，克用宠姬曹氏生存勖，幼警敏，有勇

1　横陈：杂陈，横列。
2　北虏：古代对北方匈奴等少数民族的蔑称。
3　北谋：向北退守云州的计划。
4　贮粮：储备粮草。
5　幕府：幕僚，幕宾。
6　制理：治理。
7　句：登记簿册。
8　近密：帝王的亲近之臣。
9　谮谤：诽谤。
10　率间阎，定间架，增曲糵，检田畴：计算里巷户数，规定房产税，增加酒税，检查田地。率，计算。

略，刘夫人待曹氏加厚。

**以杨行密为行营都统，赐爵吴王**上遣金吾将军李俨宣谕[1]江淮，书御札赐杨行密，令讨朱全忠立功。将士听承制迁补[2]，然后表闻。

**回鹘遣使入贡**回鹘请发兵赴难[3]，上命韩偓答诏许之。偓曰："戎狄兽心，不可倚信[4]。彼见国家人物华靡，而甲兵凋弊，必有轻中国之心。且自会昌以来，为国家所破，恐其乘危复怨[5]。宜谕以小小寇窃[6]，不须赴难，虚愧[7]其意，实沮其谋。"从之。

**夏，四月，卢光启罢。**

**五月，朱全忠至东渭桥**崔胤诣河中，泣诉于朱全忠，请以时[8]迎奉。全忠与之宴，胤亲执板，歌以侑酒[9]。全忠乃将兵五万发河中。

**韦贻范罢**初，上尝与李茂贞以及宰相、中尉宴，酒酣，茂贞及韩全诲亡去[10]。上问韦贻范："朕何以巡幸[11]至此？"对曰："臣在外不知。"上曰："卿既以非道[12]取宰相，当于公事如法[13]；若有不可，必准故事。"因怒目视之，微言[14]曰："此贼当杖之二十。"贻范屡持大杯献上，上不即持，贻范举杯直及上颐。至是，遭母丧而罢。

**进钱镠爵为越王。**

**以苏检同平章事**宦官荐翰林学士姚洎为相。洎谋于韩偓，偓曰："若图

---

1 宣谕：宣布命令，晓谕。
2 迁补：升官补缺。
3 赴难：往救危难。
4 倚信：倚重信任。
5 复怨：复仇。
6 寇窃：盗贼。
7 虚愧其意：让他们心虚惭愧。
8 以时：及时，即时。
9 侑酒：劝酒，为饮酒者助兴。
10 亡去：逃遁。
11 巡幸：帝王出巡，到达某地。
12 非道：不合道义，不正当的手段。
13 当于公事如法：公事都要按照国法办理。
14 微言：密谋。

永久之利，则莫若未就为善。傥出上意，固无不可。且汴军旦夕合围，孤城难保，家族在东，可不虑乎？"洎乃移疾[1]。李茂贞及宦官恐上自用人，协力荐检，遂用之。

**昇州刺史冯弘铎袭宣州，败走。杨行密取昇州**冯弘铎介居宣、扬之间，自恃楼船之强，不事两道。至是率众袭宣城，田頵率舟师逆击，破之。弘铎收余众将入海，杨行密遣使招之，署节度副使，馆给[2]甚厚。初，弘铎遣牙将尚公乃诣行密求润州，行密不许，公乃大言曰："公不见听，但恐不敌楼船耳。"至是，行密谓公乃曰："颇记求润州时否？"公乃谢曰："将吏各为其主，但恨无成耳。"行密笑曰："尔事杨叟[3]如冯公，无忧矣。"行密以李神福为昇州刺史。

**朱全忠围凤翔**李茂贞自将与朱全忠战于虢县[4]之北，大败而还。全忠攻凤州，拔之。进军凤翔城下，朝服向城而泣曰："臣但欲迎车驾还宫耳，不与岐王角胜也。"遂为五寨环之。

**杨行密攻宿州，不克**杨行密发兵讨朱全忠，欲以巨舰[5]运粮。徐温曰："运路久不行，请用小艇，庶几易通。"军至宿州，会久雨，重载不能进，士有饥色，而小艇先至。行密由是奇温，始与议军事。攻宿州，竟不克，乃引兵还。

**秋，八月，两浙军乱**初，孙儒死，其士卒多奔浙西。钱镠爱其骁悍，以为中军，号武勇都。杜棱谏曰："狼子野心，他日必为深患。请以土人代之。"不从。镠如衣锦军[6]，命指挥使徐绾率其众以治沟洫[7]，众有怨言，谋杀镠，不果。

---

1　移疾：官员上书称病，多为居官者求退的婉辞。
2　馆给：供给食宿。
3　杨叟：即杨行密自己。
4　虢县：古县名，治所位于今陕西省宝鸡市陈仓区西。
5　巨舰：大船。
6　衣锦军：即安国衣锦军，吴越王钱镠升衣锦城置，治所位于今浙江省杭州市临安区。
7　沟洫：本指田间水道，此借指农田水利。

镠命绾将所部先还杭州，及外城，纵兵焚掠。左都[1]许再思与之合，进逼牙城。镠闻变，微服乘小舟夜归，逾城入。杜建徽自新城[2]入援。

**起复韦贻范同平章事**贻范之为相也，多受人赂，许以官。既而以丧罢去，日为债家[3]所噪，故汲汲于起复，日遣人诣两中尉、枢密及李茂贞求之。上命韩偓草制，偓曰："吾腕可断，此制不可草！"即上疏论之，以为此必骇物听[4]，伤国体。中使怒曰："学士勿以死为戏！"偓以疏授之，解衣而寝。中使奏之，上命罢草。明日，班定，无白麻可宣，宦官喧言[5]："韩侍郎不肯草麻。"茂贞入见曰："陛下命相，而学士不肯草麻，与反何异？"上曰："学士所陈事理明白，若之何不从？"茂贞不悦而出，语人曰："我实不知书生礼数[6]，为贻范所误。"贻范乃止。至是，竟起复贻范，使姚洎草制。贻范不让，即表谢[7]，明日视事。

**王建取兴元**西川军请假道于兴元，节度使李继密遣兵拒之。战败，奔还。西川军乘胜至城下，王宗涤先登，克之。继密请降，得兵三万，骑五千。诏以王宗涤镇之。宗涤有勇略，得众心，王建忌之。王宗佶等疾其功，构以飞语。建召，诘责之，宗涤曰："三蜀[8]略平，大王听谗、杀功臣可矣！"建缢杀之，成都为之罢市，连营[9]涕泣，如丧亲戚。建以王宗贺权兴元留后。

**九月，李茂贞攻朱全忠营，败绩**朱全忠以久雨，士卒病，议引兵归河中。指挥使高季昌、刘知俊曰："天下英雄，窥此举一岁矣。今茂贞已困，奈何舍去？"全忠患茂贞坚壁不出，季昌请募人为谍，入城诱致之。骑士马景请

---

1　左都：即武勇都中的左都。武勇都，军队名，吴越王钱镠帮助杨行密平定孙儒之乱，收罗孙儒降兵建立了武勇都。武勇都分左、右。
2　新城：古地名，位于今浙江省嘉兴市西北。
3　债家：债主。
4　物听：众人的言论。
5　喧言：诡辩。
6　礼数：礼节。
7　表谢：上表谢恩。
8　三蜀：蜀郡、广汉郡、犍为郡合称。
9　连营：连绵不绝的营寨。

行。会朱友伦发兵于大梁，将至，当出兵迓<sup>1</sup>之。全忠命诸军秣马饱士，偃<sup>2</sup>旗帜，潜伏营中，寂如无人。景乃诈为逃亡入城，告茂贞曰："全忠举军遁矣，独留伤病者近万人守营，请速击之。"茂贞开门悉众攻全忠营。全忠鼓于中军，百营俱出，纵兵击之。又遣数百骑据其城门。凤翔军进退失据，自蹈藉，杀伤殆尽。茂贞自是丧气，始议与全忠连和，奉车驾还京矣。茂贞尽出骑兵于邻州就刍粮。全忠穿蚰蜒壕<sup>3</sup>围凤翔，设犬铺、铃架<sup>4</sup>以绝内外。

王建取洋州。

以李茂贞为凤翔、静难、武定、昭武<sup>5</sup>节度使。

田頵攻杭州或劝钱镠渡江，东保越州以避徐、许之难<sup>6</sup>，杜建徽按剑叱之曰："事或不济，同死于此，岂可复东渡乎？"顾全武曰："闻绾等谋召田頵，頵至，则淮南助之，不可敌也。"建徽曰："孙儒之难，王尝有德于杨公，今往告之，宜有以相报。"镠命全武告急杨行密，且以子传璙为质。绾等果召頵，頵引兵赴之。镠谓之曰："军中叛乱，何方无之，公为节帅，乃助贼为逆乎？"全武至广陵说行密，行密许之，以女妻传璙。

冬，十月，杨行密建制敕院李俨至扬州，杨行密始建制敕院。每有封拜，辄以告俨，于紫极宫玄宗像前陈制书，再拜然后下。

王建取兴州。

朱全忠遣使奉表迎车驾朱全忠遣幕僚司马邺奉表入城，献食物、缯帛。复遣使请与茂贞连和，修宫阙，迎车驾。上亦遣使赍诏赐之。凤翔军夜缒降汴军者甚众。茂贞疑上与全忠有密约，增兵防卫。汴军夜鸣鼓角，城中地如动。攻城者诟城上人云："劫天子贼。"乘城者诟城下人云："夺天子贼。"是冬大

---

1　迓：迎接。
2　偃：放倒。
3　蚰蜒壕：迂回曲折的壕沟。
4　犬铺、铃架：犬铺，军营四面警犬守护之处。铃架，军营的戒严、报警设施，在营房四周的木架上挂铃，当敌人接触它时会发出响声。
5　昭武：方镇名，即昭武军，领兴、凤、利等州，辖今陕西、甘肃、四川三省交界地区。
6　徐、许之难：指徐绾、许再思叛乱。

雪，城中食尽，冻、饿死者不可胜计，或卧未死，肉已为人所剐。市中卖人肉，斤直钱佰[1]，犬肉直伍佰。茂贞储偫亦竭，以犬彘[2]供御膳。上鬻御衣及小皇子衣于市以充用。

**十一月，保大节度使李茂勋引兵救凤翔。朱全忠遣兵取鄜坊，茂勋降。**

**韦贻范卒**苏检数为韩偓经营入相，言于茂贞及中尉、枢密，且遣亲吏告偓。偓怒曰："公不能有所为，乃欲以此相污耶？"

**钱镠拒击田頵，破之**田頵急攻杭州，钱镠拒击，破之。杨行密亦使人召頵曰："不还，吾且使人代镇宣州。"頵取镠次子传璙为质，将妻以女。与徐绾、许再思同归宣州。

**十二月，李继昭诣朱全忠降**茂贞山南州、镇皆入王建，关中州、镇皆入全忠，坐守孤城，乃密谋诛宦官以自赎，遗全忠书曰："祸乱之兴，皆由全诲。仆迎驾至此，以备他盗。公既志匡社稷，请公迎扈还宫。仆以弊甲雕兵[3]从公陈力。"全忠复书曰："仆举兵至此，以乘舆播迁，公能协力，固所愿也。"上召李茂贞、苏检、李继诲等食，议与全忠和。上曰："十六宅诸王以下，冻、饿死者，日有数人。在内诸王及公主、妃嫔，一日食粥，一日食汤饼[4]，今亦竭矣。卿等意如何？"皆不对，上曰："速当和解耳。"凤翔兵数十人遮韩全诲，骂之曰："阖[5]城涂炭，正为军容辈[6]数人耳。"李继昭谓全诲曰："昔杨军容破杨守亮一族，今军容亦破继昭一族邪？"慢骂之。遂出降于朱全忠，复[7]姓符，名道昭。

---

1　斤直钱佰：一斤值一百钱。
2　犬彘：狗和猪。
3　弊甲雕兵：破甲残兵。
4　汤饼：水煮的面食。
5　阖：全。
6　军容辈：代指韩全诲，其曾担任观军容处置使。
7　复：恢复。

癸亥三年（公元 903 年）

春，正月，平卢节度使王师范发兵讨朱全忠，克兖州师范颇好学，以忠义自许，为治有声迹。全忠围凤翔，韩全诲以诏书征藩镇兵入援。师范见之，泣下沾衿，曰："吾属为帝室藩屏，岂得坐视天子困辱如此？虽力不足，当死生以之。"时关东兵多从全忠在凤翔，师范分遣诸将，诈为贡献及商贩，包束[1]兵仗，载以小车，入汴、徐诸州，西至陕、华，期以同日俱发讨全忠。适诸州者多事泄被擒，独行军司马刘鄩取兖州。时泰宁节度使葛从周将其兵屯邢州，鄩率精兵自水窦[2]入据府舍，拜从周母，待其妻子以礼。全忠判官裴迪守大梁。师范遣走卒赍书至大梁，见迪色动[3]。迪问，知之，不暇白全忠，亟请马步都指挥使朱友宁将兵万余人东巡兖、郓，召从周于邢州，共攻师范。

李茂贞杀韩全诲等。帝幸朱全忠营，遂发凤翔，复以崔胤为司空、同平章事李茂贞独见上，请诛全诲等，与朱全忠和解，奉车驾还京。上喜，即收全诲等斩之，又斩李继筠、继诲、彦弼等十六人，而以第五可范、仇承坦为中尉，王知古、杨虔朗为枢密使。遣韩偓及赵国夫人诣全忠营，囊全诲等首以示之，曰："向来胁留车驾，不欲协和[4]，皆此曹也。今朕与茂贞决意诛之，卿可晓谕诸军，以豁[5]众愤。"全忠遣判官李振奉表入谢，而围犹未解。茂贞疑崔胤教全忠欲必取凤翔，白上急召胤，令率百官赴行在。赐诏六、七，胤竟不至。全忠亦以书召之，胤始来凤翔，乃启城门。茂贞请以其子侃尚平原公主、苏检女为景王妃以自固，上皆从之。时凤翔所诛宦官已七十二人，全忠又密令京兆捕诛[6]九十人。车驾幸全忠营，全忠素服待罪，顿首流涕，上亦泣，亲解玉带以赐之，少休即行。全忠令朱友伦将兵扈从。车驾至兴平，崔胤始率百官迎谒。复以为相，领三司如故。

1　包束：包裹起来。
2　水窦：水道，水之出入孔道。
3　色动：脸色改变。
4　协和：和睦，融洽。
5　豁：开解。
6　捕诛：捕捉杀戮。

　　车驾至长安，大诛宦官，以崔胤判六军十二卫事车驾入长安，崔胤
奏以："宦官典兵豫政[1]，倾危[2]国家，不翦其根，祸终不已。请悉罢内诸司使，
其事务尽归之省寺[3]，诸道监军俱召还阙下。"上从之。全忠遂以兵驱第五可范
以下数百人尽杀之，冤号[4]之声，彻[5]于内外。其出使外方[6]者，诏所在诛之，止
留黄衣[7]幼弱者三十人以备洒扫。自是宣传诏命，皆令官人出入。其两军八镇
兵，悉属六军。以崔胤兼判六军十二卫事。

　　司马公曰：宦者用权，为国家患，其来久矣。盖以出入宫禁，人主自幼
及长，与之亲狎，非如公卿进见有时，可严惮也。其间复有性识儇利[8]，语言辨
给[9]，善伺候[10]颜色，承迎志趣[11]，受命则无违忤之患，使令则有称惬之效。自非上
智之主，烛知[12]物情，虑患深远，侍奉之外，不任以事，则近者日亲，远者日
疏，甘言卑辞之请有时而从，浸润肤受之愬[13]有时而听。于是黜陟、刑赏之政，
潜移于近习而不自知，如饮醇酒，嗜其味而忘其醉也。东汉之衰，宦官最名[14]
骄横，然皆假人主之权，依凭城社[15]，以浊乱天下，未有能劫胁天子如制婴儿，
废置在其手，东西出其意，如唐世者也。所以然者非他，汉不握兵，唐握兵故
也。盖其祸始于明皇，盛于肃、代，成于德宗，极于昭宗，而唐之庙社因以丘
墟矣。为国家者，可不慎其始哉？夫寺人[16]之官，所以谨闺闼[17]之禁，通内外之

1　豫政：参与政事。豫，通"与"。
2　倾危：倾覆，颠覆。
3　省寺：古代朝廷"省""寺"两类官署的并称，亦泛指中央政府官署。
4　冤号：鸣冤呼号。
5　彻：穿透。
6　外方：外地，远方。
7　黄衣：黄色的衣服，此处借指宦官。
8　性识儇利：性识，天分，悟性。儇利，敏捷灵巧。
9　辨给：言谈或写作敏捷流利。辨，通"辩"。
10　伺候：窥伺，窥测。
11　承迎志趣：承迎，接待，欢迎。志趣，意向，志向和情趣。
12　烛知：明察洞悉。
13　肤受之愬：谗言。肤受，指浮泛不实，或指利害切身。
14　最名：最为出名。
15　城社：邦国，也比喻靠山。
16　寺人：古代宫中的近侍小臣，多以阉人充任。
17　闺闼：宫禁的门户。

言，安可无也？如巷伯之疾恶，寺人披之事君，郑众之辞赏[1]，吕强之直谏，曹日升之救患，马存亮之弭乱，杨复光之讨贼，严遵美之避权，张承业之竭忠，其中岂无贤才乎？顾人主不当与之谋议，进退士大夫，使有威福足以动人耳。果或有罪，小则刑之，大则诛之，无所宽赦[2]。如此，虽使之专横，孰敢哉？岂可不察臧否，不择是非，欲草薙而禽狝之[3]，能无乱乎？是以袁绍行之于前而董卓夤灾，崔胤袭之于后而朱氏篡唐，虽快一时之忿，而国随以亡。是犹恶衣之垢而焚之，患木之蠹而伐之，其为害岂不益多哉？

二月，贬陆扆为沂王傅、分司车驾还京师，赐诸道诏书，独凤翔无之。扆曰："茂贞罪虽大，然朝廷未与之绝。今独无诏书，示人不广[4]。"崔胤怒，奏贬之。

赐苏检死，贬王溥为宾客、分司皆崔胤所恶也。

赐朱全忠号"回天再造、竭忠守正功臣"将佐敬翔、朱友宁、都头以下皆赐号[5]有差。

以辉王祚为诸道兵马元帅，朱全忠守[6]太尉以副之，进爵梁王。崔胤为司徒，兼侍中上议褒崇全忠，欲以皇子为元帅，全忠副之。崔胤请以辉王为之，上曰："濮王长。"胤承全忠密旨，利于幼冲，固请之。胤恃全忠之势，专权自恣，天子动静皆禀之，刑赏系其爱憎，中外畏之。李克用闻之，曰："胤外倚贼势，内胁其君，权重则怨多，势侔则衅[7]生，破国亡家，在目中矣。"

贬韩偓为濮州司马上尝谓偓曰："崔胤虽忠，然颇用机数[8]。"对曰："凡

---

1　辞赏：推辞赏赐。
2　宽赦：宽恕，宽大赦免。
3　欲草薙而禽狝之：像割除蔓草、捕杀禽兽那样除尽杀绝。草薙，芟夷，像除草似的加以杀戮。禽狝，像禽兽一样加以捕杀。狝，杀。
4　示人不广：给人胸怀不宽广的印象。
5　赐号：赐给名号、封号。
6　守：兼任。
7　衅：嫌隙，争端。
8　机数：权术，权诈。

为天下者，万国皆属之耳目，安可以机数欺之？莫若推诚直致[1]，虽日计之不足，而岁计之有余也。"上欲用偓为相，偓荐赵崇、王赞自代。胤恶其分己权，使朱全忠白上曰："赵崇轻薄，王赞不才，韩偓何得[2]妄荐？"上不得已，贬偓。上与泣别，偓曰："是人[3]非复向来[4]之比，臣得贬死为幸，不忍见篡弑之辱！"

　　胡氏曰：主暗国危，韩偓久于近密而不去，何也？昭宗多与之谋议，君臣之分，有所不忍也。宰相，人所愿欲[5]而偓终不拜，甘心斥逐，其去虽晚，其志操可尚矣。

　　**梁王全忠辞归镇**全忠奏留步、骑万人于故两军[6]，以朱友伦为宿卫使，张廷范为官苑使，王殷为皇城使，蒋玄晖为街使[7]，乃辞归镇。上饯之于延喜楼。全忠奏曰："克用于臣本无大嫌[8]，乞厚加抚慰。"克用闻之，笑曰："贼欲有事淄青，畏吾掎其后耳。"

　　**以裴枢同平章事**朱全忠荐之也。

　　**三月，梁王全忠遣朱友宁、葛从周击王师范**朱全忠还至大梁。王师范遣兵围齐州，全忠遣友宁击却之。刘郡由是援绝，葛从周引兵围之。友宁进攻青州，全忠引兵十万继之。

　　**夏，五月，马殷袭江陵，陷之**杨行密遣使诣马殷，言朱全忠跋扈，请绝之。湖南大将许德勋曰："全忠虽无道，然挟天子以令诸侯，不可绝也。"殷从之。先是，淮南将李神福围鄂州，节度使杜洪求救于朱全忠。全忠遣兵

---

1　直致：直而没有曲折。
2　何得：怎能，怎会。
3　是人：这个人。
4　向来：从前，原来。
5　愿欲：志愿，欲念。
6　故两军：指原神策左、右两军。
7　街使：古官名，掌巡察街道。
8　大嫌：大的仇怨。嫌，嫌隙，仇怨。

屯澨口，令荆南成汭、武贞[1]雷彦威与殷出兵救之。汭畏全忠，且欲侵地自广，发舟师十万沿江东下。掌书记李珽谏曰："今每舰载甲士千人，稻米倍之，缓急不可动也。吴兵剽轻，难与角逐。武陵[2]、长沙皆吾仇也，岂得不为反顾[3]之虑乎？不若遣骁将屯巴陵，坚壁勿战，不过一月，吴兵食尽自遁，鄂围解矣。"汭不听而行。殷果遣许德勋将舟师袭江陵，陷之，大掠而去。将士闻之，皆无斗志。神福闻汭将至，自乘轻舟觇之，还谓诸将曰："彼战舰虽多而不相属，易制也。"逆击，破之，汭赴水[4]死。彦威狡狯[5]残忍，常泛舟焚掠邻境，荆、鄂[6]之间，殆至无人。

**王师范以淮南兵击朱友宁，斩之。秋，七月，梁王全忠击师范，破之，遣杨师厚攻青州**朱友宁围博昌，月余不拔。全忠怒，遣使督之。友宁驱民丁[7]十余万筑土山，并人畜木石，排而筑之，冤号闻数十里。俄而城陷，尽屠之。进拔临淄，抵青州城下，遣别将攻登、莱[8]。师范求救于杨行密，行密遣将王茂章救之。六月，汴兵拔登州。师范拒友宁于石楼[9]。友宁攻之，破其一栅。师范趣茂章出战，茂章按兵不动，比明，度汴兵已疲，乃与师范合兵出战，大破之。友宁马仆，斩之。乘胜逐北，俘、斩殆尽。全忠闻友宁死，自将兵二十万，昼夜兼行赴之。七月，至临朐，命诸将攻青州。师范出战，大败。茂章闭垒，伺汴兵稍懈，毁栅出战。战酣，退坐[10]，召诸将饮酒，已而复战。全忠登高望见之，叹曰："使吾得此人为将，天下不足平也！"至晡，汴兵乃退。

---

1　武贞：方镇名，即武贞军，领澧、朗、溆三州，辖今湖南省澧水、沅水中下游流域。溆州，古州名，一作叙州，辖今湖南省怀化、黔阳、芷江、会同、靖县、通道及贵州省天柱等地。
2　武陵：古县名，治所位于今湖北省十堰市竹山县西北。
3　反顾：后顾。
4　赴水：投水自尽。
5　狡狯：狡诈奸猾。
6　荆、鄂：即荆州、鄂州。
7　民丁：壮丁。
8　登、莱：即登州、莱州。
9　石楼：古地名，位于今山东省潍坊市辖青州市西。
10　退坐：退回坐下。

茂章度众寡不敌，引兵还。全忠留杨师厚攻青州而归。

八月，进王建爵为蜀王。

**杨行密遣兵击宣、润州**初，田頵破冯弘铎，诣广陵谢杨行密，求池、歙[1]为巡属。行密不许，頵怒而归。頵兵强财富，好攻取，行密欲保境息民，每抑止之。頵阴有叛志。李神福言于行密曰："頵必反，宜早图之。"行密曰："頵有大功，反状未露，今杀之，诸将人人自危矣。"頵有良将曰康儒，与頵谋议多不合。行密知之，擢儒为庐州刺史。頵以儒为贰[2]于己，族之。儒曰："吾死，公亡无日矣！"頵遂与润州团练使[3]安仁义同举兵。行密使李神福讨頵，王茂章讨仁义。茂章攻润州，不克，行密使徐温将兵会之。温易其衣服、旗帜如茂章兵，仁义不知，出战，温奋击破之。寿州节度使朱延寿，行密妻弟也。行密素狎侮之，延寿怨怒，阴与頵通谋。行密乃诈为目疾，谓夫人曰："吾不幸失明，诸子皆幼，军府事当悉以授三舅[4]。"夫人以报延寿，行密又自遣使召之。延寿至，行密执而斩之。初，延寿赴召，其妻王氏曰："君此行，吉凶未可知，愿日发一使以安我。"一日使不至，王氏曰："事可知矣。"部分僮仆，授兵阖门[5]。捕骑至，乃焚府舍，曰："妾誓不以皎然之躯为仇人所辱！"赴火而死。頵袭升州，得李神福妻子，善遇之，遣使谓神福曰："公见机[6]，与公分地而王。不然，妻子无遗。"神福曰："吾以卒伍事吴王，今为上将，义不以妻子易其志。頵有老母，不顾而反，三纲且不知，乌足与言乎！"斩使者而进，士卒皆感励[7]。頵遣王檀、汪建将水军逆战，神福因风纵火焚之，檀、建大败。頵闻之，自将水军逆战。神福曰："贼弃城而来，此天亡也。"坚壁不战，遣使告行密，请发兵断其归路。行密遣台濛将兵应之。

---

1　池、歙：即池州、歙州。
2　贰：变节，背叛。
3　团练使：古官名，全名团练守捉使，负责一方团练（自卫队）的军事官职。
4　三舅：指朱延寿。
5　授兵阖门：发给兵器，关上大门。
6　见机：看机会，看形势。
7　感励：感奋激励。

杨师厚逼青州，王师范降杨师厚进逼青州，师范请降。时朱全忠闻李茂贞将起兵，恐其复劫天子而去，欲迎车驾都洛阳，乃受之。

冬，十月，王建取夔、忠、万、施四州议者以瞿唐[1]蜀之险要，建乃弃归、峡，屯军夔州。

葛从周取兖州葛从周急攻兖州，郡使从周母登城谓从周曰："刘将军事我，不异于汝。"从周攻城为之少缓。郡简妇人及民之老疾者出之，独与少壮者坚守以捍敌。及师范使者至，始出降。全忠表郡为保大留后。

宿卫使朱友伦卒友伦击球坠马而卒，全忠疑崔胤为之，杀同戏者十余人，遣兄子友谅代典宿卫。

山南东道节度使赵匡凝取荆南，表其弟匡明为留后时天子微弱，诸道多不上供，惟匡凝兄弟委输不绝。

胡氏曰：忠孝，至行也，有所利而为之，外行虽美，内心则恶。是时唐室垂灭，藩镇奉上，非有赏可冀，有罚可惧，而二赵勉勉输贡[2]，是无所利而为之者，可不谓之忠乎？

李茂贞、李继徽举兵逼京畿朱全忠之克邠州也，质静难节度使杨崇本妻于河中而私焉。崇本怒，使谓李茂贞曰："唐室将灭，父忍坐视之乎？"遂相与连兵侵逼京畿，复姓名李继徽。全忠恐其复有劫迁之谋，乃发兵屯河中。

十一月，杨行密克宣州，斩田頵初，頵闻台濛将至，自将步、骑逆战。濛以杨行密书遍赐頵将，皆下马拜受。濛因其挫伏[3]，纵兵击之。頵兵遂败，奔还城守，濛引兵围之。頵率敢死士数百出战，濛击斩之，遂克宣州。初，行密与頵同里[4]相善，约为兄弟，及頵首至，视之泣下，与诸子以子孙礼事其母。以李神福镇宣州。神福以杜洪未平，固让不拜。宣州长史骆知祥善治金谷，牙推沈文昌善为文，尝为頵草檄骂行密，行密皆擢用之。遣钱传瓘归杭州。

---

1　瞿唐：古关隘名，亦名铁锁关、夔门关、江关，位于今重庆市奉节县东白帝山下。
2　输贡：纳贡。
3　挫伏：士气受挫。
4　同里：同乡。

以独孤损同平章事，裴贽罢。

张全义杀左仆射张濬王师范之举兵，濬预其谋。朱全忠谋篡夺[1]，恐濬扇动藩镇，讽全义杀之。

## 甲子天祐元年（公元904年）

春，正月，梁王全忠杀崔胤，以崔远、柳璨同平章事初，崔胤假朱全忠兵力以诛宦官。全忠既破李茂贞，威震天下，遂有篡夺之志。胤惧，与全忠外虽亲厚，私心渐异，乃谓全忠曰："长安密迩茂贞，不可不为之备。六军十二卫，但有空名，请召募以实之，使公无西顾之忧。"全忠知其意，曲从之，密使麾下壮士应募以察之。胤不之知，与郑元规等缮治兵仗，日夜不息。及朱友伦死，全忠益疑。至是，欲迁天子都洛，恐胤立异[2]，密表胤等专权乱国，请并其党郑元规等诛之。诏皆贬之，而以裴枢、独孤损分判六军、三司。全忠密令朱友谅杀胤及元规等数人。

胡氏曰：人见崔胤深结宣武，疑其有输以社稷之意。胤非敢尔，直恶奄竖[3]，疾茂贞尔。不然，何用区区召补六军诸卫为王室壮形势哉？是则胤自谓能制全忠，而不知其在全忠之度内也。故不择交，不慎始，终必倾亏[4]，崔胤、张濬之事亦可鉴矣。

梁王全忠屯河中，表请迁都。帝发长安，二月，至陕朱全忠引兵屯河中，遣牙将奉表称邠、岐兵逼畿甸，请上迁都洛阳。时上御延喜楼，及下，裴枢已促百官东行，驱徙[5]士民，号哭满路，骂曰："贼臣崔胤召朱温来，倾覆社稷，使我曹流离至此。"上遂发长安。全忠以张廷范为御营使[6]，毁长安宫

---

1 篡夺：篡权夺位。
2 立异：持不同的态度或看法。
3 直恶奄竖：只是厌恶宦官。奄竖，对宦官的蔑称。
4 倾亏：残破倒塌。
5 驱徙：驱逐迁徙。
6 御营使：古官名，为皇帝出巡而设，掌行营守卫。

室、百司及民间庐舍，取其材浮渭沿河而下，长安遂墟[1]。上至华州，民夹道呼万岁，上泣曰："勿呼万岁，朕不复为汝主矣！"馆于兴德宫[2]，谓侍臣曰："鄙语[3]云：'纥干山[4]头冻杀雀，何不飞去生处乐？'朕今漂泊，不知竟落何所。"因泣下沾襟，左右莫能仰视。二月，至陕，以东都宫阙未成，留止[5]。全忠来朝，上延入寝室见何后，后泣曰："自今大家夫妇委身全忠矣！"

**王建遣兵迎车驾**上遣间使以御札[6]告难于建。建遣土宗祐将兵会凤翔。兵至兴平，遇汴兵，不得进而还。建始自用墨制[7]除官，云："俟车驾还长安表闻。"

**三月，以梁王全忠判六军诸卫事。**

**梁王全忠赴洛阳**全忠置酒私第，邀上临幸，遂赴洛阳督修宫。上与之宴群臣，既罢，留全忠及韩建饮，皇后出，自捧玉卮[8]饮之。宫人或附上耳语。建蹑全忠足，全忠不饮，佯醉而出。

**遣间使以密诏告难于四方**上复遣间使以绢诏[9]告急于王建、杨行密、李克用等，令纠率藩镇以图匡复。曰："朕至洛阳，则为全忠所幽闭，诏敕皆出其手，朕意不得复通矣。"

**杨行密遣兵击杜洪**杨行密复遣李神福将兵击杜洪。朱全忠遣使诣之，请舍鄂岳，复修旧好。行密报曰："俟天子还长安，始敢闻命。"

**夏，四月，帝至洛阳**朱全忠奏："宫室已成，请车驾早发。"上遣宫人谕以："皇后新产，未任就路[10]，请俟十月东行。"全忠疑上徘徊俟变，怒甚，谓牙将寇彦卿曰："汝速至陕，即日促官家[11]发来。"闰月，车驾发陕，全忠迎于

---

1　浮渭沿河而下，长安遂墟：抛入渭河之中，顺黄河漂浮东下，长安自此成为废墟了。
2　兴德宫：唐行宫名，位于今陕西省渭南市大荔县南。
3　鄙语：俗语。
4　纥干山：古山名，古称纥真山、采凉山、采药山，位于今山西省大同市东。
5　留止：停留，居住。
6　御札：帝王的书札，手诏。
7　墨制：即墨敕，由皇帝亲笔书写，不经外廷盖印而直接下达的命令。此借指王建亲自书写。
8　玉卮：玉制的酒杯。
9　绢诏：用绢书写的诏书。
10　皇后新产，未任就路：皇后刚生完孩子，不能马上上路。
11　官家：古代对皇帝的称呼。

新安[1]，杀上左右及官人数人。自崔胤之死，六军散亡俱尽，余内园小儿二百余人，从上而来，全忠尽杀之，豫选[2]二百人大小相类者，衣其服而代之。上初不觉，累日乃寤。自是上之左右使令皆全忠之人矣。至洛阳入宫，以蒋玄晖、王殷为宣徽南、北院使，张廷范为街使，韦震为河南尹。又召朱友恭、氏叔琮为左、右龙武统军，典宿卫。

**以梁王全忠为护国、宣武、宣义、忠武节度使。**

**更封钱镠为吴王**镠求封吴越王，朝廷不许，乃更封吴王。

**命魏博曰天雄军，进罗绍威爵为邺王。**

**五月，梁王全忠还镇**帝宴全忠等罢，复召全忠宴于内殿，全忠疑，不入。帝曰："然则可令敬翔来。"全忠摘[3]翔使去，曰："翔亦醉矣。"乃还大梁。

**赵匡凝攻夔州，不克**匡凝遣水军上峡[4]攻夔州，知渝州王宗阮击败之。万州刺史张武作铁絙绝江中流，立栅于两端，谓之"锁峡"。

**六月，李茂贞、王建、李继徽合兵讨朱全忠，全忠拒之河中**西川诸将劝王建乘茂贞之衰取凤翔。建以问判官冯涓，涓曰："今梁、晋虎争[5]，势不两立。若并而为一，举兵向蜀，虽诸葛复生，不能敌矣。凤翔，蜀之藩蔽，不若与之和亲，无事则务农训兵，有事则观衅而动，可以万全。"建曰："善。"乃与茂贞修好。与茂贞及李继徽合兵讨朱全忠，全忠拒之河中。建赋敛重，人莫敢言，涓因建生日献颂[6]，先美功德而后言之。建愧谢，自是赋敛稍损。

**秋，八月，朱全忠弑帝于椒殿[7]。太子柷即位**初，全忠见德王裕眉目疏秀[8]，年齿已壮，恶之。私谓崔胤曰："德王尝干[9]帝位，岂可复留？公何不言

---

1　新安：古县名，治所位于今河南省洛阳市新安县东。
2　豫选：提前选好。
3　摘：指使。
4　上峡：逆流上三峡。
5　梁、晋虎争：梁、晋，即梁王朱全忠、晋王李克用。虎争，比喻争夺得剧烈。
6　献颂：进献颂词。
7　椒殿：后妃居住的宫殿。
8　疏秀：疏朗清秀。
9　干：谋求。

之？"胤言于帝。帝问全忠，全忠曰："陛下父子之间，臣安敢窃议？此崔胤卖臣耳。"帝自离长安，日忧不测，与皇后终日沉饮[1]，或相对悲泣。全忠使蒋玄晖伺帝动静，帝从容谓玄晖曰："德王，朕爱子，全忠何故坚欲杀之？"因泣下，啮中指血流。玄晖具以语全忠，全忠愈不自安。时李茂贞等移檄往来，皆以兴复为辞。全忠方西讨，以帝有英气，恐变生于中，欲立幼君，易谋[2]禅代。乃遣判官李振王庤阳，与玄晖及朱友恭、氏叔琮等图之。玄晖远牙官史太等百人夜叩宫门，杀宫人裴贞一。帝在椒殿方醉，遽起，单衣绕柱走，太追，弑之。昭仪李渐荣以身蔽帝，呼曰："宁杀我曹，勿伤大家！"太亦杀之。玄晖矫诏称贞一、渐荣弑逆，立辉王祚为皇太子，更名柷，于枢前即位，时年十三。宫中恐惧，不敢出声哭。全忠闻之，佯惊哭，自投于地，曰："奴辈[3]负我，令我受恶名于万代！"至东都，伏梓宫恸哭，杀友恭、叔琮。友恭临刑大呼曰："卖我以塞天下之谤，如鬼神何？"全忠遂辞赴镇。

范氏曰：唐末藩镇，惟李克用最为有功，虽尝跋扈，而终不失臣节。若倚为藩捍，使太原之势常重，则诸镇未敢窥唐也。而唐以其戎狄之人，疑而不信，是以不竞[4]于汴。而全忠独强，吞噬诸镇，卒灭唐室。自古忠者不见信，而所信者不忠，岂有不亡者乎？

以张全义为河南尹。

杨行密以刘存为招讨使，子渥为宣州观察使李神福、台濛卒，杨行密以存、渥代之。徐温谓渥曰："王寝疾而嫡嗣出藩，此必奸臣之谋。他日相召，非温使者，及王令书，慎无亟来。"渥泣谢而行。

九月，尊皇后为皇太后。

冬，十月朔，日食。

十二月，杨行密遣马赟归长沙赟性沉勇，事行密屡有功。行密从容问

---

1　沉饮：沉湎饮酒。
2　易谋：改变计划。
3　奴辈：奴仆之辈，奴才们。
4　不竞：不胜，竞争失利。

其兄弟，乃知为马殷之弟，大惊，曰："吾尝怪汝器度瑰伟，果非常人。"遣归长沙。賨固辞，行密固遣之。賨至长沙。殷议入贡，賨曰："杨王地广兵强，不若与之结好。"殷作色曰："杨王不事天子，一旦朝廷致讨，罪将及吾。汝置此论，勿为吾祸。"

以刘隐为清海节度使清海节度使崔远赴镇，畏隐不敢前。隐以重赂结朱全忠，故有是命。

### 乙丑**昭宣帝天祐二年**（公元905年）

春，正月，杨行密克润州，杀安仁义仁义勇决，得士心，王茂章攻之，逾年不克。至是城陷，见杀。

二月，朱全忠杀德王裕等九人全忠使蒋玄晖邀德王裕九人，置酒九曲池，悉缢杀之，投尸池中。皆昭宗之子也。

刘存拔鄂州，执杜洪。

葬和陵[1]。

三月，以王师范为河阳节度使师范举族西迁大梁，全忠客[2]之，使镇河阳。

独孤损、裴枢、崔远并罢，以张文蔚、杨涉同平章事初，柳璨及第，不四年为相，性倾巧。时天子左右皆朱全忠腹心，璨曲意事之，同列裴枢、崔远、独孤损皆朝廷宿望，意轻之，璨以为憾。张廷范本优人，有宠于全忠，奏以为太常卿。枢曰："廷范勋臣，幸有方镇，何藉乐卿[3]？恐非元帅之旨。"持之不下。全忠闻之，谓宾佐曰："吾尝以裴十四器识真纯，不入浮薄之党，观此议论，本态露矣。"璨因此并谮远、损于全忠，故三人皆罢。以张文蔚、杨涉为相。涉为人和厚恭谨，闻当为相，泣谓其子凝式曰："此吾家之不幸也，

---

1　和陵：唐昭宗李晔的陵墓，位于今河南省洛阳市辖偃师市东南。
2　客：以之为客。
3　何藉乐卿：何必让他担任掌管礼乐的太常卿。

必为汝累！”

河东押牙盖寓卒寓遗书劝李克用省营缮，薄赋敛，求贤俊。

夏，四月，彗星出西北，长竟天。

六月，杀裴枢、独孤损、崔远、陆扆、王溥等三十余人柳璨恃朱全忠之势，恣为威福。会有星变，占者曰：“君臣俱灾，宜诛杀以应之。”璨因疏[1]其素所不快者于全忠，曰：“此曹皆怨望腹非[2]，宜以之塞灾异。”李振亦言于全忠曰：“王欲图大事，此曹皆朝廷之难制者也，不若尽去之。”全忠以为然，贬独孤损、裴枢、崔远、陆扆、王溥、赵崇、王赞等官有差，自余或门胄[3]高华，或科第自进，以名检[4]自处者，皆指以为浮薄贬之。六月朔，聚枢等三十余人于白马驿[5]，一夕尽杀之，投尸于河。初，李振屡举进士，不中第，故深疾搢绅之士，言于全忠曰：“此辈常自谓清流，宜投之黄河，使为浊流。”全忠笑而从之。振自汴至洛[6]，朝臣必有窜逐者，时人谓之“鸱枭”。

范氏曰：白马之祸，至今悲之。欧阳修有言曰：“一太常卿与社稷孰为重？使枢等不死，尚惜一卿，其肯以国与人乎？虽枢等之力不能存唐，必不亡唐而独存也。”是不然。昭宗返自凤翔，全忠篡夺之势成矣，枢乃被其荐引以为宰相。全忠之劫迁也，昭宗未及下楼，枢受贼旨，已率百官出长安东门，昭宗卒以弑殒，而唐遂亡。由此观之，枢为忠于李氏乎？忠于朱氏乎？且长安与一太常卿孰重？国亡君弑与流品不分，孰急？枢不惜长安以与全忠，乃惜一卿不与廷范；不恤国亡君弑，而恤流品之不分。其愚岂不甚哉？夫枢非有忠义之心能为社稷者也，不胜利欲之心，畏全忠而附之，弑其君父，既从之矣。以为除太常卿，小事也，持之不与，未必咈全忠之心，欲微以示人至公，而不意全忠之怒至此也。全忠以为此小事也，犹不从己，其肯听己取天下乎？是以肆其

---

1　疏：上奏章。
2　腹非：腹诽，嘴上不说而心里讥谤。
3　门胄：门阀世系。
4　名检：名誉与礼法。
5　白马驿：古馆驿名，位于今山西省长治市黎城县境内。
6　自汴至洛：从汴州到洛阳。

诛锄，无所不至。不知枢等实非能为唐轻重，乃全忠疑之过也。向使[1]枢有存唐之心，当全忠之劫迁，端委[2]而受刃于国门，天下忠义之士闻之，必有奋发而起者矣。枢不为此，而惜一卿，不死于昭宗之弑，而死于廷范之事，处身如此，岂能为国虑乎？白马之祸，盖自取之也。然自古如此而死者多矣，贪躁[3]之士，亦可少戒哉！

**秋，八月，王建取金州。**

**征前礼部员外郎司空图诣阙，寻放还山**初，图弃官居虞乡王官谷[4]，昭宗屡征之，不起。柳璨以诏书征之，图惧，入见，佯为衰野[5]，坠笏失仪。璨复下诏曰："养高钓名，匪夷匪惠[6]，难居公正之朝，可放还山。"

胡氏曰：唐末进退不污者，惟司空图一人，其犹在韩偓之右乎？迹近而意远，情疏而罪微，此蔡邕、伍琼、周毖之所难也。详味[7]其事，想见[8]其人。呜呼，其可谓贤矣哉！

**九月，梁王全忠遣杨师厚取襄阳，赵匡凝奔广陵**朱全忠以匡凝与杨行密、王建交通，遣师厚将兵击之，自将大军继之，攻下七州，大破其兵。匡凝奔广陵，杨行密戏之曰："君在镇，岁以金帛输朱全忠，今败，乃归我乎？"匡凝曰："诸侯事天子，岁输贡赋，乃其职也，岂输贼乎？今日归公，正以不从贼耳。"行密厚遇之。

**杨师厚取江陵，赵匡明奔成都。**

**冬，十月，以梁王全忠为诸道兵马元帅。**

**梁王全忠击淮南，不利**朱全忠部署将士，将归大梁，忽变计，欲乘胜击淮南。敬翔谏曰："今师出未逾月，平两大镇，辟地数千里，远近震慑，此威

1　向使：如果，假使。
2　端委：古代礼服，此处借指身穿礼服。
3　贪躁：贪进躁急。
4　王官谷：古地名，又名横岭，位于今山西省运城市辖永济市虞乡镇东南中条山中。
5　衰野：衰老粗野。
6　养高钓名，匪夷匪惠：自命清高，沽名钓誉，既不是伯夷，也不是柳下惠。
7　味：体会。
8　想见：由推想而知道。

望可惜[1]！不若且归息兵，俟衅而动。"不听。至枣阳[2]，遇大雨。抵光州[3]，道险途潦[4]，人马疲乏，士卒逃亡。十一月，渡淮而北，光州刺史柴再用抄其后军，斩首三千级，获辎重万计。全忠悔之，躁忿[5]尤甚。

**改昭宗谥号**起居郎苏楷素无行，尝登进士第，昭宗复试，黜之。至是建议昭宗谥"圣穆景文"，多溢美，请改之。太常卿张廷范奏改为"恭灵庄愍"，庙号[6]襄宗。

**十一月，吴王杨行密卒，子渥代为淮南节度使**行密长子渥素无令誉，军府轻之。行密寝疾，命判官周隐召渥。隐性戆直[7]，对曰："司徒[8]轻易信谗，喜击球，好饮酒，非保家之主。余子皆幼，未能驾驭诸将。庐州刺史刘威，从王起细微，必不负王，不若使之权领军府，俟诸子长而授之。"行密不应。徐温、张颢密言于行密曰："王出万死，冒矢石，为子孙立基业，安可使他人有之？"行密曰："吾死瞑目矣。"行密使温与幕僚严可求诣隐取牒，遣使召渥，以王茂章代守宣州。渥至，行密薨，谥"武忠"。李俨承制以渥为节度使。

**以梁王全忠为相国，封魏王，加九锡，全忠不受**先是，全忠急于传禅，密使蒋玄晖等谋之。玄晖与柳璨等议以魏晋以来皆先封大国，加九锡殊礼，然后受禅，当次第行之。全忠大怒，宣徽副使王殷、赵殷衡谮之曰："玄晖、璨等欲延唐祚，故留其事以须[9]变。"玄晖闻之惧，诣全忠言状[10]。全忠曰："汝曹巧述闲事[11]以沮我，借使我不受九锡，岂不能作天子邪？"玄晖曰："唐祚已尽，天命归王，但以晋、燕、岐、蜀[12]皆吾勍敌，王遽受禅，彼心未服，

---

1　可惜：值得珍惜。
2　枣阳：古县名，治所即今湖北省襄阳市辖枣阳市。
3　光州：古州名，辖今河南省潢川、光山、新县、固始、商城等县及安徽省金寨县西部地。
4　潦：通"涝"，水淹没，雨多。
5　躁忿：急躁易怒。
6　庙号：皇帝死后，在太庙立室奉祀时特起的名号。
7　戆直：憨厚而刚直。
8　司徒：指杨行密长子杨渥。
9　须：等待。
10　言状：用语言来形容或描绘。
11　闲事：无关紧要的事。
12　晋、燕、岐、蜀：代指李克用、刘仁恭、李茂贞、王建。

不可不曲尽义理，然后取之。玄晖等欲为王创万代之业耳。"全忠叱[1]曰："奴果反矣！"玄晖归，与璨议加全忠九锡，朝士多窃怀愤邑。礼部尚书苏循，楷之父也，独扬言曰："梁王功业显大[2]，历数有归，朝廷宜速行揖让[3]。"朝士无敢违者。乃以全忠为相国，总百揆，进封魏国，加九锡。全忠怒，不受。璨遂奏请传禅，诣大梁白全忠，全忠拒之。

十二月，朱全忠弑太后何氏，杀蒋玄晖、柳璨、张廷范 初，柳璨与玄晖、廷范相结，为全忠谋禅代事。何太后使宫人达意[4]，求传禅之后，子母生全。王殷、赵殷衡谮玄晖云："与璨、廷范与太后夜宴，焚香为誓，兴复唐祚。"全忠信之，诛玄晖等，以殷权知枢密，殷衡权判宣徽院事。殷等遂诬玄晖私侍太后，全忠令殷等弑太后于积善宫，斩柳璨于上东门，车裂廷范于都市。璨临刑呼曰："负国贼柳璨，死其宜矣！"

范氏曰：孟子曰："不仁而得国者有之矣，不仁而得天下者未之有也。"三代以后，盖有不仁而得天下者，全忠是也。虽为天子数年而不免其身，子孙殄戮，靡有[5]遗类，是以一族易一身之富贵也。五代之际，起匹夫而为天子，或五六年，或三四年，或一二年，皆宗族夷灭，世绝不祀[6]。乱臣贼子，曾莫惩也[7]！《书》曰："惠迪吉，从逆凶，惟影响[8]。"岂不信哉？

罢谒郊庙 先是，礼院奏皇帝登位，应祀南郊，敕用十月行之。既习仪[9]，朱全忠怒曰："柳璨、蒋玄晖欲郊天以延唐祚。"璨等惧，改用来年正月。至是，全忠弑太后，诛璨等，敕以宫禁内乱罢之。

---

1　叱：大声责骂。
2　显大：显达。
3　揖让：禅让，让位于贤。
4　达意：表达意愿。
5　靡有：没有。
6　世绝不祀：世绝，绝后。不祀，无人奉祀，比喻亡国或绝后。
7　曾莫惩也：曾，竟然。莫惩，没有受到惩罚。
8　惠迪吉，从逆凶，惟影响：顺应天道而行就吉，逆天而行就是凶，一定会有回应。影响，影子和回声，多用以形容感应迅捷。
9　习仪：演习礼仪。

**丙寅三年**（公元906年）

春，正月，宣州观察使王茂章奔杭州杨渥之去宣州也，欲取其幄幕[1]及亲兵以行，茂章不与，渥怒。既袭位，遣李简等将兵袭之，茂章率众奔两浙。钱镠以为镇东节度副使，更名"景仁"。

罗绍威杀其牙军[2]八千家初，田承嗣镇魏博，选募六州骁勇之士五千人为牙军，厚其给赐以自卫。自是父子相继，亲党胶固，日益骄横，小不如意，辄族旧帅而易之。自史宪诚以来，皆立于其手。罗绍威恶之，力不能制，密告朱全忠，欲借兵以诛之。全忠乃发兵屯深州，声言击沧州。会全忠女适绍威子者卒，全忠遣将实甲兵于橐[3]中，选兵千人为担夫，入魏，诈云会葬，全忠自以大军继其后，云赴行营，牙军不之疑。绍威潜遣人入库，断弓弦甲襻[4]，夜率奴客数百人与汴将合击牙军。牙军欲战，而弓、甲皆不可用，遂阖营歼之，凡八千家，婴孺[5]无遗。诘旦，全忠引兵入城。

以梁王全忠为三司都制置使三司之名始于此。全忠辞不受。

夏，四月朔，日食。

天雄军[6]乱，梁王全忠讨平之罗绍威既诛牙军，魏之诸军皆猜惧。牙将史仁遇聚众数万据高唐，巡内[7]州县多应之，全忠攻拔，屠之。李克用遣兵救之，不克。

镇南[8]节度使钟传卒子匡时为留后。

秋，七月，梁王全忠还大梁全忠留魏半岁[9]，罗绍威供亿所杀牛、羊、豕

---

1　幄幕：军用帐幕。
2　牙军：即牙兵，亲兵。
3　橐：一种口袋。
4　甲襻：系住甲胄的带子。
5　婴孺：幼儿。
6　天雄军：方镇名，由魏博改称，领魏、博、相、卫、澶、贝六州，辖今东至山东省武城、茌平，西达河南省林州、辉县，北至河北省磁县、馆陶、故城，南抵河南省新乡、濮阳、范县、山东省聊城。
7　巡内：统辖之内的地方。
8　镇南：方镇名，即镇南军，领有洪、饶、吉、江、袁、信、虔、抚八州，辖今江西全省。
9　半岁：半年。

近七十万，资粮称是，蓄积为之一空。绍威虽去其逼[1]，而魏兵自是衰弱。绍威悔之，谓人曰：“合六州四十三县铁，不能为此错也。”

范氏曰：自天宝以后，燕、赵、魏之俗，安于悖逆，不复知有君臣，历十五世，然后夷灭，靡有遗类，而其俗犹不改也。其后梁、唐之得国与失之，皆始于魏，由其习乱[2]易动也。而燕人至晋氏遂沦于左衽，岂非诸夏之礼，其亡有渐乎？赵居二寇之间，或逆或顺，不若燕、魏之甚也，故其祸有浅深。论者或谓绍威诛牙兵以弱魏，而全忠无后顾之虑，因以篡唐。夫唐与魏离亦久矣，牙军适足乱魏而已，岂能为唐室之轻重乎？

**九月，梁王全忠攻沧州，刘仁恭救之**全忠以幽、沧相首尾[3]，为魏患，欲先取沧州。引兵渡河围沧州。刘仁恭救之，下令境内男子十五以上、七十以下，悉自备兵粮诣行营，文其面，曰“定霸都”，士人则文其臂，曰“一心事主”，得兵十万，军于瓦桥[4]。畏汴军强，不敢战。城中食尽，全忠使人说刘守文曰：“何不早降？”守文登城应之曰：“梁王方以大义服天下，若子叛父而来，将安用之？”全忠愧其辞直，为之缓攻。

**杨渥取洪州**杨渥遣秦裴将兵击洪州，军于蓼洲[5]，诸将请阻水立寨，裴不从。钟匡时果遣其将刘楚据之。诸将以咎裴，裴曰：“匡时骁将独楚耳，若率众守城，不可猝[6]拔，吾故以要害诱致之耳。”破寨执楚，遂围洪州，拔之。

**杨崇本攻夏州。**

**冬，十月，王建立行台**王建始立行台于蜀。建东向，舞蹈、号恸，言曰：“自大驾东迁，制命不通，请权立行台。”用李晟、郑畋故事，承制封拜，

---

1　逼：强迫，威胁。
2　习乱：常乱。
3　首尾：比喻相呼应。
4　瓦桥：古关隘名，即瓦桥关，位于今河北省保定市雄县西南，与益津关、淤口关合称“三关”。
5　蓼洲：古地名，又名谷鹿洲，位于今江西省南昌市东湖百花洲西南南塘湾外。
6　猝：突然地，出其不意地。

仍以榜帖[1]告谕所部。

**李克用遣兵攻潞州**刘仁恭求救于河东，前后数百辈[2]。李克用恨其反复，未之许。存勖谏曰："天下之势，归朱温者什七八，自河以北，能为温患者，独我与幽、沧耳。今不与之并力，非我之利也。夫为天下者不顾小怨，且彼尝困我，而我救其急，以德怀之，乃一举而名实附也。此乃吾复振之时，不可失也。"克用以为然，谋自幽州兵与攻潞州，曰："了彼则可以解围，了我则可以拓境。"乃许仁恭和。仁恭遣兵三万诣晋阳，克用遣周德威、李嗣昭等将兵与之共攻潞州。

**梁王全忠遣刘知俊救夏州，邠人大败**夏州告急于全忠，全忠遣知俊等救之。崇本将六镇之兵五万，军于美原。知俊等击败之，乘胜攻下鄜、延等五州。西军自是不振。

**梁王全忠以高季昌为荆南留后**武贞雷彦恭屡寇荆南，留后贺瓌闭城自守。朱全忠以为怯，使季昌代之。

**十二月，昭义节度使丁会降于河东，梁王全忠引兵还**初，昭宗凶讣[3]至潞州，会率将士缟素，流涕久之。及李嗣昭攻潞州，会举军降之。李克用以嗣昭为昭义留后。会见克用，泣曰："会非力不能守也。梁王陵虐唐室，会虽受其举拔[4]之恩，诚不忍其所为，故来归命耳。"克用厚待之，位于诸将之上。全忠将攻沧州，闻潞州不守，引兵还。刍粮山积，命悉焚之，在舟中者凿而沉之。刘守文使遗全忠书曰："城中数万口不食数月矣，与其焚之为烟，沉之为泥，愿乞所余以救其命。"全忠留数囷以遗之，沧人赖以济[5]。

---

1　榜帖：官府的告示。
2　辈：群，队。
3　凶讣：死讯。
4　举拔：举荐提拔。
5　济：拯救，救济。

资治通鉴纲目

卷 五十四

起丁卯唐哀帝天祐四年，尽己卯[1]晋王李存勖唐天祐十六年、梁主瑱贞明五年凡十三年。

## 丁卯**四年**（公元907年）

四月以后，梁太祖皇帝朱晃开平元年，西川称唐天复七年。〇是岁唐亡，梁、晋、岐、淮南、西川凡五国，吴越[2]、湖南、荆南、福建、岭南凡五镇。

**春，正月，淮南牙将张颢、徐温作乱**杨渥既得江西，骄侈益甚，以故怨[3]杀判官周隐，将佐皆不自安。渥居丧，酣饮作乐，燃十围[4]之烛以击球。或单骑出游，从者不知所之。左、右牙指挥使张颢、徐温泣谏，渥怒。颢、温潜谋作乱。一日，率牙兵二百，露刃直入庭中。渥曰："尔果欲杀我邪？"对曰："非敢然也，欲诛王左右乱政者耳。"因数渥所亲信十余人之罪，曳下击杀之，谓之"兵谏"。诸将不与之同者，稍以法诛之。于是军政悉归二人，渥不能制。

**三月，唐遣使奉册宝如梁**梁王全忠自沧州还，威望大沮[5]，恐中外离心，欲速受禅。过魏，有疾。罗绍威恐全忠袭之，说曰："今唐室衰微，天命已改，而四方称兵者皆以兴复为名，王宜早正位号，以绝人望。"全忠然之，乃归大梁。帝遣御史大夫薛贻矩至，劳之。贻矩请以臣礼见，北面拜舞[6]于庭。还言于帝曰："元帅有受禅之意矣。"帝乃下诏禅位于梁，遣宰相张文蔚、杨涉及薛贻矩、苏循、张策、赵光逢等奉玉册、传国宝[7]，率百官，备法驾，诣大梁。杨涉子、直史馆[8]凝式言于涉曰："大人为唐宰相，而国家至此，不可谓之无过。况手持天子玺绶与人，虽保富贵，奈千载何？盍辞之？"涉大骇，曰：

---

1 己卯：即公元919年。
2 吴越：五代十国之一，系钱镠建立的地方政权，建都杭州，以越州为陪都，辖苏、杭、越、湖、秀、婺、睦、衢、台、温、处、明、福十三州及安国衣锦军。
3 故怨：过去的仇怨。
4 围：计量圆周的约略单位，指两只胳膊合围起来的长度。亦指两只手的拇指和食指围的长度。
5 大沮：大受损害。
6 拜舞：跪拜与舞蹈，古代朝拜的礼节。
7 传国宝：即传国玺。
8 直史馆：古官名，简称直史，属史馆，任职一至二年后委以重任，可超迁官阶。

"汝灭吾族！"神色为之不宁者数日。

康熙御批：六朝五代于开国之初贻谋率多未善，一切举动苟且目前，殊无久长之计，以视汉、唐之规模宏远，相去奚啻径庭[1]？

夏，四月，卢龙节度使刘仁恭为其子守光所囚仁恭骄侈贪暴，以大安山[2]四面悬绝，筑馆其上，极壮丽，实以美女，与方士炼药其中。悉敛境内钱瘗山头，令民间用堇泥为钱。有爱妾罗氏，其子守光通焉，仁恭杖守光而斥之。至是，梁遣李思安击之，直抵城下。仁恭在大安[3]，城几不守。守光自外引兵入，登城拒守却之。遂自称节度使，令部将李小喜攻大安，虏仁恭以归，囚于别室。守光弟守奇奔河东。

梁王全忠更名"晃"，称皇帝，奉唐帝为济阴王张文蔚等至大梁。梁王更名"晃"。文蔚等乘辂奉册宝至金祥殿。王被[4]衮冕即皇帝位，文蔚等升殿，读册宝已，降，率百官舞蹈称贺。梁主与之宴，举酒劳之曰："此皆诸公推戴之力也。"文蔚等皆惭伏[5]不能对，独苏循、薛贻矩盛称功德，宜应天顺人。梁主复与宗戚饮博宫中，其兄全昱谓曰："朱三，汝本砀山一民也，从黄巢为盗，天子用汝为四镇节度使，富贵极矣，奈何一旦[6]灭唐家三百年社稷，他日得无灭吾族乎？"梁主不怿而罢。奉唐帝为济阴王，迁于曹州，楮之以棘[7]，使甲士守之。

梁以汴州为东都、开封府，洛阳为西都，长安为大安府、佑国军。

梁以马殷为楚王。

梁以敬翔知崇政院事梁以宣武掌书记、太府卿敬翔知崇政院事，以备顾问，参谋议于禁中，承上旨宣于宰相而行之。宰相非时[8]奏请，皆因以闻。后

---

1　奚啻径庭：奚啻，何止，岂但。径庭，相差很远。
2　大安山：古山名，位于今北京市房山区西北大安山乡。
3　大安：即大安山。
4　被：穿着。
5　惭伏：惭愧而伏地。
6　一旦：一天之间。
7　楮之以棘：用荆棘堵住门。楮，堵塞。
8　非时：不在正常、适当或规定的时间内。

废枢密院，以其职事归之。翔为人沉深有智略，在幕府三十余年，尽心勤劳，昼夜不寐，自言惟马上乃得休息。梁主性暴戾难近，人莫能测，惟翔能识其意，有所不可，未尝显言，但微示持疑，梁主已悟。禅代之际，翔谋居多。

**梁以朱友文判建昌院事**初，梁主为四镇节度使，凡仓库之籍，置建昌院以领之。至是，以养子友文判院事，掌凡国之金、谷。友文，本康氏子也。

**淮南、西川移檄兴复唐室**时惟河东、凤翔、淮南称"天祐"，西川称"天复"年号，余皆禀梁正朔。蜀王建与杨渥移檄诸道，云："欲与岐王、晋王会兵兴复唐室。"卒无应者。建乃谋称帝，遗晋王书云："请各帝一方。"晋王复书不许，曰："誓于此生，靡[1]敢失节！"

**岐王李茂贞开府**茂贞治军宽简无纪律，兵羸地蹙[2]，不敢称帝，但开岐王府，置百官，宫殿号令，皆拟[3]帝者。

**契丹遣使如梁**初，契丹有八部，部各有大人，推一人为王，建旗鼓以号令诸部，三年一代，以次为之。及耶律阿保机为王，尤雄勇，奚及室韦、达靼咸役属之。阿保机恃其强，不肯受代。七部劫之，阿保机不得已，传旗鼓，请率种落居古汉城[4]，别自为一部。汉城地宜五谷，有盐池之利。后稍以兵击灭七部，北侵室韦、女真[5]，西取突厥故地，东北诸夷皆畏服之。是岁，率众三十万寇云州，晋王与之连和，约为兄弟，延之帐中，纵酒尽欢，约共击梁。或劝晋王擒之，王曰："仇敌未灭而失信夷狄，自亡之道也。"留之旬日，厚赠遗[6]之。阿保机既归而背盟，更附于梁，晋王由是恨之。

**梁以钱镠为吴越王**镇海节度判官罗隐说镠举兵讨梁，曰："纵无成功，

---

1　靡：不，没有。
2　兵羸地蹙：兵士衰弱，地盘狭小。
3　拟：模仿。
4　汉城：古地名，阿保机为安置从山西北部俘虏的汉人而建的城，位于今内蒙古通辽市奈曼旗东北。
5　女真：古族名，也叫女直，源于靺鞨，分布于今松花江和黑龙江中、下游一带，主要从事渔猎。
6　赠遗：赠送，赠给。

犹可退保杭、越，自为东帝，奈何交臂[1]事贼，为终古之羞乎？"镠始以隐为不遇于唐，必有怨心，及闻其言，虽不能用，心甚义之。

梁以高季昌为荆南节度使依政[2]进士梁震，唐末登第[3]，归蜀，过江陵，高季昌爱其才识，留之，欲奏为判官。震耻之，欲去，恐及祸，乃曰："震素不慕荣宦[4]，明公不以为愚，必欲使参谋议，但以白衣侍樽俎[5]可也。"季昌许之。震与身止称前进士，不受高氏辟署[6]，季昌甚重之，以为谋士，呼曰"先辈"。

梁主封其兄全昱为广王全昱不乐在京师，常居砀山故里，三子皆封王。

胡氏曰：人而盗窃，四心[7]尽亡，犹知畏人，则有不可亡者，但不能充[8]其类而已。朱温为盗二十年，卒窃唐室，全昱初无谏止，预其利也。及见温被衮[9]称帝，则怛然惊骇，发于言色，所谓不亡之良心也。全昱于此，诚能审度[10]大小、修短之数，无宁坚守所志，归耕砀山，则温之族固灭，而朱之宗必全矣。见其不可，而不胜其利欲，畜[11]疑行险，既居王爵，又封三子，于是举家为贼，而参夷[12]之罪，势必相及，虽居砀山，安能免乎？

梁礼部尚书苏循等致仕循及其子楷自谓有功于梁，朝夕望为相。梁主薄其为人，敬翔、李振亦鄙之，言于梁主曰："苏循，唐之鸱枭，卖国求利，不可以立于惟新之朝。"诏循等十五人并勒致仕，楷斥归田里。循父子乃之河中，依朱友谦。

胡氏曰：人莫难于自见，苏循求相，与梁之篡国何异？朱温、敬翔舍己鸱

1　交臂：叉手，拱手，表示降服，恭敬。
2　依政：古县名，治所位于今四川省成都市辖邛崃市东南。
3　登第：登科，亦特指考取进士。
4　荣宦：荣华仕途。
5　樽俎：古代盛酒食的器具，后来常用作宴席的代称。
6　辟署：征聘委任。
7　四心：恻隐之心、羞恶之心、辞让之心和是非之心。典出《孟子·公孙丑上》，孟子认为这四心是人与生俱来的品质。
8　充：满足。
9　被衮：穿着衮服。
10　审度：认真察看并估量。
11　畜：保留。
12　参夷：诛灭三族的酷刑。

枭而谓人鸱枭，循肯服耶？

六月，**淮南遣兵击楚。楚大破之，遂取岳州**杨渥遣其将刘存、许玄应将水军击楚。楚王殷惧，军使杨定真贺曰："我军胜矣！"殷问其故，定真曰："夫战惧则胜，骄则败。今淮南兵骄而王有惧色，吾是以知其必胜也。"殷命指挥使秦彦晖、黄璠率战舰击之。存等遇雨，引兵还，彦晖追之。存数战不利，乃遗殷书诈降。彦晖使谓殷曰："此必诈也，勿受。"鼓噪而进，存等走。黄璠引兵合击，大破之，执存，拔岳州。玄应，渥之腹心也。张颢、徐温因其败收斩之。

**梁侵晋，围潞州，晋遣周德威等救之**梁遣康怀贞攻潞州，晋李嗣昭闭城拒守。怀贞昼夜攻之，半月不克，乃筑垒，穿蚰蜒堑[1]而守之，内外断绝。晋王以周德威为行营都指挥使救之。

**秋，七月，梁以刘守光为卢龙节度使。**

**八月，晋败梁兵于潞州，梁筑夹寨守之**晋周德威壁于高河[2]，康怀贞遣亲骑击之，不克。梁主遣李思安代之，将兵西上，至潞州城下，更筑重城，内以防奔突，外以拒援兵，谓之"夹寨"。调山东民馈[3]军粮。德威日以轻骑抄之，思安乃自东南山口筑甬道属[4]于夹寨。德威与诸将互往攻之，一昼夜数十发，梁兵疲于奔命，闭壁不出。

**九月，蜀王王建称帝**蜀王建议称帝，将佐皆以为然，冯涓独献议，请以蜀王称制，曰："朝兴则未爽称臣[5]，贼在则不同为恶。"不从，涓杜门不出。建用副使、掌书记韦庄之谋，即帝位。以王宗佶、韦庄为宰相，唐道袭为内枢密使。是时，唐衣冠之族多避乱在蜀，蜀主礼而用之，使修举故事，故其典章文物有唐之遗风。

---

1　蚰蜒堑：即蚰蜒壕，迂回曲折的壕沟。
2　高河：古水名，即今山西省长治市西南高河。
3　馈：转输。
4　属：连接。
5　朝兴则未爽称臣：唐朝复兴就没有丧失臣节。爽，丧失，失去。

冬，十一月，义昌节度使刘守文举兵讨其弟守光守文闻其弟守光幽
其父，集将吏大哭曰："不意吾家生此枭獍[1]！吾生不如死，誓与诸君讨之！"
乃发兵击守光，互有胜负。守文恐梁乘虚袭其后，遣使请降。

　　**梁赦军士逃亡为盗者**初，梁主在藩镇，用法严，将校有战没[2]者，所部
兵悉斩之，谓之"跋队斩"，士卒多亡[3]。乃命军士皆文[4]其面以记军号，逃辄
执之，无不死者。由是亡者皆聚山泽为盗。至是，赦其罪，听还乡里，盗减什
七八。

　　胡氏曰：文面始于有苗[5]，至刘仁恭、朱全忠而加甚，籍民为兵，无罪而黥
之，使终身不能去。非至不仁者，莫忍为也。其可以为故常而无改易耶？

## 戊辰（公元 908 年）

　　晋、岐、淮南称"唐天祐五年"。梁开平二年。蜀高祖王建武成元年。〇
是岁西川称蜀，凡五国、五镇。

　　**春，正月，晋王李克用卒，子存勖立**晋王病笃，周德威等退屯乱柳[6]。
晋王命其弟克宁、监军张承业、大将李存璋、吴琪、掌书记卢质立其子晋州刺
史存勖为嗣，曰："此子志气远大，必能成吾事。尔曹善教导之！"谓存勖曰：
"嗣昭厄[7]于重围，吾不及见矣。俟葬毕，汝与德威辈速竭力救之！"又谓克宁
等曰："以亚子累汝！"亚子，存勖小名也。言终而卒。克宁久总兵柄，有次
立[8]之势，军中多窃议者。存勖惧，以位让之，克宁曰："汝冢嗣也，且有先王
之命，谁敢违之！"将吏欲谒见存勖，存勖方哀哭[9]，久未出。张承业入曰："大

---

1　枭獍：旧说枭为恶鸟，生而食母；獍为恶兽，生而食父。比喻忘恩负义之徒或狠毒的人。
2　战没：战死。
3　亡：逃走。
4　文：在肌肤上刺画花纹或图案。
5　有苗：尧、舜、禹时代我国南方较强大的部族，传说舜时被迁到三危。有，词头，无义。
6　乱柳：古地名，位于今山西省长治市沁县南。
7　厄：受困。
8　次立：按次序当继位。
9　哀哭：悲伤地哭泣，痛哭。

孝在不坠基业，多哭何为！"因扶存勖出，袭位为河东节度使、晋王。克宁首率诸将拜贺。王悉以军府事委之。

二月，蜀以张格同平章事蜀主登楼，有僧抉[1]一目以献，蜀主命饭僧万人以报之。翰林学士张格曰："小人无故自残，赦其罪已幸矣，不宜复崇奖[2]以败风俗。"蜀主乃止。至是为相，多迎合主意[3]，有胜己者，必以计排去之。

晋兵马使李克宁谋作乱，晋王杀之初，晋王克用多养军中壮士为子，宠遇如真子。及存勖立，诸假子皆年长握兵，心怏怏不服。存颢阴说克宁曰："兄终弟及，自古有之。以叔拜侄，于理安乎？"克宁曰："吾家世以慈孝[4]闻天下。先王之业苟有所归，吾复何求？汝勿妄言，我且斩汝！"克宁妻孟氏素刚悍，诸假子各遣其妻入说之，使迫克宁。克宁心动。存颢等谋奉克宁为节度使，举河东附梁，执晋王及太夫人曹氏送大梁。帐下亲信史敬镕知之，以告，太夫人大骇，召张承业，指晋王谓之曰："先王把此儿臂授公等，如闻外间谋欲负之，但置吾母子有地[5]，勿送大梁，自它不以累公。"承业惶恐曰："老奴以死奉先王之命，此何言也！"晋王以克宁之谋告，且曰："至亲不可自相鱼肉，吾苟避位，则乱不作矣。"承业乃召李存璋等阴为之备，置酒府舍，伏甲执克宁、存颢于座。晋王流涕数之曰："儿向以军府让叔父，叔父不取。今事已定，奈何复为此谋，忍以吾母子遗仇雠乎？"遂杀之。

梁主晃弑济阴王追谥曰唐哀皇帝。

夏，五月，晋王攻梁夹寨，破之，潞州围解李思安等攻潞州久不下，亡将校四十余人，士卒以万计。梁主疑晋王克用诈死，欲召兵还。恐晋人蹑之，乃议自至泽州应接归师，且召匡国节度使刘知俊为招讨使，削思安官爵，斩监

---

1　抉：挑出，挖出。
2　崇奖：推崇奖励。
3　主意：君主的心意。
4　慈孝：孝敬。
5　置吾母子有地：有地方安置我母子。

押[1]杨敏贞。晋李嗣昭固守逾年，城中资用[2]将竭。梁主数遣使谕降之，嗣昭焚诏书，斩使者。梁主欲召兵还，诸将以为："李克用死，晋兵且退，上党孤城无援，请更留旬月以俟之。"梁主从之。初，晋周德威握重兵在外，国人疑之，晋王召德威还。四月，德威至晋阳，留兵城外，徒步而入，伏哭极哀，退谒嗣王甚恭，众心由是释然。梁夹寨奏晋兵已去，梁主以为援兵不能复来，还大梁。夹寨亦不复设备。晋王与诸将谋曰："上党，河东之藩蔽。无上党，是无河东也。且朱温所惮者，独先王耳，闻吾新立，以为童子未闲军旅，必有骄怠之心。若简精兵倍道趋之，出其不意，破之必矣。取威定霸[3]，在此一举，不可失也！"张承业亦劝之行。乃大阅士卒，以丁会为都招讨使，率周德威等发晋阳。五月朔，晋王伏兵三垂冈[4]下，诘旦，大雾，进兵直抵夹寨。梁军无斥候，将士尚未起。晋王命周德威、李嗣源分兵为二道，填堑烧寨，鼓噪而入。梁兵大溃南走，招讨使符道昭马倒被杀，失亡[5]将士万计，委弃资械山积。德威至城下呼嗣昭曰："先王已薨，今王自来破贼。贼已去矣，可开门。"嗣昭不信曰："此必为贼所得，来诳我耳。"王自往呼之。嗣昭见王白服[6]，大恸几绝，城中皆哭，遂开门。初，德威与嗣昭有隙，晋王克用临终，谓存勖曰："进通忠孝，吾爱之深。今不出重围，岂德威不忘旧怨邪？汝为吾以此意谕之，若潞围不解，吾死不瞑目。"进通，嗣昭小名也。存勖以告德威，德威感泣，由是战甚力。既相见，欢好如初。梁主闻夹寨不守，大惊，既而叹曰："生子当如李亚子，克用为不亡矣。至如吾儿，豚犬耳！"

　　胡氏曰：丧不二事，故《春秋》于背丧而即戎[7]者皆深讥之。惟其门庭[8]之寇，存亡系焉，然后从权制而无避，此《费誓》所以得列于典、谟、命、诰

---

1　监押：古官名，掌诸州兵马的武官。
2　资用：钱财费用。
3　取威定霸：取得威望，策定霸业。
4　三垂冈：古山名，一名三垂山，位于今山西省长治市潞城县西。
5　失亡：丧失。
6　白服：即丧服。
7　背丧而即戎：身处丧事之中却出征作战。
8　门庭：家庭，门第。

之后也。若李存勖夹寨之战，君子深有取者，与是类尔。梁置夹寨，距晋阳不百里，可谓危急之势矣。使存勖于是焉执哀戚之常情，忽国家之大计，上党沦陷，则晋阳不存，又岂所以为孝？是以审缓急，量轻重，出奇制胜，以走梁师，然后霸基[1]复安，君子美之，垂训大矣。

**晋师攻梁泽州，不克**周德威乘胜进趋泽州。梁统军牛存节将兵应接溃兵，至天井关，谓其众曰：“泽州要害地，不可失也，虽无诏旨，当救之。”众皆不欲，曰：“晋人胜气[2]方锐，且众寡不敌。”存节曰：“见危不救，非义也；畏敌强而避之，非勇也。”遂举策[3]引众而前，至泽州，城中人已欲应晋，存节至乃定。晋兵寻至，攻之。存节昼夜拒战，凡旬有三日。刘知俊引兵救之，德威退保高平。

**晋王归晋阳**晋王归晋阳，休兵行赏。命州县举贤才，黜贪残，宽租赋，抚孤穷[4]，伸冤滥，禁奸盗，境内大治。训练士卒，令骑兵不见敌无得乘马。部分已定，无得相逾越，及留绝[5]以避险，分道并进，期会无得差晷刻，犯者必斩。初，唐昭宗许晋王克用承制封拜。时方镇多行墨制，王耻与之同，每除吏[6]必表闻。至是，存勖始承制除吏，兄事张承业，升堂拜母，赐遗甚厚。潞州围守历年[7]，士民死者太半，嗣昭劝课农桑，宽租缓刑，数年之间，军城完复[8]。

**淮南张颢、徐温弑其节度使杨渥。温复攻颢，杀之**张颢、徐温专制军政，弘农威王[9]心不能平，欲去之而未能。二人不自安，共谋弑王，分其地以臣于梁。颢遣其党弑王，集将吏于府庭，列白刃，厉声问曰：“嗣王暴薨[10]，

---

1　霸基：称霸的基业。
2　胜气：强盛的气势。
3　举策：挥动马鞭。策，马鞭。
4　孤穷：孤独穷困之人。
5　留绝：停留和中止。
6　除吏：任命官吏。
7　历年：过去多年。
8　完复：恢复，复原。
9　弘农威王：即杨渥。
10　嗣王暴薨：嗣王，继位的王。暴薨，暴毙，突然死亡。

军府谁当主之？"三问，莫应，气色益怒。幕僚严可求前密启[1]曰："军府至大，四境多虞，非公主之不可。然今日则恐太速。"颢曰："何也？"可求曰："刘威、陶雅皆先王之等夷，必不肯为公下。不若立幼主辅之，诸将孰敢不从？"颢默然。可求因屏左右，急书一纸置袖中，麾同列诣使宅[2]贺，众莫测其所为。既至，可求跪读之，乃太夫人史氏教也，大要言："先王创业艰难，嗣王不幸早世，隆演[3]次当立，诸将宜无负杨氏，善辅导之。"辞旨明切[4]。颢气色皆沮，以其义正，不敢夺，遂奉王弟隆演称留后。既罢，副都统朱瑾诣可求曰："瑾年十六七即横戈跃马，冲犯大敌，未尝畏慑，今日对颢，不觉流汗。公面折之如无人，乃知瑾匹夫之勇，不及公远矣。"因以兄事之。颢以徐温镇润州。可求说温曰："公舍牙兵而出，颢必以弑君之罪归公。"温惊曰："奈何？"可求曰："颢刚愎而暗[5]于事，请为公图之。"乃往见颢曰："公出徐公于外，人皆言公欲夺其兵权而杀之，多言亦可畏也。"颢曰："右牙[6]欲之，非吾意也。业已行矣，奈何？"可求曰："止之易耳。"明日，可求邀颢诣温，可求瞋目责温曰："古人不忘一饭之恩，况公杨氏宿将？今幼嗣[7]初立，多事之时，乃求自安于外，可乎？"温谢曰："苟诸公见容[8]，温何敢自专！"由是不行。颢知可求阴附温，夜遣盗刺之，可求知不免，请为书辞府主[9]。盗执刀临之，可求操笔无惧色。盗见其辞旨忠壮[10]，曰："公长者，吾不忍杀。"掠其财以复命。温与可求谋，密结将军钟泰章等壮士三十人，斩颢于牙堂[11]，暴其弑君之罪。初，颢与温谋弑威王，温曰："参用左、右牙兵，心必不一。不若独用吾兵。"颢不可，

---

1　密启：秘密启奏。
2　使宅：节度使官邸。
3　隆演：即杨渥之弟杨隆演。
4　辞旨明切：辞旨，文辞或话语所表达出的含义、感情色彩和风格。明切，明白而深切。
5　暗：愚昧，不明白。
6　右牙：代指徐温，徐温担任右牙指挥使。
7　幼嗣：年幼的继位君主。
8　见容：被宽容、接受。
9　府主：幕僚称其长官的敬词。
10　忠壮：忠直豪壮。
11　牙堂：左、右牙指挥使的官署。

温曰："然则独用公兵。"颢从之。至是，穷治逆党，皆左牙兵也，由是人以温为实不知谋。隆演以温为左、右牙都指挥使，军府事咸取决焉。以可求为扬州司马。温性沉毅，自奉简俭[1]，虽不知书，使人读狱讼之辞而决之，皆中情理。立法度，禁强暴，政举大纲[2]，军民安之。温以军旅委可求，以财赋委支计官[3]骆知祥，皆称其职。

蜀、岐、晋[4]会兵攻梁雍州，梁遣忠武节度使刘知俊拒却之。

六月，梁杀其金吾将军王师范，夷其族朱友宁妻泣诉于梁主曰："陛下化家为国，宗族皆蒙荣宠。妾夫独不幸，因王师范叛，死于战场。今仇雠犹在，妾诚痛之。"梁主曰："朕几忘此贼！"遣使族之。师范盛陈宴具[5]，与宗族列坐[6]，谓使者曰："予不欲使积尸长幼无序[7]。"酒既行，命自幼及长，以次就死，凡二百人。

秋，七月，楚收茶税湖南判官高郁请听民自采茶，卖于北客[8]，收其征以赡军，楚王殷从之。请于梁置"回图务"，运茶于河南、北卖之，以易缯纩[9]、战马而归，由是富赡。

淮南将吏推杨隆演为节度使淮南将吏请于李俨，承制授隆演淮南节度使、弘农王。

九月，淮南遣兵攻吴越，围苏州淮南遣指挥使周本击吴越，围苏州。吴越攻拔东洲[10]，淮南遣柴再用复取之。再用方战，舟坏，仅而得济[11]。家人为之饭僧千人，再用悉取其食以犒部兵，曰："士卒济我，僧何力焉？"

---

1　简俭：俭省。
2　大纲：主要的法纪。
3　支计官：古官名，掌会计出纳之事。
4　蜀、岐、晋：即蜀王王建、岐王李茂贞、晋王李存勖。
5　宴具：宴席所用器具。
6　列坐：以次相坐。
7　使积尸长幼无序：让尸体堆积得长幼没有次序。
8　北客：北方的客商。
9　缯纩：缯帛与丝绵的并称。
10　东洲：古地名，位于今江苏省常州市武进区东南太湖之滨。
11　济：渡河。

冬，十月，华原贼帅温韬发唐诸陵。

十一月，晋遣兵击刘守文，败之刘守文攻幽州，刘守光求救于晋。晋王遣兵五千助之，守文败还。

胡氏曰：朱温助守光以子囚其父，悖天理甚矣。然温弑君篡国之人也，又何责焉？晋王兵以义动，当讨守光，助守文，一举而父子兄弟之道皆得。今乃救守光，抑守文，人之称斯师也，谓之悯哉！其异于朱温所为几希[1]矣。

己巳（公元909年）

晋、岐、淮南称"唐天祐六年"。梁开平三年。〇是岁，凡五国、五镇。

春，正月，梁迁都洛阳。

二月朔，日食。

梁攻岐，取丹[2]、延、鄜、坊四州。

淮南徐温自领昇州刺史徐温以金陵形胜，战舰所聚，乃自以淮南行军副使领昇州刺史，留广陵，以其假子、元从指挥使知诰为昇州防遏兼楼船副使，往治之。

夏，四月，梁以王审知为闽王审知俭约，常蹑麻屦[3]，府舍卑陋[4]，未尝营葺[5]。宽刑薄赋，公私富实，境内以安。

吴越击淮南兵，破之淮南兵围苏州，推洞屋[6]攻城，吴越将孙琰置轮于竿首，垂缅投锥以揭之，攻者尽露。炮至，张网以拒之。吴越王镠遣指挥使钱镖等救之。苏州有水通城中，淮南军张网缀铃悬水中，鱼鳖过皆知之。吴越虞候司马福欲潜行入城，故以竿触网。敌闻铃声举网，福因得过，入城。由是城

---

1　几希：相差无几。
2　丹：丹州，古州名，因丹阳川为名，辖今陕西省宜川县境。
3　麻屦：麻编的鞋。
4　卑陋：低矮简陋。
5　营葺：修建，修缮。
6　洞屋：古代一种攻城器具，以木撑柱为之，覆盖以牛皮，其状如洞。

中号令与援兵相应，敌以为神。缪尝游府园，见园卒陆仁章树蓻[1]有智而志[2]之。至是，使仁章通信[3]入城，果得报而返。吴越兵内外合击淮南兵，大破之，擒其将三十余人。周本夜遁。

**五月，梁杀其佑国[4]节度使王重师，夷其族**王重师镇长安数年，梁主怒其贡奉不时，以刘捍为留后。捍谮之云："与邠、岐通。"赐自尽，夷其族。

**刘守光执其兄守文，进攻沧州**刘守文以重赂招契丹、吐谷浑之众，合四万，屯蓟州。守光逆战，为所败。守文单马立于阵前，泣谓其众曰："勿杀吾弟！"守光将元行钦识之，直前擒之，沧、德[5]兵皆溃。守光囚之别室，乘胜进攻沧州。沧州判官吕兖、孙鹤推守文子延祚为帅，乘城拒守。

**六月，梁刘知俊叛，奔岐**知俊功名浸盛，以梁主猜忍日甚，内不自安。及王重师诛，益惧。梁主急征知俊，欲以为河东行营都统。知俊弟知浣密使人语知俊云："入必死。"知俊遂以同州附于岐，遣兵袭华州，守潼关。遣人以重利[6]啖长安诸将，执刘捍，送于岐杀之。梁主遣近臣谕知俊曰："朕待卿甚厚，何忽相负？"对曰："臣不背德，但畏族耳[7]。"诏削知俊官爵，遣杨师厚、刘鄩等讨之。鄩至关东，获知俊伏路[8]兵，使为前导。关吏[9]纳之，鄩兵直进，遂克潼关。知俊举族奔岐。岐兵据长安城，师厚以奇兵克之。岐王厚礼知俊，以为中书令。

**秋，七月，梁以刘守光为燕王。**

**淮南尽取江西地**抚州刺史危全讽率抚、信、袁、吉之兵攻洪州。淮南守兵才千人，节度使刘威密遣使告急于广陵，日召僚佐宴饮。全讽闻之，屯象牙

---

1　树蓻：同"树艺"，种植，栽培。
2　志：记。
3　通信：通报消息。
4　佑国：方镇名，即佑国军，兼领商、金二州，辖今陕西省关中道东南部、汉中道东部之地。
5　沧、德：即沧州、德州。
6　重利：大的利益。
7　臣不背德，但畏族耳：我不会忘记恩德，只是畏惧像王重师那样被诛灭全族罢了。
8　伏路：暗道，隐秘的通路。
9　关吏：守关口的官吏。

潭[1]不敢进。楚王殷遣指挥使苑玫围高安，以助全讽。徐温问将于严可求，可求荐周本，乃以本将兵七千救高安。本以前攻苏州无功，称疾不出。可求即其卧内强起之。本曰："苏州之役，敌不能胜我，但主将权轻耳。*必见用，愿无置副贰[2]乃可。"可求许之。本曰："楚人为全讽声援耳，非欲取高安也。吾败全讽，援兵必还。"乃疾趋象牙潭。或曰："全讽兵强，君宜观形势。"本曰："贼众十倍于我，我军闻之必惧，不若乘其锐而用之。"全讽营栅临溪[3]，亘数十里。本隔溪布阵，先使羸兵尝敌[4]。全讽兵涉[5]溪追之。本乘其半济，纵兵击之，全讽兵大溃。本分兵断其归路，擒全讽，乘胜克袁州。歙州刺史陶雅遣兵袭饶、信，饶州刺史唐宝弃城走。米志诚败苑玫于上高[6]。吉州刺史彭玕率众奔楚。信州刺史危仔倡奔吴越，吴越以为淮南节度副使，更其姓曰元氏。虔州刺史卢光稠以州附于淮南。于是江西之地尽入于杨氏[7]。

冬，十月，蜀行《永昌历》司天监胡秀林所献也。

十一月，岐遣刘知俊攻梁灵州，梁遣兵救之，大败而还岐王欲取灵州以处刘知俊，使自将兵攻之。朔方节度使韩逊遣使告急于梁，梁主遣康怀贞、寇彦卿将兵攻邠宁以救之，克宁、衍[8]二州，拔庆州南城，游兵及泾州之境。知俊闻之，解围引还。梁主急召怀贞等还，知俊据险邀之，左龙骧军使王彦章为战，怀贞等乃得过。至升平[9]，知俊伏兵山口，怀贞大败，仅以身免。岐王以知俊为彰义节度使，镇泾州。彦章骁勇绝伦，每战用二铁枪，皆重百斤，一置鞍中，一在手，所向无前，时人谓之王铁枪。

蜀蜀州刺史王宗弁罢宗弁称疾罢归，杜门不出。蜀主疑其怨望，加检校

---

1　象牙潭：古地名，位于今江西省南昌市新建区南赣江、锦江汇流处。
2　副贰：副职，属僚。
3　营栅临溪：在溪水旁边营建栅栏。
4　尝敌：试探敌人实力的强弱。
5　涉：趟水过河。
6　上高：古县名，治所即今江西省宜春市上高县。
7　杨氏：即淮南杨隆演。
8　衍：衍州，古州名，治所位于今甘肃省庆阳市宁县南。
9　升平：古县名，治所位于今陕西省铜川市宜君县西北。

太保。不受，谓人曰："廉者足而不忧，贪者忧而不足。吾小人，致位至此，足矣，岂可求进不已乎？"蜀主嘉其志而许之。

## 庚午（公元910年）

晋、岐、吴称"唐天祐七年"。梁开平四年。〇是岁，淮南称"吴"，凡五国、五镇。

春，正月，刘守光克沧州，杀其兄守文沧州城中食尽，吕兖选男女羸弱者烹之以给军食。正月，刘廷祚力尽出降。守光使大将张万进、周知裕辅其子继威镇沧州，族吕兖而释孙鹤。兖子琦年十五，门下客[1]赵玉绐监刑者曰："此吾弟也，勿妄杀！"遂挈以逃。琦足痛不能行，玉负之。变姓名乞食于路，仅而得免。琦感家门殄灭，力学自立。晋王闻其名，署代州判官。守光使人杀守文，归罪于杀者而诛之。

二月，岐王承制加杨隆演嗣吴王。

夏，四月，梁夏州乱，杀节度使李彝昌，以其族父仁福代之。

梁宋州献瑞麦[2]梁宋州节度使、衡王友谅献瑞麦，一茎三穗。梁主曰："丰年为上瑞[3]。今宋州大水，安用此为[4]？"诏除本县令名，遣使诘责友谅，以惠王友能代之。

梁贬寇彦卿为游击将军梁左金吾大将军寇彦卿入朝，有民不避道，投诸栏外而死。彦卿自首。梁主以彦卿有功，命以私财遗死者家以赎罪。御史司宪[5]崔沂劾奏，请论如法。梁主命彦卿分析[6]，彦卿对："令从者举置栏外，不意误死。"梁主欲以过失论，沂奏："在法，以势力使令[7]为首，下手为从，不得

---

1　门下客：门客，食客。
2　瑞麦：一株多穗或异株同穗之麦，古代以为吉祥之兆。
3　上瑞：最大的吉兆。
4　安用此为：这又有什么用呢。
5　御史司宪：古官名，由原来御史大夫改称，主要职责是监督其他官员。
6　分析：申辩，辩白。
7　势力使令：凭借势力指使别人的人。

归罪从者。不斗而故殴伤人，加伤罪一等，不得为过失。"乃责授彦卿游击将军。彦卿扬言："有得崔沂首者，赏万缗。"梁主使人谓彦卿："崔沂有毫发伤，我当族汝！"时功臣骄横，由是稍肃[1]。

五月，梁天雄节度使罗绍威卒，以其子周翰代之。

六月，梁匡国军节度使冯行袭卒行袭疾笃[2]，请代。许州牙兵皆秦宗权余党，梁主深以为忧，命崇政院直学士李珽驰往视行袭。珽至，谓将吏曰："天子握百万兵，去此数舍[3]耳。冯公忠纯，勿使上有所疑。汝曹赤心奉国，何忧不富贵？"由是众莫敢异议。行袭欲使人代受诏，珽曰："东首加朝服，礼也。"乃即卧内宣诏，谓行袭曰："公勿视事，子孙之福也。"行袭泣谢，遂解印授珽，使代掌军府。行袭卒，以珽权知匡国留后。

梁以楚王殷为天策上将军楚王殷求为天策上将。始开府，以弟賨、存为相。

秋，七月，岐、晋合兵攻梁夏州，梁遣兵拒却之岐王遣使告晋，请合兵攻定难节度使李仁福。晋王遣周德威将兵会，围夏州。梁主恐晋兵袭西京[4]，遣兵分屯河阳、三原，遣李遇邀其归路。岐、晋兵皆解去。

胡氏曰：晋之所图，莫重于梁，次则燕也，李仁福岂能为河东病？晋王徇三镇之请，为之远师，德威又不谏止，岂欲收三镇心，不得不然耶？不然，则持国之道疏矣。

八月，吴越筑捍海石塘[5]，广[6]杭州城由是钱塘富庶，盛于东南。

冬，十一月，蜀主立其假子宗裕等为王初，唐末宦官典兵者，多养军中壮士为子以自强，由是诸将亦效之，而蜀主尤多，至百二十人，虽冒姓连

1　肃：恭敬。
2　请代：请求调换。
3　去此数舍：意指离这里没多远。
4　西京：指长安。
5　捍海石塘：抵御海潮的石塘。
6　广：扩修。

名[1]，而不禁婚姻。

梁遣兵袭镇州，取深、冀。镇、定推晋王为盟主，晋遣兵救之梁主疑赵王镕贰于晋，且欲因邺王绍威卒，除移[2]镇、定。会燕王守光发兵侵定州，遣供奉官杜廷隐、丁延徽监魏博兵三千分屯深、冀，声言助赵守御。赵将石公立戍深州，白镕拒之，镕不从。公立出门，指城而泣曰："朱氏灭唐社稷，三尺童子知其为人，而我王犹恃姻好，以长者期之，此所谓开门揖盗[3]者也。惜乎，此城之人今为虏矣！"深、冀民见魏博兵入，奔走惊骇。未几，延隐等闭门尽杀赵戍兵，乘城拒守。镕始命公立攻之，不克。乃遣使求援于燕、晋，与义武节度使王处直共推晋王为盟主，合兵攻梁。晋王会将佐谋之，皆曰："镕久臣朱温，输赂结婚，其交深矣，此必诈也。"王曰："彼亦择利害而为之耳。王氏在唐犹或臣或叛，况肯终为朱氏之臣乎？今救死不赡[4]，何顾婚姻？我若疑而不救，正堕朱氏计中。"乃遣周德威将兵出井陉，屯赵州。镕使者至幽州，守光方猎，孙鹤驰诣野[5]，谓曰："赵人乞师，此天欲成王之功业也。"守光曰："何故？"对曰："比[6]常患其与朱温胶固。温之志非尽吞河朔不已，今彼自为仇敌，王若与之并力破梁，则镇、定皆敛衽而朝燕矣。不早出师，但恐晋人先我矣。"守光曰："王镕数负约，今使之与梁自相弊，吾可以坐承其利，又何救焉？"不为出兵。自是镇、定复称唐天祐年号，梁主命王景仁等将兵击之。

十二月，梁定律令格式，行之。

梁进军逼镇州，晋王救之，次于高邑梁王景仁等进军柏乡。赵王镕复告急于晋，晋王自将东下，王处直遣将将兵五千以从。至赵州，与周德威合，获梁刍荛者，问之，曰："梁主戒上将云：'镇州反复，终为子孙之患。今悉以精兵付汝，镇州虽以铁为城，必为我取之。'"晋王命送于赵。进军距柏乡三十里，

---

1　冒姓连名：改作王姓，并且兄弟名字相连。
2　除移：调动官职。
3　开门揖盗：打开大门，恭敬地请强盗进来。比喻招来坏人，自招祸害。
4　不赡：不够，不足。
5　驰诣野：赶到野外打猎的地方拜见。
6　比：近来。

遣周德威等以胡骑[1]迫梁营挑战，梁兵不出。进距柏乡五里，营于野河[2]之北，又遣胡骑迫梁营驰射[3]，且诟之。梁将韩勍等将步、骑迫之，铠胄鲜华，光彩炫耀，晋人望之夺气。德威谓李存璋曰："梁人志不在战，徒欲曜兵耳。不挫其锐，则吾军不振。"乃徇于军曰："彼皆汴州屠酤、佣贩[4]之徒耳，衣铠[5]虽鲜，十不能当汝一。擒获一夫，足以自富，乃奇货，不可失也。"率精骑千余击其两端，获百余人，且战且却，距野河而止。言于晋王曰："贼势甚盛，宜按兵以待其衰。"王曰："吾孤军远来，救人之急，三镇乌合，利于速战，公乃欲按兵持重，何也？"德威曰："镇、定之兵长于守城，短于野战。且吾所恃者骑兵，利于平原广野[6]，可以驰突。今压贼垒门，骑无所展其足。且众寡不敌，使彼知吾虚实，则事危矣。"王不悦，退卧帐中，诸将莫敢言。德威往见张承业曰："大王骤胜而轻敌，不量力而务速战。今去贼咫尺，所限者一水耳，彼若造桥以薄我，我众立尽矣。不若退军高邑，诱贼离营，彼出则归，彼归则出，别以轻骑掠其馈饷，不过逾月[7]，破之必矣。"承业入，褰帐[8]抚王曰："此岂王安寝时邪？德威老将，知兵，其言不可忽也。"王蹶然而兴曰："予方思之。"梁兵有降者，诘之，曰："景仁方造浮桥。"王谓德威曰："果如公言。"是日，拔营，退保高邑。

　　胡氏曰：晋王虽善将兵而不善将将，欲功自己出而短于用人。高邑之役，非承业启其意，则德威必死矣。存勖资性如此，莫之能改，它日胡柳陂[9]竟违德威之谋，遂失良将。故君子有言："必心不外，乃能统大众；智不凿[10]，乃能处大事。"晋王凿智自私而心不广，此功名所以不遂欤？

---

1　胡骑：胡人的骑兵。亦泛指胡人军队。
2　野河：古水名，一名槐水，上游即今河北省石家庄市赞皇县槐河，唐时下游流经今赵县南东入洨水，五代下游改经高邑县东南、柏乡县北，东入洨河。
3　驰射：骑马射箭。
4　佣贩：雇工和小商贩，亦泛指地位卑下者。
5　衣铠：衣服铠甲。
6　广野：空旷的原野。
7　逾月：一个月后。
8　褰帐：掀开营帐。褰，撩起，揭起。
9　胡柳陂：古地名，位于今河南省濮阳市东南。
10　凿：穿凿附会。

辛未（公元 911 年）

晋、岐、吴称"唐天祐八年"。梁乾化元年。〇蜀永平元年。〇是岁，凡五国、五镇。

**春，正月朔，日食。**

**晋王伐梁军于柏乡，大破之**柏乡比不储刍[1]，梁兵刈刍自给。晋人抄之，梁兵不敢出，剉屋茅坐席[2]以饲马，马多死。周德威与别将史建瑭、李嗣源将精骑三千，压梁垒门而诟之。王景仁、韩勍怒，悉众而出。德威等转战而北，至高邑南，李存璋以步兵陈于野河之上。梁兵横亘数里，竞前夺桥，镇、定步兵御之，势不能支。晋王谓指挥使李建及曰："贼过桥，则不可复制矣。"建及力战，却之。王登高丘以望曰："梁兵争进而嚣[3]，我兵整而静，我必胜。"战自巳至午[4]，胜负未决。王谓德威曰："两军已合，势不可离，我之兴亡，在此一举。我为公先登，公可继之。"德威叩马谏曰："观梁兵之势，可以劳逸制之，未易以力胜也。彼去营三十余里，虽挟糗粮，亦不暇食，日昳[5]之后，饥、渴内迫，矢、刃外交，士卒劳倦，必有退志，当是时，我以精骑乘之，必大捷。今未可也。"王乃止。至晡，梁军未食，果引却。德威疾呼曰："梁兵走矣！"晋兵大噪争进，梁兵惊怖[6]大溃。李存璋引步兵乘之，呼曰："梁人亦吾人也，父兄子弟饷军[7]者勿杀。"于是战士悉解甲投兵而弃之，嚣声动天地。赵人以深、冀之憾，不顾剽掠，但奋白刃追之，梁之精兵殆尽，弃粮食、资械不可胜计。凡斩首二万级。河朔大震。晋王收兵屯赵州。杜廷隐等弃深、冀而去。

**晋师围邢、魏，梁兵救之，晋师还**晋王遣周德威、史建瑭趋澶、魏，张承业、李存璋攻邢州，自以大军继之。移檄河北州县，谕以利害。自攻魏

---

1　刍：喂牲畜的草。
2　剉屋茅坐席：剉，铡切，斩剁。屋茅，房顶的茅草。坐席，用来坐的席子。
3　嚣：吵闹，喧哗。
4　自巳至午：从巳时到午时。巳时，上午九时到十一时。午时，上午十一时到下午一时。
5　日昳：太阳偏西。
6　惊怖：惊讶，震惊。
7　饷军：给军队发粮饷。

州，不克。梁主以罗周翰年少，且忌其旧将佐，以李振为天雄节度副使，命杜廷隐将兵千人卫之，间道夜入魏州，助周翰城守。晋王观河于黎阳，梁兵将渡，皆弃舟而去。德威拔夏津[1]、高唐、东武、朝城[2]，澶州刺史弃城走。进攻黎阳，拔临河、淇门；逼卫州，掠新乡、共城[3]。梁主率亲军[4]屯白司马阪[5]以备之。刘守光淫虐滋甚，每刑人，必置诸铁笼，以火逼之。又为铁刷刷人面。闻梁兵败，使人谓赵王镕及王处直曰："闻二镇与晋王破梁兵，举军南下。仆亦有精骑二万，欲自将之，为诸公启行[6]。然四镇连兵，必有盟主。仆若至彼，何以处之？"镕告于晋王，晋王笑曰："赵人告急，守光不能出一卒以救之，及吾成功，乃复欲以兵威离间二镇，愚莫甚焉！"诸将曰："云、代与燕接境，彼若扰我城戍，动摇人情，亦腹心之患也。不若先取守光，然后可以专意南讨。"王曰："善。"会梁杨师厚引兵救邢、魏，晋王解围去。师厚留屯魏州。赵王镕来谒晋王，大犒将士。自是遣其养子德明将三十七都，常从晋王征讨。德明本姓张，名文礼。晋王归晋阳，留周德威等戍赵州。

三月，梁清海节度使刘隐卒，弟岩知留后。

夏，四月，岐攻兴元，蜀兵击却之蜀主之女普慈公主嫁岐王从子继崇。继崇骄矜嗜酒，蜀主召公主归宁，留之。岐王怒，始与蜀绝。至是，岐王聚兵寇蜀兴元，唐道袭击，却之。

晋王推刘守光为尚父，梁亦以为采访使守光尝衣赭袍[7]，顾谓将吏曰："今天下大乱，英雄角逐，吾兵强地险，亦欲自帝，何如？"孙鹤曰："今内难新平，公私困竭。太原窥吾西，契丹伺吾北，遽谋自帝，未见其可。大王但养士爱民，训兵积谷，德政既修，四方自服矣。"守光不悦。又使人讽镇、定，

---

1　夏津：古县名，治所即今山东省德州市夏津县。
2　东武、朝城：东武，古县名，治所即今山东省潍坊市辖诸城市。朝城，古县名，治所位于今山东省聊城市莘县西南朝城镇西。
3　共城：古县名，治所即今河南省新乡市辖辉县市。
4　亲军：亲兵。
5　白司马阪：古山名，即白马山，位于今山西省阳泉市盂县东北。
6　启行：动身，出发。
7　赭袍：即赭黄袍，土黄色的袍子，天子所穿的袍服。

求尊己为尚父，赵王镕以告晋王。晋王怒，欲伐之，诸将皆曰："是为恶极矣，行当[1]族灭。不若佯为推尊[2]以稔[3]之。"乃与镕及义武王处直、昭义李嗣昭、振武周德威、天德宋瑶六节度使共奉册推守光为尚书令、尚父。守光不寤，益骄，表梁主曰："晋王等推臣，臣荷陛下厚恩，未之敢受。不若陛下授臣河北都统，则并、镇[4]不足平矣。"梁主亦知其狂愚，乃以守光为河北道采访使，遣使册命之。守光命僚属草受册仪。僚属取唐册太尉仪献之，守光问："何得无郊天、改元之事？"对曰："尚父，人臣也，安有郊天、改元者乎？"守光怒，投之于地，曰："我地方二千里，带甲三十万，直作河北天子，谁能禁我？尚父何足道哉？"命趣具即帝位之仪，械系梁及诸道使者于狱，既而皆释之。

秋，七月，梁主避暑于河南尹张宗奭第宗奭即全义也，梁改其名。梁主避暑其第，乱[5]其妇女殆遍。宗奭子继祚不胜愤耻[6]，欲弑之。宗奭止之曰："吾家顷在河阳，为李罕之所围，啖木屑以度朝夕，赖其救我，得有今日。此恩不可忘也。"乃止。

梁遣杨师厚将兵屯邢州，赵王镕会晋王于承天军赵王镕以杨师厚在邢州，甚惧，会晋王于承天军。晋王谓镕父友[7]也，事之甚恭，谓曰："朱温之恶极矣，天将诛之，虽有师厚辈，不能救也。脱有侵轶，仆自率众当之，叔父勿以为忧。"镕奉卮为寿，谓晋王为四十六舅。晋王许以女妻其幼子昭诲。由是晋、赵之交遂固。

八月，燕王刘守光称帝守光将称帝，将佐多窃议，以为不可。守光乃置斧质于庭，曰："敢谏者斩！"孙鹤曰："沧州之破，鹤分当死，蒙王生全以至今日，敢爱死而忘恩乎？窃以为今日之帝未可也。"守光怒，伏诸质上，令

---

1　行当：正应。
2　推尊：推举尊崇。
3　稔：事物积久养成。
4　并、镇：即并州、镇州。
5　乱：淫乱，玩弄。
6　愤耻：愤恨羞耻。
7　父友：父亲的朋友。

军士剐而啖之。鹤呼曰："百日之外，必有急兵[1]。"守光命以土窒[2]其口，寸斩[3]之。遂即位，改元"应天"。受册之日，契丹陷平州，燕人惊扰。

**岐王使刘知俊攻蜀，围安远军**[4]岐王使知俊、李继崇将兵击蜀，蜀将王宗侃大败，奔安远军，知俊、继崇追围之。

**九月，梁主如相州**梁主闻晋、赵谋南伐，自将拒之，至卫州方食。牟前奏晋军已出井陉，遽命辇北趋邢、洺，昼夜倍道兼行。至相州，闻晋兵不出，乃止。刺史李思安不意梁主猝至，落然无具[5]，坐削官爵。

**冬，十月，晋遣李承勋使于燕**晋王闻刘守光称帝，大笑曰："俟彼十年，吾当问其鼎[6]矣。"张承业请遣使致贺以骄之。晋王遣太原少尹李承勋往，用邻藩[7]通使之礼。燕典客欲使称臣庭见[8]，承勋曰："吾受命于唐朝，为太原少尹，燕王岂得而臣之乎？"守光怒，囚之数日，竟不能屈。

胡氏曰：晋诸将请尊刘守光以稔其恶，张承业请贺其称帝以骄其心。自诈谋而论，则用兵之善计。自义而论，则不若晋王欲伐之之为正也。昔汤尝事葛[9]矣，教之以礼，导之以善，一不从，再不从，而终不悛也，然后伐之。方守光图为僭窃，晋王宜遣使为言人伦不可悖，天命不可干，囚父杀兄，僭居大号[10]，天下其孰容之？守光长恶迷复[11]，于是致讨，必师涉燕地而变生肘腋矣。此其举措，岂不贤于承业诸人之计乎？

---

1　急兵：突然发生的战乱。
2　窒：阻塞不通。
3　寸斩：碎尸万段。
4　安远军：方镇名，治所位于今天津市蓟县西北。
5　落然无具：一派荒废的样子，一切都没有准备。落然，荒废貌。
6　问其鼎：春秋时，楚庄王北伐，陈兵于洛水，周定王派遣王孙满慰劳楚师。庄王向王孙满询问周朝的传国之宝九鼎的大小和轻重。庄王问鼎，有夺取周王朝天下的意思。后用"问鼎"指图谋夺取政权。
7　邻藩：相邻的藩镇。
8　庭见：在朝廷上觐见。
9　汤尝事葛：商汤曾经服事葛伯。汤，商王朝的建立者，亦称成汤。葛，古国名，故城位于今河南省商丘市宁陵县北，后为汤所灭。
10　大号：国号，帝号。
11　长恶迷复：长恶，长期作恶。迷复，迷失不改过，糊涂不醒悟。

十一月，梁主还洛阳梁主发相州，至洹水。边吏言晋、赵兵南下，梁主即时进军，至魏县。或告云："沙陀至矣！"士卒恟惧，多逃亡，严刑不能禁。既而复告云无寇，上下始定。梁主以夹寨、柏乡屡失利，故力疾北巡，思一雪其耻，意郁郁，多躁忿，功臣、宿将往往以小过被诛，众心益惧。既而晋、赵兵竟不出。梁主南还，纳怀州刺史段明远妹为美人。明远馈献丰备，梁主悦。至洛阳，疾复作。

幽州参军冯道奔晋刘守光谋攻易定，道以为未可，系狱得免，亡奔晋。张承业荐之，晋王以为掌书记。

蜀主自将击岐兵，大破之蜀王宗弼、王宗播再败岐兵。蜀主如兴元，安远军望其旗，王宗侃等鼓噪而出，与援军夹攻岐兵，大破之，拔二十一寨，斩其将李廷志等。岐兵解围遁去。唐道袭先伏兵于斜谷邀击，又破之。岐王左右谗[1]刘知俊，岐王夺其兵。李继崇曰："知俊壮士，穷来归我，不宜以谗废之。"知俊举族[2]居于秦州。

刘守光寇易定，晋遣兵救之。

## 壬申（公元 912 年）

晋、岐、吴称"唐天祐九年"。梁乾化二年。〇是岁，凡五国、五镇。

春，正月，晋师及镇、定之兵伐幽州。二月，梁主救之，大败，走还晋周德威东出飞狐，与赵将王德明、义武将程岩会于易水，攻燕祁沟关[3]，下之。围涿州，刺史刘知温城守，刘守奇之客刘去非大呼于城下，谓知温曰："河东小刘郎来为父讨贼，何豫汝事而坚守邪？"守奇免胄劳之，知温遂降。周德威疾守奇之功，谮诸晋王。守奇恐获罪，与去非及进士赵凤奔梁，梁主以为博州刺史。先是，守光籍境内丁壮，悉文面为兵，虽士人亦不免。凤诈为僧

---

1　谗：说别人的坏话。
2　举族：全族。
3　祁沟关：古关隘名，又名岐沟关，位于今河北省涿州市西南。

奔晋，守奇客之。德威遂至幽州城下。守光求救于梁，梁主自将救之。从官以梁主诛戮无常，多惮行，梁主怒。至白马顿[1]，赐从官食，多未至，遣骑趣之，散骑常侍孙骘等三人后至，扑杀之。至武陟，段明远供馈有加于前。帝追思李思安前事，贬柳州司户，告曰："观明远之忠勤如此，见思安之悖慢何如！"寻长流崖州，赐死。明远后更名凝。梁土王魏川，命杨师厚、李周彝围枣强[2]，贺德伦、袁象先围蓨县[3]，昼夜兼行至下博，遇赵将符习引数百骑巡逻。或告曰："晋兵大至矣！"梁主弃行幄[4]，亟引兵趋枣强，与师厚军合。师厚急攻枣强，数日不下，城坏复修，死伤万数。城中矢石将竭，谋出降，有一卒奋曰："贼自柏乡丧败以来，视镇人裂眦[5]，今往归之，如自投虎狼之口耳。我请独往试之。"夜缒出降。周彝召问之，对曰："非半月未易下也。"因请一剑效死，周彝不许，使荷担[6]从军。卒得间，举担击周彝首，踣地，救至得免。梁主愈怒，命师厚昼夜急攻，屠之。德伦攻蓨，晋将李存审谓史建瑭、李嗣肱曰："吾王方有事幽蓟，无兵此来[7]。使贼得蓨，必西侵深、冀，患益深矣。当与公等以奇计破之。"存审乃引兵扼下博桥[8]，使建瑭、嗣肱分道擒生[9]。遇梁军之樵刍者[10]皆执之，获数百人，杀之，留数人断臂纵去，曰："为我语朱公，晋王大军至矣。"时梁主引师厚兵攻蓨，未及置营。建瑭、嗣肱各将三百骑，效梁军旗帜、服色，与樵刍者杂行，暮至营门，纵火大噪，弓矢乱发，营中大扰，不知所为。断臂者复来曰："晋军大至矣！"梁主大骇，烧营夜遁，迷失道，委曲[11]行百五十里。蓨之耕者皆荷锄奋梃逐之，委弃资械不可胜计。既而复遣骑

---

1　顿：止宿，屯驻。
2　枣强：古县名，治所位于今河北省衡水市枣强县东南。
3　蓨县：古县名，治所位于今河北省衡水市景县南。
4　行幄：帝王外出时的临时营帐。
5　裂眦：因发怒而眼睛睁得极大，眼眶似乎要裂开，形容极其愤怒的神态。
6　荷担：用肩负物，挑担。
7　此来：来此。
8　下博桥：古桥名，位于今河北省衡水市辖深州市东南古漳水上。
9　擒生：活捉敌人。
10　樵刍者：打柴割草的人。
11　委曲：辗转周折。

觇之，曰："晋军实未来，此乃史先锋游骑耳。"梁主惭愤，病遂增剧[1]。

**沧州人杀刘继威** 义昌节度使刘继威年少，淫虐类其父，淫于都指挥使张万进家。万进怒，杀之。梁以万进为节度使。

**晋师克瓦桥关** 周德威遣裨将攻瓦桥关，其将吏及莫州刺史李严皆降。严涉猎书传，晋王使傅其子继岌。严固辞。王怒，将斩之。教练使孟知祥谏曰："强敌未灭，大王岂宜以一怒戮向义之士乎？"乃免之。知祥，李克让之婿也。

**夏，四月，晋师克瀛州。**

**五月，梁主至洛阳** 梁主至洛阳，疾甚，谓近臣曰："我经营天下三十年，不意太原余孽更昌炽[2]如此。吾观其志不小，天复夺我年[3]，我死，诸儿非彼敌也。吾无葬地矣。"因哽咽，绝[4]而复苏。

**刘守光遣兵出战，晋人击败之，擒其将** 守光遣其将单廷珪将精兵万人出战，与周德威遇于龙头冈[5]，曰："今日必擒周杨五以献。"杨五，德威小名也。既战，单骑逐之，枪及德威背，德威侧身避之，奋挝反击，廷珪坠马，擒之。燕兵退走，引骑乘之，斩首三千级。廷珪，燕骁将也，燕人失之夺气。

**吴徐温攻宣州，克之，杀其观察使李遇** 吴镇南节度使刘威、歙州观察使陶雅、宣州观察使李遇、常州刺史李简皆武忠王[6]旧将，有大功，以徐温秉政，内不能平，李遇尤甚。馆驿使徐玠使于吴越，温使说遇入见新王，曰："公不尔，人谓公反。"遇怒曰："君言遇反，杀侍中者非反邪？"温怒，以王檀为宣州制置使，数遇不入朝之罪，遣柴再用、徐知诰讨之。遇不受代，再用攻之，逾月不克。遇少子为淮南牙将，温执之，至城下示之。遇不忍战，乃请降。温斩之，夷其族。于是诸将始畏温，莫敢违其命。知诰以功迁升州刺史。知诰事温甚谨，温特爱之，每谓诸子曰："汝辈事我，能如知诰乎？"时诸州

---

1　增剧：加重，增多。
2　昌炽：猖獗，猖狂。
3　夺我年：褫夺我的年寿。
4　绝：气绝。
5　龙头冈：古地名，又名卧龙冈，位于今北京市西北。
6　武忠王：即杨行密。

长吏多武夫，专以军旅为务，不恤[1]民事。知诰独选用廉吏[2]，修明政教，招延四方士大夫。洪州进士宋齐丘好纵横之术，谒知诰。知诰奇之，辟为推官，与判官王令谋、参军王翃专主谋议，以牙吏[3]马仁裕、曹悰为腹心。

　　**六月，梁郢王友珪弑其主晃而自立**梁主长子郴王友裕早卒；次假子博王友文，梁主特爱之，常留守东都；次郢王友珪，其母亳州营倡[4]也，为控鹤[5]指挥使，无宠；次均王友贞，为东都指挥使。初，张后严整多智，梁主敬惮之。后殂，梁主恣意声色，诸子虽在外，常征其妇入侍。友文妇王氏色美，尤宠之。欲以友文为太子，友珪心不平。梁主疾甚，命王氏召友文，欲付以后事。友珪妇张氏知之，密告友珪曰："大家以传国宝付王氏，怀往东都，吾属死无日矣！"夫妇相泣。左右或说之曰："事急计生，何不改图？"六月朔，梁主命敬翔出友珪为莱州刺史。友珪恐，易服微行，入左龙虎军，见统军韩勍，以情告之。勍亦见功臣多被诛，惧不自保，遂相与合谋，以牙兵从友珪杂控鹤士中，夜斩关入，至寝殿。梁主惊起，曰："我固疑此贼，恨不早杀之！汝悖逆如此，天地岂容汝乎？"友珪曰："老贼万段！"友珪仆夫[6]冯廷谔刺梁主腹，刃出于背，以败毡[7]裹之，瘗于寝殿。遣供奉官丁昭溥驰诣东都，命友贞杀友文。矫诏称："友文谋逆，赖友珪忠孝，将兵诛之。宜令友珪权主军国之务。"韩勍为友珪谋，多出金帛赐诸军及百官以取悦。乃发丧，即位。

　　**胡氏曰：**朱温虽篡逆[8]无道，若其用兵，则雄长一时矣。及晚节末路，平日狡桀[9]，略不复施，何也？温本群盗，岂尝有天下之志，一日据非所据，意满气得，丰殖乎货财，沉溺乎子女，精锐之锋，势自销衄，皎厉[10]之智，浸以昏

---

1　恤：忧虑。
2　廉吏：清廉守正的官吏。
3　牙吏：衙门小吏。
4　营倡：营妓。
5　控鹤：意为骑鹤，古人谓仙人骑鹤上天，因此常用控鹤为皇帝的近幸或亲兵的名称。
6　仆夫：驾驭车马之人。
7　败毡：坏掉的毡子。
8　篡逆：篡夺叛逆。
9　狡桀：狡猾凶暴。
10　皎厉：清高自持。

昧[1]，何足怪哉？

梁忠武军乱，杀节度使韩建。

秋，七月，梁以杨师厚为天雄节度使天雄节度使罗周翰幼弱，杨师厚军于魏州，久欲图之，惮太祖[2]威严不敢发，至是引兵入牙城，据位视事。梁以师厚为天雄节度使，徙周翰镇宣义。

梁加吴越王镠尚父。

梁遣兵击河中，节度使朱友谦降晋友珪既篡立，诸宿将多愤怒，虽曲加恩礼，终不悦。护国节度使、冀王友谦泣曰："先帝数十年开创基业，前日变起宫掖，声闻[3]甚恶。吾备位藩镇，心窃耻之。"友珪加友谦侍中，且征之。友谦谓使者曰："先帝晏驾不以理，吾且至洛阳问罪，何以征为？"友珪遣韩勍讨之，友谦以河中附于晋以求救。

梁以敬翔同平章事友珪以敬翔太祖腹心，恐其不利于己，欲解其内职，恐失人望，遂以为相。以李振充崇政院使。翔多称疾，不预事。

吴以徐温领镇海节度使吴刘威为帅府所忌，徐温将讨之。威幕客黄讷说威曰："公受谤虽深，反本无状[4]。若轻舟入觐，则嫌疑皆亡矣。"威从之。陶雅亦惧，与威偕诣广陵。温待之甚恭，如事武忠王之礼，皆遣还镇。由是人皆重温。

冬，十月，晋王救河中，梁兵败走朱友谦告急于晋，晋王自将而西，遇梁将康怀贞，大破之。梁兵解围，退保陕州。友谦至猗氏[5]，诣晋王帐，拜之为舅。晋王夜置酒张乐，友谦大醉，晋王留宿帐中。友谦安寝，鼾息[6]自如。明旦，复置酒而罢。

梁杨师厚入朝杨师厚既得魏博，又兼都招讨使，宿卫劲兵多在麾下，诸

---

1　昏昧：糊涂，愚昧。
2　太祖：即后梁太祖朱温。
3　声闻：名声。
4　反本无状：谋反原本就没有什么迹象。
5　猗氏：古县名，治所位于今山西省运城市临猗县南。
6　鼾息：鼾声。

镇兵皆得调发，威势[1]甚重，心轻友珪，专行[2]不顾。友珪患之，发诏召之。师厚将行，其腹心曰："往必不测。"师厚曰："吾知其为人矣。"乃率精兵万人渡河，友珪大惧。至都门[3]，留兵于外，与十余人入见。友珪喜，逊词[4]悦之，厚赐遣还。

**梁隰州降晋。**

### 癸酉（公元913年）

晋、岐、吴称"唐天祐十年"。梁主瑱乾化三年。○是岁，凡五国、五镇。

春，正月，晋拔燕顺、蓟州、安远、卢台军[5]。

二月，梁均王友贞起兵讨贼，友珪伏诛。友贞立于大梁，更名"瑱"。友谦复归梁友珪遽为荒淫，内外愤怒。驸马都尉赵岩，犫之子，太祖之婿也。龙虎统军袁象先，太祖之甥也。岩奉使至大梁，均王友贞密与之谋诛友珪。岩曰："此事成败在杨令公，得其一言谕禁军，吾事立办。"均王乃遣腹心说师厚曰："郢王篡弑，人望属在大梁[6]，公若因而成之，此不世之功也。"且许事成之日，赐犒军钱五十万缗。师厚与将佐谋之曰："方郢王弑逆，吾不能即讨。今君臣之分已定，无故改图，可乎？"或曰："郢王亲弑君父，贼也。均王举兵复仇，义也。奉义讨贼，何君臣之有？彼若一朝破贼，公将何以自处乎？"师厚惊曰："吾几误计[7]。"乃遣其将王舜贤至洛阳，阴与袁象先谋。岩归洛阳，亦与象先定计。先是，龙骧军戍怀州者溃乱，友珪搜捕其党，获者族之，经年不已。有戍大梁者，友珪征之。均王因使人激怒其众曰："天子追汝辈，欲尽坑之。"其众皆惧，见均王，泣请可生之路，王曰："先帝与

---

1　威势：威严权势。
2　专行：独断独行。
3　都门：京都城门。
4　逊词：言语恭顺。
5　卢台军：方镇名，治所位于今天津市宁河区境内。
6　人望属在大梁：众人都将希望寄托在大梁均王朱友贞身上。
7　误计：失算。

汝辈三十余年征战，经营王业。今先帝尚为人所弑，汝辈安所逃死¹乎？"因出太祖画像示之而泣曰："汝能自趋洛阳雪仇耻，则转祸为福矣。"众皆踊跃呼万岁。象先等率禁兵数千人突入宫中。友珪令冯廷谔先杀妻，次杀己，廷谔亦自刭。象先、岩贲传国宝诣大梁迎均王，王曰："大梁国家创业之地，何必洛阳？"乃即位于大梁。追废友珪为庶人，复博王友文官爵。梁主更名"锽"，久之，又更名"瑱"。加杨师厚兼中书令，赐爵邺王。遣使招抚朱友谦，友谦复称藩。

三月，晋师徇²山后八军及武州，皆下之刘守光命元行钦募山北兵以应契丹，又以骑将高行珪为武州刺史。晋李嗣源分兵徇山后八军，皆下之。进攻武州，行珪以城降。行钦引兵攻行珪，行珪使其弟行周质³晋军以求救，嗣源救之。行钦力屈，亦降。嗣源爱其骁勇，养以为子。攻儒州⁴，拔之。以行珪为代州刺史。行周留事嗣源，常与嗣源假子从珂分将牙兵以从。从珂，本王氏子，母魏氏，为嗣源妾，故嗣源以从珂为子。及长，以勇健⁵善战知名，嗣源爱之。

夏，四月，晋师逼幽州，拔平、营州晋周德威进军，逼幽州南门，刘守光遣使致书请和，语甚卑哀⁶。德威曰："大燕皇帝尚未郊天，何雌伏⁷如是邪？予受命讨有罪者，结盟继好，非所闻也⁸。"不答其书。别将刘光濬拔平州。营州降。

梁击赵以救燕，晋分兵拒之杨师厚与刘守奇将兵十万大掠赵境，至镇州，燔其关城⁹。周德威遣骑将李绍衡会赵将王德明同拒梁军。

六月，蜀以道士杜光庭为谏议大夫光庭博学善属文，蜀主重之，颇与

---

1　逃死：逃避灾祸或致死的危险。
2　徇：巡视。
3　质：作人质。
4　儒州：古州名，辖今北京市延庆区等地。
5　勇健：勇敢强健。
6　语甚卑哀：言辞卑下而悲哀。
7　雌伏：屈居人下。
8　非所闻也：不是我想要听到的。
9　关城：关塞上的城堡。

议政事。

蜀主杀其太子元膺元膺豭喙龅齿[1]，目视不正，而警敏知书，善骑射，性
狷急猜忍。蜀主命杜光庭选纯静[2]有德者侍东宫，光庭荐儒者许寂、徐简夫。
太子未尝与之交言[3]，日与乐工群小嬉戏无度，僚属莫敢谏。至是，召诸王大臣
宴饮，集王宗翰、内枢密使潘峭、翰林承旨毛文锡不至，太子怒曰："集王不
来，必峭与文锡离间也。"白蜀主，贬之。少保唐道袭，蜀主嬖臣也，太子素
恶之，屡相谮毁。至是，言于蜀主曰："太子谋作乱，欲召诸将、诸王，以兵
锢[4]之，然后举事耳。"蜀主疑焉。道袭请召兵入卫，内外戒严。太子初不为备，
闻道袭召兵，乃以天武甲士自卫，捕峭、文锡，囚之。军使徐瑶、常谦各率所
部奉太子攻道袭，斩之。内枢密使[5]潘炕言于蜀主曰："太子与道袭争权耳，无
他志也。陛下宜面谕大臣以安社稷。"蜀主乃召王宗侃等，使发兵讨瑶，杀之。
谦与太子亡，匿舰[6]中。舟人以告蜀主，遣宗翰往慰抚之。比至，已为卫士所
杀。蜀主疑宗翰杀之，大恸不已。会张格呈慰谕军民榜，读至"不行斧钺之诛，
将误社稷之计"，蜀主收涕曰："朕何敢以私害公？"于是下诏废元膺为庶人。

**晋克瀛、莫州。**

**梁赐高季昌爵渤海王**季昌造战舰五百艘，治城堑，缮器械，为攻守之
具，招聚亡命，交通吴、蜀，朝廷浸不能制。

冬，十月，蜀立宗衍为太子蜀潘炕屡请立太子。蜀主以雅王宗辂类己[7]，
信王宗杰才敏，欲择一人立之。郑王宗衍最幼，其母徐贤妃有宠，使唐文扆讽
张格表请立之。格夜以表示王宗侃等，诈云"受密旨"，众皆署名。蜀主不得

---

1　豭喙龅齿：公猪嘴，牙齿外露。豭，公猪。
2　纯静：学问纯正，性情安详。
3　交言：交谈。
4　锢：禁闭，禁锢。
5　内枢密使：古官名，掌承受表章，出纳王言。
6　舰：船。
7　类己：像自己。

已，许之，曰："宗衍幼懦[1]，能堪其任乎？"宗衍受册[2]毕，炕称疾请老，蜀主不许。涕泣固请，乃许之。国有大疑，常遣使就第[3]问之。

　　十一月，晋王入幽州，执刘仁恭及守光以归卢龙巡属皆入于晋，守光求援于契丹。契丹以其无信，不救。屡请降于晋，晋人疑其诈，亦不许。至是，登城谓周德威曰："俟晋王至，吾则开门泥首听命。"十一月，晋王单骑抵城下，谓守光曰："朱温篡逆，余本欲与公合河朔之兵兴复唐祚。公谋之不臧，乃效彼狂僭。镇、定二帅皆俯首事公，而公曾不之恤[4]，是以有今日之役。丈夫成败，须决所向[5]。公将何如？"守光曰："今日俎上肉[6]耳，惟王所裁[7]。"王悯之，与折弓矢为誓，曰："但出相见，保无他也。"先是，守光爱将李小喜多赞成守光之恶，至是，守光将出降，小喜止之。是夕，逾城[8]出降，且言城中力竭。晋王督诸军四面攻城，克之，擒刘仁恭。守光率妻子亡去。王入幽州，以周德威为卢龙节度使，李嗣本为振武节度使。守光将奔沧州，迷失[9]道，为人所擒，送晋军。晋王发幽州，仁恭父子皆荷校[10]于露布[11]之下。至行唐[12]，赵王镕迎谒于路。

　　十二月，梁遣兵侵吴，吴人击败之梁以王景仁为淮南招讨使，将兵万余侵庐、寿。吴徐温、朱瑾率诸将拒之，遇于赵步[13]。征兵未集，温战不胜而

---

1　幼懦：年幼懦弱。
2　受册：接受册命。
3　就第：到他的宅第去。
4　曾不之恤：竟然不体恤。曾，竟然。
5　丈夫成败，须决所向：男子汉无论成功还是失败，必须决定去向。
6　俎上肉：砧板上的肉，谓任人宰割，无可逃避。
7　惟王所裁：任凭大王裁决。
8　逾城：翻过城墙。
9　迷失：弄不清方向，走错道路。
10　荷校：以肩荷枷，即颈上带枷。校，枷。
11　露布：泛指布告、通告之类。
12　行唐：古县名，治所位于今河北省石家庄市行唐县东北。
13　赵步：古渡口名，位于今安徽省淮南市西淮河北岸，南对紫金山。

却，景仁乘[1]之，吴吏士[2]皆失色。将军陈绍援[3]枪大呼曰："诱敌太深，可以进矣！"跃马还斗，众随之。梁兵乃退。温赐之金帛，绍悉以分麾下。吴兵既集，复战于霍丘，梁兵大败。梁之渡淮而南也，表其可涉之津[4]，霍丘守将朱景浮表于木[5]，徙置深渊。及梁兵败还，望表而涉，溺死者太半。

## 甲戌（公元914年）

晋、岐、吴称"唐天祐十一年"。梁乾化四年。〇是岁，凡五国、五镇。

**春，正月，刘仁恭、刘守光伏诛**晋王以练绅[6]刘仁恭父子，凯歌[7]入于晋阳，献于太庙，自临斩刘守光。守光呼曰："教守光不降者，李小喜也。"小喜瞋目叱守光曰："汝内乱禽兽行，亦我教邪？"王怒其无礼，先斩之。乃斩守光。械仁恭至代州，刺其心血以祭先王墓，然后斩之。

**镇、定推晋王为尚书令，始置行台**或说赵王镕曰："大王所称尚书令，乃梁官也。大王既与梁为仇，不当称其官。且自太宗践祚以来，无敢当其名者。今晋王为盟主，不若以尚书令让之。"镕乃与王处直各遣使推晋王为尚书令。晋王三让，然后受之。始开府置行台，如太宗故事。

**高季昌攻蜀夔州，不克**高季昌以夔、万、忠、涪四州旧隶荆南，兴兵取之。先攻夔州，刺史王成先逆战。季昌纵火船焚蜀浮桥，蜀将张武举铁絙拒之，船不得进，焚、溺甚众。季昌遁还。

**夏，四月，楚人袭吴黄州，克之**楚岳州刺史许德勋将水军巡边[8]。夜分，南风暴起，都指挥使王环乘风趋黄州，大掠而还。德勋曰："鄂州将邀我，宜备之。"环曰："我军入黄州，鄂人不知，奄过其城，彼自救不暇，安敢邀

---

1　乘：指乘胜追击。
2　吏士：官兵。
3　援：用手牵引，拉。
4　表其可涉之津：在水浅可以趟过河的津渡做了标记。表，标记，做标记。
5　浮表于木：将这些标记置于木头上漂浮。
6　练绅：练，白绢。绅，捆绑。
7　凯歌：唱胜利之歌。
8　巡边：巡视边防。

我？”乃展旗鸣鼓而行，鄂人不敢逼。

**五月，梁朔方节度使韩逊卒，以其子洙代之。**

**秋，七月，晋伐梁邢州，不克**晋王既克幽州，乃谋伐梁。会赵王镕及周德威攻邢州，李嗣昭引昭义兵会之。梁杨师厚引兵救而却之。

**八月，蜀以毛文锡判枢密院**峡上有堰[1]，或劝蜀主乘夏秋江涨，决之以灌江陵。文锡谏曰：“季昌不服，其民何罪？陛下方以德怀天下，忍以邻国之民为鱼鳖食乎？”蜀主乃止。

**冬，十一月，南诏寇蜀，蜀遣兵击败之**南诏寇黎州，蜀主遣兵击败之，俘、斩数万级，溺死数万人。

**十二月，蜀攻岐阶州[2]，破长城关[3]。**

## 乙亥（公元915年）

晋、岐、吴称“唐天祐十二年”。梁贞明元年。〇是岁，凡五国、五镇。

**春，二月，梁分天雄为两镇。夏，四月，魏人降晋。六月，晋王入魏**梁天雄节度使杨师厚矜功恃众[4]，擅割财赋，置银枪效节都数千人，欲以复故时牙兵之盛。梁主虽外加尊礼，内实忌之。及卒，租庸使赵岩、判官邵赞言于梁主曰：“魏博为唐腹心之蠹二百余年，绍威、师厚据之，朝廷皆不能制，陛下不乘此时为之计，安知来者不为师厚乎？宜分六州为两镇，以弱其权。”梁主以为然。以贺德伦为天雄节度使。置昭德军于相州，割澶、卫二州隶焉，以张筠为昭德节度使，分魏州将士、府库之半于相州。恐魏人不服，遣刘鄩将兵六万济河，以讨镇、定为名，实张形势以胁之。魏兵皆父子相承，族姻盘结[5]，不愿分徙，连营聚哭。鄩遣王彦章将五百骑入魏州。魏兵谋曰：“朝廷忌吾

---

1　峡上有堰：三峡上有一座挡水的堤坝。
2　阶州：古州名，辖今甘肃省武都、康县等地。
3　长城关：古关隘名，位于今陕西省榆林市定边县北。
4　矜功恃众：自恃功劳和兵马众多。
5　盘结：相互勾结。

军府强盛，欲设策¹使之残破耳。吾六州历代藩镇，兵未尝远出河门²。一旦骨肉流离，生不如死。"是夕，军乱，纵火大掠。诘旦，入牙城，劫德伦，置楼上。有效节军校张彦者，自率其党，拔白刃，止剽掠。四月，梁主遣供奉官扈异抚谕魏军，许彦以刺史。彦请复三州。异还，言彦易与，但遣刘鄩加兵，由是不许。使者再返，彦裂诏书抵于地，戟手南向诟朝廷，谓德伦曰："天子愚暗，听人穿鼻。"遂逼德伦以书求援于晋。晋王得书，命李存审进据临清³。五月，刘鄩屯洹水⁴。晋王引大军东下，与存审会，犹疑魏人之诈，按兵不进。德伦遣判官司空颋犒军，密言张彦凶狡之状，劝晋王先除之。王进屯永济⁵。彦选银枪效节五百人，执兵自卫，诣谒⁶。王登驿楼⁷语之曰："汝陵胁⁸主帅，残虐⁹百姓。我今举兵而来，以安百姓，非贪土地。汝虽有功于我，不得不诛以谢魏人。"遂斩彦及其党七人，余众股栗。王召谕¹⁰之曰："罪止八人，余无所问。自今当竭力为吾爪牙。"众皆拜伏呼万岁。明日，王缓带轻裘¹¹而进，令彦卒擐甲执兵，翼马而从¹²，众心由是大服。刘鄩趋魏县，王自引亲军与鄩夹河为营。梁主闻之悔惧，遣兵屯杨刘。六月，晋王入城，德伦上印节，王固辞。德伦再拜曰："今寇敌密迩，人心未安，德伦腹心见杀殆尽，形孤势弱，安能统众？一旦生事，恐负大恩。"王乃受之。德伦率将吏拜贺。王承制以德伦为大同节度使。至晋阳，张承业留之。时银枪效节都犹骄横，晋王以李存进为天雄都巡

---

1　设策：定计策，施用谋略。
2　河门：古地名，位于今河北省邯郸市大名县东北。
3　临清：古县名，治所即今河北省邢台市临西县。
4　洹水：古县名，治所位于今河北省邯郸市魏县西南。
5　永济：古县名，治所位于今山西省永济市西南蒲州镇。
6　诣谒：前往谒见，造访。
7　驿楼：驿站的楼房。
8　陵胁：欺凌胁迫。
9　残虐：残酷虐待。
10　召谕：命人来，予以晓示。
11　缓带轻裘：宽松的衣带，轻暖的皮衣，形容从容儒雅的风度。
12　翼马而从：跟随在晋王马的两侧。

按使[1]，有讹言摇众[2]及强取人一钱以上者，皆枭首于市，城中肃然。王以府事委司空颋。颋恃才挟势，睚眦必报，纳贿骄侈。有从子在河南，密使人召之，都虞候执之以白王。族诛颋，以判官王正言代之。魏州孔目吏孔谦勤敏多计数，善治簿书，以为支度务使[3]。谦能曲事权要，由是宠任弥固。魏州新乱之后，府库空竭，民间疲弊，而供亿军需，未尝有缺，谦之力也。然急征重敛，使六州愁苦，归怨于王，亦其所为也。

胡氏曰：晋王未入汴之前，注措[4]有失者不过数事，至破夹寨，斩张彦，尤为奇伟[5]。其天资亦英矣，使其知学闻道，辅成其质，岂不能混一宇内，为贤主邪？

**晋拔德州**贝州刺史张源德北结沧、德，南连刘鄩以拒晋，数断镇、定粮道。或说晋王："请先取源德，东兼沧、景，则海隅之地皆为我有。"晋王曰："不然，贝州城坚兵多，未易猝攻。德州隶于沧州而无备，若得而戍之，则沧、贝不得往来。二垒既孤，然后可取。"乃遣骑五百昼夜兼行，袭德州，克之。

秋，七月，**晋拔澶州**晋人夜袭澶州，陷之。刺史王彦章在刘鄩营，晋人获其妻子，待之甚厚，遣间使诱彦章。彦章斩其使，晋人尽灭其家。

**晋王劳军魏县**晋王劳军于魏县，因率百余骑循河而上，觇刘鄩营。会天阴晦，鄩伏兵五千于河曲，鼓噪而出，围王数重。王跃马大呼，所向披靡。裨将夏鲁奇等操短兵力战，自午至申[6]，乃得出，亡其七骑。会李存审救兵至，乃得免。赐鲁奇姓名曰李绍奇。

**梁刘鄩引兵袭晋阳，不至，还守莘城**[7]刘鄩以晋兵尽在魏州，晋阳必虚，欲袭取之，乃潜引兵自黄泽[8]西去。晋人怪鄩军数日不出，遣骑觇之。时

---

1 巡按使：古官名，巡行视察天下风俗，黜陟官吏，巡按之名始此。
2 摇众：煽动民众。
3 支度务使：古官名，如节度使兼支度使，其下则置此官，以主钱粮等开支诸事。
4 注措：措置，安排处置。
5 奇伟：奇异不凡。
6 自午至申：从午时到申时。午时，上午十一时到下午一时。申时，下午三时至五时。
7 莘城：古地名，即莘县，位于今山东省聊城市莘县东北。
8 黄泽：古地名，又作黄泽岭，位于今山西省晋中市左权县东南。

见旗帜循堞[1]往来，晋王曰："吾闻刘鄩用兵，一步百计，此必诈也。"更使觇之，乃缚刍为人[2]，执旗乘驴在城上耳。晋王曰："鄩长于袭人，短于决战，计彼行才及山下。"亟发骑兵追之。会阴雨积旬[3]，道险泥深，士卒腹疾[4]足肿，坠崖谷死者什二三。晋将李嗣恩倍道先入晋阳，城中知之，勒兵为备。鄩粮尽，又闻晋有备，追兵在后，众惧，将溃。鄩谕之曰："今深入敌境，腹背有兵，山谷高深，去将何之？惟力战庶几可免，不则以死报君亲耳。"众泣而止。周德威闻鄩西上，自幽州引千骑救晋阳，至土门[5]，鄩已整众下山，屯于宗城，马死殆半。知临清有蓄积，欲据之以绝晋粮道。德威急追，至南宫，擒其斥候者，断腕而纵之，使言曰："周侍中已据临清矣！"诘朝，略[6]鄩营而过，入临清。鄩引军趋贝州，军堂邑。德威攻之，不克。翌日，军于莘县，堑而守之。晋王营莘西三十里，一日数战。晋王爱元行钦骁健，从李嗣源求之，赐姓名曰李绍荣。王复欲求高行周，重于发言[7]，密使人以官禄[8]啖之。行周辞曰："代州养壮士，亦为大王耳。行周事代州，亦犹事大王也。代州脱[9]行周兄弟于死，行周不忍负之。"乃止。

**八月，梁复取澶州。**

**晋遣李存审围贝州。**

**梁刘鄩攻镇、定营，晋师击败之**刘鄩馈运不给。晋人数挑战，鄩不出。晋人乃攻绝其甬道。梁主以诏让鄩，鄩奏："晋兵甚多，便习骑射，诚为劲敌，未易轻也。苟有隙可乘，臣岂敢偷安养寇[10]？"梁主怒，遣中使往督战。鄩集诸将问曰："主上深居禁中，不知军旅，徒与少年新进辈谋之。夫兵在临机制

1　堞：建于城墙之上如齿状的矮墙。
2　缚刍为人：将草捆绑成草人。
3　积旬：接连多日。
4　腹疾：腹泻等肠胃病。
5　土门：古关隘名，即土门关，亦即井陉关，位于今河北省石家庄市井陉县北井陉山上。
6　略：劫掠。
7　重于发言：难以启齿。
8　官禄：官位和俸禄。
9　脱：解救。
10　养寇：姑息纵容盗寇。

变，不可预度[1]。今敌尚强，与战必不利，奈何？"诸将皆曰："胜负须一决，旷日何待？"郭默然不悦，退谓所亲曰："主暗臣谀，将骄卒惰，吾不知死所矣！"后数日，将万余人，薄镇、定营。营中惊扰。晋李存审以骑兵二千横击之，郭大败，奔还。晋人逐之，俘、斩千计。

**吴徐温出镇润州，留子知训江都辅政**吴以徐温为诸军都指挥使，镇润州，军国庶务参决如故。留徐知训居广陵秉政。

**冬，十月，梁康王友敬作乱，伏诛**梁德妃张氏卒，将葬，友敬使腹心数人匿于寝殿。梁主觉之，跣足[2]逾垣而出，召宿卫兵索殿中，得而手刃之。捕友敬，诛之。由是疏忌宗室，专任赵岩及妃兄弟汉鼎、汉杰，从兄弟汉伦、汉融，咸居近职，参预谋议。每出兵，必使之监护。岩等依势弄权，卖官鬻狱，离间旧将相。敬翔、李振虽为执政，所言多不用。振每称疾不预事。政事日紊，以至于亡。

**十一月，蜀遣兵攻岐，克阶、成、秦、凤州。岐将刘知俊奔蜀**蜀王宗翰引兵出青泥岭[3]，王宗绾等败秦州兵于金沙谷[4]，克阶、成州。秦州节度使李继崇遣其子迎降。刘知俊攻霍彦威于邠州，半岁不克。闻秦州降蜀，妻子皆迁成都，解围还凤翔。惧及祸，夜率亲兵斩关奔蜀军。宗绾攻凤州，克之。

**岐耀、鼎[5]二州降梁**岐义胜[6]节度使李彦韬知岐王衰弱，举耀、鼎二州降梁。彦韬即温韬也，复姓温氏，名昭图，官任如故。

**广州始与梁绝**刘岩以吴越王镠为国王，而己独为南平王，表求封南越王，不许。岩谓僚属曰："今中国纷纷，孰为天子？安能梯航万里[7]，远事伪庭

---

1　预度：预测。
2　跣足：赤脚，光着脚。
3　青泥岭：古山名，位于今甘肃省陇南市徽县南，为关中、陇西入蜀要道，以岭高多雨，道路泥泞得名。
4　金沙谷：古地名，位于今甘肃省天水市东南。
5　耀、鼎：耀州、鼎州。耀州，古州名，辖今陕西省铜川市耀州区一带。鼎州，古州名，辖今陕西省渭南市富平县一带。
6　义胜：方镇名，即义胜军，领耀、鼎二州。
7　梯航万里：借指长途跋涉。梯航，梯与船。

乎？"自是贡使[1]遂绝。

## 丙子（公元916年）

晋、岐、吴称"唐天祐十三年"。梁贞明二年。蜀通正元年。〇是岁，凡五国、五镇。

**春，正月，梁以李愚为左拾遗**梁主闻李愚学行，召为左拾遗，充崇政院直学士。衡王友谅贵重，李振等见皆拜之，愚独长揖。梁主让之曰："衡王，朕兄也，朕犹拜之，卿长揖，可乎？"对曰："陛下以家人礼见衡王，拜之宜也。振等陛下家臣，臣于王无素[2]，不敢妄有所屈。"久之，竟以抗直罢。

**二月，吴将马谦等起兵诛徐知训，不克而死**吴宿卫将马谦、李球劫吴王登楼，发库兵讨徐知训。知训将出走，严可求曰："军城有变，公先弃众自去，众将何依？"知训乃止。众犹疑惧，可求阖户[3]而寝，府中稍安。谦等陈于天兴门外。朱瑾自润州至，视之，曰："不足畏也。"返顾[4]外众，举手大呼，乱兵皆溃，擒谦、球，斩之。

**梁刘鄩攻晋魏州，晋王击败之**刘鄩闭壁[5]不出，晋王乃留李存审守营，自劳军于贝州，声言归晋阳。鄩闻之，奏请袭魏州，令澶州刺史杨延直以万人会魏州。延直夜至城中，选壮士五百，潜出击之。溃走。诘旦，鄩悉众至城东，与延直余众合。李存审引营中兵蹑其后，李嗣源以城中兵出战，晋王亦自贝州至，与嗣源当其前。鄩见之，惊却，晋王蹙之，至故元城西，为方阵于西北，存审为方阵于东南，鄩为圆阵于其中间，四面受敌。合战良久，梁兵大败，鄩突围走，步卒七万，杀、溺殆尽。鄩渡河，保滑州。

---

1　贡使：进贡的使臣。
2　无素：平素不交往。
3　阖户：闭门。
4　返顾：回头看。
5　闭壁：关闭城门，谓只守不战。

　　**梁遣兵袭晋阳，晋将安金全击却之**梁匡国节度使王檀密疏[1]请发关西兵袭晋阳。奄至城下，昼夜急攻，城几陷者数四。代北故将安金全，退居太原，往见张承业，曰："晋阳根本之地，若失之，则大事去矣。仆虽老病，忧兼家国，请以库甲[2]见授，为公击之。"承业即与之。金全率其子弟及退将之家[3]，得数百人，夜出击梁兵。梁兵大惊，引却。李嗣昭亦遣牙将石君立将五百骑救晋阳，朝发上党，夕至城下，大呼曰："昭义侍中[4]大军至矣！"遂入城，夜与安金全等分出诸门击梁兵，梁兵死伤什二三。晋王性矜伐，以策非己出，故不行赏。贺德伦部兵多逃入梁军，张承业恐其为变，收德伦，斩之。梁主闻刘鄩败，又闻王檀无功，叹曰："吾事去矣！"

　　胡氏曰：安金全之保晋阳，其功犹在周德威救上党之右。晋王不念宗国几亡而复存，顾以策非己出，不复行赏，其不克有终[5]也，宜哉！

　　**晋王克卫、磁州。**

　　**梁遣刘鄩屯黎阳。**

　　**夏，四月，晋人克洺州。**

　　**梁戍卒作乱，攻宫门，讨平之**刘鄩既败，河南大恐。梁主屡召鄩不至，由是将卒皆摇心[6]。梁主遣捉生[7]都指挥使李霸率所部千人戍杨刘。既出复入，大噪纵掠，攻建国门。梁主登楼拒战。龙骧指挥使杜晏球出骑击之，决力死战，俄而贼溃。晏球讨乱者，阖营皆族之。

　　**秋，七月，梁以吴越王镠为诸道兵马元帅**吴越王镠遣判官皮光业间道入贡，梁主嘉之，故有是命。朝议多言镠之入贡，利于市易[8]，不宜过以名器假

---

1　密疏：秘密的奏章。
2　库甲：武库里的甲胄。
3　退将之家：退下来的将领全家。
4　昭义侍中：即昭义节度使李嗣昭。
5　不克有终：不能得到善终。克，能。
6　摇心：心神不定。
7　捉生：捉俘虏。此处借用作部队名。
8　市易：贸易。

之。翰林学士窦梦征执麻[1]以泣，坐贬。

八月，晋拔相、邢二州晋王自将攻邢州，张筠弃相州走。晋人复以相州隶天雄，以李嗣源为刺史。遣人告阎宝以相州已拔，宝举城降。晋王以李存审为安国[2]节度使，镇邢州。

契丹寇晋，陷蔚州。

九月，晋王还晋阳王性孝，虽经营河北，而数还晋阳省曹夫人，岁再三焉。

晋拔沧州晋兵逼沧州，沧州降。晋王徙李存审为横海节度使，以李嗣源为安国节度使。嗣源以应州[3]胡人安重诲为中门使[4]，委以腹心，重诲亦为尽力。

晋拔贝州晋人围贝州逾年，张源德欲降，其众不从，共杀源德，婴城固守。城中食尽，乃请擐甲执兵而降，晋将许之。其众三千人出降，既释甲，围而杀之，尽殪。于是河北皆入于晋，惟黎阳为梁守。

晋王如魏州。

冬，十月，蜀攻岐，围凤翔。

晋王遣使如吴，吴遣兵击梁，围颍州。

十二月，楚王遣使如晋。

晋以张瓘为麟州刺史张承业治家甚严，有侄为盗，杀贩牛者，承业斩之。晋王以其侄瓘为麟州刺史。承业谓曰："汝本为贼，惯为不法，今若不悛，死无日矣。"由此瓘所至不敢贪暴。

契丹称帝，改元契丹主阿保机自称皇帝，国人谓之天皇王，以妻述律氏为皇后，置百官，改元"神册"。述律后勇决多权变，阿保机行兵御众，后常预其谋。阿保机尝击党项，留后守帐，室韦乘虚合兵掠之。后知之，勒兵以待，

---

1　麻：麻布丧服，亲属死后穿的白色麻布衣服。
2　安国：方镇名，即安国军，由昭义军分置，治邢州。
3　应州：古州名，辖今山西省应县、浑源县及山阴县东部地。
4　中门使：古官名，晋王李存勖封内，凡藩镇皆有中门使，其职掌同于朝廷的枢密使。

奋击破之。后有母有姑，皆踞榻受其拜[1]，曰："吾惟拜天，不拜人也。"晋王方经营河北，欲结契丹为援，常以叔父事阿保机，以叔母事述律后。刘守光末年衰困，遣参军韩延徽求援于契丹，阿保机怒其不拜，留之，使牧马于野。延徽有智略，颇知属文。述律后曰："延徽能守节不屈，此今之贤者，奈何辱以牧圉？宜礼而用之。"阿保机召与语，悦之，遂以为谋主。延徽始教契丹建牙开府，筑城郭，立市里，以处汉人。使各有配偶，垦蓺[2]荒田。由是汉人安业，逃亡者少。契丹威服诸国，延徽有助焉。顷之，逃奔晋阳。晋王欲置之幕府，掌书记王缄疾之。延徽不自安，求归省母。遂复入契丹，阿保机待之益厚。至是，以为相。延徽寓书[3]于晋王曰："非不恋英主，非不思故乡，所以不留，正惧王缄之谗耳。"因以老母为托，且曰："延徽在此，契丹必不南牧[4]。"故终同光[5]之世，契丹不深入为寇，延徽之力也。

胡氏曰：契丹、沙陀，无以异者。然晋王功、义著见，进于中国。当是之时，不仕则已，仕而舍晋，盖无足适矣。延徽傥忧见谗者，无亦[6]晦[7]而待察，乃甘从契丹，是故急于见用而不慎所归，才士之通患[8]也。于张砺亦云。

## 丁丑（公元917年）

晋、岐、吴称"唐天祐十四年"。梁贞明三年。蜀天汉元年。汉乾亨元年。〇是岁，岭南称汉，凡六国、四镇。

春，二月，晋新州裨将卢文进杀其防御使李存矩，亡奔契丹晋王之弟、威塞军[9]防御使存矩在新州骄惰不治，侍婢预政。晋王使募山北部落及刘

---

1 踞榻受其拜：坐在床榻之上接受她们的朝拜。
2 垦蓺：开垦种植。蓺，种植。
3 寓书：寄信，传递书信。
4 南牧：南下放牧，亦引申指北方少数民族南侵。
5 同光：李存勖建立后唐之后所用年号，存续时间为公元923至926年。
6 无亦：不也。表示委婉的反问语气。
7 晦：隐藏。
8 才士之通患：才士，有才华的人。通患，通病。
9 威塞军：方镇名，领新、妫、儒、武四州。

守光亡卒，又率其民出马，期会迫促，边人嗟怨，存矩自部送之。卢文进为裨将。行者皆惮远役，存矩复不存恤，至祁沟关，小校官彦璋与士卒谋杀存矩，文进不能制。因还新州，守将杨全章拒之。文进率其众奔契丹。晋王闻存矩不道，杀侍婢及幕僚数人。

三月，契丹陷晋新州。晋师攻之，不克初，幽州北七百里有渝关[1]，下有渝水[2]通海。自关东北循海有道，道狭处才数尺，旁皆乱山，高峻不可越。旧置八防御军，募土兵守之，田租皆供军食，岁致缯纩以供衣。每岁早获，清野坚壁以待契丹。契丹至，则闭壁不战；俟其去，选骁勇据隘邀之。契丹常失利走。土兵皆自为田园，力战有功，则赐勋加赏，由是契丹不敢轻入寇。及周德威镇卢龙，恃勇不修边备，遂失渝关之险，契丹每刍牧于营、平[3]之间。德威又忌幽州旧将有名者，往往杀之。吴王遗契丹主阿保机以猛火油，曰："此油燃火，得水愈炽，可以攻城。"阿保机大喜，即选骑欲攻幽州。述律后哂之曰："岂有试油而攻一国乎？但以三千骑伏其旁，掠其四野，使城中无食，不过数年，城自困矣。何必如此躁动轻举，万一不胜，为中国笑，吾部落亦解体矣。"乃止。至是，卢文进引契丹兵急攻新州，刺史安金全弃城走。周德威合河东、镇、定之兵攻之，旬日不克。阿保机率众三十万救之，德威大败，奔归。

契丹围幽州。夏，四月，晋王遣李嗣源将兵救之契丹乘胜进围幽州，卢文进教之攻城。周德威遣使告急。晋王与梁相持河上，欲分兵则兵少，欲勿救恐失之。谋于诸将，独李嗣源、李存审、阎宝劝王救之。王喜曰："昔太宗得一李靖，犹擒颉利。今吾有猛将三人，复何忧哉？"存审、宝以为："虏无辎重，势不能久，不若俟其还而击之。"李嗣源曰："德威社稷之臣，今朝夕不保，恐变生于中，何暇待虏之衰？臣请身为前锋以赴之。"王曰："公言是

---

1　渝关：古关隘名，又称榆关、临闾关、临渝关、临榆关，位于今河北省秦皇岛市东北山海关。
2　渝水：古水名，即今辽宁省大凌河。
3　营、平：即营州、平州。

也。"即日命治兵[1]。四月，命嗣源将兵先进，宝以镇、定之兵继之。

五月，吴徐温徙治昇州徐知诰治昇州，城市府舍甚盛。徐温行部，爱其繁富[2]。润州司马陈彦谦劝温徙镇海军治所于昇州，温从之。徙知诰为润州团练使。知诰求宣州，温不许，知诰不乐。宋齐丘曰："三郎骄纵，败在朝夕。润州去广陵隔一水耳，此天授也。"知诰悦，即之官。三郎，谓知训也。温以彦谦为判官，温但举大纲，细务悉委彦谦，江淮称治。

秋，八月，刘岩称越帝于广州清海、建武[3]节度使刘岩称皇帝，国号越，以赵光裔、杨洞潜、李殷衡同平章事。用洞潜计，立学校，设选举。

晋师击契丹，败之幽州围解契丹围幽州且二百日，城中危困。李嗣源等步、骑七万会于易州。李存审曰："虏众吾寡，虏多骑，吾多步，若平原相遇，虏以万骑蹂吾阵，吾无遗类矣。"嗣源曰："虏无辎重，吾行必载粮食自随。若平原相遇，虏抄吾粮，吾不战自溃矣。不若自山中潜行趋幽州，若中道遇虏，则据险拒之。"遂逾岭而东。嗣源与从珂将三千骑为前锋，距幽州六十里与契丹遇，力战得进。至山口，契丹以万骑遮其前，将士失色。嗣源以百余骑先进，免胄扬鞭，胡语谓曰："汝无故犯我疆场，晋王命我将百万众直抵西楼[4]，灭汝种族。"因跃马奋挝，三入其阵，斩酋长一人。后军齐进，契丹兵却，晋兵始得出。存审命步兵伐木为鹿角，人持一枝，止则成寨。契丹骑环寨而过，寨中发万弩射之，人马死伤塞路。将至幽州，契丹列阵待之。存审命步兵陈于其后，戒勿动，先令羸兵曳柴燃草而进，烟尘蔽天，鼓噪合战。乃趋后阵起乘之，契丹大败，俘、斩万计。嗣源等入幽州。契丹以卢文进为卢龙节度使，居平州，岁入北边[5]，杀掠吏民。卢龙巡属为之残弊。

冬，十月，梁以吴越王镠为天下兵马元帅。

---

1　治兵：出兵作战。
2　繁富：富庶。
3　建武：方镇名，即建武军，原为岭南西道，辖今广西大部及越南部分地。
4　西楼：古地名，耶律阿保机建，位于今内蒙古赤峰市巴林左旗南波罗城。
5　北边：北方边境地区。

　　晋王还晋阳王连岁出征，凡军府政事，一委监军使[1]张承业。承业劝课农桑，畜积金、谷，收市[2]兵马，征租行法，不宽贵戚，由是军城肃清，馈饷不乏。王或时须钱蒲博及给赐伶人，而承业靳之。王乃置酒库中，令其子继岌为承业舞，承业以带马[3]赠之。王指钱积[4]谓曰："和哥[5]乏钱，宜与一积，带马未为厚也。"承业曰："郎君缠头[6]，皆出承业俸禄。此钱大王所以养战士也，承业不敢以为私礼。"王不悦，语侵[7]之。承业怒曰："仆老敕使耳，非为子孙计。惜此库钱，所以佐王成霸业也。不然，王自取用之，何问仆为？不过财尽人散，一无所成耳。"王怒，顾李绍荣索剑。承业起挽王衣泣曰："仆受先王顾托之命，誓为国家诛汴贼，若以惜库物死于王手，仆下见先王无愧矣！"曹太夫人闻之，遽令召王。王惶恐，叩头谢，请承业痛饮以分其过，承业不肯。王入宫，太夫人使人谢承业曰："小儿忤特进[8]，已笞之矣。"明日，与王俱至承业第谢之。未几，承制授承业开府仪同三司、左卫上将军、燕国公，承业固辞不受，但称唐官终身。卢质嗜酒轻傲[9]，王卫之。承业恐其及祸，乘间言曰："卢质数无礼，请为大王杀之。"王曰："吾方招纳贤士，以就功业，七哥何言之过也？"承业起贺曰："王能如此，何忧不得天下？"质由是获免。

　　胡氏曰：张承业之志行，虽搢绅士大夫有远不能及者，可以为内侍之师法[10]矣。为晋养民畜财，军不乏兴[11]，职也；受克用顾托，不敢违负，忠也；行法不宽贵戚，不以官物为私礼，公也；晋王欲使分过，终不承命，守也；居唐

---

1　监军使：古官名，派于诸道，掌监护军队。
2　收市：收购。
3　带马：饰有珍宝的带子和币马。币马，用作礼物的马。
4　钱积：积聚的钱财。积，表数量，用于积聚的物件。
5　和哥：即张承业的儿子张继岌，和哥是他的小名。
6　缠头：古代歌舞艺人表演完毕，客以罗锦为赠，称"缠头"。
7　侵：冒犯。
8　特进：代指张承业。
9　轻傲：轻慢倨傲。
10　师法：效法，学习。
11　乏兴：古代违反军律的一种罪名，耽误军事行动或军用物资的征集调拨。兴，官府征集物资。

官终其身，义也。使中常侍皆率[1]此道，乌有赵高、石显、张让之祸哉？

十一月，晋王如魏州晋王闻河冰合，曰："用兵数岁，限一水不得渡。今冰自合，天赞我也。"亟如魏州。

十二月，蜀杀其招讨使刘知俊蜀主以刘知俊为都招讨使。诸将皆旧功臣，多不用其命[2]，且疾之，故无成功。唐文扆数毁之。蜀主亦忌其才，尝谓所亲曰："吾老矣，知俊非尔辈所能驭也。"乃诬以谋叛，斩之。

晋王袭梁杨刘，拔之。梁主如洛阳，寻还大梁晋王视河冰已坚，引步、骑稍渡。梁甲士三千戍杨刘城，缘河数十里，列栅相望。晋王急攻，皆陷之。进攻杨刘城，拔之。先是，梁租庸使赵岩言曰："陛下践祚以来，尚未南郊[3]，议者以为无异藩侯[4]。请幸西都行郊礼。"敬翔谏曰："自刘鄩失利，公私困竭，人心惴恐[5]。今展礼[6]圜丘，必行赏赉，是慕虚名而受实弊也。且劲敌近在河上，乘舆岂宜轻动？俟北方既平，报本[7]未晚。"不听。遂如洛阳，阅车服[8]，饰宫阙，郊祀有日[9]。闻杨刘失守，讹言："晋军已入大梁，扼氾水矣。"梁主惶骇，遂罢郊祀，奔归大梁。

## 戊寅（公元918年）

晋、岐、吴称"唐天祐十五年"。梁贞明四年。蜀光天元年。○是岁，凡六国、四镇。

---

1 率：顺着，沿着。
2 用其命：采用他的命令。
3 南郊：特指帝王祭天的大礼。
4 藩侯：藩王。
5 惴恐：恐惧。
6 展礼：行礼，施礼。
7 报本："报本反始"的简称，指受恩思报，不忘所自。报，报答。本，根源。反，回到。始，开始。
8 车服：车舆礼服。
9 有日：有期，不久。

春，正月，晋师掠梁濮、郓[1]而还梁敬翔上疏曰："国家连年丧师[2]，疆土日蹙。陛下所与计事者，皆左右近习，岂能量敌国之胜负乎？李亚子继位以来，攻城野战，无不亲当矢石。近者攻杨刘，身负束薪为士卒先，一举拔之。陛下儒雅守文，晏安自若，使贺瓌辈敌之，而望攘逐[3]寇仇，非臣所知也。宜询访黎老[4]，别求异策。不然，忧未艾也。"疏奏，赵、张[5]之徒言翔怨望，梁主遂不用。

蜀信王宗杰卒蜀太子衍好酒色，乐游戏。蜀主尝自夹城过，闻太子与诸王斗鸡、击球喧呼[6]之声，叹曰："吾百战以立基业，此辈其能守之乎？"由是恶张格。而徐贤妃为之内主[7]，竟不能去也。信王宗杰有才略，屡陈时政，蜀主贤之，有废立意。至是暴卒，蜀主深疑之。

夏，六月，蜀主建殂，太子宗衍立蜀主久疾昏瞀[8]，至是增剧。以王宗弼为都指挥使，召大臣告之曰："太子仁弱，朕不能违诸公之请而立之。若其不堪，可置别宫，幸勿杀之。但王氏子弟，诸公择而辅之。徐妃兄弟，止可优其禄位，慎勿使之掌兵预政，以全其宗族。"时内飞龙使[9]唐文扆典兵预政，欲去诸大臣。遣人守宫门，宗弼辈不得入。闻其谋，排闼入言之，召太子入侍疾[10]。贬文扆刺眉州，以宋光嗣为内枢密使，与宗弼等受遗诏辅政。初，蜀主虽因唐制置枢密使，专用士人。至是，蜀主以诸将多许州故人，恐其不为幼主用，故以光嗣代之。自是宦者始用事矣。蜀主殂，太子即位，尊徐贤妃为太后，徐淑妃为太妃。杀唐文扆。

---

1　濮、郓：即濮州、郓州。
2　丧师：战败而损失军队。
3　攘逐：驱逐。
4　黎老：老人。
5　赵、张：即赵岩、张汉杰。
6　喧呼：喧闹呼叫。
7　内主：身处于内，而与外部相呼应者。
8　昏瞀：神志昏乱。
9　内飞龙使：古官名，掌京城全部马匹。
10　侍疾：侍候、陪伴、护理患者。

吴副都统朱瑾杀都军使[1]徐知训而自杀吴都军使徐知训骄倨淫暴。威武节度使李德诚有家妓数十，知训求之不得，怒曰："会当[2]杀德诚，并其妻取之。"狎侮吴王，无复君臣之礼。尝与王为优[3]，自为参军，使王为苍鹘[4]。又尝与王泛舟，王先起，知训以弹弹之。又尝侍宴，使酒悖慢，王惧而泣。左右扶王登舟，知训逐之不及，挝[5]杀王亲吏。与弟知询皆不礼于徐知诰，独季弟[6]知谏以兄礼事之。知训尝召兄弟饮，知诰不至。知训怒曰："乞子不欲酒，欲剑乎？"又尝与知诰饮，伏甲欲杀之。知谏蹑知诰足，知诰遁去。副都统朱瑾遣家妓候知训，知训强欲私之，瑾已不平。知训恶瑾位己上，出瑾为静淮[7]节度使。瑾益怅[8]之，然外事知训愈谨。置酒，延之中堂[9]，伏壮士于户内，出妻拜之。知训答拜，瑾以笏击之，踣地，呼壮士出斩之。提其首驰入府，示吴王曰："仆已为大王除害。"王惧，走入内，曰："舅自为之，我不敢知！"子城使[10]翟虔等阖府门，勒兵讨之，瑾遂自刭。徐知诰在润州，闻难，用宋齐丘策，即日济江，抚定军府。温乃以知诰代执吴政。宣谕使李俨贫困，寓居海陵，温疑其与瑾通谋，杀之。

梁人决河[11]以限晋兵。晋王攻之，拔其四寨梁将谢彦章攻杨刘，决河水以限晋兵，弥漫数里。晋王谓诸将曰："梁军非有战意，但欲阻水以老我师。当涉水攻之。"遂引亲军先涉，诸军随之，褰[12]甲横枪，结阵而进。彦章拒之，稍却，鼓噪复进，梁兵大败，河水为赤。晋人遂陷滨河四寨。

---

1　都军使：古官名，都一级军队的指挥官。
2　会当：该当，当须。
3　优：演戏。
4　苍鹘：唐宋参军戏角色名。参军是戏中的正角，苍鹘便是丑角一类的配角，两者相互问答，其作用则是调谑讽刺。
5　挝：敲打，击。
6　季弟：最小的弟弟。
7　静淮：方镇名，即静淮军，治泗州。
8　怅：因失意而不痛快。
9　中堂：堂屋。
10　子城使：古官名，负责管理子城（即内城）。
11　决河：挖开黄河。
12　褰：提起。

蜀贬张格为维州司户。

秋，七月，蜀以王宗弼为钜鹿王蜀主不亲政事，内外迁除皆出于王宗弼。宗弼纳贿多私[1]，上下咨怨。宋光嗣通敏，善希合，蜀主宠任之。蜀由是遂衰。

吴以徐知诰为淮南行军副使，辅政吴徐温入朝于广陵，疑诸将皆预朱瑾之谋，欲大行诛戮。徐知诰、严可求具陈知训过恶，温怒稍解。责知训将佐不能匡救[2]，皆抵罪。独刁彦能屡有谏书，温赏之。以知诰为行军副使，知谏权[3]润州团练事。温还金陵，庶政皆决于知诰。知诰事吴王尽恭，接士大夫以谦，御众以宽，约身以俭。以吴王之命蠲天祐十三年以前逋税[4]。求贤才，纳规谏，除奸猾，杜请托，于是士民归心，宿将悦服。以宋齐丘为谋主。先是，吴有丁口钱[5]，又计亩输钱，钱重物轻，民甚苦之。齐丘以为：“钱非耕桑所得，今使民输钱，是教民弃本逐末也。请蠲丁口钱，余税悉输谷帛，细绢匹直千钱者当税三千。”或曰：“如此，县官岁失钱亿万计。”齐丘曰：“安有民富而国家贫者邪？”知诰从之。由是江淮间旷土尽辟，桑柘[6]满野，国以富强。知诰欲进用[7]齐丘，而徐温恶之。知诰夜引齐丘于水亭屏语[8]，常至夜分。或居高堂[9]，悉去屏幛[10]，独置大炉，以铁箸画灰为字，随以匙灭去之。故其所谋，人莫得而知也。

八月，晋王大举伐梁晋王谋大举伐梁。周德威将幽州步、骑三万，李存审、李嗣源及王处直遣将各将步、骑万人，及诸部落奚、契丹、室韦、吐谷浑

---

皆以兵会之，并河东、魏博之兵，大阅于魏州，军于麻家渡[1]。梁贺瓌、谢彦章屯濮州北，相持不战。晋王好自引轻骑迫敌营挑战，危窘[2]者数四，赖李绍荣力战得免。赵王镕及王处直皆遣使致书曰："元元之命系于王，本朝中兴系于王，奈何自轻如此？"王笑谓使者曰："定天下者，非百战，何由得之？安可但深居帷房[3]以自肥乎！"一旦，将出，李存审扣马泣谏曰："大王当为天下自重。先登陷陈，存审之职也。"王为之揽辔而还。它日，伺存审不在，策马急出，以数百骑抵梁营。谢彦章伏精甲五千，围王数十重，王力战仅得出。始以存审之言为忠。

胡氏曰：存勖不自宴安，是也；而谓非百战无由定天下，则非也。天下恶乎[4]定？定于有德。汉高、光[5]、唐太宗固以兵取，未有不假仁勉义[6]，使百姓见德者，故得之易而居之久。战胜攻取，随即失之，秦是也。晋王不知鉴焉，成难坏易，不亦宜哉！

**蜀以诸王领军使**蜀诸王皆领军使。彭王宗鼎谓其昆弟曰："亲王典兵，祸乱之本。今主少臣强，谗间将兴。缮甲训士，非吾辈所宜为也。"因固辞，但营书舍[7]、植松竹自娱而已。

**梁泰宁节度使张万进降晋**梁嬖幸用事，多求赂于万进。万进遣使附于晋，且求援。

**蜀以宦者欧阳晃等为将军**蜀主以内给事欧阳晃等为将军，皆干预政事，骄纵贪暴。周庠切谏，不听。晃患所居之隘[8]，夜因风纵火，焚西邻军营数百间。明旦，召匠广其居。蜀主亦不之问。

---

1　麻家渡：古黄河渡口名，位于今河南省濮阳市范县西南，濮城东北。
2　危窘：危殆而窘迫。
3　帷房：内室，闺房。
4　恶乎：疑问代词，何所。
5　光：即汉光武帝刘秀。
6　假仁勉义：借助施行仁义。
7　书舍：书房。
8　隘：狭窄。

冬，十一月，越改国号汉。

吴取虔州吴遣刘信将兵攻虔州，谭全播拒守。其城险固[1]，久之不下。信使人说谭全播，取质纳赂[2]而还。徐温大怒。信子英彦典亲兵，温授兵三千，曰："汝父据上游之地，将十倍之众，不能下一城，是反也。汝可以此兵往，与父同反。"又使指挥使朱景瑜与之俱，曰："全播守卒皆农夫，饥窘逾年，妻子在外，重围既解，相贺而去。闻大兵再往，必皆逃遁。全播所守者，空城耳，往必克之。"信大惧，引兵还击虔州。先锋始至，虔兵皆溃。谭全播奔雩都[3]，追执之。

十二月，晋王与梁军战于胡柳陂，周德威败死。晋王收兵复战，大破梁军晋王欲趋大梁，而梁军扼其前，坚壁不战百余日。王进兵，距梁军十里而舍。梁招讨使贺瑰善将步兵，排阵使[4]谢彦章善将骑兵。瑰恶其与己齐名。一日治兵于野，瑰指一高地曰："此可以立栅。"至是，晋军适[5]置栅于其上。瑰疑彦章与晋通谋。瑰屡欲战，彦章曰："强寇凭陵，利在速战。今深沟高垒，据其津要，彼安敢深入？若轻与之战，万一蹉跌，则大事去矣。"瑰益疑之，密谮之于梁主，因享士[6]伏甲杀之，及别将孟审澄、侯温裕，以谋叛闻。审澄、温裕，亦骑将之良者也。晋王闻之，喜曰："彼将帅自相鱼肉，亡无日矣！瑰残虐，失士卒心。我若引军直指其国都，彼安得坚壁不动？幸而一与之战，蔑不胜矣。"王欲自将万骑直趋大梁，周德威曰："梁军尚全，轻行徼利，未见其福。"不从，毁营而进，众号十万。瑰亦弃营而蹑之。至胡柳陂，候者言："梁兵至矣！"周德威曰："贼倍道而来，未有所舍[7]。我营栅已固，守备有余。既深入敌境，动须万全，不可轻发。此去大梁至近，梁兵各念其家，内

---

1　险固：险要坚固。
2　取质纳赂：索取人质，接受贿赂。
3　雩都：古县名，治所位于今江西省赣州市于都县东北，因雩都水为名。
4　排阵使：古官名，为部队先锋之职。
5　适：恰巧。
6　因享士：因，借助。享士，设宴犒劳士兵。
7　舍：扎营。

怀愤激，不以方略制之，恐难得志。王宜按兵勿战，德威请以骑兵扰之，使不得息。至暮营垒未立，樵爨[1]未具，乘其疲乏，可一举灭也。"王曰："公何怯也！"即以亲军先出。德威不得已，从之，谓其子曰："吾无死所矣。"贺瓌结阵而至，横亘数十里。王帅银枪都陷其阵，冲荡[2]击斩，往返十余里。梁马军都指挥使王彦章军败走濮阳。晋辎重望见梁旗帜，惊，溃入幽州阵。幽州兵亦扰乱。德威不能制，父子皆战死。梁兵四集，势甚盛。晋王据高丘收散兵，至日中，军复振。陂[3]中有土山，贺瓌引兵据之。晋王谓将士曰："今日得此山者胜，吾与汝曹夺之。"即引骑兵先登，李从珂、王建及以步卒继之，遂夺其山。日向晡[4]，贺瓌陈于山西，晋兵望之有惧色，诸将以为："诸军未尽集，不若敛兵还营，诘朝复战。"阎宝曰："梁骑兵已入濮阳，山下惟步卒，向晚有归志，我乘高趋下，破之必矣。今深入敌境，偏师不利，若复引退，必为所乘。诸军未集者，闻梁再克，必不战自溃。凡决胜料敌，惟观情势。情势已得，断在不疑。王之成败，在此一战。若不决力取胜，纵收余众北归，河朔非王有也。"李嗣昭曰："贼无营垒，日晚思归，但以精骑扰之，使不得夕食[5]，俟其引退，追击可破也。我若敛兵还营，彼归整众复来，胜负未可知也。"王建及摄甲横槊而进曰："王但登山，观臣为王破贼。"王愕然曰："非公等言，吾几误计。"嗣昭、建及以骑兵大呼陷阵[6]，诸军继之。梁兵大败，死亡者几三万人。晋王还营，闻德威父子死，哭之恸，曰："是吾罪也。"李嗣源不知王所之，或曰："北渡河矣。"嗣源遂乘冰北渡。晋王进攻濮阳，拔之。嗣源复来见，王不悦曰："公以吾为死邪？"嗣源顿首谢。王以从珂有功，但赐大钟[7]酒以罚之。然自是待嗣源稍薄。梁败卒走至大梁，曰："晋人至矣！"京城大恐。梁

---

1　樵爨：打柴做饭。爨，烧火煮饭。
2　冲荡：冲杀。
3　陂：即胡柳陂。
4　向晡：接近傍晚。晡，傍晚。
5　夕食：吃晚饭。
6　陷阵：冲入敌阵。
7　大钟：大盅。钟，通"盅"，古时盛酒的器皿。

主驱市人登城，又欲奔洛阳，遇夜而止。败卒至者不满千人，伤夷[1]逃散，各归乡里，月余仅能成军。

胡氏曰：仲由问孔子："行三军[2]当谁取？"子曰："暴虎凭河[3]，死而无悔者，我不与也。必也临事而惧，好谋而成者也。"孔子所取，德威有之；其所不取，存勖犯焉。圣人之训，不可违如此。昔光武伐尤来[4]兵败，军中意王没矣[5]，吴汉曰："王兄子在，何忧？"光武不以为嫌[6]。诚以丧败之际，参不相知[7]，有如不测，宁能禁人之他议？晋王于是[8]不能容一嗣源，浅量褊局[9]，固非可以席卷天下、包举[10]宇内者也。

## 己卯（公元919年）

晋、岐称"唐天祐十六年"。梁贞明五年。蜀乾德元年。吴宣王杨隆演武义元年。〇是岁，凡六国、四镇。

**春，正月，晋筑德胜[11]两城**晋李存审于德胜南北夹河筑两城而守之。晋王以存审为内外蕃汉马步总管。

**三月，晋王自领卢龙节度使**王自领卢龙节度使，以李绍宏提举[12]军府事。绍宏，宦者也，本姓马，晋王赐姓名。

**晋以郭崇韬为中门副使**孟知祥荐教练使雁门郭崇韬能治剧，王以为中门副使。崇韬倜傥有智略，临事敢决，王宠待日隆。知祥称疾辞位，崇韬专典

---

1　伤夷：受创伤或被挫伤。
2　行三军：统率三军。行，率领，指挥。三军，古代大国有三军，每军一万二千五百人。
3　暴虎凭河：比喻有勇无谋，鲁莽冒险。暴虎，空手搏虎。凭河，不乘船而徒步过河。
4　尤来：新莽末年农民起义军领袖。
5　意王没矣：料想大王战死了。意，料想。没，死。
6　嫌：怨恨。
7　参不相知：互相不了解情况。
8　于是：当时，其时。
9　浅量褊局：浅量，气量小。褊局，狭窄局促。
10　包举：全部占有。
11　德胜：古渡口名，即德胜口，黄河重要渡口之一，位于今河南省濮阳市东南。德胜口所筑二城，南城位于今濮阳市东南，北城即今濮阳市。
12　提举：掌管。

机密。

夏，四月，吴王隆演建国、改元吴徐温自以权重而位卑，说吴王隆演曰："今大王与诸将皆为节度使，不相临制，请建吴国，称帝而治。"王不许。严可求屡劝温以知询代徐知诰。知诰与骆知祥谋出可求为楚州刺史。可求至金陵见温，说之曰："吾奉唐正朔，常以兴复为辞。今朱、李方争，一旦李氏有天下，吾能北面为之臣乎？不若先建吴国以系[1]民望。"温大悦，复留可求参总[2]庶政。至是，温率将吏、藩镇请吴王称帝，不许。四月朔，即吴国王位，大赦，改元。建宗庙、社稷，置百官，宫殿文物皆用天子礼。以温为大丞相、都督中外诸军事、东海郡王，知诰为左仆射、参政事，兼知内外诸军事，王令谋为内枢使[3]，严可求为门下侍郎，骆知祥为中书侍郎。

吴越击吴，战于狼山[4]，破之吴越王镠遣其子副大使传璙击吴，吴遣将彭彦章、陈汾拒之，战于狼山。吴船乘风而进，传璙引舟避之，既过，自后随之。吴回船与战，传璙使顺风扬灰，吴人不能开目。及船舷相接，传璙使散沙于己船，而散豆于吴船，豆为战血所渍，吴人践[5]之皆僵仆[6]。因纵火焚吴船，吴兵大败。彦章战甚力，陈汾按兵不救，彦章自杀。吴人诛汾，籍没家赀，以其半赐彦章家。廪其妻子终身。

梁攻晋德胜南城，不克贺瓌攻德胜南城，百道俱进，以竹笮[7]联艨艟[8]十余艘，蒙以牛革[9]，设睥睨战格[10]，横于河流，以断晋救兵。晋王自引兵救之，不能进，遣善游者入城。守将言："矢石将尽，陷在顷刻。"晋王积金、帛于军门，募能破艨艟者，众莫知为计。李建及请选效节敢死士，得三百人，被铠

---

1　系：维系。
2　参总：共同总领。
3　内枢使：古官名，即内枢密使，掌承受表章，出纳王言。
4　狼山：古山名，位于今江苏省南通市东南长江边。
5　践：踩踏。
6　僵仆：倒下。
7　竹笮：引舟的竹索。笮，通"笮"，绳索。
8　艨艟：亦作蒙冲，古代的一种战船，具有良好防护的进攻性快艇。
9　牛革：去毛加工过的牛皮。
10　睥睨战格：睥睨，城墙上锯齿形的短墙，女墙。战格，即战栅，防御障碍物。

操斧，率之乘舟而进。将至，流矢雨集[1]。建及使操斧者入艨艟间，斧[2]其竹筚。又以木罂[3]载薪，沃油燃火，于上流纵之，随以巨舰鼓噪攻之，艨艟随流[4]，梁兵焚、溺者殆半。晋兵乃得渡，瓌解围走。

秋，七月，吴越攻吴常州，吴人与战，破之吴越王镠遣钱传瓘将兵三万攻吴常州，徐温率诸将拒之，战于无锡[5]。会温病热[6]，不能治军。吴越攻中军，陈彦谦迁中军旗鼓于左，取貌类温者，擐[7]甲胄，号令军事。吴越兵败，杀其将何逢，斩首万级，传瓘遁去。温募生获叛将陈绍者，赏钱百万，获之。绍勇而多谋，温复使之典兵。初，吴将曹筠亦奔吴越，温厚遇其妻子，遣间使告之曰："使汝不得志而去，吾之过也。"是役，筠复奔吴。温自数昔日不用筠言者三，而不问其罪，归其田宅，复其军职。筠内愧而卒。知诰请率步卒二千，易吴越旗帜铠仗，蹑败卒而东，袭取苏州。温曰："尔策固善，然吾且求息兵，未暇如汝言。"诸将亦以为："吴越所恃者，舟楫。今大旱水涸[8]，此天亡之时，宜尽步、骑之势，一举灭之。"温叹曰："天下离乱久矣，民困已甚。钱公亦未易可轻。若连兵不解，方为诸君之忧。今战胜以惧之，戢兵以怀[9]之，使两地之民各安其业，君臣高枕，岂不乐哉？多杀何为！"遂引还。吴越王镠见何逢马，悲不自胜，故将士心附之。宠姬郑氏父犯法当死，左右为之请，镠曰："岂可以一妇人乱我法？"出[10]其女而斩之。镠自少在军，半夜未常寐[11]，倦极，则就圆木小枕，或枕大铃，寐熟辄欹而寤[12]，名曰"警枕"。置粉盘于卧

---

1　雨集：如雨一样密集，极言其多。
2　斧：用斧子劈、砍或破开。
3　木罂：木制的盛流质容器。
4　随流：随着江水流到之处。
5　无锡：古县名，治所即今江苏省无锡市。
6　病热：生病发烧。
7　擐：穿。
8　涸：失去水而干枯。
9　怀：安抚。
10　出：休，遗弃。
11　寐：睡着。
12　欹而寤：欹，倾斜，歪向一边。寤，睡醒。

内，有所记则书盘中，比老[1]不倦。或寝方酣[2]，外有白事者，令侍女振纸[3]即寤。时弹铜丸于楼墙之外，以警直更[4]者。尝微行，夜叩北城门，吏不肯启关，曰："虽大王来亦不可启。"乃自他门入。明日，召吏厚赐之。

**晋王以冯道掌书记**中门使郭崇韬以诸将陪食者众，请省其数。王怒曰："孤为效死者设食，亦不得专？可令军中别择河北帅，孤自归太原。"即召冯道草词示众。道曰："大王方平河南，定天下，崇韬所请未至大过，不从可矣，何必以此惊动远近？使敌国闻之，谓大王君臣不和，非所以隆威望也。"乃止。

**八月，梁以王瓒为招讨使，拒晋兵**贺瓌卒，梁主以王瓒为招讨使。瓒为治严[5]，令行禁止。据晋人上游杨村[6]，夹河筑垒，造浮梁，馈运相继。晋副总管李存进亦造浮梁于德胜。或曰："浮梁须竹笮、铁牛、石囷[7]，我皆无之，何以能成？"存进以苇笮维[8]巨舰，系于土山巨木，逾月而成。人服其智。

**吴与吴越连和**吴徐温遣使以吴王书归无锡之俘于吴越，吴越王镠亦遣使请和于吴。自是吴国休兵息民，三十余州民乐业者二十余年。

**冬，十月，晋广德胜北城**晋王发徒[9]数万广德胜北城，日与梁人争，大小百余战，互有胜负。左射军使石敬瑭战于河壖[10]，梁人断其马甲。横冲兵马使刘知远以所乘马授之，自乘断甲者徐行为殿。梁人疑有伏，不敢迫，俱得免。敬瑭以是亲爱之。二人之先皆沙陀人。敬瑭，李嗣源之婿也。

**梁克兖州，杀张万进**刘鄩围张万进于兖州，经年，城中危窘。晋王方与梁人战河上，力不能救。万进遣亲将刘处让乞师，未许。处让于军门截耳[11]，曰：

---

1　比老：等老了。比，等到。
2　酣：睡眠甜浓。
3　振纸：振动纸张。
4　直更：夜里值班打更。
5　治严：整理行装。
6　杨村：古黄河渡口名，位于今河南省濮阳市西南。
7　铁牛、石囷：铁牛，铁铸的牛，古人治河或建桥，往往铸铁为牛状，置于堤下或桥块，用以镇水。石囷，圆形石仓。
8　维：栓，系住。
9　徒：服徭役的人。
10　河壖：河边地。
11　截耳：割掉自己的耳朵。

"苟不得请，生不如死！"晋王义之，将为出兵。会郭已屠兖州，族万进，乃止。以处让为骁卫将军。

十二月，**梁王瓒与晋王战，败绩。**梁以戴思远代之晋王与王瓒战于河南。瓒先胜，获晋将石君立等。既而大败，失亡万计。梁主闻石君立勇，系于狱而使人诱之。君立曰："我，晋之败将，而为用于梁，虽竭诚效死，谁则信之？人各有君，何忍反为仇雠用哉？"梁主犹惜之。晋王乘胜拔濮阳。梁主召瓒还，以戴思远代为招讨使，屯河上以拒晋人。

**吴团结[1]民兵**吴禁民私畜兵器，盗贼益繁。御史台主簿卢枢言："今四方分争[2]，宜教民战。且善人畏法禁，而奸民弄干戈，是欲偃武[3]而反招盗也。宜团结民兵，使之习战，自卫乡里。"从之。

---

1　团结：组织，集结。
2　分争：争夺，争斗。
3　偃武：停息武备。

卷 五十五

起庚辰晋王李存勖唐天祐十七年、梁主瑱贞明六年，尽丙戌[1]后唐庄宗存勖同光四年、后唐明宗嗣源天成元年凡七年。

## 庚辰（公元920年）

晋、岐称"唐天祐十七年"。梁贞明六年。○是岁，梁、晋、岐、蜀、汉、吴凡六国，吴越、湖南、荆南、福建凡四镇。

**春，三月，晋以李建及为代州刺史**晋王自得魏州，以李建及为都将。建及为人忠壮，所得赏赐，悉分士卒，与同甘苦，故能得其死力，所向立功。同列疾之。宦者韦令图谮之曰："建及以私财骤施[2]，此其志不小。"王罢建及军职，以为代州刺史。

**夏，四月，梁朱友谦取同州，遂以河中降晋**梁河中节度使、冀王友谦袭取同州，以其子令德为留后。表求节钺，不许，乃附于晋。晋王以墨制除令德忠武节度使。

**五月，吴宣王隆演卒，弟溥立**王重厚恭恪，徐温父子专政，王未尝有不平之意形于言色，温以是安之。及建国、称制，尤非所乐，多沉饮鲜食[3]，遂成疾。温自金陵入朝，议当为嗣者。或曰："蜀先主谓武侯：'嗣子不才，君宜自取。'"温正色曰："吾果有意取之，当在诛张颢之初，岂至今日邪？使杨氏无男，有女亦当立之。敢妄言者，斩！"乃以王命迎丹杨公溥监国。王徂，溥即位。

**六月，蜀杀其华阳[4]尉张士乔**蜀主作高祖原庙[5]于万里桥[6]，率后妃、百官用亵味、作鼓吹祭之。士乔上疏谏，蜀主怒，欲诛之，太后不可，乃流黎州。士乔感愤，赴水死。蜀主奢纵无度，日与太后、太妃游宴贵臣之家，及游近郡

---

1　丙戌：即公元926年。
2　以私财骤施：多次把自己的财物分给士卒。
3　沉饮鲜食：沉溺于饮酒，很少吃饭。
4　华阳：古县名，治所位于今四川省成都市旧城东偏。
5　高祖原庙：高祖，即前蜀高祖王建。原庙，在正庙以外另立的宗庙。
6　万里桥：古桥名，位于今四川省成都市南。

名山，所费不可胜纪。教坊使严旭强取民子女纳官中，累迁刺史。太后、太妃各出教[1]卖官，每一官缺，数人纳赂，多者得之。文思殿大学士韩昭以便佞[2]得幸，乞数州刺史卖之，以营居第，许之。识者[3]知蜀之将亡。

**梁遣刘鄩等讨同州，晋遣李存审救之**李存审等至河中，即日[4]济河，军于朝邑。梁军亦大集河中。友谦诸子说友谦且归款于梁，以退其师，友谦曰："昔晋王亲赴吾急，秉烛夜战。今方与梁相拒，又命将星行，分我资粮，岂可负耶？"晋人分兵攻华川，坏其外城。李存审进逼刘鄩营，鄩等悉众出战，大败，宵遁。追击，破之，杀、获甚众。存审等移檄告谕关右，引兵略地至下邽，谒唐帝陵，哭之而还。

**秋，八月，蜀主北巡。冬，十一月，遣兵侵岐，不克而还**蜀主下诏北巡，遂发成都，被金甲，冠珠帽[5]，执弓矢而行。旌旗兵甲，亘百余里。雒[6]令段融上言："不宜远离都邑，当委大臣征讨。"不从。十一月，遣王宗俦将兵伐岐，攻陇州。岐王自将屯汧阳。蜀将陈彦威败岐兵于箭筶岭[7]。蜀兵食尽引还。蜀主至利州，泛江而下，龙舟画舸[8]辉映江渚，州县供办[9]，民始愁怨。至阆州，州民何康女色美，将嫁，蜀主取之，赐其夫家帛百匹，夫一恸[10]而卒。

**赵王镕杀其司马李蔼，夷其族**赵王镕治府第园沼[11]，极一时之盛，多事嬉游，不亲政事，权移左右。司马李蔼、宦者李弘规用事，宦者石希蒙尤以谄

---

1　出教：发布教令。
2　便佞：巧言善辩，阿谀逢迎。
3　识者：有见识的人。
4　即日：当天。
5　珠帽：挂有帘珠的帽子。
6　雒：古县名，治所位于今四川省德阳市辖广汉市北。
7　箭筶岭：古山名，又作箭括岭，即今陕西省宝鸡市岐山县东北岐山。
8　画舸：装饰华美的游船。
9　供办：供应措办。
10　恸：大哭。
11　园沼：园林水池。

诔得幸。镕晚好佛求仙，讲经受箓[1]，广斋醮[2]，炼仙丹。盛饰馆宇[3]于西山。每往游之，数月方归，从者万人，军民苦之。是月，自西山还，宿鹊营庄[4]。石希蒙劝镕复之他所，李弘规曰："晋王夹河血战，栉风沐雨，亲冒矢石，而王专以供军之资奉不急之费。且时方艰难，人心难测。王久虚府第，远出游从[5]，万一有奸人为变，闭关相拒，将若之何？"镕将归，希蒙曰："弘规出不逊语以劫胁王，欲以长威福耳。"镕遂无归志。弘规乃教内牙都将苏汉衡率亲军，擐甲拔刃，诣[6]帐前白镕曰："士卒暴露已久，愿从王归！"弘规因进言曰："石希蒙劝王游从不已，请诛之以谢众。"镕不听，牙兵遂大噪，斩希蒙。镕怒且惧，亟归府。使其长子、副大使昭祚将兵围弘规及李蔼之第，族诛之。又杀苏汉衡，收其党与，穷治反状，亲军大恐。

## 辛巳（公元921年）

晋、岐称"唐天祐十八年"。梁龙德元年。吴睿皇杨溥顺义元年。〇是岁凡六国、四镇。

**春，正月，蜀主还成都，废其后高氏**蜀主之为太子，高祖为聘兵部尚书高知言女为妃，无宠。及韦妃入宫，尤见疏薄。至是，遣还家。知言惊仆[7]而卒。韦妃者，徐耕之孙也，有殊色，蜀主见而悦之，太后因纳于后宫。蜀主不欲娶于母族，托云韦昭度之孙。蜀主常列锦步障[8]，击球其中。往往远适，而外人不知。爇[9]诸香，昼夜不绝。久而厌之，更爇皂荚以乱其气。结缯为山，及宫殿楼观于其上，或为风雨所败，则更以新者易之。或乐饮缯山，涉旬不

---

1 受箓：学习道家符箓。
2 斋醮：僧道设坛向神佛祈祷。
3 盛饰馆宇：盛饰，装扮华丽。馆宇，房舍，馆舍。
4 鹊营庄：古地名，位于今河北省石家庄市平山县西。
5 游从：游玩。
6 诣：前往，去到。
7 惊仆：受惊吓而跌倒。
8 锦步障：遮蔽风尘或视线的锦制屏风。
9 爇：点燃，焚烧。

下。山前穿渠，乘船夜归，令宫女秉蜡炬[1]千余居前船，却立[2]照之，水面如昼。好为微行，酒肆倡家[3]，无所不到。

晋得传国宝蜀主、吴王屡以书劝晋王称帝，晋王以示僚佐，曰：“昔王太师亦尝遗先王书，劝以自帝一方。先王语余云：‘昔天子幸石门，吾发兵诛贼臣。当是之时，威振天下，吾若挟天子据关中，自作九锡、禅文[4]，谁能禁我？顾吾家世忠孝，立功帝室，誓死不为耳。他日当务以复唐社稷为心，慎勿效此曹所为！’言犹在耳，此议非所敢闻也。”因泣。既而将佐及藩镇劝进不已，乃令有司市玉[5]造法物。黄巢之破长安也，魏州僧得传国宝，至是以为常玉，将鬻之。或识之，乃诣行台献之。将佐皆奉觞称贺。张承业闻之，亟诣魏州谏曰：“吾王世世忠于唐室，救其患难，所以老奴三十余年为王捃拾[6]财赋，召补兵马，誓灭逆贼，复本朝宗社耳。今河北甫定，朱氏尚存，而王遽即大位，殊非从来征伐之意，天下其谁不解体乎？王何不先灭朱氏，复列圣之深仇，然后求唐后而立之。南取吴，西取蜀，汛扫[7]宇内，合为一家。当是之时，虽使高祖、太宗复生，谁敢居王上者？让之愈久，则得之愈坚矣。老奴之志无他，但以受先王大恩，欲为王立万年之基耳。”王曰：“此非余所愿，奈群下意何？”承业知不可止，恸哭曰：“诸侯血战，本为唐家，今王自取之，误老奴矣。”即归晋阳，邑邑[8]成疾，不复起。

胡氏曰：孔子曰：“欲速则不达。见小利则大事不成。”晋王以夷狄赐姓，岂亲宗室之比？朱氏未灭，偏霸[9]大国，周匝三垂[10]。存勖战克攻取之才，固为

---

1　秉蜡炬：秉，拿着，握着。蜡炬，蜡烛。
2　却立：后退站立。
3　倡家：妓女。
4　禅文：禅让皇位的文书。
5　市玉：购买玉石。
6　捃拾：拾取，收集。
7　汛扫：洒扫。
8　邑邑：忧郁不乐貌。
9　偏霸：偏据一方而称王。
10　周匝三垂：周匝，环绕。三垂，三边，东、西、南三方边疆。

群雄所服，而辅世长民[1]之德，天下未闻也，于是焉而遽登尊极[2]，则欲速见小，是以其行不达，而大事不成也。张承业直不欲晋王为此，意在复唐社稷，立其后裔，此曹孟德所难，而何望于存勖？虽然，承业其贤矣哉！

二月，成德将张文礼弑其节度使赵王镕而代之赵王镕委政[3]于其子昭祚。昭祚性骄愎，附李弘规者皆族之。弘规部兵五百人欲逃，聚泣偶语，未知所之。会诸军有给赐，镕恣亲军之杀石希蒙，独不时与[4]，众益惧。王德明素蓄异志，因其惧而激之曰："王命我尽坑尔曹[5]，吾念尔曹无罪，不忍。不然[6]，又获罪于王，奈何？"众皆感泣[7]，相与饮酒而谋之。酒酣，其中骁健者曰："吾曹识王太保意，今夕富贵决矣。"即逾城入。镕方焚香受箓，断其首而出，因焚府第。德明复姓名曰张文礼，尽灭王氏之族，独置昭祚之妻普宁公主，以自托于梁。三月，遣使告乱于晋，因求节钺。晋王方置酒作乐，闻之，投杯悲泣，欲讨之。僚佐以为："方与梁争，不可更立敌，宜且安之。"王不得已。四月，承制授文礼成德留后。

夏，五月，梁杀其泰宁节度使刘鄩初，鄩与朱友谦为婚。其受诏讨友谦也，先遣使移书谕以祸福，待之月余，友谦不从，然后进兵。尹皓、段凝因谮之，梁主密令西都留守张宗奭酖之。

六月朔，日食。

秋，晋以苏循为节度副使晋王既许藩镇之请，求唐旧臣，朱友谦遣苏循诣行台。循至魏州，望府即拜，谓之"拜殿"。见王呼"万岁"，舞蹈，泣而称臣。翌日[8]，又献大笔三十枚，谓之"画日笔"。王大喜，即命循为河东节

---

1　辅世长民：辅佐当世的国君统治人民。辅世，辅佐当世的国君。长民，统治人民。
2　尊极：至尊。多指帝、后及帝、后之位。
3　委政：把政治权力交给某人。
4　时与：及时给。
5　尔曹：你们。
6　不然：不如此，不这样。
7　感泣：感动得流泪。
8　翌日：次日。

度副使。张承业深恶之。

八月，晋以苻习为成德留后，讨张文礼文礼既作乱，内不自安，复遣间使求援于契丹。又遣使告梁，乞发精甲万人，自德、棣[1]渡河。梁主疑未决，敬翔曰：“陛下不乘此衅以复河北，则晋人不可复破矣。宜徇其请，不可失也。”赵、张辈皆曰：“今强寇近在河上，尽吾兵力以拒之，犹惧不支，何暇救文礼乎？且文礼坐持两端，欲以自固，我何利焉？”梁主乃止。文礼忌赵故将，多所诛下，苻习将赵兵万人，从晋王在德胜，文礼谋以他将代之。习见晋王，泣涕[2]请留。晋王曰：“吾与赵王同盟讨贼，义犹骨肉，不意一旦祸生肘腋，吾诚痛之。汝苟不忘旧君，能为之复仇乎？吾以兵、粮助汝。”习与部将三十余人举身投地，恸哭曰：“大王念故使[3]辅佐之勤，许之复冤，习等不敢烦霸府[4]之兵，愿以所部径前[5]，搏取凶竖，以报王氏累世之恩，死不恨矣！”八月，王以习为成德留后，命阎宝、史建瑭将兵助之，自邢、洺[6]而北。文礼先病腹疽[7]，晋兵拔赵州，文礼惊惧而卒。其子处瑾与其党韩正时悉力拒晋。九月，晋兵围镇州，建瑭中流矢卒。

冬，十月，梁袭晋德胜北城，晋王击破之晋王欲自分兵攻镇州，戴思远闻之，悉众袭德胜北城。晋王知之。十月，命李嗣源伏兵于戚城[8]，李存审屯德胜。先以骑兵诱之，梁兵竞进，晋王以铁骑三千奋击，梁兵大败，失亡二万余人。

义武节度使王处直为其假子都所囚初，义武节度使王处直未有子，得小儿刘云郎，养为子，名之曰“都”。及壮，便佞多诈，处直爱之，置新军，

---

1 德、棣：即德州、棣州。
2 泣涕：哭泣。
3 故使：即故去的节度使王镕。
4 霸府：五代时势力强大、终成王业的藩王或藩臣的府署。
5 径前：直接前往。
6 邢、洺：即邢州、洺州。
7 腹疽：肚子上长毒疮。
8 戚城：古地名，即今河南省濮阳市北戚城。

使典之。处直有孽子[1]郁，无宠，奔晋。晋王克用以女妻之，累迁至新州团练使。余子皆幼。处直以都为副大使，欲以为嗣。及晋王存勖讨张文礼，处直以镇、定唇齿，恐镇亡而定孤，固谏以为："方御梁寇，且宜赦文礼。"晋王答以："文礼弑君，义不可赦。又潜引梁兵，恐于易定亦不利。"处直患之，乃潜遣人语郁，使赂契丹，令犯塞以解镇州之围。郁素疾都冒继其宗[2]，乃邀处直，求为嗣，处直许之。军府皆不欲召契丹，都亦虑郁夺其处，乃以新军数百伏于府第，大噪曰："将士不欲以城召契丹，请令公归西第[3]。"乃并其妻妾幽之，尽杀其子孙、腹心，以状白晋王。晋王因以都代处直。处直忧愤而卒。

胡氏曰：王都幽囚父母，杀其子孙，此与张文礼何异？存勖既为讨文礼，而许都袭位，赏刑[4]如此，何以扶天下之为君父者哉？三纲既沦，政本亡矣。虽暂得之，不旋踵而失之，非不幸也。

**吴王溥祀南郊**吴徐温劝吴王郊祀。或曰："唐祀南郊，其费巨万，今未能办也。"温曰："吾闻事天贵诚，多费何为？唐每郊祀，启南门，灌其枢[5]，用脂百斛，此乃季世奢泰之弊，又安足法乎？"乃祀南郊。

**十一月，晋王自将讨镇州**晋王使李存审、李嗣源守德胜，自将兵攻镇州，旬日不克。张处瑾使韩正时突围出，趋定州求救，晋兵追斩之。

**十二月，契丹寇幽州，拔涿州，进寇义武。晋王救之**王郁说契丹主曰："镇州美女如云，金帛如山，天皇王速往，则皆己物也。不然，为晋王所有矣。"契丹主以为然，悉众而南。述律后曰："吾有西楼羊马之富，其乐不可胜穷也，何必劳师远出，以乘危徼利乎？吾闻晋王用兵天下莫敌，脱有危败，悔之何及！"契丹主不听。十二月，攻幽州，李绍宏婴城自守。契丹南围涿州，拔之，擒李嗣弼。进寇定州。王都告急于晋，晋王将亲军五千救之。

---

1 孽子：庶子，非正妻所生之子。
2 冒继其宗：假冒其宗族继承家业。
3 西第：西院。
4 赏刑：赏罚。
5 枢：门的轴。

## 壬午（公元 922 年）

晋、岐称"唐天祐十九年"。梁龙德二年。○是岁凡六国、四镇。

**春，正月，晋王击契丹，大败之**晋王至新城，候骑白契丹前锋涉沙河，将士皆失色，有亡去者，斩之不能止。诸将皆曰："吾众寡不敌，又梁寇内侵，宜且还师以救根本。"或请西入井陉避之。晋王犹豫未决。郭崇韬曰："契丹本利货财而来，非能救镇州之急难也。王新破梁兵，威振夷夏，挫其前锋，遁走必矣。"李嗣昭亦曰："强敌在前，有进无退，不可轻动以摇人心。"晋王曰："吾以数万之众平定山东，今遇此小虏而避之，何面目以临四海？"乃自率铁骑五千先进。至新城北，半出桑林，契丹见之惊走，晋王分军逐之，获契丹主之子。契丹举众退保望都。晋王至定州，王都迎谒马前，请以爱女妻王子继岌。王引兵趋望都，遇奚酋秃馁五千骑，为其所围，力战，出入数四，不解。李嗣昭引三百骑横击之，虏退，王乃得出。因纵兵奋击，契丹大败，逐北至易州。会大雪弥旬[1]，平地数尺，契丹人马死者相属，契丹主乃归。晋王引兵蹑之，随其行止，见其野宿[2]之所，布藁[3]于地，回环方正，皆如编翦[4]。虽去，无一枚乱者。叹曰："虏用法严，乃能如是，中国所不及也。"晋王至幽州，使二百骑蹑契丹之后，曰："虏出境即还。"骑恃勇追击之，悉为所擒。契丹主责王郁，縶[5]之以归，自是不听其谋。

胡氏曰：晋王听王都囚父取国，既失于前。今因其出迎，明父子之义，讨而杀之，则军政修明，人心耸服[6]，契丹将不战而自退矣。晋王先助刘守光，今又助王都，何有见于斩张彦，而无见于此耶？凡此类，皆制胜之大几[7]也，接而不失，惟上智能之。

---

1　弥旬：满十天。
2　野宿：在野外过夜。
3　藁：禾杆。
4　回环方正，皆如编翦：环绕得方方正正，都像编起来用剪刀剪过似的。
5　縶：用绳子拴捆。
6　耸服：极为佩服。耸，通"竦"。
7　大几：大的征兆。

梁袭晋魏州不克，攻德胜北城。二月，晋王还魏州，梁兵遁还李存审谓李嗣源曰："梁人闻我在南兵少，不攻德胜，必袭魏州。不若分军备之。"遂分军屯澶州。戴思远果悉众趋魏州，嗣源引兵先之，遣兵挑战。思远知有备，乃西拔成安[1]，大掠而还。又攻德胜北城，重堑复垒[2]，断其出入，昼夜急攻，存审悉力拒守。晋王闻之，自幽州赴之，五日至魏州。思远烧营遁还。

晋师围镇州，不克，退保赵州。夏，四月，晋李嗣昭战死晋阎宝筑垒以围镇州，决滹沱水环之，内外断绝。城中食尽，遣五百余人出求食，宝纵其出，欲伏兵取之。其人遂攻长围，宝不为备。俄数千人继至，遂坏长围，纵火攻营，宝不能拒，退保赵州。晋王以李嗣昭为招讨使，代宝。张处瑾遣兵千人迎粮于九门，嗣昭设伏邀击之，杀、获殆尽。镇兵发矢中其脑，嗣昭拔矢射之，一发而殪。是夕，亦卒。晋王闻之，不御酒肉者累日。嗣昭遗命，悉以泽、潞兵授判官任圜，使督诸军攻镇州，号令如一，镇人不知嗣昭之死也。晋王以李存进为招讨使，命嗣昭诸子护丧归葬晋阳。其子继能不受命，率兵拥丧归潞州。嗣昭七子，继俦当袭爵，素懦弱。继韬凶狡，囚之，诈令士卒劫己为留后。晋王不得已，改昭义曰安义，以继韬为留后。

秋，八月，梁取晋卫州晋卫州刺史李存儒，本姓杨，名婆儿，以俳优得幸于晋王，为刺史，专事掊敛。防城卒皆征月课纵归[3]。梁段凝、张朗引兵夜袭之，诘旦登城，执存儒，遂克卫州。戴思远又与凝攻陷淇门、共城、新乡。于是澶州之西，相州之南，皆为梁有。晋人失军储三之一，梁军复振。

九月，晋王克镇州，自领之，以符习为天平节度使张处瑾使其弟处球乘李存进无备，将兵七千人奄至东垣渡[4]，及营门，存进狼狈引十余人斗于桥上。镇兵退，晋骑兵断其后，夹击之，镇兵殆尽，存进亦战没。晋王以李存审

---

1　成安：古县名，治所即今河北省邯郸市成安县。
2　重堑复垒：重堑，一层层壕沟。复垒，一层层营垒。
3　防城卒皆征月课纵归：防城的兵卒，也向他们每月征收费用，然后放归，免除他们的防守之役。
4　东垣渡：古地名，位于今河北省石家庄市长安区东古城北。

为招讨使。镇州食竭力尽，处瑾遣使请降，未报，存审兵至。城中将李再丰投縆[1]以纳晋兵，执处瑾兄弟及其党高蒙送行台，赵人皆脔而食之。磔张文礼尸于市。王镕故侍者得镕遗骸，晋王祭而葬之。以符习为成德节度使，习辞曰："故使无后而未葬，习当斩衰以葬之，俟礼毕听命。"既葬，即诣行台。赵人请晋王兼领成德，从之。乃割相、卫二州置义宁军，以习为节度使。习辞曰："魏博霸府，不可分也，愿得河南一镇，习自取之。"乃以为天平节度使。

　　冬，十一月，唐特进、河东监军使张承业卒承业卒，曹太夫人诣其第，为之行服，如子侄之礼。晋王闻之，亦不食者累日。

　　十二月，晋以张宪权镇州事魏州税多逋负，晋王以让司录[2]赵季良。季良曰："殿下何时当平河南？"王怒曰："汝职在督税，何敢预我军事？"季良对曰："殿下方谋攻取而不爱百姓，一旦百姓离心，恐河北亦非殿下之有，况河南乎？"王悦，谢之。自是重之，每预谋议。


### 癸未（公元 923 年）

　　岐称"唐天祐二十年"。梁龙德三年，尽十月。四月以后，唐庄宗李存勖同光元年。○是岁，梁亡，晋称唐，凡五国、四镇。

　　春，二月，晋以豆卢革、卢程为行台丞相晋王下教[3]于四镇判官中选前朝士族，欲以为相，河东判官卢质为之首。质固辞，请以义武判官豆卢革、河东判官卢程为之。即拜行台左、右丞相，以质为礼部尚书。

　　梁以钱镠为吴越王镠始建国，仪卫名称多如天子之制，惟不改元。置百官，有丞相、侍郎、客省等使。

　　三月，晋李继韬以潞州叛，降梁。其将裴约据泽州不下李继韬为留后，终不自安，幕僚魏琢、牙将申蒙复从而间之，曰："晋朝无人，终为梁所

---

1　縆：绳索。
2　司录：古官名，司录参军的简称，掌府衙总务，户婚诉讼，通书六曹案牒。
3　下教：下令。

并耳。"弟继远亦劝之。继韬乃使继远诣大梁请降。梁主大喜，以继韬为节度使。安义[1]旧将裴约戍泽州，泣谕其众曰："余事故使逾二纪[2]，见其分财享士，志灭仇雠。不幸捐馆，枢犹未葬，而郎君遽背君亲。吾宁死不能从也！"遂据州自守。梁遣董璋将兵攻之。继韬散财募士，尧山人郭威往应募。尝杀人系狱，继韬惜其才勇而逸之。

　夏，四月，**晋王存勖称皇帝于魏州，国号唐**晋王筑坛于魏州牙城之南。四月，升坛祭告，遂即帝位，国号大唐。尊母曹氏为皇太后，嫡母刘氏为皇太妃。初，太妃无子，性不妒忌，太后亦谦退[3]，相得甚欢。及受册，太妃诣太后宫贺，有喜色，太后忸怩[4]不自安。太妃曰："愿吾儿享国久长，吾辈获没[5]于地，园陵有主，余何足言？"因相向歔欷。

　**唐以豆卢革、卢程同平章事，郭崇韬、张居翰为枢密使**革、程皆轻浅[6]无他能，唐主特以其衣冠之绪[7]，霸府元僚，故用之。李绍宏自幽州召还，崇韬恶其位在己上，乃荐居翰，而以绍宏为宣徽使。绍宏恨之。居翰和谨畏事，军国机政，皆崇韬掌之。孔谦自谓应为租庸使，众议以谦人微地寒[8]，故崇韬荐张宪，以谦副之。谦亦不悦。

　胡氏曰：建王霸之绩者，必有心腹股肱之臣。其未济[9]也，以为谋主；其既成也，遂登辅相。辅相之任，当承平之际，无远虑者，或不知考慎矣。若创业垂统之君，天下固以此卜其成败，而可忽诸[10]？梁、唐、晋、汉之朝，无所

---

1　安义：方镇名，即安义军，以匡义军改，治潞州，辖今山西省黎城、襄垣、潞城、平顺、屯留、长治、壶关等市县地。
2　二纪：二十四年。纪，十二年为一纪。
3　谦退：谦让。
4　忸怩：形容不好意思或不大方的样子。
5　获没：得以善终，得以寿终正寝。没，通"殁"。
6　轻浅：轻浮浅薄。
7　衣冠之绪：衣冠，代称缙绅、士大夫。绪，世系。
8　地寒：指人的出身微贱，地位低下。
9　未济：未成，没有成功。
10　诸：助词，无义。

称[1]焉。岂气方纷乱，天不生贤耶？将人主无知人之鉴，而不能致耶？

**唐建东、西京及北都**以魏州为兴唐府，建东京。又以于太原府建西京。又以镇州为真定府，建北都。时唐国所有，凡十三节度、五十州。

**闰月，唐立宗庙于晋阳**唐主追尊曾祖执宜曰懿祖昭烈皇帝，祖国昌曰献祖文皇帝，考晋王[2]曰太祖武皇帝。立宗庙于晋阳，以高祖、太宗、懿宗、昭宗洎[3]懿祖以下为七室。

**唐遣李嗣源袭梁郓州，取之。以嗣源为节度使**契丹屡寇晋幽州，卫州为梁所取，潞州内叛。人情岌岌，以为梁未可取，唐主患之。会郓州将卢顺密来奔，言曰：“郓州守兵不满千人，可袭取也。”郭崇韬等皆以为不可。唐主密召李嗣源谋之，曰：“梁人志在泽、潞，不备东方。若得东平，则溃其心腹[4]。东平果可取乎？”嗣源自胡柳有渡河之惭，常欲立奇功以补过，对曰：“今用兵岁久，生民疲弊，苟非出奇取胜，大功何由可成？臣愿独当此役，必有以报。”唐主悦，遣嗣源将精兵五千趋郓州。日暮，阴雨道黑，将士皆不欲进，高行周曰：“此天赞我也，彼必无备。”夜渡河至城下，郓人不知。李从珂先登，杀守卒，启关纳外兵，进攻牙城，拔之。嗣源禁焚掠，抚吏民。唐主大喜曰：“总管真奇才，吾事集[5]矣！”即以为天平节度使。梁主大惧，遣使诘让诸将段凝、王彦章等，趣令进战。

**五月，梁遣招讨使王彦章攻唐德胜南城，拔之。进攻杨刘。六月，唐主救之，梁兵退。秋，七月**，彦章罢敬翔知梁室已危，以绳内[6]靴中，入见梁主曰：“先帝取天下，不以臣为不肖，所谋无不用。今敌势益强，而陛下弃忽[7]臣言。臣身无用，不如死。”引绳将自经。梁主止之，问所欲言，翔曰：

---

1　称：称赞，赞扬。
2　考晋王：先父晋王李克用。
3　洎：到，及。
4　心腹：比喻要害部位。
5　集：成功。
6　内：通“纳”，放入。
7　弃忽：遗忘，忽略。

"事急矣，非用王彦章为大将，不可救也。"梁主从之。以彦章为招讨使，仍以段凝为副。唐主闻之，自将亲军屯澶州，命朱守殷守德胜，戒之曰："王铁枪[1]勇决，宜谨备之。"守殷，王幼时所役苍头也。五月，遣使征兵于吴。徐温欲持两端，遣兵循海[2]助其胜者。严可求不可，乃止。梁主召王彦章，问以破敌之期，彦章对曰："三日。"左右皆失笑。彦章出，两日驰至滑州，置酒大会[3]，阴遣人具舟于杨村。夜命甲士六百，皆持巨斧，载冶者[4]，具鞴炭[5]，乘流而下。会饮尚未散，彦章伴起更衣，引精兵数千循河南岸趋德胜。天微雨，朱守殷不为备。舟中兵举锁烧断之，因以巨斧斩浮桥，而彦章引兵急击南城，破之。时适三日矣。守殷救之，不及。彦章进攻诸寨，皆拔之，声势大振。唐主遣宦者焦彦宾急趋杨刘，与镇使李周固守。命守殷弃北城，撤屋为筏，载兵械浮河东下，助杨刘守备。王彦章亦撤南城屋材浮河而下，每遇湾曲[6]，辄于中流交斗。一日百战，互有胜负。比及杨刘，殆亡士卒之半。彦章以十万众攻杨刘，城垂陷者数四，李周悉力拒之，与士卒同甘苦，彦章不能克，退屯城南。唐主引兵救之，曰："李周在内，何忧！"日行六十里，不废畋猎。六月，至杨刘。梁兵堑垒，不可入。唐主问计于郭崇韬，对曰："请筑垒于博州东岸以固河津[7]，既得以应接东平，又可以分贼兵势。但虑彦章薄我，城不能就。愿募死士，日挑战以缀之，旬日不东[8]，则城成矣。"时李嗣源守郓州，河北声问不通，人心渐离，不保朝夕。会梁将康延孝密请降于嗣源。延孝者，太原胡人，有罪，奔梁。嗣源遣押牙范延光送延孝蜡书。延光因言于唐主，请筑垒马家口[9]以通郓州之路。唐主遣崇韬将万人夜发，渡河筑之，昼夜不息。自与梁人昼夜苦战。

---

1　王铁枪：即王彦章。
2　循海：沿海。循，沿着。
3　大会：大规模地会合。
4　冶者：冶炼的工匠。
5　鞴炭：鼓风囊和木炭。泛指冶炼的工具。
6　湾曲：水湾曲折处。
7　河津：河边的渡口。
8　不东：不向东去。
9　马家口：古渡口名，即马颊口，位于今山东省泰安市东平县西北，黄河渡口。

崇韬筑城六日，彦章闻之，将兵数万驰至，急攻。时板筑[1]仅毕，未有守备。崇韬慰谕士卒，以身先之，四面拒战。唐主引大军救之。彦章退保邹家口[2]。郓州奏报始通。李嗣源请正朱守殷覆军[3]之罪，不从。七月，唐主引兵南，彦章等复趋杨刘。李绍荣直抵梁营，擒其斥候，又以火筏焚其连舰[4]。彦章等走保杨村，唐兵追击之，梁兵前后死者且万人。杨刘围解，城中无食已三日矣。彦章疾赵、张乱政，谓所亲曰："待我成功还，当尽诛奸臣以谢天下！"赵、张闻之，私相谓曰："我辈宁死于沙陀，不可为彦章所杀！"相与协力倾[5]之。段凝素疾彦章而谄附赵、张，百方沮挠之，惟恐其有功。每捷奏至，赵、张悉归功于凝。由是彦章功竟无成。梁主犹恐彦章成功难制，征还大梁。

**唐卢程罢**程以私事干兴唐府[6]，府吏不能应，鞭吏背。少尹任圜，唐主姊婿也，诣程诉[7]之。程骂曰："公何等虫豸[8]，欲倚妇力邪？"唐主怒曰："朕误相此痴物。"欲赐自尽，卢质力救之，乃贬右庶子。

八月，**梁取唐泽州，裴约死之**裴约遣间使告急，唐主曰："吾兄不幸，乃生枭獍[9]。裴约独能知逆顺。"顾谓指挥使李绍斌曰："泽州弹丸之地，朕无所用，卿为我取裴约以来。"绍斌至，城已陷，约死，唐主深惜之。

**梁以段凝为招讨使，遣王彦章、张汉杰攻郓州**梁主遣段凝监军河上，敬翔、李振屡请罢之，梁主曰："凝未有过。"振曰："俟其有过，则社稷危矣。"至是，凝厚赂赵、张，求为招讨使。翔、振力争，不从。于是宿将愤怒，士卒亦不服。凝将全军五万济河掠澶州，至顿丘。梁主又命王彦章将保銮[10]骑

---

士万人屯兖、郓之境，谋复郓州。仍以张汉杰监其军。

**梁将康延孝奔唐**唐主引兵屯朝城，康延孝来奔，唐主解锦袍玉带赐之，以为招讨指挥使。问以梁事，对曰："梁朝地不为狭，兵不为少，然主既暗懦，赵、张擅权，内结宫掖，外纳货赂，段凝智勇俱无，专率敛[1]行伍，以奉权贵。梁主不能专任将帅，常以近臣监之，进止可否，动为所制。近又闻欲数道出兵，令董璋趋太原，霍彦威寇镇、定，王彦章攻郓州，段凝当[2]陛下，决以十月大举。臣窃观梁兵聚则不少，分则不多。愿陛下养勇[3]蓄力以待其分，率精骑五千，自郓州直抵大梁，擒其伪主，旬月之间，天下定矣。"唐主大悦。

**九月，蜀主宴群臣于宣华苑**蜀主以韩昭、潘在迎、顾在珣等为狎客[4]，陪侍游宴，与宫女杂坐。或为艳歌相唱和，亵慢无所不至。枢密使宋光嗣等专断国事，恣为威虐，务徇蜀主之欲，以盗其权。宰相王锴、庾传素等各保宠禄，无敢规正[5]。潘在迎每劝蜀主诛谏者，无使谤国[6]。嘉州司马刘赞献《陈后主三阁图》，并作歌以讽。贤良方正蒲禹卿对策语极切直，蜀主不能用。至是，以重阳宴近臣于宣华苑，酒酣，嘉王宗寿乘间极言社稷将危，流涕不已。昭曰："嘉王好酒悲[7]。"因谐笑[8]而罢。

**冬，十月朔，日食。**

**唐主救郓州，梁师败绩，王彦章死之。唐主入大梁，梁主瑱自杀。唐遂灭梁**唐自德胜失利以来，丧刍粮数百万。租庸副使孔谦暴敛以供军，民多流亡，租税益少。泽、潞未下，契丹屡寇瀛、涿。又闻梁人欲大举数道入寇，唐主深以为忧，召诸将会议。李绍宏等皆以为："郓州难守，请以易卫州及黎阳于梁，与之约和，休兵息民，更图后举。"唐主不悦，曰："如此，吾无葬

---

1　率敛：搜刮聚敛。
2　当：抵挡。
3　养勇：培养勇气。
4　狎客：陪伴权贵游乐的人。
5　规正：规劝使改正。
6　谤国：诽谤国政。
7　酒悲：酒后触动情怀而泣。
8　谐笑：戏笑，嘻笑。

地矣。"乃独召郭崇韬问之，对曰："陛下不栉沐¹、不解甲十五余年，欲雪家国仇耻。今已正尊号，始得郓州尺寸之地，不能守而弃之，臣恐将士解体。将来食尽众散，虽画河为境，谁为陛下守之？臣尝细询康延孝以河南之事，度己料彼，日夜思之，成败之机，决在今岁。梁今悉以精兵授段凝，决河自固，恃此，不复为备。凝非将材，不足畏。降者皆言大梁无兵。陛下若留兵守魏，固保杨刘，自以精兵与郓州合势，长驱入汴，伪主授首，则诸将自降矣。不然，今秋不登，军粮将尽，大功何由可成！谚曰：'当道筑室，三年不成²。'帝王应运，必有天命。在陛下勿疑耳。"唐主曰："此正合朕志。丈夫得则为王，失则为虏。吾行决矣。"司天³奏天道不利，不听。王彦章将攻郓州，李嗣源遣从珂逆战，败其前锋，彦章退保中都。捷奏至，唐主喜曰："郓州告捷，足壮吾气。"命将士悉遣其家归兴唐，亦遣夫人刘氏、皇子继岌归，与之诀曰："事之成败，在此一决。若其不济，当聚吾家于魏宫⁴而焚之。"

　　胡氏曰：庄宗以宦官之谮，罢李建及而失忠壮之助；以俳优之说，用李存儒而失要害之地；以役使之爱，使朱守殷而陷南城，丧刍粮数百万。几如是而地不蹙、国不亡，然则不旋踵而克梁者，非晋必当克也，盖梁祚告终之期促耳。且经营大业者，必厚其根本之地，使进可以取，退可以保。今晋虽久有河东，其地瘠薄⁵，故必兼得河北，然后富强。然晋王不择牧民御众⁶之才守之，又令孔谦之徒急政暴赋趣办目前⁷。至于崇韬决策捣汴，亦未及善后之计也。而庄宗所谓"丈夫得则为王，失则为虏"，遣妻子归而与之诀者，亦不敢必于克

---

1　栉沐：梳洗。
2　当道筑室，三年不成：在道路中间建房屋，三年也建不成。比喻无主见，盲目地征询意见，人多言杂，办不成事。
3　司天：古官名，负责观察天象等自然现象以占断吉凶。
4　魏宫：魏州的宫殿。
5　瘠薄：土地坚硬不肥沃。
6　牧民御众：牧民，治民。御众，驾驭百姓。
7　急政暴赋趣办目前：急政，催征赋税。暴赋，繁重的赋税。趣办，催促办理。目前，当下。

梁也。乌乎！捐[1]身与家以争天下，将以济民[2]乎？抑亦济欲乎？此非真英雄之所为，不足道也。

济河至郓州，中夜进军，以李嗣源为前锋，遇梁兵，一战败之，追至中都，围之。梁兵溃，追击，破之。彦章走，将军李绍奇追之。彦章重伤，马踬，遂擒之。并擒张汉杰等二百余人，斩首数千级。彦章尝谓人曰："李亚子斗鸡小儿，何足畏！"至是，唐主谓曰："尔常谓我小儿，今日服未？且尔名善将[3]，何不守兖州？中都无壁垒，何以自固？"彦章对曰："天命已去，无足言者。"唐主惜彦章之材，欲用之，赐药傅其创，屡遣人诱谕之。彦章曰："余本匹夫，蒙梁恩，位至上将，与皇帝交战十五年。今兵败力穷，死自其分，纵皇帝怜而生我，我何面目见天下之人乎？岂有朝为梁将，暮为唐臣？此我所不为也。"唐主复遣嗣源自往谕之。彦章卧谓曰："汝非邈佶烈[4]乎？"于是诸将称贺，唐主举酒属嗣源曰："今日之功，公与崇韬之力也。向从绍宏辈语，大事去矣。"谓诸将曰："向所患惟彦章，今已就擒，是天意灭梁也。段凝犹在河上，何向而可？"诸将以为："东方诸镇兵皆在段凝麾下，所余空城耳，以天威临之，无不下者。若先广地，东傅[5]于海，然后观衅而动，可以万全。"康延孝固请亟取大梁，嗣源曰："兵贵神速。今彦章就擒，段凝必未知。就使有人走告之，疑信之间，尚须三日。设若知吾所向，即发救兵，直路则阻决河，须自白马南渡，舟楫亦难猝办。此去大梁至近无险，方阵兼程，信宿可至。段凝未离河上，友贞已为吾擒矣。延孝之言是也，请陛下以大军徐进，臣愿以千骑前驱。"唐主从之。令下，诸军踊跃。嗣源是夕遂行。明日，唐主发中都。以王彦章终不为用，斩之。

---

1　捐：舍弃，抛弃。
2　济民：救助百姓。济，救助。
3　名善将：名为善战的将领。
4　邈佶烈：即李嗣源，李嗣源沙陀本名邈佶烈。
5　傅：靠近。

胡氏曰：梁之所以亡，以理言之，朱氏无长久之道；以事言之，友贞疏远勋旧，信任姻党[1]，将士解体，卒伍离心。敬翔皆无以正之，独请用王彦章。自古颇闻倚一猛将，能救危而扶颠[2]者耶？夫彦章固善斗，然所当者乃朱守殷，夫人能破之矣。及李周固守，则彦章以十万众而不能克，其才亦可见矣。其所以著名者，特以死节不屈尔。此则五代之臣所难及者也。

越[3]二日，至曹州，梁守将降。梁主闻彦章就擒，唐军且至，聚族而哭。召群臣问策，皆莫能对。谓敬翔曰："朕忽卿言，以至于此。今事急矣，将若之何？"翔泣曰："臣受先帝厚恩，殆将三纪。名为宰相，其实朱氏老奴，事陛下如郎君。前后献言，莫匪[4]尽忠，陛下不用，致有今日。虽使良、平更生，谁能为陛下计者？臣愿先赐死，不忍见宗庙之亡也。"因与梁主相向恸哭。时城中尚有控鹤军数千，朱珪请率之出战。梁主不从，命王瓒驱市人乘城为备。梁主疑诸兄弟乘危谋乱，尽杀之。梁主登建国楼。或请幸洛阳，收军拒唐。唐虽得都城，势不能久留。或请幸段凝军。指挥使皇甫麟曰："凝本非将材，官由幸进[5]。今危窘之际，望其临机制胜，转败为功，难矣。且凝闻彦章军败，其胆已破，安知能终为陛下尽节乎？"赵岩曰："事势如此，一下此楼，谁心可保？"梁主复召宰相谋之。郑珏请自怀传国宝诈降以纾[6]国难，梁主曰："今日固不敢爱宝，但此策竟可了否？"珏俯首久之，曰："但恐未了。"左右皆缩颈而笑。梁主日夜涕泣，不知所为。置传国宝于卧内，忽失之。已为左右窃之迎唐军矣。赵岩曰："吾待温许州[7]厚，必不负我。"遂奔许州。梁主谓皇甫麟曰："吾不能自裁，卿可断吾首。"麟泣曰："臣为陛下挥剑死唐军则可矣，

---

1 姻党：有姻亲关系的各家族或其成员。
2 扶颠：扶持危局。语本《论语·季氏》："危而不持，颠而不倒。"
3 越：经过。
4 莫匪：无非。
5 幸进：以侥幸而仕进。
6 纾：解除，缓解。
7 温许州：即许州刺史温昭图。

不敢奉此诏。"梁主曰："卿欲卖我邪？"麟欲自刭，梁主持之曰："与卿俱死。"麟遂弑梁主，因自杀。梁主为人温恭俭约，无荒淫之失，但宠信赵、张，使擅威福，疏弃敬、李[1]旧臣，不用其言，以至于亡。李嗣源军行五日至大梁，王瓒开门出降。是日，唐主亦至，入自梁门[2]。嗣源迎贺，唐主喜不自胜，手引嗣源衣，以头触之曰："吾有天下，卿父子之功也，天下与尔共之。"李振谓敬翔曰："有诏洗涤[3]吾辈，相与朝新君乎？"翔曰："吾二人为梁宰相，君昏不能谏，国亡不能救，新君若问，将何辞以封？"是夕未曙[4]，或报翔曰："李太保已入朝矣。"翔叹曰："李振谬为[5]丈夫！国亡君死，何面目入建国门乎？"乃缢而死。赵岩至许州，温昭图斩之，复名"韬"。诏漆朱友贞首，函[6]之，藏于太社[7]。

**梁段凝降唐**段凝入援，以杜晏球为前锋，至封丘，遇李从珂。晏球先降，凝众五万亦降。帝劳之，赐姓名李绍钦。凝出入公卿间，扬扬自得[8]，无愧色。梁之旧臣皆欲龁其面，抉其心。晏球亦赐姓名李绍虔。

**唐贬梁宰相郑珏以下十一人**以其世受唐恩，而仕梁贵显也。

**敬翔、李振、赵岩、张汉杰等伏诛，夷其族**敬翔既死，段凝、杜晏球上言："伪梁要人赵岩、张汉杰等窃弄威福，残蠹[9]群生，不可不诛。"诏敬翔、李振首佐[10]朱温，共倾唐祚，可并族诛。岩至许州，亦为温韬所杀。自余文武将吏一切不问。

**唐毁梁宗庙，追废朱温、朱友贞为庶人。**

---

1　敬、李：即敬翔、李振。
2　梁门：古地名，指大梁夷门，位于今河南省开封市。
3　洗涤：除去罪恶、耻辱等。
4　曙：破晓，天亮。
5　谬为：假装。
6　函：放入盒子。
7　太社：古代天子为群姓祈福、报功而设立的祭祀土神、谷神的场所。
8　扬扬自得：十分得意的样子。
9　残蠹：残害。
10　首佐：带头辅助。

**梁诸藩镇入朝于唐者，皆复其任**宋州节度使袁象先首来入朝，辇珍货数十万，遍赂刘夫人及权贵、伶官、宦者，中外争誉之，恩宠隆异[1]。

**唐以郭崇韬守**[2]**侍中**崇韬权兼内外，谋猷规益[3]，竭忠无隐。颇亦荐引人物。豆卢革受成而已，无所裁正[4]。

**梁河南尹张宗奭入朝于唐**宗奭来朝，复名"全义"。唐主欲发梁太祖墓，斫棺焚尸，全义言："朱温虽国之深仇，然其人已死，刑无可加，屠灭其家，足以为报，乞免焚、斫，以存垄恩。"唐主从之，但铲其阙室[5]、削封树[6]而已。

胡氏曰：朱全忠并弒二主，毁唐宗社，凶悖残暴，无与为比。庄宗列数其罪，诞告[7]多方，发冢[8]斫棺，焚尸而扬之，污潴其宫室，然后快人心，合天意，垂[9]后来乱贼之鉴。全义怀私甘辱[10]，岂知帝王惩戒之大方[11]？庄宗过听[12]其言，而略于讨恶之典，惜哉！

**唐加李嗣源中书令。**

**楚王殷遣使入贡于唐**殷遣其子希范入见，纳行营都统印，上本道[13]将吏籍。

**吴遣使如唐**唐遣使以灭梁告吴，徐温尤[14]严可求曰："公前沮吾计，今将奈何？"可求笑曰："闻唐主始得中原，志气骄满，御下无法，不出数年，将

---

1　隆异：优厚异常。
2　守：担任，掌管。
3　谋猷规益：谋猷，谋略。规益，规劝补益。
4　裁正：指教改正。
5　阙室：神庙、陵墓前竖立的石雕。
6　封树：堆土为坟，植树为饰。
7　诞告：广泛告知。
8　冢：坟墓。
9　垂：留传。
10　怀私甘辱：怀私，心存私念。甘辱，甘心受侮辱。
11　大方：大道，常道。
12　过听：错误地听取。
13　本道：本地道府。道，古代行政区划名。
14　尤：责怪。

有内变。吾但当卑辞厚礼，保境安民以待之耳。"唐使称"诏"，吴人不受。唐主易其书，用敌国之礼，吴人复书，称"大吴国主"，辞礼如笺表[1]。

**吴贬钟泰章为饶州刺史**吴人有告寿州团练使钟泰章侵市[2]官马者，徐知诰遣王稔代之，以泰章为饶州刺史。徐温召至金陵，使陈彦谦诘之，三不对。或问泰章何以不自辩，泰章曰："吾在寿州，去淮数里，步、骑五千，苟有他志，岂王稔单骑能代之乎？我义不负国，虽黜为县令亦行，况刺史乎？何为自辩，以彰朝廷之失？"知诰请收泰章治罪，徐温曰："吾非泰章，已死于张颢之手。今日富贵，安可负之？"命知诰为子景通娶其女以解之。时张崇在庐州，贪暴不法，庐江民讼县令受赇，知诰遣侍御史知杂事[3]杨廷式往按之。廷式曰："杂端推事，其体至重，职业不可不行[4]。"知诰曰："何如？"廷式曰："械系张崇，使吏如昇州簿责都统[5]。"知诰曰："何至是？"廷式曰："县令微官，张崇使之取民财转献都统耳。岂可舍大而诘小乎？"知诰以是重之。

**彗星见**彗出舆鬼[6]，长丈余。蜀司天监言国有大灾，蜀主诏于玉局化[7]设道场。右补阙张云上疏，以为："百姓怨气上彻[8]于天，故彗星见，此乃亡国之征，非祈禳[9]可弭。"蜀主怒，流云黎州，道卒[10]。

**十一月，唐以李绍钦为泰宁节度使**绍钦因伶人景进纳货[11]于宫掖，故有

---

1　笺表：笺记表章。笺记，古代文体名，给长官的书启。表章，臣子呈交帝王陈述意见的文字。
2　侵市：侵，侵占。市，卖。
3　侍御史知杂事：古官名，以资历深的御史充任，总管御史台庶务。
4　杂端推事，其体至重，职业不可不行：杂端、推事官，体制上非常重要，本职工作，不可不做。杂端，古官名，侍御史年资深者判御史台事，知公廨杂事。推事，古官名，掌勘断案件。
5　使吏如昇州簿责都统：派一个官吏去昇州，依文书所列罪状逐一责问都统。簿责，依据文书所列罪状逐一责问。
6　舆鬼：即鬼宿，二十八宿中南方七宿之一。
7　玉局化：古地名，位于今四川省成都市北，著名道观玉局观设此。玉局，道观名，传说李老君曾于此坐玉局脚玉床讲经，因而得名。
8　上彻：向上贯通。
9　祈禳：祈祷以求福除灾。
10　道卒：死在路上。
11　纳货：行贿。

是命。唐主幼善音律，或时自傅粉墨[1]，与优人共戏于庭，以悦刘夫人。优名[2]谓之李天下，尝自呼曰："李天下，李天下。"优人敬新磨遽前批[3]其颊，唐主失色。新磨徐曰："理天下者只有一人，尚谁呼耶[4]？"唐主悦，厚赐之。尝畋中牟，践民稼。中牟令当马前谏曰："陛下为民父母，奈何毁其所食，使转死沟壑[5]乎？"唐主怒，叱去，将杀之。新磨追擒至马前，责之曰："汝为县令，独不知吾天子好猎邪？奈何纵民耕种，以妨吾天子之驰骋[6]乎？汝罪当死。"因请行刑。唐主笑而释之。诸伶出入宫掖，侮弄[7]缙绅，群臣愤嫉[8]，莫敢出气。亦有反相附托以希恩泽者，四方藩镇争以货赂结之。其尤蠹政害人者，景进为之首。进好采闾阎鄙细[9]事以闻，唐主亦欲知外间事，遂委进以耳目[10]。进每奏事，尝屏左右问之。由是进得施其谗慝，干豫[11]政事，自将相大臣皆惮之。

**唐朱友谦、温韬入朝**友谦入朝，唐主与之宴，宠锡无算，赐姓名曰李继麟。康延孝亦赐姓名李绍琛。赐温韬姓名曰李绍冲。绍冲多赍金帛赂刘夫人及权贵、伶官。旬日，复遣还镇。郭崇韬曰："温韬发唐山陵[12]殆遍，其罪与朱温相埒[13]耳，何得复居方镇，天下义士其谓我何？"上曰："入汴之初，已赦其罪。"竟遣之。

胡氏曰：罪人不可不诛，赦令不可不守，二者将何处？必于未赦之前，揆情法、审轻重而区别之，使预赦[14]者无可诛之罪，被刑者无可恕之人，则一

---

1　自傅粉墨：自己涂上粉墨。傅，涂，搽。
2　优名：艺名。
3　批：用手掌打。
4　尚谁呼耶：你还能叫谁呢。
5　沟壑：借指野死之处。
6　驰骋：田猎，驰射。
7　侮弄：侮骂戏弄。
8　愤嫉：愤怒憎恨。
9　鄙细：琐碎之事。
10　耳目：侦察或了解情况。
11　干豫：干预。
12　唐山陵：唐朝皇帝的陵墓。
13　相埒：相等。
14　预赦：在赦免之中。

举而两得矣。然庄宗所见又异乎此，使温韬不赂伶官，货[1]宫妃，必不以赦为言也。

**唐省文武官**中书奏以"国用未充，请量[2]留三省、寺、监官，余并停"，诏从之。人颇咨怨。

**唐废北都为成德军，梁东京[3]为宣武军，以宋州为归德军。**

**唐以赵光胤、韦说同平章事，豆卢革判租庸兼盐铁转运使**议者以郭崇韬不能知朝廷典故[4]，当用前朝名家以佐之。或荐礼部尚书薛廷珪、太子少保李琪者耆宿有文[5]。崇韬奏："廷珪浮华无相业，琪倾险无士风。尚书左丞赵光胤廉洁方正，有宰相器。"豆卢革荐礼部侍郎韦说谙练朝章[6]，故有是命。光胤，光逢之弟也，性轻率，喜自矜。说谨重守常[7]而已。光逢自梁朝罢相，杜门不交宾客，光胤时往见之，语及政事。他日，光逢署其户[8]曰："请不言中书事。"孔谦畏张宪公正，欲专使务，言于郭崇韬。奏为东京副留守。崇韬复奏以豆卢革判租庸兼诸道盐铁转运使，谦弥失望。

**唐荆南节度使高季兴入朝**高季昌避唐朝讳，更名季兴，欲自入朝。梁震曰："唐有吞天下之志，严兵守险，犹恐不自保，况数千里入朝乎？且公朱氏旧将，安知彼不以佐敌相遇[9]乎？"季兴不从，遂入朝。唐主待之甚厚，从容问曰："朕欲用兵于吴、蜀二国，何先？"季兴以蜀道险，难取，乃对曰："吴地薄民贫，克之无益，不如先伐蜀。蜀土富饶，主荒[10]民怨，伐之必克。克蜀之后，顺流而下，取吴如反掌耳。"唐主曰："善。"

---

1　货：贿赂。
2　量：酌情。
3　梁东京：梁朝的东京，即今河南省开封市。
4　典故：典制和成例。故，故事，成例。
5　耆宿有文：耆宿，年高有德者之称。有文，有文采。
6　朝章：朝廷的典章。
7　谨重守常：谨重，谨慎稳重。守常，固守常法，按照常规。
8　署其户：在他的门上写。
9　以佐敌相遇：佐敌，帮助敌人。相遇，相待。
10　荒：昏聩。

唐复以长安为西京京兆府。

十二月，唐迁都洛阳从张全义之请也。

唐复行旧律令御史台奏："朱温删改本朝《律令格式》，悉收旧本焚之。闻定州敕库[1]所藏具在，乞下本道录进[2]。"从之。

唐李继韬入朝，赦之。寻伏诛李继韬忧惧[3]，欲走契丹，会有诏征诣阙。继韬母杨氏善蓄财，家赀百万，乃与偕行，赍银四十万两，他货称是。大布[4]赂遗，伶官争为之言曰："继韬初无邪谋，为奸人所惑耳。嗣昭亲贤[5]，不可无后。"杨氏入宫泣请，又求哀[6]于刘夫人。唐主释之，宠待如故。继韬不自安，潜遗弟继远书，教军士纵火，冀复遣己抚安之。事泄被诛，并斩继远。

吴复遣使如唐吴复遣卢苹使唐。严可求豫料[7]所问，教苹应对。既至，皆如所料。苹还，言："唐主荒于游畋，啬财[8]拒谏，内外皆怨。"

高季兴还镇[9]季兴在洛阳，唐主左右伶官求货无厌，季兴忿之。唐主欲留季兴，郭崇韬谏曰："陛下新得天下，诸侯不过遣子弟、将佐入贡，惟高季兴身自入朝，当褒赏以劝来者。乃羁留不遣，弃信亏义，沮四海之心，非计也。"乃遣之。季兴倍道而去。至江陵，握梁震手曰："不用君言，几不免虎口。"又谓将佐曰："新朝百战方得河南，乃对功臣举手云：'吾于十指上得天下。'矜伐如此，则他人皆无功矣，其谁不解体？又荒于禽色[10]，何能久长？吾无忧矣。"乃缮城积粟，招纳梁旧兵，为战守之备。

胡氏曰：劳而不伐，有功而不德，贤人君子尚或难之。然事在强勉[11]而已。

---

1　敕库：国库。
2　录进：抄录进献。
3　忧惧：忧虑害怕。
4　大布：大量散发。
5　亲贤：亲戚与贤臣。
6　求哀：乞怜。
7　豫料：事先估计。
8　啬财：吝啬钱财。
9　还镇：返回藩镇。
10　禽色：畋猎与女色。
11　强勉：尽力而为。

意欲如是，少忍而思之，曰："如是不善。"终忍而不为，斯善矣。意不欲如是，少思而克[1]之，曰："不如是不善。"终克而为之，斯善矣。此强勉之道也。意动即行，不复加思，其入于不善，如丸之下坂[2]，孰能御之？庄宗之徒是也。夫九五尊位，非觊望可得。圣人不以得之为喜，而以处之为惧，是以能济。故曰："巍巍乎！舜、禹之有天下，而不与焉[3]。"又曰："予临兆民，懔乎若朽索之驭六马[4]。"庄宗克梁，志骄气溢，为藩镇所窥，凡所料度[5]，其应如响[6]。矜伐之为害乃尔[7]，可不戒哉？

甲申（公元 924 年）

后唐同光二年。〇是岁，岐降后唐，凡四国、四镇。

**春，正月，契丹寇幽州。**

**岐王茂贞遣使入贡于唐**茂贞闻唐主入洛，内不自安，遣其子继旵入贡，上表称臣。唐主以其前朝耆旧，特加优礼，赐诏不名。

**唐复以宦官为内诸司使及诸道监军**敕："内官[8]不应居外，并遣诣阙。"至者殆千人，皆给赡[9]优厚，以为腹心。内诸司使，自天祐[10]以来，以士人代之，至是复用宦者，浸干政事。既而复置诸道监军，陵忽主帅，怙势争权，由是藩镇皆愤怒。

**唐以王正言为租庸使**孔谦复言于郭崇韬曰："首座[11]相公事繁第远，簿书

---

1　克：克服，克制。
2　丸之下坂：在斜坡上往下滚弹丸。坂，斜坡。丸，弹丸。
3　巍巍乎！舜、禹之有天下，而不与焉：多崇高啊！舜、禹拥有天下，不是为了自己享受。语出《论语》。
4　予临兆民，懔乎若朽索之驭六马：我治理百姓，时常心存警惕，就像是在用腐烂的绳索驾驭奔驰的马。语出《尚书·五子之歌》。懔，害怕，警惕。六马，形容驾车之马众多。
5　料度：料想揣度。
6　其应如响：比喻对答迅速，反应极快。
7　乃尔：指示代词，如此，像这样。
8　内官：宦官，太监。
9　给赡：供给。
10　天祐：唐昭宗李晔的年号，存续时间为公元 904 至 907 年。
11　首座：指宰相。

留滞，宜更图之。"豆卢革尝以手书便省库钱数十万，谦以示崇韬。革惧，奏请崇韬专判租庸。崇韬固辞，请复用张宪。谦弥失望，言于革曰："钱谷细事，魏都根本。兴唐尹[1]王正言操守有余，智力不足，使之居朝廷，犹愈于专委方面也。"革言于崇韬。乃留张宪于东京，以正言为租庸使。正言昏懦，谦利其易制故也。寻敕三司[2]并隶租庸使。

**唐太后至洛阳** 唐主遣存渥、继岌迎太后、太妃于晋阳，太妃曰："陵庙在此，若相与俱行，岁时[3]何人奉祀？"诸留不来，太后至洛阳。

**二月，唐主祀南郊，大赦** 孔谦欲聚敛以求媚，凡赦文所蠲者，谦复征之。自是每有诏令，人皆不信，百姓愁怨。郭崇韬颇受馈遗，所亲谏之。崇韬曰："吾禄、赐巨万，岂藉外财？但以伪梁之季，贿赂成风，今河南藩镇，皆梁之旧臣，主上之仇雠也，若拒其意，能无惧乎？吾特为国家藏之私室耳。"及将祀南郊，崇韬献钱十万缗。先是，宦官劝唐主分天下财赋为内、外府。州县上供者入外府，充经费；方镇贡献者入内府，充宴、赐。于是外府常虚竭无余，而内府山积。及是，乏劳军钱。崇韬言于唐主曰："臣已倾家所有以助大礼，愿陛下亦出内府之财以赐有司。"唐主默然久之，曰："晋阳自有储积，可令租庸[4]辇取[5]。"于是军士皆不满望[6]，始怨恨有离心矣。

**唐以李茂贞为秦王。**

**唐立夫人刘氏为后** 郭崇韬位兼将相，权侔人主，性刚急，遇事辄发。嬖幸侥求[7]，多所摧抑。宦官朝夕短之，崇韬扼腕不能制。豆卢革、韦说尝问之曰："汾阳王[8]本太原人，公世家雁门，岂其枝派[9]邪？"崇韬因曰："尝闻先人言，

---

1　兴唐尹：兴唐府的府尹。
2　三司：即盐铁、度支、户部三司。
3　岁时：每年一定的季节或时间。
4　租庸：即租庸使。
5　辇取：运来取用。
6　满望：满意，满足所望。
7　侥求：非分贪求。
8　汾阳王：即唐汾阳王郭子仪。
9　枝派：支族，后裔。

上距汾阳四世耳。"革曰："然则固从祖[1]也。"崇韬由是以膏粱自处，多甄别流品，引拔浮华[2]，鄙弃[3]勋旧。由是嬖幸疾之于内，勋旧怨之于外。崇韬郁郁不得志，与所亲谋赴本镇以避之。其人曰："不可。蛟龙失水，蝼蚁[4]足以制之。"先是，唐主欲以刘夫人为皇后，而有正妃韩夫人在。太后素恶刘夫人，崇韬亦屡谏，唐主以是不果。于是所亲说崇韬曰："公若请立刘夫人为皇后，则伶官辈不能为患矣。"崇韬从之，与宰相率百官共奏请立之。后生于寒微，其父以医卜[5]为业。后幼被掠，得入宫，性狡悍淫妒[6]。从唐主在魏，父闻其贵，诣魏上谒。时后方与诸夫人争宠，以门地相高，耻之，怒曰："妾去乡时，父不幸死乱兵，妾哭而去。今何物[7]田舍翁敢至此？"命笞之宫门。又专务蓄财，薪苏果茹[8]皆贩鬻之。至是，四方贡献皆分为二，一上天子，一上中宫，以是宝货[9]山积，惟用写佛经、施尼师[10]而已。是时皇太后诰、皇后教与制敕交行于藩镇，奉之如一。勋臣畏伶官之谗，皆不自安。李嗣源求解兵柄，不许。

　　胡氏曰：崇韬希[11]庄宗邪心，请立非所宜立，将以自安，反以自族。呜呼，岂不足为持禄迷邦[12]者之戒哉？

　　三月，**蜀主宴近臣于怡神亭**蜀主宴近臣，酒酣，君臣及宫人皆脱冠露髻，喧哗自恣。知制诰李龟祯谏曰："君臣沉湎[13]，不忧国政，臣恐启北敌之谋。"不听。

---

1　从祖：祖先的兄弟。
2　浮华：华而不实的人。
3　鄙弃：看不起，厌恶。
4　蝼蚁：蝼蛄和蚂蚁，用来代表微小的生物，也比喻力量薄弱或地位低微的人。
5　医卜：看病和卜筮。
6　狡悍淫妒：狡悍，狡猾凶悍。淫妒，淫荡妒忌。
7　何物：什么人，什么东西。
8　薪苏果茹：薪苏，柴火。果茹，瓜果蔬菜。
9　宝货：泛指金银财宝。
10　尼师：对尼姑的敬称。
11　希：迎合。
12　持禄迷邦：持禄，保持禄位。迷邦，不为国效力。语出《论语·阳货》："怀其宝而迷其邦，可谓仁乎？"马融曰："知国不治而不为政，是迷邦也。"
13　沉湎：沉迷于酒色。

唐封高季兴为南平王。

唐以李存贤为卢龙节度使李存审以不得预克汴之功，感愤，疾甚，表求入觐，许之。初，唐主尝与存贤手搏，存贤不尽其技，唐主曰："汝能胜我，当授藩镇。"存贤乃仆[1]唐主。至是，以存贤镇幽州，曰："手搏之约，吾不食言矣。"

唐诏铨司[2]考核伪滥[3]唐末丧乱，搢绅之家，或以告敕[4]鬻于族姻，遂乱昭穆，至有舅、叔拜甥、侄者。选人伪滥者众。郭崇韬欲革其弊，请令铨司精加考核。时南郊行事官[5]千二百人，注官者才数十人，涂毁告身者十之九，选人或号哭道路，或馁死逆旅。

唐遣使按视诸陵。

夏，四月，唐主加尊号。

唐遣客省使[6]李严如蜀唐遣客省使李严使于蜀。严盛称唐主威德，有混一天下之志，且言："朱氏篡窃，诸侯曾无勤王之举。"王宗俦请斩之，蜀主不从。宣徽使宋光葆言："宜选将练兵，屯戍边鄙，积糗粮、治战舰以待之。"蜀主乃以光葆为梓州观察使。严之行也，唐主令市宫中珍玩，而蜀法禁锦绮[7]、珍奇不得入中国，其粗恶者乃听，谓之"入草物"。严还以闻，唐主怒曰："王衍宁[8]免为'入草人'乎？"严因言："衍童駿荒纵[9]，不亲政务，斥远故老[10]，昵比小人。其臣谄谀专恣，黩货无厌。贤愚易位，刑赏紊乱。大兵一临，瓦解土崩，可翘足而待也。"唐主然之。

---

1　仆：使跌倒。
2　铨司：主管选人授官的官署。
3　伪滥：滥竽充数的官员。
4　告敕：即告身，朝廷授官的凭证。
5　行事官：执行事务的官员。
6　客省使：古官名，主客省，接待四方奏计及外族使者。
7　锦绮：代指上好的丝织品。
8　宁：难道。
9　童駿荒纵：童駿，年幼无知。荒纵，荒唐放纵。
10　故老：元老，旧臣。

唐秦王李茂贞卒遗奏以其子继曮权知军府事。

唐泽、潞军乱初，安义牙将杨立有宠于李继韬。继韬诛，常邑邑思乱。会发安义兵戍涿州，立因聚噪攻城，焚掠市肆，自称留后，表求旌节。诏以李嗣源、李绍荣、张廷蕴讨之。

唐贷民钱孔谦贷民钱，使以贱估偿丝，屡檄州县督之。知汴州卢质言："梁赵岩为租庸使，举贷诛敛[1]，结怨于人。今陛下革故鼎新[2]，为人除害，而有司未改其所为，是赵岩复生也。"不报。

五月，唐以伶人陈俊、储德源为刺史初，胡柳之役，伶人周匝为梁所得，唐主每思之。入汴之日，匝谒见，泣言："臣所以得生，皆梁教坊使陈俊、内园使储德源之力也，愿乞二州以报之。"唐主许之。郭崇韬曰："陛下所与共取天下者，皆英豪忠勇之士。今大功始就，封赏未及一人，而先以伶人为刺史，恐失天下心。"以是不行。逾年，伶人屡以为言。唐主谓崇韬曰："吾已许周匝矣。公言虽正，然当为我屈意行之。"故有是命。时亲军有百战未得刺史者，莫不愤叹。

胡氏曰：庄宗知崇韬之言正而竟违之，所以然者，不知克己之道也。克己者，自胜其私意也。人有私意，有公心。克之久，则公心大；莫之克，则私意专。自身及家，达之天下，治与乱之原本[3]也。

唐诏州镇无得修城，毁其守具[4]唐主以潞州叛，故有是诏。右谏议大夫薛昭文上疏曰："今诸道僭窃者尚多，征伐之谋，未可遽息。又士卒久从征伐，赏给未丰，宜加颁赉。又河南诸军，皆梁之精锐，恐僭窃之国，潜以厚利诱之，宜加收抚。又户口流亡者，宜宽徭薄赋以安集之。又土木不急之役，宜加裁省[5]。又择隙地[6]牧马，勿使践京畿民田。"皆不从。

---

1　诛敛：求索聚敛。
2　革故鼎新：去掉旧的，建立新的。《周易·杂卦》："革，去故也；鼎，取新也。"
3　原本：根源。
4　守具：守卫用的战具。
5　裁省：削减，节省。
6　隙地：空着的地方。

契丹寇幽州。

唐以李继晔为凤翔节度使。

唐以曹义金为归义节度使时瓜、沙[1]与吐蕃杂居，义金遣使间道入贡，故命之。

唐讨潞州，平之李嗣源军前锋至潞州。日已暝，张廷蕴率麾下壮士坎[2]城而上，即斩关，延诸军入。比明，嗣源、绍荣至，城已下矣。嗣源等不悦。六月，斩杨立。唐主以潞州城池高深[3]，悉夷之。

六月，唐以李嗣源为藩汉马步总管。

秋，七月，唐发兵塞决河梁所决河，连年为曹、濮患。命将军娄继英督汴、滑兵塞之。未几复坏。

八月，唐以孔谦为租庸使孔谦复短王正言于郭崇韬，又厚赂伶官求租庸使，终不获。意怏怏，表求解职。唐主怒，将置于法。景进救之，得免。会正言病风恍惚，景进又以为言，乃以谦为租庸使，孔循为副使。循即赵殷衡也，梁亡，复其姓名。谦自是重敛急征，以充唐主之欲，民不聊生。赐号丰财赡国功臣。天平节度使李存霸言："属州多称直奉租庸使帖[4]指挥公事，使司[5]不知，有紊规程。"租庸使奏："近例皆直下[6]。"敕："朝廷故事，制敕不下支郡，牧守不专奏陈。今两道所奏，乃本朝旧规；租庸所陈，是伪廷[7]近事。自今支郡自非进奉，皆须本道腾奏，租庸征催[8]亦须牒观察使。"虽有此敕，竟不行。

唐主猎于近郊时唐主屡出游猎，伤民禾稼。洛阳令何泽遮马谏曰："陛下赋敛既急，今稼穑将成，复踩践之，使吏何以为理，民何以为生？臣愿先赐

---

1　瓜、沙：即瓜州、沙州。
2　坎：挖洞，掘坑。
3　高深：高大深邃。
4　帖：公文，官府文书。
5　使司：节度使衙门。
6　直下：直接下达。
7　伪廷：伪梁朝廷。
8　征催：征收催逼。

死。"唐主慰遣之。

**蜀中书令王宗俦卒**宗俦以蜀主失德，与王宗弼谋废立。宗弼犹豫未决，宗俦忧愤[1]而卒。宗弼谓宋光嗣等曰："宗俦教我杀尔曹，今日无患矣。"光嗣辈泣谢。宗弼子承班谓人曰："吾家难乎免矣。"

**冬，蜀以宦者王承休为龙武指挥使**承休请择诸军骁勇者置龙武军，给赐优异[2]，以承休为都指挥使。神将安重霸以狡佞[3]贿赂事承休，承休悦之，以为己副。旧将无不愤耻。

**吴越入贡于唐**吴越王镠复修职贡于唐，唐因梁官爵而命之。镠厚贡献，并赂权要，求金印玉册。有司言："故事，惟天子用玉，王公皆用竹册。"唐主曲从之。

**吴王如白沙**吴王如白沙观楼船，更命曰迎銮镇。徐温来朝。先是，温以亲吏翟虔为阁门使[4]，使察王起居，防制[5]甚急。至是，王对温名雨为水，温请其故，王曰："翟虔父名，吾讳之熟矣。"因以虔无礼告温，顿首谢，请斩之。王曰："远徙可也。"乃徙抚州。

**唐主猎于伊阙**唐主猎于伊阙，命从官拜梁太祖墓。涉历山险，连日不止，或夜合围[6]，士卒坠崖谷，死伤甚众。

**蜀遣使如唐，罢北边兵。**

**十二月，蜀复以张格同平章事**初，格之得罪，中书吏王鲁柔乘危窘之。及再为相，杖杀之。许寂谓人曰："张公才高而识浅，戮一鲁柔，他人谁敢自保？此取祸之端也。"

**契丹寇蔚州，唐遣李嗣源御之。**

---

1　忧愤：忧郁愤恨。
2　优异：特别优厚。
3　狡佞：狡诈谄媚。
4　阁门使：古官名，正殿朝会，百官从东西上阁门进入殿廷，以宦官为阁门使掌阁门出入之事。阁门，古代宫殿的侧门。
5　防制：防备和控制。
6　合围：指合围野兽。

　　唐主及后如河南尹张全义第全义大陈贡献。酒酣，皇后奏："妾幼失父母，请父事全义。"唐主许之。全义惶恐固辞，强之，竟受后拜，复贡献谢恩。明日，后命翰林学士赵凤草书[1]谢全义。凤奏："自古无天下之母拜人臣为父者。"唐主嘉其直，然卒行之。

　　蜀以王承休为天雄节度使唐僖、昭之世，宦官虽盛，未尝有建节者。承休言于蜀主曰："秦州多美妇人，请为陛下采择[2]以献。"蜀主许之，故有是命。又以徐延琼为内外都指挥使。延琼以外戚居旧将之右，众皆不平。

## 乙酉（公元 925 年）

　　后唐同光三年。蜀咸康元年。汉白龙元年。〇是岁，凡四国、四镇。

　　春，正月，唐主如兴唐初，李嗣源北征过兴唐，库有供御细铠[3]，嗣源牒副留守张宪取五百领。宪以军兴，不暇奏而给之。至是，唐主怒，罚宪俸一月，令自往取。又以义武王都将入朝，欲辟[4]球场。宪以场有即位坛[5]，不可毁，请更辟场于宫西。数日未成，唐主命毁即位坛。宪谓郭崇韬曰："此坛主上受命之地，若之何毁之？"崇韬从容言之。唐主立命两虞候毁之。宪私于崇韬曰："忘天背本[6]，不祥莫大焉！"

　　二月，唐以李嗣源为成德节度使唐主以契丹为忧，与郭崇韬谋。以宿将零落殆尽，欲徙嗣源镇真定，崇韬深以为便。时崇韬领真定，唐主欲徙崇韬汴州。崇韬辞曰："臣富贵极矣，何必更领藩方？且群臣或经百战，所得不过一州，臣无汗马之劳，致位至此，常不自安，今因委任勋贤，使臣得解旄节，乃大愿也。且汴州冲要富繁[7]，臣既不至治所，徒令他人摄职，何异空城？非所

---

1　草书：草拟书信。
2　采择：选取，选择。
3　细铠：制作精细的铠甲。
4　辟：开辟，开拓。
5　即位坛：即位时使用的土筑高台。
6　背本：背弃根本。
7　富繁：富足繁荣。

以固国基[1]也。"唐主曰:"卿为朕画策,保固河津,直趋大梁,成朕帝业,岂百战之功可比乎?"崇韬固辞,乃许之。

**汉遣使如唐**汉主闻唐灭梁而惧,遣宫苑使何词入贡,觇强弱。词还,言:"唐主骄淫无政[2],不足畏也。"汉主大悦,遂不复通。

**三月,唐黜李从珂为突骑指挥使**唐主性刚好胜,不欲权在臣下,信伶官之谮,颇疏忌宿将。李嗣源家在太原,表从珂为北京[3]内牙指挥使,以便其家。唐主怒,黜从珂为突骑指挥使,率数百人戍石门镇。嗣源忧恐[4]求朝,不许。郭崇韬亦忌之,私谓人曰:"总管令公非久为人下者,皇家子弟皆不及也。"密劝唐主罢其兵权,因而除之。不从。

**唐遣使采民女入后宫**唐宦者欲增广嫔御,诈言宫中夜见鬼物,因言:"咸通、乾符[5]时六宫不减万人,今掖庭空虚,故鬼物游之耳。"唐主乃命宦者王允平、伶人景进采择民女三千余人以充后庭[6]。

**唐复以洛阳为东都,兴唐为邺都。**

**夏,四月朔,日食。**

**大旱**初,五台僧诚惠自言:"能降伏天龙,命风召雨。"唐主亲率后妃拜之,诚惠安坐不起。群臣莫敢不拜,独郭崇韬不拜。会大旱,迎至洛阳,使祈雨,数旬不雨。或谓诚惠:"官[7]以师祈雨无验,将焚之。"诚惠逃去,惭惧而死。

**五月,唐太妃刘氏卒**太后自与太妃别,常忽忽不乐,太妃亦邑邑成疾。太后欲自往省之,唐主以天暑道远苦谏,久之乃止。及薨,太后悲哀不食者累日,自是得疾。

---

1 国基:国家的根本、根基。
2 无政:治政无方,没有政绩。
3 北京:即太原府。
4 忧恐:忧愁恐惧。
5 乾符:唐僖宗李儇的年号,存续时间为公元874至879年。
6 后庭:后宫。
7 官:古时用以称天子。

六月，雨春夏大旱，至是始雨。遂连雨七十五日始霁，百川[1]皆溢。

**唐主作清暑楼**唐主苦溽暑[2]，宦者因言："长安全盛时，宫中楼观以百数。今日官家曾无避暑之所。"唐主乃命王允平别建一楼。宦者曰："郭崇韬常不伸眉[3]，为孔谦论用度不足。恐陛下虽欲营缮，终不可得。"唐主曰："吾自用内府钱，无关经费[4]。"然犹虑崇韬谏，遣中使语之曰："今岁盛暑异常。朕昔在河上，行营卑湿，被甲乘马，亲当矢石，犹无此暑；今居深宫之中，而暑不可度，奈何？"对曰："陛下昔在河上，勍敌未灭，深念仇耻，虽有盛暑，不介[5]圣怀。今外患已除，海内宾服，故虽珍台闲馆[6]，犹觉郁蒸[7]也。陛下傥不忘艰难之时，则暑气自消矣。"唐主默然。宦者曰："崇韬之第无异皇居，宜其不知至尊之热也。"唐主卒命允平营楼，日役万人，所费巨万。崇韬谏曰："今河南水旱，军食不充。愿且息役，以俟丰年。"不听。

**吴镇海判官陈彦谦卒**彦谦有疾，徐知诰恐其遗言及继嗣事，遗之医药，金帛相属。彦谦临终，密留书遗徐温，请以所生子为嗣。

**秋，七月，唐太后曹氏殂**唐主哀毁，五日方食。

**八月，唐主杀其河南令罗贯**贯性强直，为郭崇韬所知，用为河南令。为政不避权豪，伶、宦请托一不报[8]，皆以示崇韬。崇韬奏之，由是伶、宦切齿。张全义亦恶之，遣婢诉于刘后。后与伶、宦共毁之，唐主含怒未发。会往视坤陵，道泞[9]桥坏，怒，下贯狱。明日，传诏杀之。崇韬谏曰："贯法不至死。"唐主怒曰："太后灵驾将发，天子朝夕往来，桥、道不修，卿言无罪，是党也？"崇韬曰："陛下以万乘之尊，怒一县令，使天下谓陛下用法不平，

---

1　百川：江河湖泽的总称。
2　溽暑：盛夏气候潮湿闷热。
3　伸眉：舒展眉头，谓解脱愁苦。
4　经费：国家经常费用。
5　介：存留，放在。
6　珍台闲馆：珍台，华美的台。闲馆，宽广的馆舍。
7　郁蒸：闷热。
8　一不报：一个也不给回应。
9　泞：泥浆。

臣之罪也。"唐主曰："既公所爱，任公裁之。"拂衣起入宫。崇韬随之，论奏不已。唐主自阖殿门，崇韬不得入。贯竟死，暴尸府门，远近冤之。

胡氏曰：庄宗五日不食，学礼者之所难也。然曾子曰："断一树，杀一兽，不以其时，非孝也。"况为伶官谮毁而杀贤令乎？然则庄宗之不食五日，才足为小节，而杀贤县令，是乃大不孝，可谓不能充其类[1]者也。

**九月，蜀主与太后、太妃游青城山。**

**唐遣魏王继岌及郭崇韬将兵伐蜀**唐主与宰相议伐蜀。李绍钦素谄事宣徽使李绍宏，绍宏荐绍钦有奇才，可大任。郭崇韬曰："段凝[2]，亡国之将，奸谄绝伦，不可信也。"众举李嗣源，崇韬曰："契丹方炽，总管不可离河朔。魏王地当储副，未立殊功[3]，请以为都统，成其威名。"帝曰："儿幼岂能独往？当求其副。"既而曰："无以易卿。"乃以继岌充西川行营都统，崇韬充都招讨、制置等使，军事悉以委之。又以高季兴充招讨使，李继曮充转运使，李令德、李绍琛、张筠、毛璋、董璋、李严皆为列将[4]，将兵六万伐蜀。仍诏季兴自取夔、忠、万三州为巡属。工部尚书任圜、翰林学士李愚并参预[5]军机。崇韬以孟知祥有荐引旧恩，将行，言于上曰："知祥信厚有谋，可为西川帅。"又荐张宪谨重有识，可为相。

**冬，十月，蜀主东游**安重霸劝王承休请蜀主东游秦州。毁府署作行宫，强取民间女子，教歌舞，图形[6]以遗韩昭。蜀主将行，群臣谏，皆不听。太后涕泣不食止之，亦不能得。前秦州节度推官蒲禹卿上表，略曰："先帝艰难创业，欲传之万世。陛下少长[7]富贵，荒色惑酒[8]，无故盘游，频离宫阙。今百姓

---

1　充其类：推究它的同类事理。
2　段凝：即李绍钦，段凝为李绍钦的本名。
3　殊功：特殊的功绩。
4　列将：众将。
5　参预：参与。
6　图形：画像，图绘形象。
7　少长：从年少到长大。
8　荒色惑酒：荒色，沉湎声色。惑酒，嗜酒。

失业¹，盗贼公行。山河险固，不足凭恃²。"韩昭谓曰："吾收汝表，俟主上西归，当使狱吏³字字问汝！"承休妻美，蜀主私焉，故锐意⁴欲行。十月，引兵数万发成都，武兴⁵节度使王承捷告唐兵西上，蜀主不信，大言曰："吾方欲耀武⁶。"遂行，在道赋诗，殊⁷不为意。

**十一月，唐师灭蜀，蜀主王衍降**唐李绍琛攻蜀威武城⁸，城降，得粮二十万斛。绍琛纵其败兵万余人逸去，因倍道趋凤州。李严飞书以谕王承捷。李继曮竭凤翔蓄积以馈军，不能充⁹，人情忧恐。郭崇韬入散关，指其山曰："吾辈进无成功，不复得还此矣。当尽力一决。今馈运将竭，宜先取凤州，因其粮。"诸将皆言蜀地险固，未可长驱。崇韬以问李愚，愚曰："蜀人苦其主荒淫，莫为之用。宜乘其人情崩离¹⁰，风驱霆击¹¹，彼皆破胆，虽有险阻，谁与守之？兵势不可缓也。"崇韬倍道而进。王承捷以凤、兴、文、扶四州印节迎降，得兵八千，粮四十万斛。崇韬曰："平蜀必矣。"蜀主至利州，遇威武败卒，始信唐兵之来，乃以王宗勋、王宗俨、王宗昱为三招讨，将兵三万逆战。兵皆怨愤¹²曰："龙武军粮赐倍于他军，他军安能御敌？"绍琛等克兴州，与战三泉，大败之，又得粮十五万斛。蜀主闻宗勋等败，倍道西走，断桔柏津浮梁。命王宗弼守利州。李绍琛昼夜兼行趋利州。宋光葆遗郭崇韬书："请兵不入境，当举巡属内附。苟不如约，则背城¹³决战。"崇韬纳之。继发至兴州，光葆及诸城镇皆望风款附。王承休与安重霸谋掩击唐军，重霸曰："击之不胜，

---

1　失业：丧失产业。
2　凭恃：倚仗。
3　狱吏：管理监狱的小官。
4　锐意：一心想要，意志坚决。
5　武兴：方镇名，治今陕西省汉中市略阳县。
6　耀武：显示武力。
7　殊：很，甚。
8　威武城：古地名，位于今陕西省宝鸡市凤县东北。
9　充：供应。
10　崩离：分崩离析。
11　风驱霆击：形容迅速出击。
12　怨愤：怨恨愤怒。
13　背城：背靠自己的城墙，多指作最后决战。

则大事去矣。然公受国恩，闻难不可不赴，愿与公俱西。"承休以为然，使以兵从。将行，重霸拜于马前曰："若从开府[1]还朝，谁当守此？开府行矣，重霸请为公守之。"承休无如之何，遂行。重霸遂以秦、陇降唐。高季兴常欲取三峡[2]，畏蜀将张武，不敢进。至是，乘唐兵势，自将水军上峡取施州。武以铁锁断江路，季兴遣勇士乘舟斫之。会风大起，舟挂于锁，不能进退，季兴轻舟遁去。既而夔、忠、万州遣使诣继岌降。崇韬遗王宗弼等书，为陈利害。宗弼弃城归，三招讨追及之，相持而泣，遂合谋送款于唐。蜀主至成都，百官及后宫出迎。蜀主入妃嫔中，作回鹘队[3]入宫。数日，宗弼亦至，登大玄门，严兵自卫，劫迁蜀主及太后、后宫、诸王于西宫，收其玺绶及内库金帛归其家。子承涓入宫，取蜀主宠姬数人以归。李绍琛进至绵州。蜀断绵江浮梁，水深，无舟楫。绍琛谓李严曰："吾悬军深入，利在速战。乘蜀人破胆之时，但得百骑退鹿头关，彼且迎降不暇[4]。若俟修缮桥梁，必留数日。或教王衍坚闭近关，折吾兵势，傥延[5]旬浃，则胜负未可知矣。"乃与严乘马浮[6]渡江。从兵得济者仅千人，溺死者亦千余人。遂入鹿头关，据汉州。宗弼遣使劳军，且以蜀主书遗李严曰："公来吾即降。"或谓严："公首建伐蜀之策，蜀人怨公深入骨髓，不可往。"严不从，欣然驰入成都，抚谕吏民，告以大军继至，悉命撤去楼橹。蜀主命翰林学士李昊草降表，又命平章事王锴草降书，遣兵部侍郎欧阳彬奉之以迎继岌、崇韬。宗弼斩宋光嗣、景润澄、李周辂、欧阳晃，函首送继岌。又责韩昭佞谀，枭于金马坊门。遣使奉笺[7]以后宫珍玩赂继岌、崇韬，求西川节度使。继岌曰："此皆我家物，奚以献为？"留其物而遣之。继岌至成都，李

---

1　开府：指王承休。
2　三峡：长江三峡的简称，位于今重庆市奉节县东白帝城至湖北省宜昌市西南津关间。
3　回鹘队：回鹘人行进所排成的队列。
4　迎降不暇：连出来迎接并投降的时间都没有。
5　延：拖延。
6　浮：游水。
7　奉笺：带着信笺。

严引蜀主及百官仪卫出降，蜀主白衣首绖[1]，衔璧牵羊[2]，百官衰绖、徒跣、舆榇，号哭俟命[3]。继岌受璧，崇韬解缚，焚榇，承制释罪。君臣东北向拜谢。大军入成都，崇韬禁侵掠，市不改肆[4]。自出师至是，凡七十日。得节度十，州六十四，县二百四十九，兵三万，铠仗、钱粮、金银、缯锦[5]共以千万计。高季兴闻蜀亡，方食，失匕箸，曰："是老夫之过也。"梁震曰："不足忧也。唐主得蜀益骄，亡无日矣，安知其不为吾福？"楚王殷上表："愿上印绶，以保余龄[6]。"优诏谕之。

　　十二月，唐以董璋为东川节度使平蜀之功，李绍琛为多，位董璋上。而璋素与郭崇韬善，崇韬数召璋与议军事。绍琛心不平，谓曰："吾有平蜀之功，公等朴樕[7]相从，反咕嗫于郭公之门，谋相倾害。吾为都将，独不能以军法斩公邪？"璋诉于崇韬。十二月，崇韬表璋为东川节度使，解其军职。绍琛愈怒，曰："吾冒白刃，陵[8]险阻，定两川，璋乃坐有之邪！"乃见崇韬言："东川重地，任尚书[9]有文武才，宜表为帅。"崇韬怒曰："绍琛反邪？何敢违吾节度！"绍琛惧而退。初，唐主遣宦者李从袭等从继岌。继岌虽为都统，军中制置[10]一出郭崇韬，将吏、宾客趋走盈庭[11]，而都统牙门索然[12]，从袭等固耻之。及破蜀，蜀之贵臣大将争以宝货、妓乐[13]遗崇韬及其子廷诲，继岌所得不过匹马、束帛、唾壶、麈柄[14]而已，从袭等益不平。王宗弼赂崇韬，求为节度使，崇韬

---

1　首绖：古丧服名，以麻制成，环形，戴于头上。
2　衔璧牵羊：衔璧，口含玉璧。牵羊，手牵羊。均为国君投降的仪式。
3　俟命：等待命令。
4　市不改肆：意指市场保持正常交易。
5　缯锦：有彩色花纹的丝绸。
6　余龄：余年，余岁。
7　朴樕：小树，亦比喻凡庸之才。
8　陵：逾越。
9　任尚书：即尚书任圜。
10　制置：规划处理。
11　盈庭：充满门庭。
12　索然：空乏貌。
13　妓乐：乐妓，舞妓。
14　唾壶、麈柄：唾壶，一种小口巨腹的吐痰器皿。麈柄，借指麈尾，古人闲谈时执以驱虫、掸尘的工具。

佯许之。既而久未得，乃率蜀人列状[1]见继岌，请留崇韬镇蜀。从袭等因谓继岌曰："郭公父子专横，今又使蜀人请己为帅，其志难测，王不可不为之备。"继岌谓崇韬曰："主上倚侍中如山岳，岂肯弃之蛮夷之域乎？且此非余[2]之所敢知也，请诸人诣阙自陈。"由是继岌与崇韬互相疑。

**蜀王宗弼、王承休伏诛**崇韬征犒军钱数万缗于宗弼，宗弼靳之，士卒怨怒，夜纵火喧噪。崇韬欲诛宗弼以自明，白继岌，收宗弼等，数其不忠之罪，族诛之。蜀人争食宗弼之肉。承休等至，继岌亦斩之。

**闽王王审知卒，子延翰立。**

**唐以孟知祥为西川节度使**唐以北都留守孟知祥为西川节度使。议选代者。枢密承旨段徊等恶邺都留守张宪，不欲其在朝廷，皆曰："宪虽有宰相器，然宰相在天子目前[3]，事有得失，可以改更。北都独系一方安危，在任[4]尤重，非宪不可。"乃徙宪为太原尹，王正言为兴唐尹，史彦琼为邺都监军。正言昏耄，彦琼本伶人有宠，遂专六州之政，威福自恣，陵忽将佐。正言以下皆谄事之。

**唐主猎于白沙**初，唐主得魏州银枪效节都近八千人，以为亲军。夹河之战，屡立殊功，常许以灭梁之日大加赏赍。既而河南平，虽赏封非一，而士卒恃功，骄恣无厌，更成怨望。是岁大饥，民多流亡，租赋不充[5]，仓廪空竭。孔谦日于上东门外望诸州漕运至者，随以给之。军士乏食，有雇[6]妻鬻子者，老弱馁死，流言[7]怨嗟。而唐主游畋不息，猎于白沙，后官毕从[8]，六日而还。时大雪，吏卒僵仆。伊、汝[9]间饥尤甚。卫兵所过，责其供饷[10]，不得则坏其什器[11]，

---

1　列状：列举情况。
2　余：人称代词，我。
3　目前：跟前。
4　在任：居官。
5　不充：不充裕。
6　雇妻：租妻。
7　流言：散布没有根据的话。
8　毕从：全部跟随。
9　伊、汝：即伊水、汝水。
10　供饷：供给差粮。
11　什器：人们在日常生活中使用的各种器具。

撤其室庐，甚于寇盗。

汉白龙见汉主改名"龚"。

长和求婚于汉长和骠信郑旻求婚于汉，汉主以女增城公主妻之。长和，即唐之南诏也。

闰月，唐诏罢折纳、纽配法[1]唐主以军储不足，谋于群臣。吏部尚书李琪上疏曰："古者量入以为出，计农而发兵，故虽有水旱之灾，而无匮乏之忧。近代税农以养兵，未有农富给[2]而兵不足，农捐瘠[3]而兵丰饱者也。今纵未能蠲省租税，苟除折纳、纽配之法，农亦可以小休矣。"唐主即敕有司从之，然竟不能行。唐主又欲如汴州，谏官上言："不如节俭以足用。自古无就食[4]天子。今杨氏未灭，不宜示以虚实。"乃止。

唐遣宦者马彦珪使蜀军郭崇韬素疾宦者，尝密谓魏王继岌曰："大王他日得天下，骟马[5]亦不可乘，况任宦官？宜尽去之，专用士人。"吕知柔窃听，闻之，由是宦官皆切齿。时蜀中盗贼群起，崇韬恐大军既去，更为后患，命任圜、张筠分道招讨，以是淹留未还。帝遣宦者向延嗣促之，崇韬不出迎，延嗣怒。李从袭曰："郭公专权如是。延诲日与军中骁将、蜀土豪杰狎饮[6]，指天画地。近闻白其父，请表己为蜀帅。诸将皆郭氏之党。王寄身于虎狼之口，一朝有变，吾属不知委骨何地[7]矣。"因相向垂涕。延嗣归，具以语刘后。后泣诉于唐主，请早救继岌。前此唐主闻蜀人请崇韬为帅，已不平，至是不能无疑。阅蜀府库之籍，曰："人言蜀中珍货无算，何如是之微也？"延嗣曰："蜀珍货皆入崇韬父子，故县官所得不多耳。"唐主遂怒。及孟知祥行，语之曰："闻崇韬有异志，卿到，为朕诛之。"知祥曰："崇韬，国之勋旧，不宜有此。俟

---

1  折纳、纽配法：交纳租税的两种方法。折纳，按钱折价交纳粟帛。纽配，胡三省注："纽数而科配之也。"意指将租税分解，多次分别交纳。
2  富给：富裕丰足。
3  捐瘠：饥饿而死。
4  就食：到处找吃饭的地方。
5  骟马：经阉割的马。
6  狎饮：放纵地饮酒。
7  委骨何地：骸骨被抛弃到什么地方。

臣至蜀察之，苟无他志，则遣还。”唐主许之。寻复遣宦者马彦珪驰诣成都，曰：“崇韬奉诏班师则已，若有迁延、跋扈之状，则与继岌图之。”彦珪见刘后，说之曰：“蜀中事势忧在朝夕，安能缓急禀命于三千里外乎？”后复言之，唐主曰：“传闻之言，未知虚实，岂可遽尔？”后不得请，退，自为教[1]与继岌，令杀崇韬。

**楚铸铅铁钱**楚王殷不征商旅，由是四方商旅辐凑。湖南地多铅铁，殷用高郁策，铸铅铁钱。商旅出境，无所用之，皆易他货而去，故能以境内所余之物易天下百货，国以富饶。湖南民不事桑蚕[2]，郁命民输税者，皆以帛代钱。未几，民间机杼大盛。

## 丙戌（公元926年）

后唐同光四年。四月，明宗李嗣源天成元年。吴越宝正元年。〇是岁蜀亡，闽建国，凡四国、三镇。

**春，正月，唐护国军节度使李继麟入朝**继麟自恃与唐主故旧，有功，苦诸伶、宦求丐[3]无厌，遂拒不与。大军之征蜀也，继麟阅兵，遣其子令德将之以从。景进与宦官谮之曰：“继麟闻大军起，以为讨己，故阅兵自卫。”又曰：“崇韬与河中阴谋内外相应。”继麟闻之，惧，欲入朝以自明。其所亲止之。继麟曰：“郭侍中功高于我，今事势将危。吾得见主上，面陈至诚，则谮人获罪矣。”乃入朝。

**唐魏王继岌杀郭崇韬**魏王继岌将发成都，部署已定。马彦珪至，以皇后教示继岌。继岌曰：“彼无衅端[4]，安可为此？且主上无敕，独以皇后教杀招讨使，可乎？”李从袭等泣，相与巧陈利害，继岌从之。召崇韬计事，从者李环挝碎其首，并杀其子延海、延信。推官李崧谓继岌曰：“今行军三千里外，

---

1　教：皇后的旨意。
2　桑蚕：昆虫名，吃桑叶，吐丝作茧，其丝可以用来织布。
3　求丐：乞求，乞讨。
4　衅端：争端。

初无敕旨，擅杀大将，大王奈何行此危事邪？"继岌曰："公言是也，悔之无及！"崧乃召书吏[1]数人登楼去梯，矫为敕书，用蜡印。宣之，军中粗定。崇韬左右皆窜匿，独掌书记张砺诣魏王府恸哭久之。继岌命任圜代总军政。

**唐复以故蜀乐工严旭为蓬州刺史**魏王献蜀乐工，唐主问严旭曰："汝何以得刺史？"对曰："以歌。"使之歌而善之，许复故任[2]。

**唐杀其睦王存乂及李继麟**马彦珪还洛阳，唐主乃下诏暴郭崇韬之罪，并杀其诸子，朝野骇惋[3]。保大节度使、睦王存乂，崇韬之婿也，宦官言："存乂攘臂称冤，言辞怨望。"唐主杀之。景进言："李继麟与存乂连谋。"宦官因共劝速除之，唐主乃使朱守殷杀之，复其姓名。诏继岌诛令德。又诏李绍奇诛其家人于河中。时诸军饥窘，妄为谣言，伶官采之以闻，故崇韬、友谦皆及于祸。李嗣源入朝，亦为谣言所属[4]，唐主遣朱守殷察之。守殷私谓嗣源曰："令公勋业震主，宜自图归藩[5]以远祸。"嗣源曰："吾心不负天地，祸福之来，无可避，皆委之于命耳。"时伶官用事，勋旧人不自保，嗣源危殆者数四，李绍宏左右营护，以是得全。

**唐魏王继岌发成都**继岌留李仁罕、潘仁嗣、赵廷隐、张业、武璋、李延厚戍成都而还，命李绍琛率万二千人为后军，行止常差中军一舍[6]。

**二月，唐以李绍宏为枢密使。**

**唐邺都[7]乱，遣李绍荣招谕之**唐魏博指挥使杨仁晸将兵戍瓦桥，逾年代归[8]。唐以邺都空虚，恐兵至为变，敕留屯贝州。时天下莫知郭崇韬之罪，民间讹言皇后弑帝，人情愈骇。仁晸部兵皇甫晖与其徒夜博[9]不胜，因人情不安，

---

1　书吏：承办文书的吏员。
2　故任：过去的职位。
3　骇惋：惊叹，惊异。
4　属：关注，牵连。
5　归藩：回到封地。
6　一舍：古以三十里为一舍。
7　唐邺都：即兴唐府。
8　代归：任满回来。
9　博：赌博。

遂作乱，劫仁晸，曰："主上所以有天下者，吾魏军力也。今天下已定，天子不念旧劳，更加猜忌，去家咫尺，不使相见。今闻皇后弑逆，京师已乱，愿与公俱归。若天子万福，兴兵致讨，以吾兵力足以拒之，安知不更为富贵之资乎？"仁晸不从，晖杀之。又劫小校，不从，又杀之。效节指挥使赵在礼闻乱而走，晖追及，示以二首[1]，在礼惧而从之。乱兵遂奉以为帅，焚掠贝州，南趋临清。有来告者，都巡检使[2]孙铎等亟诣史彦琼，请授甲[3]乘城为备。彦琼曰："贼至临清，计程[4]须六日方至，为备未晚。"铎曰："贼既作乱，必乘吾未备，昼夜倍道，安肯计程而行？请仆射率众乘城，铎募劲兵千人伏于王莽河[5]逆击之，贼既势挫，必当离散，然后可扑讨也。必俟其至城下，万一有奸人为内应，则事危矣。"是夜，贼前锋攻北门，彦琼兵溃，单骑奔洛阳。贼入邺都，在礼据宫城，署皇甫晖、赵进为指挥使，纵兵大掠。王正言方据案[6]召吏草奏，无至者。正言怒，其家人曰："贼已入城杀掠，吏皆逃散，公尚谁呼[7]？"正言惊曰："吾初不知也。"乃出府门谒在礼，再拜请罪，在礼谕遣之。众拥在礼为留后。张宪家在邺都，在礼厚抚之，遣使以书诱宪。宪斩其使。唐主乃命归德[8]节度使李绍荣诣邺都招抚。

**唐李绍琛反于蜀，魏王继岌使工部尚书任圜讨之**郭崇韬之死也，李绍琛谓董璋曰："公复欲呫嗫谁门耶？"璋惧，谢罪。魏王继岌至武连[9]，遇敕使，谕以令董璋将兵诛朱令德。绍琛以不见委[10]，大惊。俄而璋过不谒，绍琛怒

---

1　二首：两颗首级。
2　都巡检使：古官名，负责地方治安。
3　授甲：授予甲胄。
4　计程：计算路程。
5　王莽河：古水名，东汉以后对西汉时黄河自濮阳以下故道的俗称，自今河南省濮阳市西南折北流经南乐县西，又东北经河省北大名县、馆陶县东，折东经山东省聊城市、茌平县北，又折北经高唐县东、平原县西，再由德州市经河北省东光县、南皮县、沧州市，东北至黄骅市、天津市入海。因改徙于王莽时，故名。
6　据案：扶着几案。
7　公尚谁呼：您还叫谁呢。
8　归德：方镇名，即归德军，治宋州。
9　武连：古县名，治所位于今四川省广元市剑阁县西南。
10　见委：被委任。

谓诸将曰："国家南取大梁，西定巴蜀，皆郭公之谋而吾之功也。至于去逆效顺[1]，与国家掎角以破梁，则朱公也。今朱、郭皆无罪族灭，归朝之后，行及我矣[2]。冤哉！天乎？奈何！"绍琛所将多河中兵，号哭于军门曰："西平王何罪，阖门屠脍[3]？我辈归则同诛，决不复东矣。"绍琛自剑州拥兵西还，自称西川节度使，移檄成都，招谕蜀人，众至五万。继岌闻之，以任圜为副招讨使，追讨之。

**唐李绍荣攻邺都，不克**李绍荣至邺都，攻其南门，遣人以敕招谕之。赵在礼拜于城上，曰："将士思家擅归，相公诚善为敷奏，得免于死，敢不自新？"史彦琼戟手大骂曰："群死贼，城破万段[4]！"皇甫晖谓众曰："观史武德之言，上不赦我矣。"因聚噪，掠敕书，手坏之，守陴[5]拒战。绍荣攻之，不利，以状闻。唐主怒曰："克城之日，勿遗噍类。"大发诸军讨之。

**唐从马直[6]军士作乱，伏诛**从马直指挥使郭从谦，本优人也，优名郭门高。以德胜之役挑战有功，遂有宠，积功[7]至指挥使。郭崇韬方用事，从谦以叔父事之。又为睦王存乂假子。及二人得罪，从谦数以私财飨诸校[8]，对之流涕，言崇韬之冤。至是，军士王温等五人作乱，伏诛。唐主戏谓从谦曰："汝既负我附崇韬、存乂，又教王温反，欲何为也？"从谦益惧，退，阴谓诸校曰："主上以王温之故，俟邺都平定，尽坑若曹[9]。家之所有，宜尽市[10]酒肉，勿为久计也。"由是亲军皆不自安。

**唐遣李嗣源将亲军讨邺都**李绍荣再攻邺都，贼知不赦，坚守无降意。唐朝患之，日发中使促魏王继岌东还。继岌以李绍琛叛，留利州，未得发。绍

---

1　去逆效顺：脱离叛逆者，效法忠于国家的人。
2　归朝之后，行及我矣：回到朝廷，就轮到我了。
3　屠脍：宰割。
4　群死贼，城破万段：你们这些死贼，破城以后把你们碎尸万段。
5　守陴：守城，守卫。
6　从马直：五代后唐时皇帝亲军。
7　积功：累积军功。
8　诸校：众军校。
9　若曹：你们。
10　市：买。

荣久无功。会邢州兵赵太等亦为乱，据州未下。沧州军乱，小校王景戡自为留后。河朔州县告乱者相继。唐主欲自征邺都，大臣皆言："京师根本，车驾不可轻动。"唐主曰："诸将无可使者。"皆曰："李嗣源最为勋旧。"唐主心忌嗣源，曰："吾惜嗣源，欲留宿卫。"皆曰："他人无可者。"张全义、李绍宏亦屡言之，乃许之。

**唐以王延翰为威武节度使。**

**唐讨邺兵劫李嗣源入邺都**李嗣源至邺都城西南，下令诘旦攻城。是夜，从马直军士张破败作乱，率众大噪焚营。嗣源率亲军拒战，不能敌。嗣源叱而问之，对曰："将士从主上十年，百战以得天下。今贝州戍卒思归，主上不赦。从马数卒喧竞[1]，遽欲尽诛其众。我辈初无叛心，但畏死耳。今欲与城中合势，请主上帝河南，令公帝河北。"嗣源泣谕之，不从。遂拔白刃拥嗣源及李绍真等入城。城中不受外兵，逆击之，皆溃。赵在礼率诸校迎拜嗣源，泣谢曰："将士辈负令公，敢不惟命是听[2]！"嗣源诡说在礼曰："凡举大事，须藉兵力。今外兵流散无所归，我为公出收之。"在礼乃听嗣源、绍真俱出城，宿魏县，散兵稍有至者。

**唐任圜破李绍琛，擒之。**孟知祥讨定[3]余寇董璋将兵二万，会任圜讨李绍琛。至汉州，绍琛逆战。张砺请伏精兵于后，而以羸兵诱之，圜从之。绍琛大败，闭城不出。汉州无城堑，树木为栅，圜攻焚之。绍琛战败，奔绵竹，追擒之。孟知祥自至汉州犒军，与任圜、董璋置酒高会，引李绍琛槛车至座中，知祥自酌大卮[4]饮之，谓曰："公何患不富贵，而求入此邪？"绍琛曰："郭侍中佐命功第一，兵不血刃取两川，一旦无罪族诛。如绍琛辈安保首领[5]，以此不敢归朝耳！"魏王继岌倍道而东。孟知祥获李肇、侯弘实，以为牙内都指挥

---

1　喧竞：喧闹相争。
2　惟命是听：让做什么就做什么。形容绝对服从。
3　讨定：讨伐平定。
4　卮：古代盛酒的器皿。
5　安保首领：安保，安全保住。首领，头和脖子。

使。蜀中群盗犹未息，知祥择廉吏，使治州县，蠲除横赋[1]，安集流散，下宽大之令，与民更始。遣赵廷隐、张业将兵分讨群盗，悉诛之。

**唐李嗣源奔相州**李嗣源之为乱兵所逼也，李绍荣有众万人，营于城南。嗣源遣牙将七人相继召之，欲与共攻乱者。绍荣疑，不应。及嗣源入邺，遂引兵去。嗣源在魏县，众不满百，又无兵仗。李绍真所将镇兵[2]五千，闻嗣源得出，相率归之，由是兵稍振。嗣源欲归藩待罪，中门使安重诲曰："公为元帅，不幸为凶人所劫。李绍荣不战而退，归朝必以公藉口[3]。公若归藩，则为据地邀君[4]，适足以实谗慝之言耳。不若星行诣阙，面见天子，庶可自明。"嗣源曰："善！"南趋相州，遇马坊使[5]康福，得马数千匹，始能成军。

**唐豫借[6]河南夏秋税**唐主以军食不足，敕河南尹豫借夏秋税，民不聊生。租庸使以仓储不足，颇朘刻[7]军粮，军士流言益甚。宰相惧，率百官上表，请出内库之财以给诸军，唐主欲从之。刘后曰："吾夫妇君临万国，虽藉武功[8]，亦由天命。命既在天，人如我何？"宰相又于便殿[9]论之。后属耳[10]于屏风后，须臾出妆具[11]及三银盆、皇幼子三人于外，曰："四方贡献随以给赐，所余止此耳，请鬻以赡军。"宰相惶惧而退。

**唐李嗣源引兵向大梁**李绍荣退保卫州，奏李嗣源已叛，与贼合。嗣源遣使上章自理[12]，一日数辈。唐主遣嗣源长子从审谕嗣源，至卫州，绍荣欲杀之。从审乃还，唐主怜之，赐名继璟，待之如子。是后嗣源所奏，皆为绍荣所遏，不得通。嗣源由是疑惧，石敬瑭曰："夫事成于果决，而败于犹豫。安有

---

1　横赋：额外的赋税。
2　镇兵：镇州的部队。
3　藉口：托辞，假托的理由。藉，借口。
4　邀君：要挟君主。
5　马坊使：古官名，掌于代州、相州牧养战马。
6　豫借：预先借贷。
7　朘刻：克扣，搜刮。
8　武功：武力。
9　便殿：正殿以外的别殿，古时帝王休息消闲之处。
10　属耳：注意倾听。
11　妆具：梳妆用具。
12　上章自理：上章，向皇帝上书。自理，为自己申诉。

上将[1]与叛卒入贼城，而他日得保无恙乎？大梁，天下之要会也。愿假三百骑先往取之，公引大军亟进。如此，始可自全。"康义诚曰："主上无道，军民怨怒。公从众则生，守节必死。"嗣源乃令安重诲移檄会兵[2]。时李绍虔、李绍钦、李绍英屯瓦桥，安审通屯奉化[3]，嗣源皆遣使召之。嗣源家在真定，虞候将王建立先杀其监军，由是获全。李从珂将所部兵趋镇州，与建立合，倍道从嗣源。嗣源分三百骑，使石敬瑭将之前驱，李从珂为殿，军势大盛。从子从璋过邢州，邢人奉为留后。唐主乃诏白从晖将骑兵扼河阳桥，出金帛给赐。军士诟曰："吾妻子已殍死，得此何为？"李绍荣至洛阳，曰："邺都乱兵欲济河袭郓、汴，愿陛下幸关东招抚。"唐主从之。

**唐杀故蜀主王衍，夷其族**景进等言于唐主曰："西南未安，王衍族党[4]不少，闻车驾东征，恐其为变，不若除之。"唐主乃遣中使赍敕往诛之。敕曰："王衍一行，并从杀戮。"已印画[5]，张居翰覆视，就殿柱揩[6]去"行"字，改为"家"字，由是获免者千余人。衍母徐氏且[7]死，呼曰："吾儿以一国迎降，不免族诛。信义俱弃，吾知汝行[8]亦受祸矣！"

**唐主如关东。李嗣源入大梁，唐主乃还**唐主发洛阳，次汜水。或劝继璟亡去[9]，不从。唐主亦屡遣之，继璟固辞，请死。唐主闻嗣源至黎阳，强遣继璟召之。道遇李绍荣，见杀。嗣源至滑州，符习、安审通引兵来会。知汴州孔循遣使迎唐主，亦遣使输款于嗣源，曰："先至者得之。"石敬瑭以劲兵入封丘门，遂据其城，使人趣嗣源。嗣源入大梁。是日，唐主至荥泽[10]东，命龙骧指挥使姚彦温将三千骑为前军。彦温即以其众叛归嗣源，嗣源夺其兵。唐主

---

1　上将：主将，统帅。
2　会兵：大举调集军队。
3　奉化：即奉化军，后唐同光元年设立，驻所位于今河北省保定市东北。
4　族党：聚居的同族亲属。
5　印画：帝王在诏令或奏章上用印画可，相当于批准。
6　揩：擦，抹。
7　且：将要。
8　汝行：你们这些人。
9　亡去：逃遁。
10　荥泽：古县名，治所位于今河南省郑州市西北。

至万胜镇[1]，闻嗣源已据大梁，诸军离叛，神色沮丧，登高叹曰："吾不济矣！"即命旋师。夜复至汜水，扈从兵二万五千，已失万余人。还，过罂子谷[2]，道遇卫士，辄以善言抚之曰："适报魏王又进西川金银五十万，到京当尽给尔曹。"对曰："陛下赐已晚矣，人亦不感圣恩！"唐主流涕而已。又索袍带赐从官，内库使张容哥称颁给[3]已尽，卫士叱之曰："致吾君失社稷，皆此阉竖辈也。"抽刀逐之。容哥谓同类曰："皇后吝财致此，今乃归咎于吾辈。事若不测，吾辈万段，吾不忍待也。"因赴河[4]死。唐主至石桥西，置酒悲涕。晚，入洛城。嗣源命石敬瑭将前军趋汜水收抚散兵，嗣源继之。李绍虔、李绍英引兵来会。宰相、枢密奏："西军[5]将至，车驾宜且控汜水，收抚散兵以俟之。"唐主从之。

　　夏，四月，唐伶人郭从谦弑其主存勖。李嗣源入洛阳唐主复如汜水。四月朔，严办[6]将发，从马直指挥使郭从谦率所部兵攻兴教门[7]。唐主方食，闻变，率卫兵击之，逐乱兵出门。时朱守殷将骑兵在外，唐主急召之，守殷不至，引兵憩茂林[8]下。乱兵焚兴教门，缘城而入，近臣、宿将皆释甲潜遁，独散员都指挥使李彦卿、军校何福进、王全斌等十余人力战。俄而唐主为流矢所中，鹰坊[9]人善友扶下，至绛霄殿庑下抽矢，渴懑[10]，刘后不自省视[11]，遣宦者进酪[12]，须臾遂殂。彦卿等恸哭而去，左右皆散，善友敛乐器覆尸而焚之。刘后囊金宝[13]系马鞍，与申王存渥及李绍荣焚嘉庆殿出走。朱守殷入宫，选官人三十余人，内于其家。于是诸军大掠。是日，李嗣源至罂子谷，闻之恸哭，谓诸

---

1　万胜镇：古镇名，位于今河南省郑州市中牟县北，南濒汴水，是水路要地。
2　罂子谷：古地名，位于今河南省郑州市辖荥阳市汜水镇西。
3　颁给：颁发赐予。
4　赴河：跳进黄河。
5　西军：魏王李继岌从蜀地带回来的部队。
6　严办：皇帝出行前整备、戒严诸事。
7　兴教门：河南省洛阳市紫微宫南门之一，在应天门西。
8　茂林：茂密的树林。
9　鹰坊：古代宫廷饲养猎鹰的官署。
10　渴懑：非常抑郁。
11　省视：看望、探望。
12　酪：乳酪。
13　囊金宝：囊，用袋子装。金宝，黄金和珠宝，泛指贵重财物。

将曰："主上素得士心,正为群小蔽惑[1]致此,今吾将安归乎?"乃入洛阳,止于私第。禁焚掠,拾庄宗骨于灰烬之中而殡之。谓朱守殷曰："公善巡徼[2],以待魏王。淑妃、德妃在官,供给尤宜丰备。吾俟山陵毕,社稷有奉,则归藩为国家捍御北方耳。"是日,豆卢革率百官上笺[3]劝进,嗣源曰："吾奉诏讨贼,不幸部曲叛散,欲入朝自诉,又为绍荣所隔,披猖[4]至此。诸君见推,殊非相悉[5],愿勿言也!"绍荣欲奔河中,为人所执,折足[6]送洛阳。魏王继岌至兴平,闻乱,复引兵西,谋保凤翔。始诛李绍琛。

胡氏曰:庄宗初立,决胜夹寨,解潞州之围。归而治国训兵,事各有理。使朱温未死,固必为所擒矣。既违张承业忠谋,亟称尊号,则举措之失,已稍形见[7]。逮灭梁之后,遂无一善可称,与向者犹二人然,是何也?才器有限也。若曰天数,则裂肤汗血,沐雨栉风[8],凡十五年而后得。好田,好女,宠伶人,信宦官,不三年而灭亡,其心昔明而今暗,先戒而后肆,岂亦天耶?故庄宗之"命哲、命吉凶、命历年[9]",皆所自贻,不可归之天数也。

唐太原军乱初,庄宗命吕、郑二内养[10]在晋阳,张宪以下承应[11]不暇。庄宗既殂,推官张昭远劝张宪奉表劝进。宪曰："吾自布衣至服金紫,皆出先帝之恩,岂可偷生而不自愧乎?"昭远泣曰："此古人所行,公能行之,忠义不朽矣!"有李存沼者,庄宗之近属[12],与二内养谋杀宪及巡检[13]李彦超。彦超欲先

---

1 蔽惑:蒙蔽迷惑。
2 巡徼:巡行视察。
3 上笺:上表。
4 披猖:失意,狼狈。
5 诸君见推,殊非相悉:诸君来推举我,是根本不了解我。悉,了解,详尽地知道。
6 折足:把脚折断。
7 形见:显现。
8 裂肤汗血,沐雨栉风:裂肤汗血,皮肤皲裂,流汗如血。沐雨栉风,大雨洗发,疾风梳头,后用以形容经常在外面奔波劳碌。栉,梳头发。沐,洗头。
9 命哲、命吉凶、命历年:上天给予明哲,给予吉祥,给予永年。语出《尚书·周书·召诰》。
10 内养:即太监。
11 承应:应承。
12 近属:血统关系较近的亲属。
13 巡检:古官名,巡检使的简称,掌训练甲兵,巡逻州邑。

图之，宪曰："仆受先帝厚恩，不忍为此。徇义而不免于祸，乃天也。"军士
共杀二内养及存沼，宪奔忻州。会嗣源移书至，彦超号令士卒，城中始安。彦
超，彦卿之兄也。

唐李嗣源监国百官三笺请[1]嗣源监国，嗣源乃许之。入居兴圣宫，百官
班见。下令称"教"。宣徽使选后宫美、少者数百献之，监国曰："奚用此
为[2]？"对曰："宫中职掌，不可缺也。"监国曰："宫中职掌宜诸故事，此辈安
知？"乃悉用老旧之人补之，其少年者皆出之。蜀中所送宫人准此[3]。

唐以安重诲为枢密使，张延朗为副使延朗本梁租庸吏，性纤巧[4]，善事
权要，故重诲引之。

唐监国嗣源杀刘后及诸王监国令所在访求诸王。通王存确、雅王存纪
匿民间。安重诲与李绍真谋曰："今殿下既监国典丧[5]，诸王宜早为之所，以一
人心。"密遣人杀之。后月余，监国闻之，切责重诲，伤惜久之。刘后奔晋阳，
在道与存渥私通。存渥为其下所杀。刘后为尼于晋阳，监国使人就杀之。庄宗
幼子继嵩等皆不知所终，惟邕王存美以病得免。

高季兴以孙光宪掌书记徐温、高季兴闻庄宗遇弑，益重严可求、梁震。
梁震荐孙光宪掌书记。季兴欲攻楚，光宪谏曰："荆南乱离之后，赖公休息[6]，
士民始有生意。若又与楚国交恶，他国乘吾之弊，良可忧也。"季兴乃止。

唐监国嗣源杀李绍荣绍荣被执，监国责之曰："吾何负于尔，而杀吾
儿？"绍荣瞋目直视曰："先帝何负于尔？"遂斩之，复其姓名曰元行钦。

唐张居翰罢，以孔循为枢密使。

唐监国嗣源杀孔谦，废租庸使及诸道监军监国下教，数租庸使孔谦

---

1　三笺请：三次上表请求。
2　奚用此为：用这些人干什么。
3　准此：参照这一标准。
4　纤巧：形容工于心计。
5　典丧：主持丧事。
6　休息：休养生息。

奸佞[1]、侵刻、穷困军民之罪而斩之，凡谦所立苛敛[2]之法皆罢之。因废租庸使，依旧为三司，委宰相一人专判。又罢诸道监军使，以庄宗由宦官亡国，命诸道尽杀之。

**唐魏王继岌至长安，自杀**魏王继岌退至武功，李从袭曰："退不如进，请亟东行以救内难[3]。"继岌从之。还至渭水，留守张筏已断浮梁，乃循水浮渡至渭南。腹心吕知柔等皆已窜匿，从袭谓继岌曰："时事[4]已去，王宜自图。"继岌徘徊流涕，乃自伏于床，命李环缢杀之。任圜代将而东。华州都监李冲杀从袭。

胡氏曰：任圜参预军机，而主帅一旦至此，从容其间，莫能救止，而窃取其柄，得为忠乎？李愚职与圜同，而寂无所施，亦不得为无罪矣。且武皇[5]诸子，至是或诛或病，庄宗五子，继岌缢死，余不知所终，何也？德养人者也，力服人、智欺人者也。我以智力加人，有时而穷，则人亦得以加诸我矣。故用智，未有不困者也。我养人，其养既久，则人亦不忍离我矣。故修德未有不安者也。三代而上，纯德之世也。三代以下，皆力矣。假德以文之，视其智力之裕局[6]，则断其成就之广狭；观其假德之深浅，则决其所享之延迤[7]。后唐之事，亦足以观矣。欧阳氏[8]以为向使张筏不断桥，使继岌得东，明宗未必能自立。愚以为不然。继岌制于从袭，莫能可否，使其有立，岂以皇后教杀郭崇韬？既闻大变，宜整比六师，倍道赴难，岂张筏断桥所能遏乎？以彼之才，就使东行，夫岂嗣源之敌也？

**唐主嗣源立**有司议即位礼，李绍真、孔循以为唐运已尽，宜自建国号。监国问左右："何谓国号？"对曰："先帝赐姓于唐，为唐复仇，故称唐。今

1　奸佞：奸邪谄媚。
2　苛敛：滥征赋税。
3　内难：内乱。
4　时事：局势，时局。
5　武皇：即李克用，李存勖建立后唐后，追谥为武皇帝。
6　裕局：丰富还是局限。
7　延迤：长短。
8　欧阳氏：即欧阳修，北宋文学家，修撰《新五代史》。

梁朝之人，不欲殿下称唐耳。"监国曰："吾年十三事献祖[1]，献祖以吾宗属[2]，视吾犹子。又事武皇、先帝，垂五十年，经纶攻战，未尝不预。武皇之基业，则吾之基业也；先帝之天下，则吾之天下也。安有同家而异国乎？"李琪曰："若改国号，则先帝遂为路人，梓宫安所托乎？不惟殿下不忘三世旧君，吾曹为人臣者能自安乎？前代以旁支入继多矣，宜用嗣子枢前即位之礼。"众从之。监国服斩衰，于枢前即位，百官缟素。既而御[3]衮冕受册，百官吉服称贺。

胡氏曰：李琪之言似也，然国亡君弑，子不得立，而他人是保[4]，人臣心不自安，尚有大于此者乎？

**唐杀其太原尹张宪**有司劾宪委城之罪也。

胡氏曰：张宪不附伶官以致疏外[5]，进不预朝廷之谋，退不预邺都之乱，及嗣源入洛，又不雷同[6]劝进，怀忠向义，盖贤者也。明宗即位，考慎相臣[7]，无以逾宪者矣，乃徇有司迎合之奏而杀之，无乃重诲所欲乎？

**唐大赦**唐主大赦。量[8]留后宫百人，宦官三十人，教坊百人，鹰坊二十人，御厨五十人，中外毋得献鹰犬奇玩[9]。诸司、使务有名无实者皆废之。分遣诸军就食近畿，以省馈运。除夏秋税省耗[10]。诸使四节贡奉，毋得敛[11]百姓。刺史以下不得贡奉。

胡氏曰：此数条者，圣王[12]常事也，而英雄明达如汉武帝、唐太宗，犹有

---

1  献祖：即后唐献祖李国昌，本名朱邪赤心。
2  宗属：宗室成员。
3  御：使用，应用。
4  他人是保：他人保有基业。
5  疏外：疏远见外。
6  雷同：随声附和。
7  相臣：即宰相。
8  量：衡量，酌情。
9  奇玩：供玩赏的珍品。
10 省耗：五代时田赋的一种附加税。
11 敛：征收。
12 圣王：古指德才超群、达于至境的帝王。

不能焉。明宗夷狄之人，从容行之，岂不为贤哉？且非矫勉[1]于初政，而怠忽[2]于末路者，其贤益可尚矣。是故表而出之。

**唐以郑珏、任圜同平章事**圜忧公如家，简拔[3]贤俊，杜绝侥幸。期年之间，军民皆足，朝纲粗立。圜每以天下为己任，由是安重诲忌之。

**唐李绍真等复姓名**李绍真、李绍琼、李绍英、李绍虔、李绍奇、李绍能各复旧姓名为霍彦威、苌从简、房知温、王晏球、夏鲁奇、米君立。晏球本王氏子，畜[4]于杜氏，故请复姓王。

**唐初令百官转对**[5]初令百官正衙常朝[6]外，五日一赴内殿起居，转对奏事。

**唐以安金全为振武节度使**追赏晋阳之功也。

**唐以赵在礼为义成节度使**在礼以军情未听[7]，不赴。

**唐以冯道、赵凤为端明殿学士**唐主目不知书，四方奏事，皆令安重诲读之。重诲亦不能尽通，乃奏请选文学之臣与之共事，以备应对[8]。乃置端明殿学士，以道、凤为之。

胡氏曰：天子、宰相，义理所极，天下取正[9]焉者也。气数淆薄[10]，乃至目不谙书者为之，夫安能考前言、学古训，以治天下也。然明宗所行，有太宗所不及，则其质之美也，使辅以学，则为圣贤必矣。而道、凤腐儒[11]，不能有以开导裨益，使天成[12]之政加美于前也，不亦可惜矣哉！

**唐听郭崇韬归葬，复朱友谦官爵。**

---

1 矫勉：假托勉力。
2 怠忽：怠惰玩忽。
3 简拔：挑选录用。
4 畜：养育。
5 转对：臣僚每隔数日，轮流上殿指陈时政得失。
6 正衙常朝：正衙，正式朝会听政的处所。常朝，臣子对皇帝一般的朝见。
7 听：接收，听信。
8 应对：答对。
9 取正：用作典范。
10 淆薄：混杂稀薄。
11 腐儒：思想、言行不合于时的读书人。
12 天成：合于自然。

　　六月，唐汴州军乱，指挥使李彦饶讨平之诏发汴州军戍瓦桥。已出城，指挥使张谏复还作乱，杀知州高逖，逼指挥使李彦饶为帅。彦饶禁止焚掠，伏甲执谏等斩之。贼党大噪，彦饶击之，尽殪。即日牒推官韦俨权知军州事。彦饶，彦超之弟也。

　　秋，七月，唐安重诲杀殿直[1]马延安重诲恃恩骄横。殿直马延误冲前导，斩之于马前。御史大夫李琪以闻。重诲白帝下诏，称延陵突[2]重臣，戒谕[3]中外。

　　契丹攻勃海[4]，拔夫余城[5]契丹主阿保机攻勃海，拔其夫余城，更命曰东丹国。命其长子突欲镇之，号人皇王。次子德光守西楼，号元帅太子。

　　唐遣供奉官姚坤如契丹唐遣姚坤告哀于契丹。契丹主阿保机闻庄宗遇害，恸哭曰："我朝定儿也。"朝定，犹华言[6]朋友也。谓坤曰："今天子闻洛阳有急，何不救？"对曰："地远不能及。"曰："何故自立？"坤为言其由[7]。契丹主曰："汉儿喜饰说[8]，毋多谈！"又曰："闻吾儿专好声色游畋，不恤军民，宜其及此。我自闻之，举家不饮酒，散遣[9]伶人，解纵鹰犬。若亦效吾儿所为，行自亡矣。"又曰："我于今天子无怨，足以修好。若与我大河[10]之北，吾不复南侵矣。"坤曰："此非使臣之所得专也。"契丹主怒，囚之旬余。复召之曰："河北恐难得，得镇、定、幽州亦可也。"给纸笔，趣令为状。坤不可，欲杀之。韩延徽谏，乃复囚之。

　　唐豆卢革、韦说罢革、说奏事唐主前，礼貌不尽恭。百官俸钱皆折估[11]，

---

1　殿直：古官名，由殿前承旨改称，皇帝的侍从官。
2　陵突：触犯，冒犯。
3　戒谕：告诫训导。
4　勃海：古国名，唐朝以靺鞨族为主体的政权，辖今我国东北地区、朝鲜半岛东北及俄罗斯远东地区的一部分。
5　夫余城：古地名，位于今吉林省四平市西。
6　华言：中原地区的语言，后泛指汉语。
7　由：理由。
8　饰说：虚饰之辞。
9　散遣：遣散。
10　大河：即黄河。
11　折估：折价。

而革父子独受实钱[1]。说以孙为子，奏官[2]；受选人赂，除近官[3]。中旨以萧希甫为谏议大夫，革、说覆奏。希甫恨之，上疏言革、说不忠前朝，并诬革他罪。制贬革、说，擢希甫为散骑常侍。

**契丹阿保机死**阿保机卒于夫余城。述律后召诸酋长妻谓曰："我今寡居，汝不可不效我。"又集其夫泣问曰："汝思先帝乎？"对曰："受先帝恩，岂得不思？"曰："果思之，宜往见之。"遂杀之。

**八月朔，日食。**

**唐孟知祥增置营兵**知祥阴有据蜀之志，增置诸营兵七万余人。

**唐平卢军乱，讨平之**平卢军校王公俨作乱，讨斩之。其党支使[4]韩叔嗣预焉。其子熙载将奔吴，密告其友李谷曰："吴若用吾为相，当长驱以定中原。"谷笑曰："中原若用吾为相，取吴如囊中物耳。"

**九月，契丹德光立**契丹述律后爱中子德光，欲立之。至西楼，命与突欲俱乘马立帐前，谓诸酋长曰："二子，吾皆爱之，莫知所立，汝曹择可立者执其辔。"酋长知其意，争执德光辔。后曰："众之所欲，吾安敢违？"遂立之，为天皇王。突欲愠，欲奔唐，后遣归东丹[5]。德光尊后为太后，国事皆决焉。太后复纳其侄为后。德光性孝谨，母病不食，亦不食。以韩延徽为政事令，听姚坤归唐，葬阿保机于木叶山[6]。太后左右有桀黠者，后辄谓曰："为我达语[7]于先帝。"至墓所则杀之。前后所杀以百数。最后，平州[8]人赵思温当往，不肯行。后曰："汝事先帝尝亲近，何为不行？"对曰："亲近莫如后。后行，臣则继之。"后曰："吾非不欲从先帝于地下也，顾嗣子幼弱，国家无主，不得往耳。"

---

1　实钱：意思是不折价。
2　奏官：上奏为他求官。
3　近官：京城附近的官员。
4　支使：古官名，节度使、观察使的属官。
5　东丹：古国名，契丹灭亡渤海国后在其地设立的一个属国，建都于渤海故都忽汗城，改名为天福城。
6　木叶山：古山名，亦名祖山，即今内蒙古赤峰市巴林左旗西南石房子村西南阿保机陵山。
7　达语：传话。
8　平州：古州名，辖今河北省陡河流域以东、长城以南地区。

乃断一腕，令置墓中。思温亦得免。

　　冬，十月，唐初赐百官春、冬衣。

　　**王延翰自称闽王**延翰骄淫残暴，自称大闽国王，宫殿、百官皆仿天子之制。

　　**契丹卢龙节度使卢文进奔唐**文进为契丹守平州，唐主遣人说之以易代之后，无复嫌怨。文进所部皆华人[1]，思归，乃率其众十万归唐。

　　**唐以赵季良为三川制置转运使，李严为西川都监**初，郭崇韬率蜀中富民输犒赏钱五百万缗，昼夜督责，有自杀者。给军之余，犹二百万缗。至是，任圜判三司，知成都富饶，遣季良为三川都制置转运使。蜀人欲皆不与。知祥曰："府库他人所聚，输之可也。州县租税，以赡镇兵[2]，决不可得。"季良但发库物，不敢复言制置转运职事矣。安重诲以知祥及东川节度使董璋皆据险拥兵，又知祥乃庄宗近姻[3]，阴欲图之。李严自请为西川监军，严母谓曰："汝前启灭蜀之谋，今日再往，必以死报蜀人矣。"

　　**唐罢告身绫轴钱**[4]旧制，吏部给告身，先责其人输朱胶绫轴钱。丧乱以来，贫者但受敕牒[5]，多不取告身。侍郎刘岳言："告身有褒贬、训诫之辞，岂可使其人初不之睹？"后执政议，以为朱胶绫轴厥费[6]无多，乃奏罢之。是后试衔、帖号[7]所除浸多，乃至卒伍、胥吏皆得银青阶及宪官[8]，岁赐告身以万数。

　　**十二月，闽王延禀弑其君延翰，而立其弟延钧**延翰蔑弃兄弟，出延钧为泉州刺史。延翰多取民女以充后庭，延钧上书极谏，由是有隙。审知养子延

---

1　华人：汉人。
2　镇兵：方镇所属部队。
3　近姻：关系较近的姻亲。
4　告身绫轴钱：亦称朱胶绫轴钱，朝廷赐官告身时所征收的钱。朱胶绫轴，即以素绫纸裱轴，加盖朱印的告身。
5　敕牒：授官的文书，委任状。
6　厥费：所花的费用。
7　试衔、帖号：试衔，授予官吏虚衔，未授正命。帖号，即加衔，给官吏高于本职的虚衔，检校官之类。
8　银青阶及宪官：银青阶，银印青绶级别。汉制，御史大夫及官秩在比二千石以上者，除光禄大夫无印绶外，均银印青绶。宪官，御史台或都察院所属的官员，因掌持刑宪典章，故称。

禀为建州刺史，延翰使之采择。延禀复书不逊，亦有隙。合兵袭福州。延禀先至，梯城<sup>1</sup>而入。延翰惊匿<sup>2</sup>，延禀执之，暴其罪恶，斩于门外。延钧至，延禀纳之，推为威武留后。

　　唐主以其子从荣为天雄节度使。

---

1　梯城：借助梯子登上城墙。
2　惊匿：吓得藏了起来。